W0362706

*Francesco Tesauro*

# ISTITUZIONI DI DIRITTO TRIBUTARIO

*Vol. 2*

*Parte speciale*

*Undicesima edizione*
*rielaborata e aggiornata*

UTET
GIURIDICA

Copyright 2018 Wolters Kluwer Italia S.r.l.
Via dei Missaglia n. 97, Edificio B3, 20142 Milano

UTET GIURIDICA® è un marchio registrato e concesso in licenza da De Agostini Editore S.p. A. a Wolters Kluwer Italia S.r.l.

I diritti di traduzione, di memorizzazione elettronica, di riproduzione e di adattamento totale o parziale, con qualsiasi mezzo (compresi i microfilm e le copie fotostatiche), sono riservati per tutti i Paesi.
Le fotocopie per uso personale del lettore possono essere effettuate nei limiti del 15% di ciascun volume/fascicolo di periodico dietro pagamento alla SIAE del compenso previsto dall'art. 68, commi 4 e 5, della legge 22 aprile 1941, n. 633.
Le riproduzioni diverse da quelle sopra indicate (per uso non personale - cioè, a titolo esemplificativo, commerciale, economico o professionale - e/o oltre il limite del 15%) potranno avvenire solo a seguito di specifica autorizzazione rilasciata da EDISER Srl, società di servizi dell'Associazione Italiana Editori, attraverso il marchio CLEARedi Centro Licenze e Autorizzazioni Riproduzioni Editoriali. Informazioni: www.clearedi.org

*L'elaborazione dei testi, anche se curata con scrupolosa attenzione, non può comportare specifiche responsabilità per eventuali involontari errori o inesattezze.*

Composizione: Integra Software Services Pvt. Ltd.

Finito di stampare nel mese di maggio 2018
dalla L.E.G.O. S.p.A.
Viale dell'Industria 2, 36100 - Vicenza

# PREMESSA ALLA UNDICESIMA EDIZIONE

A quasi trent'anni dalla prima edizione (1989), propongo ai lettori questa nuova edizione, frutto di una revisione che, in materia reddituale, è stata significativa, per poter recepire le novità, specialmente normative, intervenute dopo la decima edizione, fino alla L. 27 dicembre 2017, n. 205 (legge di bilancio per il 2018), in vigore dal 1° gennaio 2018.

Nella revisione del capitolo sull'Irpef è stato messo in rilievo che il principio della tassazione del reddito effettivo complessivo e il principio della progressività subiscono numerose deroghe (da ultimo, per effetto della cancellazione di alcune differenze di trattamento fiscale tra partecipazioni qualificate e non qualificate).

In tema di singoli redditi sono state recepite, tra le altre, le innovazioni riguardanti la tassazione dei dividendi, i piani individuali di risparmio e la c.d. IRI.

Il capitolo dedicato all'Ires è stata notevolmente ristrutturato, per tener conto delle modifiche apportate alla disciplina dei bilanci e delle conseguenti modifiche alla disciplina fiscale, specie con riguardo alla estensione del principio di derivazione rafforzata ai soggetti ITA GAAP.

Si è tenuto conto delle modifiche alla disciplina delle CFC.

Aggiornamenti vari sono stati apportati alle imposte indirette, tra cui diverse modifiche all'Iva (in tema di rimborso dell'indebito, depositi Iva, ecc.) e la modifica all'art. 20 del testo unico del registro. Tra le imposte indirette è stata inserita la *web tax*.

Il diritto doganale è stato aggiornato alla luce del Codice doganale dell'Ue.

Nel capitolo sul diritto UE sono state segnalate le direttive antielusive e nel capitolo sulla fiscalità internazionale sono indicati i paradisi fiscali

© Wolters Kluwer Italia

individuati dall'Ecofin nel dicembre 2017 e nel marzo 2018 e le norme attuative del piano anti-Beps.

Ringrazio Daniele Canè, Chiara Francioso e Irene Pini che mi hanno aiutato nella revisione delle bozze.

Milano, primavera 2018

Francesco Tesauro

© Wolters Kluwer Italia

# INDICE SOMMARIO



## PARTE I
## LE IMPOSTE SUI REDDITI

### CAPITOLO PRIMO
### L'IMPOSTA SUL REDDITO DELLE PERSONE FISICHE



© Wolters Kluwer Italia

## CAPITOLO SECONDO

## LE CATEGORIE REDDITUALI

### SEZIONE I

### I REDDITI FONDIARI



### SEZIONE II

### I REDDITI DI CAPITALE



### SEZIONE III

### I REDDITI DI LAVORO DIPENDENTE



### SEZIONE IV

### I REDDITI DI LAVORO AUTONOMO



### SEZIONE V

### IL REDDITO D'IMPRESA



© Wolters Kluwer Italia

© Wolters Kluwer Italia

SEZIONE III

**I GRUPPI**



## CAPITOLO QUARTO

## I REDDITI TRANSNAZIONALI

SEZIONE I

**I REDDITI DEI NON RESIDENTI PRODOTTI IN ITALIA**



© Wolters Kluwer Italia

SEZIONE II

**I REDDITI DEI RESIDENTI PRODOTTI ALL'ESTERO**



CAPITOLO QUINTO

**LE OPERAZIONI STRAORDINARIE**



© Wolters Kluwer Italia

# PARTE II
# LE IMPOSTE INDIRETTE

## CAPITOLO SESTO
## L'IMPOSTA SUL VALORE AGGIUNTO

### SEZIONE I
### STRUTTURA



### SEZIONE II
### APPLICAZIONE



### SEZIONE III
### PROFILI TRANSNAZIONALI



© Wolters Kluwer Italia

## CAPITOLO SETTIMO

## L’IMPOSTA DI REGISTRO



## CAPITOLO OTTAVO

## L’IMPOSTA SULLE SUCCESSIONI E DONAZIONI



© Wolters Kluwer Italia

## CAPITOLO NONO

## ALTRI TRIBUTI INDIRETTI



## PARTE III
## LA FISCALITÀ LOCALE E REGIONALE

## CAPITOLO DECIMO

## I TRIBUTI LOCALI E REGIONALI

### SEZIONE I

### I TRIBUTI COMUNALI E PROVINCIALI



### SEZIONE II

### I TRIBUTI REGIONALI



© Wolters Kluwer Italia

PARTE IV
**FISCALITÀ INTERNAZIONALE**

CAPITOLO UNDICESIMO
**LA FISCALITÀ DELL'UNIONE EUROPEA**

SEZIONE I
**IL MERCATO INTERNO**



SEZIONE II
**L'ARMONIZZAZIONE**



CAPITOLO DODICESIMO
**LA FISCALITÀ INTERNAZIONALE**



© Wolters Kluwer Italia

© Wolters Kluwer Italia

PARTE I

# LE IMPOSTE SUI REDDITI

CAPITOLO PRIMO

# L'IMPOSTA SUL REDDITO DELLE PERSONE FISICHE

SOMMARIO: 1. Il sistema delle imposte sui redditi. – 2. I soggetti passivi e la residenza fiscale. – 3. La personalità dell'Irpef e la progressività imperfetta. – 4. Le nozioni teoriche di reddito. – 4.1. Il presupposto dell'Irpef e la nozione positiva di reddito. – 4.2. Le categorie reddituali. – 5. Reddito vs patrimonio. – 5.1. Proventi onerosi e proventi gratuiti. – 5.2. Redditi in natura e valore normale. – 5.3. Redditi e deprezzamento monetario. – 5.4. Periodo d'imposta e imputazione dei componenti di reddito. – 6. Redditi del *de cuius* percepiti dagli eredi. – 7. Redditi illeciti e costi inerenti. – 8. I redditi dei coniugi e dei figli minori. – 8.1. I redditi delle imprese familiari. – 9. I redditi delle società di persone. – 9.1. I redditi delle associazioni tra professionisti. – 10. La base imponibile. Reddito complessivo e perdite deducibili. – 10.1. Gli oneri deducibili dal reddito complessivo. – 10.2. Le aliquote e l'imposta lorda. – 10.3. Le detrazioni dall'imposta lorda. – 10.4. L'imposta netta dovuta e l'imposta da versare. – 11. I redditi soggetti a tassazione separata.

## 1. *Il sistema delle imposte sui redditi.*

Il sistema vigente di tassazione dei redditi è disciplinato dal D.P.R. 22 dicembre 1986, n. 917, con cui è stato approvato il Testo unico delle imposte sui redditi (Tuir).

Il sistema trae origine dalla legge delega per la riforma tributaria del 1971 [1], attuata, per le imposte dirette, da un gruppo di decreti delegati emanati nel settembre 1973 [2], confluiti nel T.U.

[1] L. 9 ottobre 1971, n. 825.

[2] Il 29 settembre 1973 furono emanati i decreti delegati n. 597 (Irpef); n. 598 (Irpeg); n. 599 (Ilor); n. 600 (accertamento); n. 601 (esenzioni); n. 602 (riscossione). Gli ultimi tre sono tuttora in vigore. Essi hanno sostituito il T.u. delle imposte dirette del 1958.

© Wolters Kluwer Italia

Il precedente sistema di imposizione diretta, soppresso dalla riforma degli anni '70, era formato dalle due imposte fondiarie (sui redditi dei terreni e dei fabbricati) [3] e dall'imposta di ricchezza mobile [4], cioè da imposte reali e proporzionali.

Completavano il sistema due tributi globali: l'imposta complementare progressiva sul reddito delle persone fisiche, che, applicata dal 1° gennaio 1925, ebbe peraltro sempre un ruolo insignificante, e, dal 1954, l'imposta sulle società [5].

Il sistema ora vigente, creato dalla riforma del 1971-73, è formato da due imposte che colpiscono i redditi delle persone fisiche e degli enti collettivi (Irpef ed Ires) [6].

[3] Il sistema italiano delle imposte sul reddito nasce nella forma di imposte reali, che colpiscono specifici tipi di reddito: redditi dei terreni e dei fabbricati e ricchezza mobile. Fino all'avvento della rivoluzione industriale, le imposte di maggiore importanza erano quelle sui redditi dei terreni e dei fabbricati; era minore il rilievo dei redditi mobiliari (cfr. O. Quarta, *Commento alla legge sulla imposta di ricchezza mobile*$^2$, vol. I, Milano, 1902, p. 3). Sulla nascita del sistema tributario italiano cfr. G. Marongiu, *Alle radici dell'ordinamento tributario*, Padova, 1988.

L'unificazione delle imposte fondiarie che esistevano negli Stati preunitari avvenne nel 1864 con un conguaglio provvisorio; il catasto geometrico-particellare fu creato dalla L. 1° marzo 1866, n. 3682.

La prima regolamentazione dell'imposta sui fabbricati avvenne con la L. 26 gennaio 1865, n. 2136, che la scorporò dall'imposta sui terreni. L'imposta teneva conto, in origine, di segni esteriori: il numero di porte e finestre, l'estensione della facciata, il numero delle stanze e dei piani. Si passò, poi, in una fase di urbanesimo più avanzato, alla considerazione diretta del reddito, desunto dal valore locativo. Infine, anche al reddito edilizio fu applicato il sistema catastale. Cfr. F. Nitti, *Princìpi di scienza delle finanze*, Napoli, 1907, p. 422.

Con il R.d.l. 13 aprile 1939, n. 652, fu disposta la formazione del catasto edilizio urbano, destinato a fissare la rendita media ordinaria da sottoporre ad imposta.

[4] La prima imposta generale sul reddito fu istituita in Inghilterra nel 1798. L'*income tax*, in origine, era proporzionale; divenne progressiva nel 1910, con l'introduzione di una *supertax* (o *surtax*). L'imposta sul reddito globale fu introdotta in Prussia nel 1891. Gli stati tedeschi «*man mano imitarono questo tributo (...) sicché all'inizio del ventesimo secolo l'imposta personale progressiva sul reddito (...) era ormai ampiamente diffusa in Germania e si avviava a diventare un pilastro del suo cospicuo sistema tributario federale e statale*» (F. Forte, P. Bondonio, L. Jonia Celesia, *Il sistema tributario*, Torino, 1983, p. 202).

Negli Stati Uniti, l'imposta federale sul reddito è stata istituita nel 1913, dopo che fu rimosso un divieto costituzionale.

In Francia, dopo la Rivoluzione, furono istituite quattro imposte: quella fondiaria, quella personale mobiliare, l'imposta di patente e l'imposta sulle porte e finestre. Il sistema delle "quattro vecchie" (imposte) è durato fino al 1917, anno in cui fu adottata un'imposta generale sul reddito, e delle vecchie imposte fu conservata solo quella fondiaria.

[5] Istituita con L. 6 agosto 1954, n. 603, l'imposta colpiva solo le società di capitale; aveva come base imponibile il patrimonio ed il reddito eccedente il sei per cento del patrimonio: si voleva, con questo sistema (detto "a tenaglia"), indurre le società a non sottovalutare il patrimonio.

[6] Sui presupposti teorici della riforma tributaria del 1971-73 si veda C. Cosciani, *Stato dei lavori della Commissione per lo studio della riforma tributaria*, Milano, 1964.

© Wolters Kluwer Italia

In altri Paesi, il sistema di imposizione sul reddito era caratterizzato da tempo da imposte generali di tipo progressivo; in Italia, invece, un'imposta con tali caratteri (l'Irpef) è stata introdotta molto più tardi.

## 2. *I soggetti passivi e la residenza fiscale.*

Soggetti passivi dell'Irpef, cioè debitori d'imposta, sono le persone fisiche[7].

Vi sono anche obblighi formali, a carico di soggetti diversi dal debitore d'imposta: ad esempio, le società di persone e le associazioni professionali sono tenute ad alcuni adempimenti formali (come presentare la dichiarazione), ma non sono debitori d'imposta.

Riveste particolare rilievo la distinzione tra residenti e non residenti nel territorio dello Stato, in quanto i residenti sono tassati sul complesso dei loro redditi, ovunque prodotti (nel mondo), i non residenti solo per i redditi prodotti in Italia. Vi è dunque, per i residenti, un criterio di collegamento di tipo personale, per i non residenti un criterio di collegamento di tipo reale.

A norma dell'art. 2 del Tuir «*si considerano residenti le persone che per la maggior parte del periodo d'imposta sono iscritte nelle anagrafi della popolazione residente o hanno nel territorio dello Stato il domicilio o la residenza ai sensi del codice civile*»[8].

La residenza fiscale, quindi, scaturisce da uno dei seguenti tre fatti (di durata almeno semestrale):

(i) dalla iscrizione anagrafica;

(ii) dal domicilio, ossia dal centro degli affari ed interessi;

(iii) dalla dimora abituale.

Per contrastare il fenomeno dei trasferimenti fittizi di residenza in "paradisi fiscali", si presume, a norma dell'art. 2, comma 2-*bis*, del Tuir, che siano residenti in Italia i cittadini italiani cancellati dalle anagrafi della

Alle due imposte generali si aggiungeva l'Ilor (imposta locale sui redditi), abolita a partire dal 1998, che aveva la funzione di discriminare tra redditi di diversa origine (l'Ilor colpiva soltanto i redditi di origine patrimoniale, ritenuti espressivi di una maggiore capacità contributiva).

[7] Cfr. R. Schiavolin, *I soggetti passivi,* in *Imposta sul reddito delle persone fisiche. Giur. sist. dir. trib.*, diretta da F. Tesauro, Torino, 1994, t. I, p. 58 ss.

[8] Cfr. M.C. Fregni, *La residenza fiscale delle persone fisiche*, in *Giur. it.*, 2009, 2563; P. Piantavigna, *La funzione della nozione di "residenza fiscale" nell'Irpef*, in *Riv. dir. fin.*, 2013, I, 275.

© Wolters Kluwer Italia

popolazione residente ed emigrati in Stati o territori aventi un regime fiscale privilegiato (ad esempio, Principato di Monaco)[9].

Vi è dunque una presunzione legale relativa di permanenza della residenza fiscale in Italia, quando un cittadino italiano si trasferisce in un "paradiso fiscale". È onere del contribuente dimostrare che, dopo la cancellazione dall'anagrafe dei residenti, non ha conservato in Italia né la dimora abituale né il centro dei propri affari e interessi.

### 3. *La personalità dell'Irpef e la progressività imperfetta.*

L'Irpef mira a tassare in modo progressivo il reddito globale effettivo delle persone fisiche residenti in Italia.

Non tutti i redditi sono tassati in modo effettivo. È il caso dei redditi fondiari, determinati catastalmente, la cui misura reale è mediamente superiore a quella catastale (redditi dei fabbricati, redditi delle imprese agrarie più prospere).

Il sistema di tassazione dei redditi di partecipazione in società è del tutto peculiare, come la tassazione delle imprese minori in contabilità semplificata.

Vi sono quindi deroghe al principio di tassazione del reddito effettivo.

L'imposta sul reddito delle persone fisiche è un'imposta personale perché la sua disciplina tiene conto di una serie di circostanze di natura personale: ossia, non solo del fatto che i redditi si aggregano presso un medesimo soggetto costituendone il reddito complessivo (nel quale sono inclusi tutti i redditi del soggetto, ovunque e comunque prodotti), ma anche di altri elementi, di stretto carattere personale.

Si tratta, come vedremo, delle deduzioni dal reddito complessivo e delle detrazioni dall'imposta.

L'imposta dovuta non deriva quindi, soltanto, dall'applicazione delle aliquote progressive al reddito complessivo, ma anche dalle deduzioni e detrazioni.

La progressività è però imperfetta, essendovi – oltre che redditi non tassati in modo effettivo – redditi che non sono inclusi nel reddito complessivo. Le deroghe sono numerose: regimi di esenzione e agevolazione, regimi sostitutivi, imposte c.d. cedolari, ecc.

[9] I Paesi a regime fiscale privilegiato sono indicati nella *black list* contenuta nel D.m. 4 maggio 1999, modificato, da ultimo, dal D.m. 12 febbraio 2014.

© Wolters Kluwer Italia

Basti qui menzionare i redditi di capitale (interessi dei titoli obbligazionari, dividendi azionari, quote di fondi comuni, ecc.) sottoposti a regimi sostitutivi (proporzionali) e la c.d. cedolare secca sugli affitti delle abitazioni[10]. Anche il reddito dell'abitazione principale sfugge alla progressività (Tuir, art. 10, comma 3-*bis*).

Vi è dunque un dualismo tra redditi tassati in misura non effettiva o in misura proporzionale e altri redditi (da lavoro, da impresa, ecc.), che, inclusi nel reddito complessivo, sono tassati in misura progressiva[11].

## 4. *Le nozioni teoriche di reddito.*

Le nozioni teoriche di reddito tassabile sono tre: il reddito come prodotto, il reddito come entrata e il reddito come consumo (o ricchezza consumata)[12].

Secondo la nozione di reddito come prodotto, un'entrata ha natura di reddito solo se deriva da una fonte produttiva.

La nostra legislazione fiscale ha accolto, sin dall'origine, il concetto di reddito come prodotto, tassando sia i redditi prodotti in modo continuativo, sia i redditi variabili ed eventuali e quelli prodotti *una tantum*[13].

[10] D.lgs. 14 marzo 2011, n. 23, art. 3.

[11] Sulle criticità dell'Irpef cfr. G. Tremonti, *La crisi dell'imposizione personale progressiva e gli strumenti giuridici utilizzati ed utilizzabili*, in *La crisi dell'imposizione progressiva sul reddito,* a cura di E. Gerelli e R. Valiani, Milano, 1984; V. Visco, *Disfunzioni ed iniquità dell'Irpef e possibili alternative: un'analisi del funzionamento dell'imposta sul reddito in Italia nel periodo 1977-83*, in *La crisi dell'imposizione progressiva sul reddito,* a cura di E. Gerelli e R. Valiani, Milano, 1984; *Per un'imposta sul reddito normale*, a cura di M. Leccisotti, Bologna, 1990; R. Schiavolin, Flat tax, *equa tassazione del reddito e principio di progressività*, in *Riv. dir. trib.*, 2006, I, 291; D. Stevanato, *Dalla crisi dell'Irpef alla* flat tax, Bologna, 2016.

[12] Cfr. E. Vanoni, *Osservazioni sul concetto di reddito in finanza* (1932), ora in *Opere giuridiche*, vol. II, Milano, 1962, p. 351 ss., che ricostruisce la genesi dei tre concetti. All'origine vi è l'idea che è reddito ciò che è destinabile al consumo: le diverse formulazioni, quindi, dipendono dai requisiti dai quali viene fatta dipendere la destinabilità al consumo. In un primo momento, si affermò il concetto che può essere assegnato al consumo solo ciò che viene prodotto (secondo alcuni, solo ciò che viene prodotto con una certa regolarità: teoria della fonte). In una seconda fase, si considerò reddito ciò che affluisce nel patrimonio del soggetto in un dato periodo (sono quindi reddito anche le eredità, le donazioni, gli incrementi di valore, i guadagni di congiuntura): si delinea, così, il concetto di reddito-entrata, che comprende tutto ciò di cui un soggetto può disporre senza intaccare il patrimonio precedente (p. 366). Infine, l'attenzione degli studiosi si spostò dalla genesi alla funzione del reddito, e si affermarono così le teorie che restrinsero il reddito solo a ciò che viene effettivamente destinato al consumo (reddito come ricchezza consumata: p. 367).

[13] Come osservava O. Quarta, *Commento alla legge sulla imposta di ricchezza mobile*[2], vol. II, Milano, 1902, p. 102, la legge non considera reddito – secondo l'etimologia del termine – solo

© Wolters Kluwer Italia

La nozione di reddito-entrata considera reddito qualsiasi entrata, quale che ne sia la fonte (e, quindi, anche se non deriva da una fonte produttiva)[14].

La nozione è stata elaborata assumendo che è reddito la somma dei consumi potenziali e delle variazioni nette, intervenute nel patrimonio del contribuente, nel periodo di tempo considerato[15]. Consumo potenziale è quanto il contribuente avrebbe potuto spendere nel periodo d'imposta (indipendentemente da quanto ha effettivamente speso) senza accrescere e senza diminuire il suo patrimonio.

Da ciò deriva che, visto dal lato delle entrate (anziché da quello della spesa), il reddito comprende sia i frutti del patrimonio e dell'attività del soggetto, sia gli incrementi patrimoniali, quale che ne sia l'origine causale. Sono inclusi, quindi, gli incrementi di valore del patrimonio, le entrate conseguite a titolo gratuito, come le donazioni e le successioni, i guadagni casuali, ed anche l'autoconsumo (tra cui il reddito figurativo dell'abitazione)[16].

Infine, la concezione del reddito come consumo implica che è tassata solo la ricchezza consumata: non è tassato né il reddito risparmiato, né il reddito di capitale[17].

Non esistono sistemi positivi che tassano solo il reddito consumato e che esentano il risparmio. Esistono però sistemi che tassano in modo

ciò che ritorna ogni anno, ma «*sottopone a siffatta imposta qualsivoglia prodotto o reddito non immobiliare, sia perpetuo che temporaneo, sia a tempo determinato che senza determinazione di tempo, sia soggetto ad eventi o variazioni, che inalterabile, ecc.*».

[14] Il concetto di reddito come entrata è teorizzato da G. Schanz, *Der Einkommenbegriff und die Einkommensteuergesetze*, in *Finanz Archiv*, 1896, vol. XIII, da R.M. Haig, *The Federal Income Tax*, New York, 1921, e da H.C. Simons, *Personal Income Taxation: the Definition of Income as a Problem of Fiscal Policy*, Chicago, 1938, p. 5. Perciò è indicato come Modello SHS.

[15] H.C. Simons, *Personal Income Taxation: the Definition of Income as a Problem of Fiscal Policy*, cit., p. 5.

[16] Coerentemente con il concetto di reddito imponibile come consumo potenziale, vanno considerati i guadagni (e le perdite) in conto capitale maturati (anche se non realizzati): ciò che l'individuo avrebbe potuto consumare comprende ciò che avrebbe potuto realizzare se avesse ceduto i suoi cespiti patrimoniali.

Nel reddito-entrata è incluso l'autoconsumo, cioè la fruizione diretta di beni e servizi prodotti dallo stesso contribuente. L'esempio più significativo è l'uso della casa di abitazione da parte del proprietario.

Si tratta di una definizione molto ampia di reddito, non applicata in modo integrale da nessun sistema fiscale. L'autoconsumo non è generalmente tassato; il reddito figurativo dell'abitazione di proprietà viene spesso esentato; le plusvalenze sono tassate al realizzo anziché alla maturazione.

[17] La tassazione del reddito come consumo, teorizzata da N. Kaldor, *An Expenditure Tax*, London, 1955, è stata sostenuta in Italia da L. Einaudi, *Saggi sul risparmio e l'imposta*, Torino, 1941, p. 365 ss.

© Wolters Kluwer Italia

limitato i redditi di capitale (intesi in senso ampio, comprendendo i redditi fondiari e i profitti delle imprese, ed escludendo solo i redditi da lavoro).

### 4.1. *Il presupposto dell'Irpef e la nozione positiva di reddito.*

Il presupposto dell'imposta sul reddito delle persone fisiche, secondo l'art. 1 del Tuir, è «*il possesso di redditi in denaro o in natura*», ma nel Tuir non vi è una definizione generale di reddito[18]. Vi è, invece, la definizione dei singoli redditi, ossia delle categorie reddituali.

E poiché tutte le categorie reddituali indicano come reddito proventi derivanti da fonti produttive, il reddito può essere definito, in generale, come un incremento di patrimonio, derivante da una fonte produttiva.

Per stabilire, poi, se tale criterio sia seguito in modo restrittivo o in modo elastico, o sia derogato, è necessario esaminare il contenuto delle singole categorie. Va allora notato che rientrano nel reddito d'impresa non solo i proventi della gestione, ma anche gli incrementi patrimoniali (plusvalenze e sopravvenienze), pur se di origine gratuita; inoltre, sono reddito tutti i proventi che debbono essere iscritti nel conto economico, anche se conseguiti a titolo gratuito (ad esempio, i contributi in conto esercizio). In conclusione, per i redditi d'impresa sembra valere il concetto di reddito-entrata. Ma, in realtà, anche i proventi "non prodotti" risultano comunque riconducibili ad un sistema di natura intrinsecamente produttiva, quale è l'impresa.

Tra i redditi di lavoro dipendente e assimilati sono tassabili le indennità di disoccupazione e le borse di studio (Tuir, art. 50), ipotesi, cioè, che possono essere comprese nella nozione di reddito prodotto solo nell'ambito di una nozione assai lata di fonte produttiva.

Le categorie reddituali tipiche sono comunque tutte categorie di "redditi prodotti", alla luce d'una nozione lata di fonte produttiva, e d'un concetto lato di nesso di causalità tra fonte e reddito[19].

[18] Altre legislazioni fiscali non definiscono il reddito per categorie. Negli Stati Uniti d'America, ad esempio, vi è una definizione globale di reddito nella *Section* 61 dell'*Internal Revenue Code*, che indica come reddito imponibile "*all income from whatever source derived*". Cfr. R. Avi-Yonah, N. Sartori, O. Marian, *Global perspectives on income taxation law*, Oxford, 2011, p. 17 ss.

[19] Osserva E. Potito *Il sistema delle imposte sul reddito*, Milano, 1989, p. 9, che in tutte le fattispecie vi è la derivazione diretta o indiretta del reddito da una fonte produttiva. Anche dove sembra che venga tassata una mera entrata vi è comunque il collegamento con un contesto produttivo.

© Wolters Kluwer Italia

Nel caso, invece, dei «*redditi diversi*», non vi è una fonte unitaria che valga come tratto comune di tutte le ipotesi tassabili. La derivazione da una fonte produttiva dei «*redditi diversi*» va verificata caso per caso, ed in tale eterogenea categoria troviamo in effetti (anche) ipotesi reddituali non riconducibili al concetto di reddito come prodotto, ma al reddito-entrata: è ad esempio il caso, già indicato, delle plusvalenze non speculative e delle vincite dei concorsi e delle lotterie.

In conclusione, il vigente sistema d'imposizione dei redditi adotta, ed ha sempre adottato[20], il concetto di reddito prodotto, ma vi sono ipotesi di proventi tassati come reddito che non derivano da una fonte produttiva, per cui – data la tendenza espansiva dell'evoluzione legislativa – si può affermare che il nostro sistema, pur se indubbiamente fondato sul concetto di reddito come prodotto, mostra significative aperture verso il concetto di reddito-entrata[21].

Le preoccupazioni che hanno guidato il legislatore non sono teoriche (il rispetto di un modello astratto), ma pratiche. Vi sono infatti nel T.u. deviazioni dal modello, sia perché sono tassati in alcuni casi proventi che non sono reddito-prodotto, ma reddito-entrata, sia perché non sono tassati proventi che hanno natura reddituale anche secondo il modello teorico del reddito prodotto[22].

### **4.2.** *Le categorie reddituali.*

A) Le categorie reddituali sono le seguenti:

a) redditi fondiari;
b) redditi di capitale;
c) redditi di lavoro dipendente;
d) redditi di lavoro autonomo;
e) redditi di impresa;
f) redditi diversi.

[20] Viene ricordata, come definizione classica, quella formulata da O. QUARTA, *Commento alla legge sulla imposta di ricchezza mobile*, cit., p. 113, secondo cui il reddito è una «*ricchezza novella*», che deriva da una «*energia o forza produttiva*».

[21] Come osserva S. STEVE, *Lezioni di scienza delle finanze*, Padova, 1976, p. 306, le legislazioni tributarie, anche se fondate sulla nozione di reddito prodotto, includono spesso nel reddito imponibile anche degli incrementi di capitale.

[22] L'esclusione dalla tassazione di ipotesi di reddito che rientrano nel concetto di reddito prodotto è una conseguenza del metodo prevalentemente casistico di redazione del T.u.: il che comporta, inevitabilmente, esonero da imposta non solo di casi che il legislatore ha consapevolmente voluto escludere, ma anche di casi che il legislatore non si è prospettato. Si pensi alla rendita derivante da un patto tontinario.

© Wolters Kluwer Italia

Ciascuna categoria presenta una certa omogeneità di contenuto, data dalla fonte, ma i «*redditi diversi*» derivano da fonti eterogenee.

Le categorie sono "inclusive", cioè costruite con l'intento di comprendere tutta la materia imponibile. Ecco perché:

– alcune categorie, anche quando utilizzano definizioni o nozioni extra-tributarie, sono più ampie della nozione utilizzata (ad esempio, la definizione tributaria di impresa utilizza la nozione civilistica di impresa commerciale, ma è più ampia; la definizione tributaria di reddito di lavoro dipendente utilizza la nozione giuslavoristica di rapporto di lavoro, ma la amplia);

– alcune categorie comprendono non solo redditi pienamente rispondenti alla definizione della categoria, ma anche altri redditi, di carattere spurio (si vedano, per esempio, i redditi assimilati a quelli di lavoro dipendente);

– vi è una categoria residuale (quella dei «*redditi diversi*»), che, come detto, non presenta omogeneità di contenuto (e, perciò, non presenta un apparato uniforme di regole di determinazione).

B) A ciascuna categoria corrispondono particolari regole di determinazione: i redditi di capitale sono tassati al lordo (cioè senza deduzione di costi o perdite).

Anche i redditi di lavoro dipendente sono tassati al lordo, per una esigenza di semplicità applicativa, ma vi sono detrazioni dall'imposta, con cui si dà rilievo forfetariamente alle spese.

I redditi fondiari sono tassati in base alla rendita catastale. Non si deducono i costi effettivi perché la rendita catastale ne tiene conto.

Sono tassati deducendo i costi inerenti i redditi di lavoro autonomo, i redditi d'impresa e i redditi diversi.

Non sempre i costi sono dedotti nel loro ammontare effettivo; talvolta sono forfetizzati (redditi da lavoro, contribuenti minori, diritti d'autore, ecc.).

I redditi d'impresa sono determinati sulla base del risultato (utile o perdita) del conto economico, rettificato secondo le norme fiscali.

C) Le diverse categorie reddituali, quindi, non sono soltanto uno strumento di individuazione e classificazione della materia imponibile, ma l'oggetto di regimi giuridici diversi, concernenti, in primo luogo, il sistema di determinazione dell'imponibile (quantificazione e imputazione al periodo d'imposta) e, inoltre, regole formali diverse (in materia di contabilità, obbligo di dichiarazione, metodi di accertamento, ritenute alla fonte).

© Wolters Kluwer Italia

In molti casi la scelta legislativa, che ha portato alla collocazione di un reddito in una categoria a preferenza di altre, è stata operata in relazione al regime giuridico ritenuto più appropriato. Ad esempio, i redditi di lavoro autonomo e quelli di impresa sono redditi derivanti da attività svolte in modo solitamente continuativo, per cui vi è un apparato normativo (ad esempio in tema di ammortamenti, contabilità, dichiarazione), che risulta consono a redditi continuativi; invece, non a caso, i redditi occasionali di impresa e di lavoro autonomo sono inclusi nella categoria dei «*redditi diversi*».

D) Il presupposto delle imposte sul reddito è dato dal possesso, o disponibilità[23], di un reddito, ma al termine possesso non va attribuito il significato tecnico che ha nel codice civile (il reddito non è una *res*), né un significato tecnico-tributario uniforme per tutte le categorie reddituali. Se il possesso di un reddito è ciò che ne determina la tassabilità, è necessario esaminare, per ciascuna categoria di reddito, quale sia l'accadimento che lo rende tassabile.

Vi sono redditi tassabili quando sono percepiti (principio di cassa); è il caso dei redditi di capitale, dei redditi di lavoro, dei redditi diversi: per questi redditi, quindi, possesso significa percezione.

Nel caso dei redditi fondiari, il possesso va riferito all'immobile; nel caso del reddito d'impresa, il reddito è frutto di un calcolo; perciò, non vi è possesso del reddito, ma della fonte.

In conclusione, non esiste una nozione unitaria di possesso di reddito, ma tante nozioni, quante se ne traggono dalla disciplina delle diverse categorie.

## 5. *Reddito vs patrimonio.*

Reddito e patrimonio sono concetti da tenere distinti, come sono da distinguere i proventi reddituali dalle entrate patrimoniali.

Il patrimonio è l'insieme delle situazioni giuridiche soggettive a contenuto economico di cui è titolare un soggetto in un dato momento (diritti reali, crediti, debiti, ecc.). Esso è, quindi, una realtà statica. Il reddito, invece, è un fenomeno dinamico: è infatti la risultante delle variazioni

[23] In caso di sequestro giudiziario, il reddito del bene sequestrato non è imputabile all'intestatario, che non ne ha la disponibilità, ma al custode (Cass., 11 novembre 2011, n. 23620).

© Wolters Kluwer Italia

incrementative del patrimonio. Il patrimonio è uno *stock*, il reddito un flusso. Il patrimonio indica ciò che si ha, il reddito ciò che si acquisisce.

Non tutte le entrate sono reddito: non sono reddito le entrate patrimoniali; reddito sono soltanto le entrate o proventi che derivano da una fonte produttiva.

Perciò, ad esempio, per una società sono componenti positivi di reddito i corrispettivi che le spettano a fronte di una sua prestazione; al contrario, non sono reddito i conferimenti e i versamenti dei soci in conto capitale[24]. Simmetricamente, per i soci è reddito la distribuzione di utili, non lo è la restituzione del capitale investito[25].

È reddito ciò che costituisce incremento del patrimonio; non lo è la mera reintegrazione del patrimonio già posseduto. È questa la chiave di lettura dell'art. 6 del Tuir, a norma del quale sono tassabili «*i proventi conseguiti in sostituzione di redditi*» e le indennità conseguite «*a titolo di risarcimento di danni consistenti nella perdita di redditi*». Tali proventi o indennità costituiscono redditi della stessa categoria dei redditi sostituiti o perduti.

Sono quindi tassabili i proventi che sostituiscono redditi imponibili, non lo sono i proventi conseguiti in sostituzione di entrate patrimoniali o per reintegrare perdite patrimoniali.

In altri termini, il danno emergente (che è una diminuzione patrimoniale) non è reddito, ma è reddito il lucro cessante (mancata percezione di un reddito)[26].

Lungo la stessa linea concettuale si situa la discriminazione tra pensioni tassabili e pensioni non tassabili; sono tassabili, in linea di principio, le pensioni che si collegano ad un rapporto di impiego o di servizio,

[24] Si veda l'art. 91 del Tuir, a proposito della esclusione dal reddito dei sovrapprezzi azionari e degli interessi di conguaglio.

[25] A norma del Tuir, art. 47, comma 5, non sono reddito le somme ricevute dai soci a titolo di ripartizione di riserve o altri fondi costituiti con sopraprezzi di emissione delle azioni o quote, con interessi di conguaglio versati dai sottoscrittori di nuove azioni o quote, con versamenti fatti dai soci a fondo perduto o in conto capitale e con saldi di rivalutazione monetaria esenti da imposta.

A norma del comma 7, le somme o il valore normale dei beni ricevuti dai soci in caso di recesso, di esclusione, di riscatto e di riduzione del capitale esuberante o di liquidazione anche concorsuale delle società ed enti costituiscono utile per la parte che eccede il prezzo pagato per l'acquisto o la sottoscrizione delle azioni o quote annullate. Cfr. P. Coppola, *Le poste di patrimonio netto*, in *Imposta sul reddito delle società (IRES)*, a cura di F. Tesauro, Bologna, 2007, p. 249.

[26] Cass., 19 marzo 2010, n. 6754; Id., 26 aprile 2017, n. 10244. Cfr. L. Tosi, *La nozione di reddito*, in *Imposta sul reddito delle persone fisiche. Giurisprudenza sistematica di diritto tributario*, diretta da F. Tesauro, t. I, Torino, 1994, p. 33.

© Wolters Kluwer Italia

e sono, quindi, proiezione di un precedente trattamento economico; non lo sono, invece, le pensioni risarcitorie (come le pensioni di guerra, assegnate in conseguenza di lesioni o *morte* causate da eventi bellici, e quelle che risarciscono infortuni subiti da militari di leva)[27].

Anche la nozione di incremento del patrimonio va intesa in senso lato: vi sono compresi non solo i proventi, in danaro o in natura, ma anche le utilità che derivano dall'uso di un bene o dalla fruizione di un servizio. Si pensi, ad esempio, all'utilità che deriva dal possesso di un fabbricato (redditi c.d. figurativi)[28] o a taluni *fringe benefit* di cui fruiscono i lavoratori dipendenti.

Il reddito indica un incremento patrimoniale che deriva, di regola, da nuove acquisizioni; si ha invece plusvalore o plusvalenza (che può essere o non essere tassata come reddito), quando il patrimonio, rimanendo immutato nella sua composizione, aumenta di valore.

### **5.1.** *Proventi onerosi e proventi gratuiti.*

La conferma che, nel nostro diritto positivo, è accolto un concetto lato di reddito prodotto e che, comunque, il sistema è ancorato a tale concetto, proviene da una verifica di come il legislatore tratta le ipotesi di confine.

In primo luogo, vi è da osservare che il requisito della derivazione del reddito da una fonte produttiva implica che il provento abbia come causa un titolo giuridico di natura onerosa.

Di regola, sono tassati i proventi acquisiti a titolo oneroso (ad esempio, corrispettivi contrattuali), e sono esclusi da imposta i proventi acquisiti a titolo gratuito. Infatti, non sono soggetti ad imposta sul reddito né le donazioni, né le eredità. Le donazioni remuneratorie ricevute da lavoratori dipendenti e le liberalità e i contributi ricevuti dalle imprese sono tassati come redditi, ma si tratta di proventi non del tutto gratuiti.

### **5.2.** *Redditi in natura e valore normale.*

Vi sono redditi monetari e redditi in natura.

Redditi in natura sono frequentemente percepiti dai lavoratori dipendenti, come vedremo nell'esame di tale categoria reddituale.

[27] Cfr. Corte cost., 11 luglio 1989, n. 387, in *Giur. it.*, 1991, I, 1, 21.

[28] La tassazione dei redditi dei fabbricati non utilizzati e dei terreni non coltivati è detta tassazione di redditi figurativi. Si tratta in realtà di ipotesi in cui non vi è reddito; l'imposta è motivata da ragioni extrafiscali.

© Wolters Kluwer Italia

I redditi in natura possono essere costituiti da beni o da servizi; ad essi deve essere dato un valore in moneta. Si tassa il loro valore normale, che è dato dal loro valore di mercato: *res tantum valet quantum vendi potest.*

Secondo l'art. 9 del Tuir, per valore normale si intende «*il prezzo o corrispettivo mediamente praticato per i beni e i servizi della stessa specie o similari, in condizioni di libera concorrenza e al medesimo stadio di commercializzazione, nel tempo e nel luogo in cui i beni o servizi sono stati acquistati o prestati, e, in mancanza, nel tempo e nel luogo più prossimi*».

Per determinare il valore normale, si fa riferimento ai listini e alle tariffe del soggetto che ha fornito i beni o i servizi e, in mancanza, alle mercuriali e ai listini delle camere di commercio e alle tariffe professionali, tenendo conto degli sconti d'uso.

Per le azioni, obbligazioni e altri titoli negoziati in mercati regolamentati, si tiene conto della media aritmetica dei prezzi rilevati nell'ultimo mese.

Per le altre azioni, per le quote di società non azionarie e per i titoli di partecipazione in enti non societari, si tiene conto proporzionalmente del valore del patrimonio netto della società o ente.

Vi sono casi in cui si rende necessario il ricorso al "valore normale" per quantificare una componente reddituale: ad esempio, quando non vi è una controprestazione in danaro (in caso di conferimento, autoconsumo, assegnazione ai soci, ecc.), nella quantificazione dei c.d. *fringe benefit* destinati ai lavoratori dipendenti, nelle cessioni infragruppo fra una società residente e una non residente (*transfer price*).

### 5.3. *Redditi e deprezzamento monetario.*

Il reddito sottoposto ad imposta è una grandezza monetaria. Il deprezzamento della moneta pone il problema se la base imponibile dell'imposta debba essere depurata degli incrementi puramente nominali e se la misura dell'imposta debba essere adeguata al deprezzamento della moneta.

Il nostro sistema dell'imposizione sul reddito non dà rilievo, in linea generale, a tali fenomeni. L'imposta è commisurata al valore nominale del reddito tassabile, e non vi sono norme che consentano di sottrarre all'imposta, in via permanente, gli incrementi puramente nominali. Sono necessarie norme *ad hoc* che diano rilievo alle conseguenze dell'inflazione (ad

© Wolters Kluwer Italia

esempio, leggi sulla rivalutazione, con esonero da imposta, di incrementi di valore fiscalmente riconosciuti)[29].

Il fatto che il peso dell'imposta progressiva aumenti in ragione dell'incremento puramente nominale dei redditi (*fiscal drag*) non comporta, di per sé, una modifica automatica della tassazione.

Taluni parametri di liquidazione dell'imposta (importo delle detrazioni dall'imposta e limiti di reddito che condizionano le detrazioni), possono essere rivisti, quando la variazione degli indici Istat supera il 2 per cento. La revisione può essere stabilita annualmente con decreto del Presidente del Consiglio dei Ministri, per «*neutralizzare integralmente gli effetti dell'ulteriore pressione fiscale non rispondenti a incrementi reali di reddito*»[30].

### 5.4. *Periodo d'imposta e imputazione dei componenti di reddito.*

Il reddito assume rilievo come reddito di un determinato periodo di tempo, denominato periodo d'imposta.

Le imposte sui redditi sono imposte periodiche, non tanto perché si applicano continuativamente, quanto perché il loro presupposto è delimitato temporalmente dal periodo d'imposta. Le imposte istantanee colpiscono fatti specifici, mentre quelle periodiche colpiscono l'insieme dei fatti che si verificano in un dato intervallo temporale.

Per le persone fisiche, il periodo d'imposta è l'anno solare; per le società, l'esercizio sociale. Vi possono però essere interruzioni: ad esempio, in caso di morte della persona fisica. Per le società, il periodo d'imposta cessa in caso di trasformazione, fusione, scissione, liquidazione (ordinaria o concorsuale), e inizia un nuovo periodo.

Ciascun periodo d'imposta ha autonoma rilevanza, sia sul piano sostanziale, sia sul piano formale; ad ogni periodo d'imposta «*corrisponde un'obbligazione tributaria autonoma*» (Tuir, art. 7) e si correla una molteplicità di obblighi formali e sostanziali (dichiarazione, versamenti, ecc.).

Per la determinazione dell'obbligazione tributaria di un dato periodo d'imposta rilevano i fatti che si verificano in quel periodo.

[29] L'art. 68, comma 2, del Tuir, in tema di tassazione delle plusvalenze realizzate con la cessione dei terreni edificabili, prevede che il prezzo di acquisto sia rivalutato in base alla variazione dell'indice dei prezzi al consumo per le famiglie di operai e impiegati.

[30] D.l. 2 marzo 1989, n. 69, convertito con L. 27 aprile 1989, n. 154, art. 3. La revisione concerne l'ammontare delle detrazioni e i limiti di reddito previsti dagli artt. 12 e 13 del T.u. (cfr. art. 1, D.l. 19 settembre 1992, n. 384, conv. con L. 14 novembre 1992, n. 438).

© Wolters Kluwer Italia

Poiché gli eventi economici da cui scaturisce il reddito possono interessare più periodi d'imposta, il legislatore pone regole precise in materia di imputazione temporale dei componenti (positivi e negativi) reddituali. Per la maggior parte dei redditi rileva il momento in cui il reddito è percepito (principio di cassa); per i redditi d'impresa vige invece il principio di competenza, in forza del quale i costi e i proventi vanno imputati al periodo di maturazione, a prescindere dal pagamento e dall'incasso.

Va infine precisato, in tema di autonomia del periodo d'imposta, che la regola per cui ogni periodo d'imposta è autonomo non significa che, nel determinare la base imponibile, si debba tener conto solo dei fatti di quel periodo. Insomma, altro è l'autonomia del periodo d'imposta, altro le regole di determinazione della base imponile. Per determinare quest'ultima, può esser necessario tener conto di fatti avvenuti in altri periodi.

## 6. *Redditi del* de cuius *percepiti dagli eredi.*

Gli eredi possono essere soggetti passivi per un duplice titolo. In quanto eredi, essi subentrano al *de cuius* quali soggetti passivi dell'imposta dovuta per i presupposti d'imposta realizzati dal *de cuius*[31].

Inoltre, i redditi prodotti, ma non incassati, dal *de cuius*, sono tassati a carico degli eredi, quando li percepiscono (Tuir, art. 7, comma 3).

I crediti derivanti, ad esempio, dall'attività professionale del *de cuius*, che vengono percepiti dagli eredi, non sono reddito degli eredi (perché non derivano da una loro attività produttiva), ma sono entrate patrimoniali, derivanti dalla realizzazione di crediti che fanno parte dell'asse ereditario.

Ciò rappresenta una deviazione dal modello teorico del reddito inteso come prodotto, perché tali proventi sono, per gli eredi, un acquisto di natura patrimoniale, ed invece sono tassati come se fossero redditi prodotti dagli eredi.

La *ratio* della tassazione, con imposta reddituale, di tali entrate (patrimoniali) è da ravvisare in ciò, che, di norma, ogni arricchimento – prima di diventare elemento patrimoniale – è tassato come reddito; se non fossero tassate presso gli eredi, avremmo un'ingiustificata differenza di trattamento rispetto agli altri elementi patrimoniali ereditati e un definitivo

[31] Per tali presupposti d'imposta, gli eredi sono obbligati in solido (D.P.R. 29 settembre 1973, n. 600, art. 65).

© Wolters Kluwer Italia

salto d'imposta: il frutto dell'attività del *de cuius* sarebbe acquisito senza scontare l'imposta sui redditi[32].

**7.** *Redditi illeciti e costi inerenti.*

A) Sono tassati anche i proventi illeciti. Nelle categorie dei redditi tassabili «*devono intendersi ricompresi, se in esse classificabili, i proventi derivanti da fatti, atti o attività qualificabili come illecito civile, penale o amministrativo se non già sottoposti a sequestro o confisca penale. I relativi redditi sono determinati secondo le disposizioni riguardanti ciascuna categoria*»[33].

Non vi è dunque alternatività tra previsione penale di illiceità e tassazione: un reddito può essere, al tempo stesso, illecito e tassabile.

B) I redditi illeciti non costituiscono una categoria reddituale diversa da quelle tipizzate dal legislatore (in base al tipo economico di attività o capitale da cui provengono), ma redditi inquadrabili, se ne hanno i requisiti, tra quelli tipici (redditi di impresa, di lavoro autonomo, ecc.). Nel caso in cui non siano classificabili nelle categorie tipiche, i redditi illeciti sono considerati come «*redditi diversi*»[34].

[32] La ragione della tassazione, dunque, non è nel concetto secondo cui l'erede subentra nei rapporti giuridico-patrimoniali del *de cuius*, e i proventi che sono reddito per il *de cuius* lo sono anche per l'erede. L'erede subentra infatti nella situazione giuridico-patrimoniale del *de cuius*, quale risulta al momento della morte: l'erede subentra, quindi, nella titolarità del credito. Dopo la morte del *de cuius*, non possono più darsi redditi dell'attività (ad es. professionale) del *de cuius*, perché in tanto si hanno redditi professionali imputabili ad un soggetto, in quanto percepiti dal professionista. Se il professionista muore, gli eredi ereditano dei crediti, cioè componenti patrimoniali, che possono produrre redditi patrimoniali (ad es. interessi); ma i cespiti patrimoniali, quali sono i crediti, non possono produrre redditi professionali.

[33] L. 24 dicembre 1993, n. 537, art. 14, comma 4. La giurisprudenza considera interpretativa tale disposizione: cfr. Cass., 19 aprile 1995, n. 4451, in *Giur. it.*, 1995, I, 1, 2001, con nota di F. Tesauro, *La tassazione dei proventi di reato e gli enunciati del legislatore interprete*. Vedi inoltre: Cass., 13 novembre 2006, n. 24192; Id., 2 dicembre 2008, n. 28574; Id., 7 agosto 2009, n. 18111.

Prima di tale norma, si discuteva se i redditi provenienti da attività illecite fossero o non fossero tassabili. La tassabilità era esclusa perché si riteneva che un fatto non può essere previsto sia come presupposto di imposta, sia come fatto illecito. Quarta, *Commento alla legge sulla imposta di ricchezza mobile*², vol. I, cit., p. 162, riteneva «*veramente assurdo che si comprendesse tra i redditi che debbono concorrere alle spese della civile comunanza, ciò che per legge non potrebbe avere esistenza, ciò che giuridicamente sarebbe impossibile*».

[34] D.l. 4 luglio 2006, n. 223, conv. con L. 4 agosto 2006, n. 248, art. 36, comma 34-*bis*.

Se può essere agevole affermare la tassabilità dei proventi derivanti da attività professionali o commerciali illecite, meno agevole è affermare la classificabilità nelle categorie

© Wolters Kluwer Italia

Esempi di proventi illeciti, di cui è stata affermata la tassabilità, sono le vincite del gioco d'azzardo[35], i proventi usurai[36], i frutti di concussione[37], le appropriazioni indebite[38].

C) Un reddito di provenienza illecita potrebbe non essere acquisito definitivamente[39]. Si prevede perciò che i redditi illeciti non sono tassabili se sono sottoposti a sequestro o confisca. In altri termini, sono tassati solo quando sono rimasti nella disponibilità del contribuente[40]. La giurisprudenza ha statuito che confisca e sequestro hanno rilievo solo se lo spossessamento interviene nel periodo d'imposta in cui il provento illecito è tassabile[41]. La tassazione non è quindi impedita da provvedimenti di sequestro o confisca successivi al periodo in cui è stato conseguito il provento.

D) Non sono ammessi in deduzione «*i costi e le spese dei beni o delle prestazioni di servizio direttamente utilizzati per il compimento di atti o attività qualificabili come delitto non colposo*»[42].

La norma può essere applicata solo quando il pubblico ministero abbia esercitato l'azione penale (cioè presentata richiesta di rinvio a giudizio), o quando il giudice penale abbia emesso il decreto che dispone il giudizio (c.p.p., art. 424). La norma si applica anche quando sia pronunciata sentenza di non luogo a procedere per prescrizione del reato.

reddituali tipiche del provento di altri reati, quali furto, rapina, corruzione, concussione, appropriazione indebita, ecc. Cfr. Cass., 13 maggio 2011, n. 10578.

[35] Cfr. Cass., 19 luglio 2006, n. 16504.

[36] Cfr. Cass., 14 novembre 2002, n. 15984; Id., 24 luglio 2013, n. 17953.

[37] Cfr. Cass., 27 ottobre 2006, n. 23238.

[38] Cfr. Cass., ord. 5 gennaio 2010, n. 37.

[39] La tassabilità non è esclusa dalla condanna alla restituzione o al risarcimento, perché sono fatti successivi al presupposto d'imposta, che non incidono sulla nascita dell'obbligazione tributaria (Cass., 5 giugno 2000, n. 7511, in *Giur. it.*, 2000, 2194).

[40] La confisca penale colpisce le cose che servirono o furono destinate a commettere il reato e quelle che ne sono il prodotto, il profitto o il prezzo. Allo spossessamento derivante da confisca (obbligatoria o facoltativa) si ricollega l'esclusione da tassazione. Anche il sequestro penale esclude la tassazione, ma potrebbe essere seguito dalla restituzione; lo spossessamento non è quindi definitivo.

[41] Cfr. Cass., 23 dicembre 2000, n. 16176; Id., 13 maggio 2003, n. 7337; Id., 29 settembre 2005, n. 19078; Id., 20 gennaio 2010, n. 869; Id., 13 novembre 2013, n. 25467; Id., 8 ottobre 2014, n. 21195.

[42] L. 24 dicembre 1993, n. 537, art. 14, comma 4-*bis*; il comma 4-*bis* è stato inserito nell'art. 14 dall'art. 2, comma 8, della L. 27 dicembre 2002, n. 289 (Finanziaria 2003) ed è stato riformulato dall'art. 8 del D.l. 2 marzo 2012, n. 16, conv. dalla L. 26 aprile 2012, n. 44.

© Wolters Kluwer Italia

L'imposta pagata come conseguenza della indeducibilità dei costi, però, deve essere restituita qualora intervenga una sentenza definitiva di assoluzione (c.p.p., art. 530), o una sentenza definitiva di non luogo a procedere (c.p.p., art. 545) fondata sulla sussistenza di motivi diversi dalla prescrizione, o una sentenza definitiva di non doversi procedere, perché l'azione penale non doveva essere iniziata o non deve essere proseguita (c.p.p., art. 529).

La norma introduce una deroga ai normali criteri di determinazione del reddito, per cui si ritiene che la sua *ratio* non sia fiscale, ma punitiva[43]; la norma, inoltre, non appare conforme all'art. 53 Cost., perché la quantificazione dell'imposta dipende da una qualità non economica dei costi.

Sono deducibili i costi documentati da fatture soggettivamente inesistenti, se i beni acquistati non sono stati utilizzati direttamente al fine di commettere un reato, ma per essere lecitamente commercializzati e venduti[44].

## 8. *I redditi dei coniugi e dei figli minori.*

I coniugi sono tassati separatamente; ciascuno di essi è tassato sul proprio reddito.

Quando fu introdotta l'Irpef, i redditi della moglie erano imputati al marito, che era soggetto passivo d'imposta sia per i redditi propri, sia per quelli della moglie. I redditi dei due coniugi erano cumulati, per cui, a causa della progressività, la tassazione dei redditi dei coniugi era più elevata rispetto a quella individuale. Il sistema del cumulo penalizzava la famiglia, e fu, perciò, dichiarato incostituzionale (nel 1976)[45].

Ne è seguita la tassazione separata dei redditi di ciascun coniuge[46].

[43] Circ. 26 settembre 2005, n. 42/E.

[44] Sono deducibili i costi delle operazioni soggettivamente inesistenti (inserite, o meno, in una "frode carosello"), per il solo fatto che siano stati sostenuti, anche nell'ipotesi in cui l'acquirente sia consapevole del carattere fraudolento delle operazioni, salvo che si tratti di costi in contrasto con i princìpi di effettività, inerenza, competenza, certezza, determinatezza o determinabilità oppure di costi relativi a beni o servizi direttamente utilizzati per il compimento di un delitto non colposo (Cass., 20 giugno 2012, n. 10167; Id., 30 ottobre 2013, n. 24426; Id., Cass., 18 giugno 2014, n. 13800; Id., 17 dicembre 2014, n. 26461).

[45] Corte cost., 15 luglio 1976, n. 179, in *Riv. dir. fin.*, 1977, II, 112, dichiarò illegittime le norme secondo cui: *a*) erano imputati al marito i redditi della moglie; *b*) la moglie non era soggetto passivo dell'imposta; *c*) la dichiarazione dei redditi era unica, per i redditi cumulati; *d*) la moglie doveva indicare al marito i dati occorrenti per la dichiarazione.

[46] Cfr. A. Turchi, *La famiglia nell'ordinamento tributario*, Parte prima, Torino, 2012, pp. 99-158. La tesi che l'attuale trattamento fiscale della famiglia penalizza i nuclei monoreddito e le famiglie numerose, con componenti che non producono o svolgono lavoro casalingo,

© Wolters Kluwer Italia

In materia di comunione legale e di fondo patrimoniale, la legge prevede che i relativi redditi si imputano a ciascun coniuge per metà del loro ammontare netto, salva diversa pattuizione convenzionale (Tuir, art. 4).

I redditi dei beni dei figli minori, soggetti all'usufrutto legale dei genitori, sono imputati per metà a ciascun genitore[47]; il minore è debitore d'imposta per i redditi degli altri beni e per i redditi da lavoro.

### 8.1. *I redditi delle imprese familiari.*

L'impresa familiare, disciplinata dall'art. 230-*bis* c.c., assume rilievo fiscale solo quando, prima dell'inizio del periodo d'imposta, sia redatto un atto pubblico o una scrittura privata autenticata da cui risultino nominativamente i familiari che collaborano nell'impresa, prestando un'attività di lavoro che abbia carattere continuativo e prevalente[48].

Si intendono per familiari, ai fini delle imposte sui redditi, il coniuge, i parenti entro il terzo grado e gli affini entro il secondo grado.

Non vi è dunque coincidenza tra la figura civilistica e quella fiscale dell'impresa familiare perché, secondo il codice civile, l'impresa familiare sorge di fatto, senza che ne occorra una formalizzazione ed inoltre perché, secondo il codice civile, sono collaboratori con diritto a partecipare agli utili (e agli incrementi) anche i collaboratori che operano nell'ambito familiare.

La rilevanza fiscale dell'impresa familiare attiene alla distribuzione del reddito tra imprenditore e collaboratori: ai secondi è imputata una quota del reddito complessivo proporzionata al lavoro effettivamente prestato nell'impresa in modo prevalente e continuativo, ma comunque non superiore al 49 per cento (Tuir, art. 5, comma 4). Tale limite ha lo scopo di impedire manovre intese ad eludere la progressività[49].

in quanto tenute a corrispondere un'imposta sui redditi notevolmente superiore rispetto ai nuclei familiari con lo stesso reddito, ma percepito da più di uno dei suoi membri, è enunciata da Corte cost., 24 luglio 1995, n. 358, in *Giur. it.*, 1996, I, 138.

[47] Ciò è conforme alla regola (enunciata anche a proposito dei redditi fondiari) secondo cui, in caso di separazione tra usufrutto e nuda proprietà, è tassato l'usufruttuario.

[48] Cfr. M. Nussi, *L'imputazione del reddito nell'impresa familiare*, in *Riv. dir. trib.*, 1992, I, 915; M.C. Fregni, *La dimensione dell'impresa nell'ambito familiare*, in *Riv. dir. fin.*, 2013, I, 425.

[49] Dato l'interesse a distribuire i redditi fra i familiari per attenuare la progressività, l'imputazione dei redditi a ciascun familiare è subordinata a condizioni formali rigorose. È necessario:

– che i familiari risultino indicati in un atto pubblico o in una scrittura privata autenticata anteriori all'inizio del periodo d'imposta;

© Wolters Kluwer Italia

Il reddito dell'impresa familiare è dunque ripartito tra titolare e collaboratori. Al primo è attribuito almeno il 51 per cento del reddito dell'impresa.

Il reddito delle imprese familiari non è un reddito imputato ai partecipanti come reddito omogeneo, ma vi è netta separazione tra reddito dell'imprenditore e reddito dei collaboratori. Solo la quota spettante all'imprenditore è reddito d'impresa; il reddito dei collaboratori rappresenta la remunerazione del lavoro prestato nell'impresa ed è imputato ai collaboratori a prescindere dalla percezione[50].

Il criterio di riparto degli utili non vale per le perdite (i collaboratori non partecipano alle perdite).

Nella misura in cui sono ripartiti gli utili sono attribuite anche le ritenute operate nei confronti del titolare (Tuir, art. 22).

### 9. *I redditi delle società di persone.*

A) Come è noto, esistono tre tipi di società di persone: la società semplice, la società in nome collettivo e la società in accomandita semplice.

Alle società di persone si contrappongono le società di capitali, ossia: la società per azioni, la società in accomandita per azioni e la società a responsabilità limitata. Nelle società di capitali: a) i soci non rispondono dei debiti della società (la loro responsabilità è limitata ai conferimenti); b) il potere di amministrare la società è disgiunto dalla qualità di socio; c) la qualità di socio è liberamente trasferibile.

Con disciplina simile a quella prevista per i soggetti passivi Ires, si considerano residenti le società di persone e le associazioni che per la maggior parte del periodo d'imposta hanno la sede legale o la sede dell'amministrazione o l'oggetto principale nel territorio dello Stato (Tuir, art. 5, comma 3).

B) Il trattamento fiscale delle società di persone è diverso da quello delle società di capitali, perché le società di persone non sono soggetti passivi dell'imposta: i loro redditi sono imputati ai soci, a prescindere dalla

– che la dichiarazione dei redditi dell'imprenditore indichi le quote di partecipazione agli utili dei collaboratori familiari e attesti che le quote sono proporzionate alla qualità e quantità di lavoro effettivamente prestato nell'impresa in modo continuativo e prevalente;

– che ciascun familiare attesti, nella propria dichiarazione, di aver prestato la sua attività di lavoro nell'impresa in modo continuativo e prevalente.

[50] Sulla natura del reddito dei collaboratori familiari cfr. A. Turchi, *La famiglia nell'ordinamento tributario*, Parte prima, cit., pp. 260-262, secondo cui la figura del collaboratore familiare sfugge ad un preciso inquadramento dogmatico.

© Wolters Kluwer Italia

distribuzione, in applicazione del principio di trasparenza (principio che, come vedremo, può essere applicato anche in ambito Ires).

Le società di persone presentano due tratti, che spiegano il loro peculiare trattamento fiscale.

In primo luogo, i soci delle società di persone non sono meri investitori, ma, di regola, operano nella società e ne sono amministratori (salvo gli accomandanti); tra soci e società vi è, nelle società personali, minor distacco che non tra soci e società di capitali[51].

In secondo luogo, esse sono caratterizzate da un formalismo minimo: è quindi difficile la determinazione del reddito distribuito e non distribuito.

In forza di tali ragioni, il regime fiscale delle società di persone è improntato al principio di trasparenza. I redditi della società sono trattati come se la società fosse uno schermo trasparente, come se la società non fosse un soggetto autonomo; i redditi della società sono considerati redditi dei soci. È in tal modo evitato ogni problema di doppia tassazione.

I redditi delle società in nome collettivo e in accomandita semplice, da qualsiasi fonte provengano e quale che sia l'oggetto sociale, sono considerati redditi di impresa e sono determinati unitariamente secondo le norme relative a tali redditi (Tuir, art. 6, comma 3).

Il reddito della società commerciale, così determinato, è imputato ai soci.

I redditi imputati ai soci non sono qualificati come redditi d'impresa, o di capitale, ma come redditi di partecipazione; ciò implica che non sono inclusi in una categoria tipica, ma trattati, a certi effetti, come redditi d'impresa (ad esempio, in materia di perdite).

C) Alla società fanno capo obblighi formali (tenuta della contabilità, presentazione della dichiarazione), funzionali all'applicazione dell'imposta personale dovuta dai soci.

I redditi delle società di persone e di altri organismi equiparati sono disciplinati sotto l'etichetta di redditi prodotti in forma associata. Per tali redditi, vigendo il principio di trasparenza:

a) la società non è soggetto passivo dell'imposta; i redditi della società sono imputati a ciascun socio, indipendentemente dalla percezione, proporzionalmente alla quota di partecipazione agli utili (Tuir, art. 5, commi 1 e 2);

b) le perdite della società sono ripartite tra i soci alla stessa maniera degli utili; se l'ammontare delle perdite supera i redditi dell'anno, la

[51] Nelle società di persone: a) la responsabilità dei soci è illimitata e solidale (con la eccezione dei soci accomandanti); b) i soci sono anche amministratori; c) lo *status* di socio non è trasferibile senza il consenso degli altri soci.

© Wolters Kluwer Italia

differenza può essere detratta negli anni successivi, ma non oltre il quinto (Tuir, art. 8)[52];

c) i redditi prodotti dalle società commerciali di persone sono redditi di impresa; come redditi imputati ai soci, sono redditi di partecipazione; se però il socio è una società commerciale[53] o un imprenditore individuale, anche il reddito del socio è reddito d'impresa;

d) dal punto di vista temporale, il reddito è imputato ai soci nello stesso periodo d'imposta in cui è prodotto dalla società; ha rilevanza la compagine sociale nel momento finale del periodo d'imposta (non è quindi imputata alcuna quota di reddito a chi ha cessato di essere socio nel corso del periodo d'imposta);

e) le ritenute operate sui redditi della società sono scomputate dall'imposta dovuta dai soci (Tuir, art. 22, comma 1).

I redditi di partecipazione sono assoggettati ad imposta insieme agli altri redditi del soggetto passivo.

D) Il principio di trasparenza si applica anche alle società semplici (Tuir, art. 5, comma 1)[54], che differiscono dalle altre società di persone perché non esercitano un'attività commerciale (art. 2249, comma 2, c.c.). Le società semplici sono "società civili". La forma della società semplice è adottata, ad esempio, per le imprese agricole, per la mera gestione immobiliare, per le attività professionali.

Il reddito delle società semplici è quindi imputato ai soci, proporzionalmente alla quota di partecipazione agli utili.

Le principali differenze di trattamento fiscale tra società personali commerciali e società semplici sono le seguenti:

– le società semplici non producono reddito d'impresa, ma singoli redditi (fondiari, di lavoro autonomo, di capitale e diversi); sono tassate, perciò, con le regole proprie di ciascuna categoria reddituale;

– le perdite derivanti dal lavoro autonomo sono imputate ai soci e possono essere compensate con gli altri redditi che concorrono a formare il reddito complessivo;

[52] I soci accomandanti non possono dedurre le perdite che superino la loro quota di capitale sociale (Cass., 24 maggio 2006, n. 12332).

Analogamente, nel regime di trasparenza delle società di capitali, le perdite non sono deducibili oltre il limite del patrimonio netto contabile della società partecipata (Tuir, art. 115, comma 3).

[53] Anche le società di capitali possono essere socie di una società di persone (art. 2361 c.c.).

[54] Cfr. S. Zagà, *La disciplina impositiva dei redditi delle società semplici*, in *Dir. prat. trib.*, 2014, I, 766.

© Wolters Kluwer Italia

– vi sono spese e costi delle società semplici che sono imputabili ai soci come oneri deducibili dal reddito complessivo o detraibili dall'imposta lorda (Tuir, artt. 10, comma 3, e 15, comma 3)[55].

E) Il principio di trasparenza si applica anche:

– alle società di fatto, che sono equiparate alle società in nome collettivo o alle società semplici secondo che abbiano o non abbiano per oggetto l'esercizio di attività commerciali (Tuir, art. 5, comma 3, lett. b);

– alle società di armamento, che sono equiparate alle società in nome collettivo o alle società in accomandita semplice secondo che siano state costituite all'unanimità o a maggioranza (Tuir, art. 5, comma 3, lett. a);

– al Gruppo europeo di interesse economico[56].

### **9.1.** *I redditi delle associazioni tra professionisti.*

I professionisti possono svolgere la propria attività, oltre che in forma individuale, in forma societaria[57] o dando vita ad una associazione professionale.

Le associazioni professionali sono equiparate, ai fini fiscali, alle società semplici (Tuir, art. 5, comma 3). Vige, quindi, anche per esse, il principio di trasparenza: i redditi delle associazioni, in quanto redditi di lavoro autonomo, sono tassati quando sono percepiti dall'associazione, ma sono poi imputati agli associati, indipendentemente dalla distribuzione.

La dichiarazione dei redditi, che l'associazione è tenuta a presentare, è strumentale all'applicazione dell'imposta a carico degli associati. I compensi percepiti dall'associazione sono soggetti a ritenuta d'acconto; le ritenute sono poi attribuite agli associati, nella proporzione in cui sono attribuiti i compensi.

[55] Cass., 3 agosto 1988, n. 4811; Id., 27 luglio 2005, n. 15765.

[56] Il Gruppo europeo, previsto dal Regolamento CEE n. 2137/85 del Consiglio del 25 luglio 1985, è regolato in Italia dal D.lgs. 23 luglio 1991, n. 240.

Redditi e perdite del Gruppo sono imputati ai membri (i redditi lo sono indipendentemente dall'effettiva percezione); le ritenute d'acconto del Gruppo sono riferite ai membri. Il Gruppo è gravato solo da obblighi strumentali: presentare la dichiarazione dei redditi; tenere le scritture contabili. Esso è, quindi, un soggetto "strumentale", non un soggetto passivo d'imposta.

[57] L'art. 10, comma 3, della L. 12 novembre 2011, n. 183 (legge di stabilità per il 2012) prevede le società tra professionisti, che possono essere società di persone, società di capitali (anche uninominali) e cooperative.

© Wolters Kluwer Italia

In materia di perdite e oneri, valgono per le associazioni tra professionisti le regole dettate per le società semplici.

Le perdite sono imputate agli associati in proporzione alla loro quota di partecipazione e possono essere compensate da ciascun associato con gli altri redditi che concorrono a formare il reddito complessivo; l'eccedenza può essere utilizzata in compensazione, nei periodi di imposta successivi, ma non oltre il quinto.

## 10. *La base imponibile. Reddito complessivo e perdite deducibili.*

Passiamo ora ad esaminare attraverso quale *iter* si perviene alla determinazione della base imponibile e dell'imposta lorda.

La base imponibile lorda è costituita, per i soggetti passivi residenti, dal complesso dei redditi, ovunque prodotti.

I redditi e le perdite che concorrono a formare il reddito complessivo sono determinati distintamente per ciascuna categoria, in base al risultato complessivo netto di tutti i cespiti che rientrano nella stessa categoria (Tuir, art. 9, comma 1).

Per calcolare il reddito complessivo occorre, quindi, previamente individuare e qualificare i singoli redditi, aggregandoli secondo le rispettive categorie di appartenenza.

Poiché vi sono due categorie reddituali il cui risultato può essere una perdita, il reddito complessivo è calcolato operando la c.d. compensazione orizzontale delle perdite. Si sommano i redditi delle diverse categorie e si sottraggono le perdite derivanti dall'esercizio di imprese commerciali in regime di contabilità semplificata (c.d. imprese minori) e dall'esercizio di arti e professioni (Tuir, art. 8)[58].

Le perdite delle società in nome collettivo e in accomandita semplice e quelle delle società semplici e delle associazioni professionali sono imputate pro-quota, in base al principio di trasparenza, a ciascuno dei soci o associati.

Per le società in accomandita semplice, la parte di perdita che supera il capitale sociale non è imputata all'accomandante ma solo agli accomandatari[59].

[58] Cfr. P. Stizza, *La rilevanza delle perdite nel diritto tributario*, Padova, 2011, p. 37.

[59] La *ratio* di tale disposizione dipende dal fatto che la responsabilità dell'accomandante non supera il capitale investito: cfr. M. Beghin, *Determinazione dell'imponibile e dell'imposta*, in *Imposta reddito persone fisiche. Giur. sist. dir. trib.*, cit., p. 153.

© Wolters Kluwer Italia

Ciascuno dei soci o associati può "riportare a nuovo" la perdita, ma solo se deriva dall'esercizio di imprese commerciali o dalla partecipazione in società commerciali di persone in regime di contabilità ordinaria. In questi casi, se la perdita supera, in un dato periodo d'imposta, l'ammontare dei redditi della categoria conseguiti in quel periodo, la differenza può essere computata in diminuzione dei redditi della medesima categoria nei periodi di imposta successivi, non oltre il quinto, e per l'intero importo che trova capienza nel reddito di ciascun periodo (Tuir, art. 8, ove ulteriori limitazioni).

Le perdite realizzate nei primi tre periodi di imposta dalla data di costituzione possono essere riportate a nuovo senza limiti di tempo, purché si riferiscano ad una nuova attività produttiva (Tuir, art. 8, comma 3, ultimo periodo, che rinvia all'art. 84, comma 2).

### 10.1. *Gli oneri deducibili dal reddito complessivo.*

A) L'imposta sul reddito delle persone fisiche è un'imposta personale perché, come già notato, la sua disciplina tiene conto di una serie di circostanze di natura personale: ossia, non solo del fatto che i redditi si aggregano presso un medesimo soggetto costituendone il reddito complessivo (nel quale sono inclusi tutti i redditi del soggetto, ovunque e comunque prodotti), ma anche di altri elementi, di stretto carattere personale.

Ciò viene realizzato concedendo deduzioni dal reddito complessivo e detrazioni dall'imposta.

La scelta dello strumento tecnico non è neutrale: le deduzioni dal reddito complessivo favoriscono i possessori di redditi più elevati, perché il vantaggio che ne trae il contribuente è misurato dall'aliquota marginale ed è minore via via che diminuisce il reddito complessivo e, quindi, l'aliquota marginale[60].

B) Dal reddito complessivo sono dunque deducibili determinati oneri; in tal modo, è detassata quella parte di reddito che viene impiegata per finalità ritenute meritevoli di particolare considerazione.

[60] Ciò non si verifica con la previsione di detrazioni fisse dall'imposta: «*queste ultime, infatti, implicano una agevolazione che non dipende in modo crescente nella sua entità dall'aliquota, cioè dalla ricchezza posseduta dal contribuente, ed anzi può dirsi che essa risulti tanto meno importante, in termini relativi, quanto maggiore è il reddito del contribuente*» (F. Pica, *Economia pubblica*, Torino, 1987, p. 285).

© Wolters Kluwer Italia

Il catalogo degli oneri deducibili è contenuto nell'art. 10 del Tuir, a cui si rinvia. In sintesi, sono deducibili, tra gli altri, i seguenti oneri:

– le spese mediche e quelle di assistenza specifica necessarie nei casi di grave e permanente invalidità o menomazione;

– gli assegni periodici corrisposti al coniuge, a seguito di separazione, annullamento o scioglimento del matrimonio[61];

– i contributi previdenziali e assistenziali versati in ottemperanza a disposizioni di legge;

– i contributi versati per le forme pensionistiche complementari;

– talune erogazioni liberali, quali, ad esempio, quelle in favore di università;

– un importo pari alla rendita catastale della casa di abitazione principale del contribuente o dei suoi familiari (in tal modo, il reddito della "prima casa" non è colpito da Irpef).

C) Inoltre, il legislatore include, tra gli oneri deducibili, spese che sono da classificare tra quelle di produzione del reddito o che, comunque, incidono sulla determinazione del reddito.

Le spese di produzione sono, di regola, deducibili in sede di calcolo dei redditi netti di ciascuna categoria; ma vi sono spese che, per ragioni volta a volta diverse, sono invece deducibili come oneri in quanto non deducibili come spese di produzione. A quest'ultima categoria appartengono:

– gli oneri fondiari non contemplati dalle stime catastali (ad esempio, contributi ai consorzi obbligatori);

– le somme corrisposte ai dipendenti, chiamati a ricoprire incarichi elettorali;

– le indennità corrisposte dal proprietario di un immobile locato al conduttore, per perdita dell'avviamento, quando cessa il rapporto;

– le somme che il contribuente deve restituire, dopo che quelle stesse somme hanno concorso a formare il reddito in un periodo d'imposta precedente[62].

[61] Tali assegni sono dedotti dal reddito del coniuge che li corrisponde, e costituiscono reddito per il coniuge che li riceve (come redditi assimilati a quelli di lavoro dipendente); gli assegni corrisposti per il mantenimento dei figli non sono dedotti dal genitore che li corrisponde, e non sono reddito per chi li riceve (Tuir, art. 3, lett. b).

[62] Si ha qui un fenomeno definibile, con terminologia mutuata dal reddito d'impresa, come sopravvenienza passiva.

© Wolters Kluwer Italia

### 10.2. *Le aliquote e l'imposta lorda.*

Dopo aver dedotto gli oneri dal reddito complessivo, alla base imponibile così calcolata si applicano le aliquote, che sono crescenti per scaglioni di reddito (Tuir, art. 11).

Secondo la disciplina in vigore dal 2007, gli scaglioni di reddito sono cinque: l'aliquota più bassa è del 23 per cento, e si applica ai redditi fino a 15 mila euro; l'aliquota è del 27 per cento per la fascia di reddito da 15.001 a 28.000 euro; allo scaglione da 28.001 a 55.000 euro si applica l'aliquota del 38 per cento; allo scaglione da 55.001 a 75.000 euro si applica l'aliquota del 41 per cento. L'aliquota massima si applica allo scaglione di reddito superiore a 75 mila euro ed è del 43 per cento. Dalla somma degli importi corrispondenti ai diversi scaglioni di reddito si ottiene l'imposta lorda.

### 10.3. *Le detrazioni dall'imposta lorda.*

L'imposta lorda è ridotta dalle detrazioni, previste, per ragioni eterogenee, dalla complessa disciplina racchiusa negli artt. da 12 a 16-*bis* del Tuir. Ci limitiamo a elencarle in modo sintetico.

A) Alcune detrazioni riflettono la minore capacità contributiva dei beneficiari.

È il caso delle detrazioni per carichi di famiglia, previste dall'art. 12 del Tuir, che sono attribuite per la presenza di familiari a carico (coniuge, figli minorenni, altri familiari per i quali vi è obbligo di mantenimento); il loro importo decresce al crescere del reddito complessivo.

L'art. 13 del Tuir prevede detrazioni per i lavoratori dipendenti e per i pensionati, ma solo se il reddito complessivo (escludendo il reddito della casa di abitazione) non supera l'importo di 55.000 euro.

Queste detrazioni dovrebbero assicurare la non tassazione del minimo vitale (ma nulla è previsto per i lavoratori autonomi e per gli imprenditori). Essendo commisurate, in misura decrescente, all'ammontare del reddito complessivo, concorrono a realizzare la progressività del tributo.

Per i redditi di lavoro dipendente e assimilati non è ammessa la deduzione analitica dei costi. La detrazione dall'imposta prevista per tali redditi ha quindi anche la funzione di sostituire in via forfettaria la deduzione dei costi effettivi inerenti.

© Wolters Kluwer Italia

B) L'art. 15, comma 1, prevede detrazioni, nella misura del 19 per cento della spesa sostenuta (talvolta entro limiti massimi), per un lungo elenco di oneri, tra cui i seguenti[63]:

a) interessi passivi per mutui agrari;

b) interessi passivi per mutui ipotecari contratti per l'acquisto e, ai sensi del comma 1-*ter*, per la costruzione della prima casa;

b-*bis*) compensi pagati agli intermediari per l'acquisto della prima casa;

c) spese mediche (diverse da quelle per le quali spetta la deduzione dal reddito), spese per portatori di *handicap*, per badanti, per cani guida per i ciechi, spese veterinarie;

d) spese funebri;

e) spese per la frequenza di corsi di istruzione universitaria;

e-*bis*) spese per la frequenza di scuole dell'infanzia e della scuola secondaria di secondo grado;

e-*ter*) spese per l'acquisto di strumentazione necessaria per studenti con diagnosi di disturbo specifico dell'apprendimento (DSA);

f) premi per assicurazione per il rischio morte, invalidità permanente ed eventi calamitosi relativi ad unità immobiliari ad uso abitativo;

g) spese per la manutenzione, la protezione e il restauro di immobili di interesse storico e artistico;

h) erogazioni liberali a determinati soggetti, destinate a finalità particolarmente meritevoli (studio e ricerca, attività nello spettacolo);

i) erogazioni liberali per attività nello spettacolo;

i-*bis*) contributi alle società di mutuo soccorso;

i-*ter*) erogazioni alle società e associazioni sportive dilettantistiche;

i-*quater*) erogazioni alle associazioni di promozione sociale;

i-*quinquies*) spese di minorenni per attività sportive dilettantistiche (palestre, piscine ecc.);

i-*sexies*) canoni di locazione degli studenti universitari fuori sede;

i-*sexies1* e *i-sexies2*) canoni di locazione finanziaria per l'acquisto della prima casa;

*i-septies*) spese per assistenza a soggetti non autosufficienti;

*i-octies*) erogazioni liberali a favore di istituti scolastici senza scopo di lucro;

*i-novies*) erogazioni liberali al fondo per l'ammortamento dei titoli di Stato;

[63] Viene qui fornito un elenco non completo, e gli oneri detraibili sono indicati in modo sommario.

© Wolters Kluwer Italia

*i-decies*) spese sostenute per l'acquisto degli abbonamenti ai servizi di trasporto pubblico locale, regionale e interregionale.

L'art. 15, comma 1.1, prevede una detrazione del 26 per cento per le erogazioni liberali a favore delle ONLUS e delle iniziative umanitarie.

D) Sono previste detrazioni di vario ammontare per i titolari di contratti di locazione di unità immobiliari adibite ad abitazione principale (Tuir, art. 16): queste detrazioni fanno da *pendant* alla deduzione dal reddito complessivo di un importo pari al reddito catastale della casa di abitazione, concessa ai proprietari (Tuir, art. 10, comma 3-*bis*).

Infine, è prevista una detrazione percentuale delle spese per interventi di recupero del patrimonio edilizio e di riqualificazione energetica degli edifici (Tuir, art. 16-*bis*).

### 10.4. *L'imposta netta dovuta e l'imposta da versare.*

Dallo scomputo delle detrazioni si ottiene l'ammontare dell'imposta netta, dovuta per un dato periodo d'imposta.

L'imposta netta non rappresenta la somma da versare quando si presenta la dichiarazione, perché dall'imposta netta si scomputano (Tuir, art. 22, comma 1):

– i crediti d'imposta (come il credito per le imposte pagate all'estero, il c.d. bonus di 80 euro mensili[64], ecc.);
– i versamenti d'acconto;
– le ritenute subite a titolo d'acconto.

Se il saldo è a debito per il contribuente (cioè se l'ammontare dell'imposta netta supera la somma dei crediti d'imposta, dei versamenti d'acconto e delle ritenute), la differenza deve essere versata prima di presentare la dichiarazione.

Se la dichiarazione è a credito per il contribuente (cioè se l'imposta netta è inferiore alla somma dei crediti d'imposta, dei versamenti e delle ritenute d'acconto), l'eccedenza costituisce un credito. Il contribuente può

[64] La legge di stabilità per il 2015 (art. 1, commi 12-13 e 15, L. 23 dicembre 2014, n. 190) ha reso strutturale il c.d. bonus fiscale di 960 euro annuali concesso ai lavoratori dipendenti che possiedono un reddito complessivo – al netto del reddito dell'unità immobiliare adibita ad abitazione principale e delle relative pertinenze – non inferiore a 8.000 euro e non superiore a 26.600 euro. Se il reddito complessivo è compreso tra 24.600 e 26.600 euro, il credito spetta per la parte corrispondente al rapporto tra l'importo di 26.600 euro, diminuito del reddito complessivo, e 2.000 euro (Tuir, art. 13, comma 1-*bis*).

© Wolters Kluwer Italia

computarlo in diminuzione dall'imposta relativa al periodo d'imposta successivo o chiederne il rimborso nella dichiarazione dei redditi (Tuir, artt. 11, comma 4 e 22).

All'imposta dovuta allo Stato devono essere aggiunte le addizionali regionali e comunali.

Per calcolare l'incidenza effettiva dell'Irpef occorre dunque assumere le aliquote nominali come il punto di partenza di un calcolo complesso, che deve poi considerare le detrazioni, il bonus di 80 euro, le addizionali, ecc.[65].

## 11. *I redditi soggetti a tassazione separata*

A norma dell'art. 17 del Tuir sono soggetti a tassazione separata i redditi che sono maturati in anni precedenti quello in cui sono percepiti[66].

La tassazione è detta separata perché questi redditi non concorrono a formare il reddito complessivo, ma sono tassati a parte, con distinta aliquota, e determinati secondo speciali regole, stabilite in considerazione della loro formazione pluriennale.

Rientrano nel regime della tassazione, tra gli altri, i redditi seguenti (indicati in modo sintetico):

– il trattamento di fine rapporto percepito dai lavoratori dipendenti e da altre categorie (per la cessazione di rapporti di collaborazione coordinata e continuativa, di rapporti di agenzia, di funzioni notarili, di attività sportive professionistiche);

– gli emolumenti arretrati per prestazioni riferibili ad anni precedenti, percepiti in ritardo per effetto di leggi, contratti collettivi, sentenze atti amministrativi sopravvenuti;

– le plusvalenze derivanti dalla cessione di aziende possedute per più di cinque anni;

– le indennità per perdita dell'avviamento spettanti al conduttore di esercizi commerciali alla cessazione della locazione;

– il risarcimento attribuito a titolo di perdita di redditi pluriennali;

– i redditi a formazione pluriennale attribuiti ai soci in caso di recesso da società.

[65] Occorre insomma calcolare le aliquote marginali effettive, su cui si veda lo studio reso pubblico nel luglio 2017 dal Senato della Repubblica.

[66] Cfr. R. Perrone Capano, *Tassazione separata dei redditi*, in *Enc. giur. Treccani*, Roma, 1993, vol. XXX.

© Wolters Kluwer Italia

Il trattamento di fine rapporto, a differenza degli altri redditi soggetti a tassazione separata, è imponibile per un importo che si determina con l'aliquota dell'anno in cui è maturato il diritto, corrispondente all'importo che risulta dividendo il suo ammontare (aumentato delle somme destinate alle forme pensionistiche e al netto delle rivalutazioni già assoggettate ad imposta sostitutiva) per il numero degli anni e frazione di anno preso a base di commisurazione, e moltiplicando il risultato per dodici.

Gli uffici finanziari riliquidano l'imposta in base all'aliquota media di tassazione dei cinque anni precedenti a quello in cui è maturato il diritto alla percezione, iscrivendo a ruolo le maggiori imposte dovute ovvero rimborsando quelle spettanti (Tuir, art. 19, comma 1).

Per gli altri redditi tassati separatamente l'imposta è calcolata applicando, alla somma percepita, l'aliquota corrispondente alla metà del reddito complessivo del biennio precedente l'anno in cui è sorto il diritto (Tuir, art. 21).

© Wolters Kluwer Italia

CAPITOLO SECONDO

# LE CATEGORIE REDDITUALI

## SEZIONE I

## I REDDITI FONDIARI

SOMMARIO: 1. I redditi fondiari. – 1.1. Il catasto dei terreni. – 1.2. I redditi dei terreni e le imprese agrarie. – 1.3. Il catasto dei fabbricati. – 1.4. Il reddito dei fabbricati. Prima casa e cedolare secca. – 1.5. Le costruzioni rurali e gli immobili strumentali

### 1. *I redditi fondiari.*

I redditi fondiari sono i redditi «*inerenti ai terreni e ai fabbricati situati nel territorio dello Stato che sono o devono essere iscritti, con attribuzione di rendita, nel catasto dei terreni o nel catasto edilizio urbano*» (Tuir, art. 25).

Sono fondiari solo i redditi che derivano da un immobile iscritto o iscrivibile nel catasto e, quindi, situato nel territorio dello Stato. I redditi che non sono determinabili catastalmente e quelli degli immobili situati all'estero sono «*redditi diversi*»[1].

Producono reddito fondiario soltanto i terreni atti alla produzione agricola; non lo sono i terreni che costituiscono pertinenze di fabbricati urbani, quelli dati in affitto per usi non agricoli e quelli che appartengono a società commerciali (Tuir, art. 27)[2].

[1] Tuir, art. 67, lett. e) ed f).

[2] I terreni dati in affitto per usi non agricoli producono «*redditi diversi*» ai sensi dell'art. 67, lett. e). Le aree occupate dai fabbricati e quelle che ne costituiscono pertinenze si considerano parti integranti dell'immobile (art. 36).

© Wolters Kluwer Italia

I redditi fondiari concorrono a formare il reddito complessivo dei soggetti che possiedono gli immobili in quanto proprietari o titolari di altro diritto reale; in caso di usufrutto, l'imposta colpisce l'usufruttuario[3].

Dato il carattere catastale dei redditi fondiari, la tassazione prescinde dalla effettiva produzione o percezione del reddito (monetario o in natura): vi è tassazione anche se un fabbricato non è abitato o se un terreno non è coltivato.

Non sono tassati i redditi degli immobili non locati soggetti all'imposta municipale sugli immobili, perché l'Imu è alternativa all'Irpef sui redditi degli immobili non locati[4].

### **1.1.** *Il catasto dei terreni.*

Il catasto dei terreni descrive la proprietà terriera[5]. Il territorio comunale è diviso in particelle. L'unità elementare del catasto è la particella, che rappresenta una porzione continua di terreno, appartenente ad un medesimo possessore ed omogenea per qualità e classe[6]. Il catasto indica, per ciascuna particella, l'appartenenza, la qualità, la classe e il relativo reddito medio ordinario.

La formazione del catasto implica in primo luogo il rilevamento delle proprietà e delle particelle; quindi la qualificazione, ossia la determinazione dei tipi di coltivazione (seminativo, pascolo, ecc.) e, infine, la classificazione (ossia la distinzione dei terreni per classi, in base al grado di produttività).

Le tariffe d'estimo indicano la rendita attribuibile ai terreni, divisi in particelle, in base alla loro qualità (tipo di coltivazione) e classe (grado di produttività). Per formare le tariffe, è necessario individuare, per ciascuna zona censuaria, qualità e classe dei terreni, suddividere le qualità in classi e, quindi, stabilire la rendita attribuibile.

[3] In caso di comproprietà, a ciascun comproprietario è imputata una quota del reddito dell'immobile, corrispondente al suo diritto. Ciò vale anche in caso di multiproprietà, che è una forma di comproprietà.

[4] Si veda l'art. 8 del D.lgs. 14 marzo 2011, n. 23.

[5] Il catasto comprende: *a*) la mappa particellare; *b*) la tavola censuaria; *c*) il registro delle partite; *d*) la matricola.

[6] Secondo l'art. 2 del T.u. del 1931, la particella è una porzione di terreno che deve soddisfare cinque condizioni: essere situata nel medesimo comune; appartenere allo stesso possessore; essere della medesima qualità (di coltura) e classe (di produttività), ed avere la medesima destinazione. La particella è dunque una entità artificiale, non un dato economico concreto.

© Wolters Kluwer Italia

Le operazioni catastali culminano nel classamento, cioè nell'attribuzione, ad ogni particella, della qualità, della classe e del reddito.

Ai fini fiscali, il catasto fornisce la misura del reddito imponibile, da utilizzare, in primo luogo, ai fini dell'Irpef.

Il catasto serve inoltre per l'applicazione dell'imposta di registro, la cui base imponibile dichiarata non può essere rettificata dall'Amministrazione finanziaria, se è superiore ad un dato multiplo della rendita[7]; e per l'applicazione dell'imposta municipale sugli immobili (Imu), la cui base imponibile è calcolata in base alla rendita catastale[8].

### 1.2. *I redditi dei terreni e le imprese agrarie.*

A) Il reddito dei terreni si distingue in reddito dominicale e reddito agrario. Alla base del sistema vi è il concetto che il reddito dei terreni è suddivisibile in quattro parti, che remunerano: a) la terra nel suo stato naturale; b) il capitale di miglioramento che vi è investito; c) il capitale di esercizio; d) il lavoro[9].

Il reddito dominicale comprende le prime due parti, cioè quelle che corrispondono alla proprietà del fondo e ai capitali stabilmente investiti; ed «*è costituito dalla parte dominicale del reddito medio ordinario ritraibile dal terreno attraverso l'esercizio delle attività agricole*» (Tuir, art. 27).

Il reddito agrario, invece, «*è costituito dalla parte del reddito medio ordinario dei terreni imputabile al capitale d'esercizio e al lavoro di organizzazione impiegati, nei limiti della potenzialità del terreno, nell'esercizio di attività agricole su di esso*» (Tuir, art. 32)[10].

B) Il reddito dominicale e il reddito agrario sono tassati nella misura media ordinaria, risultante dalle tariffe d'estimo catastale.

[7] Si veda l'art. 52, comma 4, del T.u. 26 aprile 1986, n. 131.

[8] L. 23 dicembre 1996, n. 662, artt. 3, commi da 48 a 51. Il D.P.R. 23 marzo 1998, n. 138, ha dettato nuove norme in materia di zone censuarie e tariffe d'estimo.

[9] Il sistema è illustrato da A. MESSEDAGLIA, *Il catasto e la perequazione – relazione parlamentare*, Bologna, 1936, p. 276 ss.: si tratta della relazione (ripubblicata) al disegno di legge sulla formazione del catasto, presentato nel 1882 dal Ministro A. Magliani.

Su tale relazione cfr. L. EINAUDI, *La terra e l'imposta* (1924), Torino, 1974, p. 121 ss.; D. FAUSTO, *L'imposizione sul reddito dei terreni*, in *Per un'imposta sul reddito normale*, a cura di M. Leccisotti, Bologna, 1990, p. 191 ss.

[10] Il reddito dell'impresa agraria, un tempo compreso nel reddito fondiario come reddito non separato da quello dominicale, poi tassato con imposta di ricchezza mobile, ha quindi separata rilevanza rispetto al reddito dominicale.

© Wolters Kluwer Italia

Il reddito catastale:

– è un reddito ordinario, vale a dire è il reddito ottenuto da un coltivatore di capacità normale, che applichi le tecniche produttive generalmente adottate nella zona;

– inoltre, è un reddito medio, perché calcolato per una media di più anni, in modo da abbracciare un ciclo produttivo che tenga conto della rotazione delle colture e delle vicende favorevoli e sfavorevoli delle coltivazioni che possono succedersi negli anni[11].

Si prevede, sia per il reddito dominicale, sia per il reddito agrario, la revisione delle tariffe d'estimo e la riduzione dell'imponibile in caso di mancata coltivazione; si prevede, inoltre, che non vi sia reddito imponibile in caso di perdita del prodotto per eventi naturali (Tuir, artt. 29-31).

C) Il reddito agrario è il reddito dell'impresa agraria, ossia il reddito derivante dall'esercizio di attività agricole e di attività "connesse", nei limiti della potenzialità del terreno (Tuir, art. 32)[12].

Le attività agricole in senso stretto sono:

a) la coltivazione del terreno e la silvicoltura;

b) l'allevamento di animali con mangimi ottenibili per almeno un quarto dal terreno e le attività dirette alla produzione di vegetali tramite l'utilizzo di strutture fisse o mobili, anche provvisorie, se la superficie adibita alla produzione non eccede il doppio di quella del terreno su cui la produzione stessa insiste.

Le attività agricole per connessione sono le attività elencate dall'art. 2135, terzo comma, c.c., dirette alla manipolazione, conservazione, trasformazione, commercializzazione e valorizzazione, ancorché non svolte sul terreno, di prodotti ottenuti prevalentemente da attività agricole (coltivazione del fondo o del bosco o dall'allevamento di animali), con riferimento ai beni individuati con decreto ministeriale[13].

[11] Si pensa che la tassazione del reddito medio ordinario costituisca uno stimolo alla produzione, perché premia il coltivatore che ottiene un prodotto superiore alla media, penalizzando chi produce meno della media. Perciò la Corte costituzionale ha ritenuto non esservi contrasto tra la determinazione del reddito con metodo catastale e il principio di capacità contributiva, che implicherebbe tassazione del reddito effettivo. Cfr. Corte cost., 31 marzo 1965, n. 16, in *Giur. cost.*, 1965, 169, secondo cui «*l'imposta costituisce anche incentivo ad una congrua utilizzazione del bene e favorisce tra l'altro un migliore adempimento dei doveri di solidarietà economica ed un più ampio contributo al progresso materiale del Paese (artt. 3 e 4 Cost.)*».

[12] Cfr. S. MULEO, *Impresa agraria ed imposizione reddituale*, Milano, 2005; C. FONTANA, *La fiscalità dell'impresa agraria*, Torino, 2017.

[13] I beni che possono essere oggetto delle attività agricole connesse sono individuati dal D.m. 11 luglio 2007. L'art. 33, comma 2-*bis*, del Tuir prevede che sono considerate produt-

© Wolters Kluwer Italia

D) La tassazione su base catastale si applica alle persone fisiche, alle società semplici e agli enti non commerciali.

I redditi delle società commerciali, per regola generale, sono redditi d'impresa; di conseguenza, il reddito agrario è reddito d'impresa quando è prodotto da società o da altri enti commerciali ed è determinato secondo le norme relative al reddito d'impresa.

Peraltro, possono optare per l'imposizione dei redditi su base catastale le società di persone, le società a responsabilità limitata e le società cooperative, che rivestono la qualifica di società agricola ai sensi dell'art. 2 del D.lgs. 29 marzo 2004, n. 99, ossia le società che svolgono in via esclusiva le attività agricole indicate nell'art. 2135 c.c.[14].

Inoltre, sono *ex lege* imprenditori agricoli – e, dunque, producono reddito agrario – le società di persone e le società a responsabilità limitata, quando: *a*) sono costituite da imprenditori agricoli; *b*) svolgono esclusivamente attività di manipolazione, conservazione, trasformazione, commercializzazione e valorizzazione di prodotti agricoli ceduti dai soci; tali società possono optare per la determinazione del reddito applicando all'ammontare dei ricavi il coefficiente di redditività del 25 per cento[15].

E) Le imprese di allevamento sono imprese agrarie, il cui reddito è determinato catastalmente, ma solo quando l'attività è svolta con mangimi ottenibili per almeno un quarto dal terreno. Il reddito eccedente è reddito d'impresa commerciale, determinato in modo peculiare, cioè moltiplicando ciascun capo allevato per un coefficiente determinato dal Ministero, salva la facoltà di optare per la determinazione del reddito con le norme previste per le imprese commerciali. Se l'attività di allevamento è esercitata da società o enti commerciali il reddito d'impresa è determinato sempre secondo i criteri ordinari.

### **1.3.** *Il catasto dei fabbricati*

A) Il catasto dei fabbricati comprende sia i fabbricati urbani, sia quelli rurali[16].

tive di reddito agrario le attività di coltivazione di prodotti vegetali per conto terzi, se svolte entro i limiti previsti dall'art. 32, comma 2, lett. *b*). Sull'agriturismo si veda la L. 30 dicembre 1991, n. 413.

[14] L. 27 dicembre 2006, n. 296, art. 1, comma 1093.

[15] L. 27 dicembre 2006, n. 296, art. 1, comma 1094.

[16] Il catasto urbano è disciplinato dal R.d.l. 13 aprile 1939, n. 652, conv. dalla L. 11 agosto 1939, n. 1249, al quale è seguito il D.P.R. 1° dicembre 1949, n. 1142.

© Wolters Kluwer Italia

Le singole unità immobiliari sono contraddistinte per zona censuaria, categoria e classe. Le categorie sono cinque: A (abitazioni), B (edifici a uso collettivo, come caserme e scuole), C (commerciali, come negozi), D (immobili industriali), E (immobili speciali). Le categorie sono divise in classi[17].

Il territorio urbano è diviso in zone censuarie[18]. Quindi zona censuaria, categoria catastale e classe sono i dati da cui scaturisce la tariffa, che fornisce un valore che, moltiplicato per la grandezza dell'immobile, determina la rendita catastale.

Per i fabbricati a destinazione speciale o particolare (opifici, alberghi, case di cura, teatri, ecc.), la rendita viene attribuita caso per caso, mediante «*stima diretta*».

B) L'inserimento di un fabbricato nel catasto (c.d. accatastamento) dev'essere richiesto dal possessore, che deve dichiarare le nuove costruzioni e proporre la rendita, utilizzando il Docfa (Documento Catasto Fabbricati).

All'accatastamento provvede l'Agenzia delle Entrate, che può far propria la rendita proposta dal possessore (anche mediante silenzio-assenso) o modificarla[19]. Gli atti che attribuiscono o modificano la rendita catastale

Gli estimi catastali sono aggiornati mediante coefficienti fissati periodicamente con decreto ministeriale (Tuir, art. 190).

Il reddito catastale dei fabbricati, in origine, era determinato sulla base del canone locativo; in via residuale, in assenza di canoni di riferimento, la rendita era desunta dal valore di mercato dell'immobile (D.P.R. 1° dicembre 1949, n. 1142, art. 14 e seguenti).

Le rendite del catasto urbano sono state ridisciplinate dal D.lgs. 28 dicembre 1993, n. 568, emanato in base alla delega contenuta nell'art. 2 del D.l. 23 gennaio 1993, n. 16.

Nel 1994 è stata disposta la formazione del catasto dei fabbricati, che – a differenza del catasto del 1939 – comprende anche i fabbricati rurali.

[17] Nelle categorie da A/1 a A/11 (con l'esclusione della A/10) sono comprese le abitazioni; alla A/1 appartengono quelle signorili (ossia di alto pregio); alla A/2 quelle civili (case recenti o di buon livello), alla A/3 quelle economiche (case vecchie o di discreto livello).

La categoria A/10 comprende gli studi professionali e gli uffici. Nel gruppo C, le categorie più diffuse sono la C/1 (negozi), la C/2 (magazzini), la C/3 (laboratori), la C/6 (box e autorimesse).

[18] Il D.P.R. 23 marzo 1998, n. 138, ha previsto la formazione di zone censuarie e di tariffe di estimo rapportate alla superficie degli immobili misurata in metri quadrati (e non più in vani, per la categoria A).

Le microzone sono poco più grandi di un quartiere, e sono state individuate dall'Agenzia del Territorio, con la collaborazione dei Comuni, nei primi anni 2000. Per esempio, a Milano le microzone sono 59, a Torino 40, a Venezia 59, a Roma 357, a Napoli 73.

Con l'art. 19 del D.l. 31 maggio 2010, n. 78, convertito, con modificazioni, dalla L. 30 luglio 2010, n. 122, è stata istituita l'Anagrafe immobiliare integrata.

[19] Il R.d.l. 13 aprile 1939, n. 652, prevede, agli artt. 3, 30 e 28, che i possessori devono dichiarare le nuove costruzioni (e le relative variazioni).

© Wolters Kluwer Italia

di terreni o fabbricati devono essere notificati agli intestatari delle partite, e sono efficaci (ed impugnabili) dal giorno della notificazione[20]. La revisione può essere richiesta dai Comuni[21].

C) Si è in attesa di una revisione del catasto dei fabbricati[22], che dovrebbe prevedere la determinazione della rendita catastale, per le unità immobiliari a destinazione ordinaria (cioè abitazioni), non più in base ai vani, ma in base ai metri quadrati della superficie, utilizzando funzioni statistiche che riflettono la relazione tra il valore di mercato, la localizzazione e le caratteristiche edilizie dei beni[23].

### 1.4. *Il reddito dei fabbricati. Prima casa e cedolare secca.*

A) Anche il reddito imponibile dei fabbricati è – in via di principio, ma con larghe eccezioni – un reddito medio ordinario, determinato secondo

Il D.m. 19 aprile 1994, n. 701, prevede, all'art. 1, che il titolare di diritti reali, in caso di costruzione di un nuovo immobile, o di variazione di immobili preesistenti, debba presentare una dichiarazione, indicando dettagliatamente tutti i dati e le notizie necessarie per l'iscrizione in catasto dell'immobile, con attribuzione di rendita.

La rendita indicata dal possessore, a norma del comma 3 dell'art. 1, è acquisita dal catasto come «*rendita proposta*».

L'art. 1, comma 3, del D.m. 19 aprile 1994, n. 701, prevede che l'Agenzia determini le rendite definitive entro dodici mesi, con mezzi di accertamento informatici o tradizionali, anche a campione. Se la rendita proposta non è rettificata, l'inerzia dell'ufficio vale come silenzio-assenso (Cass., 9 marzo 2004, n. 4764). Il termine di dodici mesi – posto dalla norma regolamentare – ha natura ordinatoria, perché non può esservi decadenza dall'esercizio di un potere amministrativo non prevista per legge (Cass., 21 luglio 2006, n. 16824).

[20] L. 21 novembre 2000, n. 342, art. 74.

[21] Si veda l'art. 1, comma 335, della L. 30 dicembre 2004, n. 311 (legge finanziaria per il 2005), che recita: «*la revisione parziale del classamento delle unità immobiliari di proprietà privata site in microzone comunali, per le quali il rapporto tra il valore medio di mercato individuato ai sensi del regolamento di cui al decreto del Presidente della Repubblica 23 marzo 1998, n. 138, e il corrispondente valore medio catastale ai fini dell'applicazione dell'imposta comunale sugli immobili si discosta significativamente dall'analogo rapporto relativo all'insieme delle microzone comunali, è richiesta dai comuni agli Uffici provinciali dell'Agenzia del territorio*». Cfr. Cass., 30 luglio 2014, n. n. 17328.

[22] La delega per la revisione, prevista dall'art. 2 della L. 11 marzo 2014, n. 23, non è stata attuata.

[23] A proposito di reddito tratto dal valore del bene, è stato osservato che la produttività di un immobile non è legata al valore locatizio, ma al valore di mercato del bene, «*nell'implicito presupposto, tratto dall'esperienza, di una connessione fra valore del bene e idoneità dello stesso a produrre reddito. La rilevanza del valore del bene, in sostituzione del criterio del reddito ritraibile, è preordinata a fissare una base di liquidazione di singole imposte; in sede di verifica sulla disciplina di ciascuna imposta è possibile stabilire se è stato disatteso o meno il principio di capacità contributiva*» (Corte cost., 24 giugno 1994, n. 263, in *Dir. prat. trib.*, 1994, II, 982).

© Wolters Kluwer Italia

le tariffe d'estimo del catasto urbano, che distinguono le unità immobiliari in categorie e classi.

Per gli immobili non censiti il reddito è determinato mediante comparazione con quello catastale delle unità similari (Tuir, art. 37, comma 4).

B) Il reddito catastale della casa (non di lusso) adibita ad abitazione principale ("prima casa"), non è tassato, in quanto si applica una deduzione dal reddito complessivo pari alla rendita catastale (Tuir, art. 10, comma 3-*bis*).

Se si tratta di immobile soggetto ad Imu, non si applica l'imposta reddituale.

Il reddito catastale delle "seconde case" è maggiorato di un terzo, se si tratta di abitazioni non locate, ma tenute a disposizione (Tuir, art. 41).

C) Il reddito degli immobili locati è determinato in base al canone di locazione (ridotto del 5 per cento a titolo di deduzione forfetaria delle spese[24]), se il canone è superiore al reddito catastale (Tuir, art. 37, comma 4-*bis*)[25].

I redditi delle locazioni vengono tassati anche se non sono percepiti[26].

I redditi derivanti dalla locazione di immobili ad uso abitativo possono essere assoggettati, opzionalmente, ad imposta sostitutiva (è la c.d. cedolare secca sugli affitti), con aliquota del 21 o del 15 per cento[27].

La cedolare secca, quindi, deroga alla progressività, in quanto i canoni di locazione non concorrono alla determinazione del reddito complessivo.

### 1.5. *Le costruzioni rurali e gli immobili strumentali.*

Non producono reddito fondiario gli immobili che non producono reddito in modo autonomo. Ciò vale per i fabbricati rurali, che concorrono alla produzione del reddito dei terreni (Tuir, art. 42), e per i fabbricati

[24] Per gli immobili riconosciuti di interesse storico o artistico, ai sensi dell'art. 10 del D.lgs. 22 gennaio 2004, n. 42, la riduzione è elevata al 35 per cento.

[25] Non è stata giudicata fondata la questione di legittimità costituzionale delle norme che assumono quale base imponibile l'importo del canone locativo, anziché la rendita catastale, anche quando il canone non sia stato percepito (Corte cost., 26 luglio 2000, n. 362).

[26] I canoni scaduti e non percepiti cessano di essere tassati quando si conclude il procedimento di convalida dello sfratto per morosità del conduttore; le imposte pagate antecedentemente sui canoni scaduti e non percepiti (relativi a locazioni di immobili ad uso abitativo) generano un credito d'imposta che il contribuente può utilizzare a partire dalla prima dichiarazione dei redditi successiva. Detto credito non spetta con riferimento ai canoni di locazione di natura commerciale non percepiti. Cfr. Cass., 18 gennaio 2012, n. 651.

[27] D.lgs. 14 marzo 2011, n. 23, art. 3.

© Wolters Kluwer Italia

usati per l'esercizio di attività commerciali o di arti e professioni – cioè gli immobili strumentali – che concorrono alla produzione del reddito di impresa commerciale e di lavoro autonomo (Tuir, art. 43).

Gli immobili possono essere strumentali per destinazione o per natura.

Sono strumentali per destinazione gli immobili «*utilizzati esclusivamente per l'esercizio dell'arte o della professione o dell'impresa commerciale da parte del possessore*»; essi si considerano strumentali per presunzione di legge ed a prescindere dalla loro iscrizione nei registri aziendali. Gli immobili strumentali per destinazione, quindi, sono tali – indipendentemente dalle loro caratteristiche – se sono utilizzati esclusivamente per un'attività di lavoro autonomo o d'impresa commerciale, da parte del loro possessore[28].

Strumentali per natura sono gli immobili «*relativi ad imprese commerciali che per le loro caratteristiche non sono suscettibili di diversa utilizzazione senza radicali trasformazioni*»; essi «*si considerano strumentali anche se non utilizzati o anche se dati in locazione o comodato*» (Tuir, art. 43, comma 2).

In questa ipotesi il possessore di un immobile «*relativo*» ad un'impresa commerciale non lo utilizza direttamente, ma lo concede in locazione o in comodato; la destinazione all'esercizio dell'impresa è subordinata alla condizione che l'immobile abbia caratteristiche fisiche, tali da non poter essere destinato ad uso diverso da quello aziendale senza radicali trasformazioni.

Se il possessore è un imprenditore individuale, occorre che il bene sia iscritto negli appositi registri (Tuir, art. 27)[29].

[28] Non sono strumentali, ma fonte di reddito fondiario, gli immobili posseduti da un ente non commerciale che non esercita attività d'impresa (Cass., 5 maggio 2011, n. 9875).

[29] Cfr. Cass., 14 gennaio 2011, n. 772.

© Wolters Kluwer Italia

ART 44 TASSATI AL LORDO
PRINCIPIO DI CASSA



## SEZIONE II

## I REDDITI DI CAPITALE

SOMMARIO: 2. I redditi di capitale. – 2.1. I regimi di tassazione dei dividendi. – 2.2. Natura non reddituale del riparto di riserve di capitale. – 2.3. Gli utili degli associati in partecipazione. – 2.4. Gli interessi e la presunzione di interessi. – 2.5. Determinazione dei redditi di capitale. – 2.6. I regimi sostitutivi. Risparmio amministrato, risparmio gestito e piani individuali di risparmio.

### **2.** *I redditi di capitale.*

I redditi di capitale sono una categoria che l'art. 44, comma 1, del Tuir, non delimita con una definizione generale, ma con una elencazione, all'interno della quale si distinguono tre gruppi di redditi.

Il primo gruppo è formato dai dividendi e da altri proventi derivanti dalla partecipazione in società.

Non sono però redditi di capitale le plusvalenze che derivano dalla cessione di azioni o di obbligazioni (*capital gain*): questi redditi, definiti dal legislatore come derivanti da «*rapporti attraverso cui possono essere realizzati differenziali positivi e negativi in dipendenza di un evento incerto*», appartengono alla categoria dei «*redditi diversi*»[30].

Il secondo gruppo di redditi di capitale è formato dagli interessi e da altri proventi che derivano da mutui e da altre forme di impiego del capitale.

Non sono dunque redditi di capitale gli interessi non derivanti dall'impiego di capitale, ma da crediti di lavoro o d'impresa (Tuir, art. 6, comma 2).

Il terzo gruppo è formato da altri proventi finanziari, di varia natura, tra cui:

– le rendite perpetue e le prestazioni annue perpetue (artt. 1861 e 1869 c.c.);

– i compensi per prestazioni di fideiussioni e di altre garanzie;

– i proventi derivanti dalla gestione, nell'interesse collettivo di pluralità di soggetti, di masse patrimoniali costituite con somme di denaro o beni affidati da terzi o provenienti dai relativi investimenti[31];

[30] Tuir, art. 67, comma 1, lett. *c*), *c-bis*), *c-ter*), *c-quater*), *c-quinquies*).

[31] L'ipotesi in esame concerne le gestioni collettive di patrimoni mobiliari, non le gestioni personalizzate. Quando la gestione è personalizzata, l'attività del gestore si riferisce direttamente al mandante; quando la gestione è collettiva, vi è interposizione reale e separazione tra risultati dell'attività di gestione – tassata in capo al gestore – e redditi del mandante.

© Wolters Kluwer Italia

– i proventi derivanti da riporti e pronti contro termine su titoli e valute;
– i proventi derivanti dal mutuo di titoli garantito;
– i redditi compresi nei capitali corrisposti in dipendenza di contratti di assicurazione sulla vita e di capitalizzazione.

A chiusura della elencazione, nell'art. 44, lett. *h*), del Tuir, vi è una formula residuale, che ha per oggetto, in generale, i proventi derivanti «*da altri rapporti aventi per oggetto l'impiego del capitale*». L'area dei redditi di capitale va dunque definita considerando l'elenco e la formula di chiusura.

### 2.1. *I regimi di tassazione dei dividendi.*

A) Sono redditi di capitale i dividendi e gli altri proventi, che derivano «*dalla partecipazione al capitale o al patrimonio di società ed enti soggetti all'imposta sul reddito delle società*»[32].

Assume qui rilievo il possesso di azioni o di altri titoli, individuati in ragione del fatto che rappresentano una frazione del capitale o del patrimonio della società emittente. Ci si riferisce solo alle società ed enti che sono soggetti all'Ires, perché i redditi delle società di persone sono imputati ai soci, in applicazione del principio di trasparenza, e non sono qualificati come redditi di capitale, ma come redditi da partecipazione (che non costituisce però una distinta categoria reddituale, avendo la stessa natura del reddito realizzato dalla società trasparente).

Generano dunque reddito di capitale le azioni delle società per azioni e delle società in accomandita per azioni e la partecipazione in altre società ed enti soggetti ad Ires (società a responsabilità limitata, cooperative a responsabilità limitata, società di mutua assicurazione, enti commerciali pubblici e privati).

B) Occorre distinguere la posizione degli azionisti da quella dei titolari di obbligazioni. Le azioni rappresentano una frazione del capitale sociale, conferiscono la qualità di socio e il diritto di partecipare alla distribuzione degli utili[33]. Le obbligazioni, invece, non rappresentano quote del capitale sociale, ma un diritto di credito; chi detiene obbligazioni di una società non è socio, ma creditore.

[32] Tuir, art. 44, comma 1, lett. *e*).
[33] Secondo il codice civile, le azioni possono essere sia nominative, sia al portatore, ma una norma fiscale ne impone la nominatività (D.P.R. 29 settembre 1973, n. 600, art. 74).

© Wolters Kluwer Italia

Dal punto di vista fiscale, dividendi e interessi, pur facendo parte di una medesima categoria reddituale, sono trattati diversamente. Per le società non è fiscalmente indifferente disporre di capitale proprio (c.d. capitale di rischio) o di capitale di terzi (c.d. capitale di debito), perché il capitale proprio è remunerato con la distribuzione di utili (non deducibili dal reddito della società), mentre le obbligazioni sono remunerate con la corresponsione di interessi, deducibili dal reddito della società erogante (seppur con dei limiti).

Inoltre, i dividendi, essendo previamente tassati gli utili della società che li distribuisce, non possono essere tassati in modo pieno anche a carico del socio; occorre evitare cioè la doppia imposizione economica. Di qui la tassazione ridotta dei dividendi a carico del socio (*participation exemption*).

Diverso è il regime fiscale degli interessi; la società che li corrisponde li deduce come costo, per cui la tassazione del socio non duplica quella della società.

C) Il sistema di tassazione dei redditi dei soci delle società di capitali è stato riformato nel 2003.

Prima della riforma, i redditi della società distribuiti ai soci erano tassati due volte, presso la società e presso i soci, ma la doppia imposizione economica era eliminata dal credito d'imposta attribuito al socio, in misura pari all'imposta dovuta dalla società sui redditi distribuiti.

Era il c.d. sistema dell'imputazione: l'imposta sul reddito della società era imputata al socio, cui era attribuito un credito d'imposta. Al debito della società per l'imposta sul reddito corrispondeva il credito d'imposta del socio. La tassazione della società era, in pratica, una sorta di anticipazione dell'imposta dovuta dal socio; ed il prelievo definitivo era rapportato alla situazione soggettiva del socio, nel cui reddito complessivo confluivano i dividendi.

L'imposta pagata dalla società produceva quindi, per lo Stato, un gettito non definitivamente acquisito, perché eliso dal credito d'imposta attribuito al socio. La tassazione complessiva era determinata dalla situazione personale del socio[34].

Questo sistema di tassazione non presenta inconvenienti quando società e socio appartengono ad un medesimo sistema fiscale. Se invece il socio risiede in uno Stato diverso da quello in cui risiede la società partecipata,

[34] Se l'aliquota marginale da applicare sul reddito complessivo del socio era superiore a quella dell'Irpeg, veniva prelevato un *quid pluris*; ma se l'aliquota marginale era inferiore, il gettito dell'Irpeg era in parte restituito al socio come credito d'imposta sui dividendi.

© Wolters Kluwer Italia

il metodo dell'imputazione non è adottabile, perché il socio non residente non è soggetto ad imposta sull'insieme dei suoi redditi nello Stato di residenza della società partecipata.

D) Il sistema di tassazione dei dividendi non è uniforme[35].

I dividendi percepiti da persone fisiche, non nell'esercizio di impresa, sono redditi di capitale soggetti ad imposta sostitutiva, vale a dire a ritenuta a titolo d'imposta, con aliquota del 26 per cento, da calcolare sull'intero importo percepito (D.P.R. 29 settembre 1973, n. 600, art. 27)[36]. Non occorre più distinguere, come in passato, tra partecipazioni qualificate e non qualificate.

Se il socio è un imprenditore individuale e le partecipazioni sono relative all'attività d'impresa, i dividendi sono reddito d'impresa e sono tassati nei limiti del 58,14 per cento dell'importo percepito[37], come componenti del reddito complessivo Irpef (soggetto alla progressività).

Se il socio è una società di persone commerciale, i dividendi sono reddito d'impresa e sono trattati come quelli percepiti dagli imprenditori individuali.

I dividendi percepiti dalle società semplici sono invece redditi di capitale e sono tassati interamente.

In conclusione, i sistemi di tassazione dei dividendi sono: a) tassazione sostitutiva; b) tassazione parziale; c) tassazione integrale.

Per calcolare l'onere fiscale complessivo bisogna sommare l'Ires dovuta dalla società all'imposta dovuta dal socio sul dividendo.

Ben diverso, come vedremo, è il regime dei dividendi percepiti da soggetti Ires, per i quali vige il sistema della *participation exemption* (in breve: *pex*), ossia «*esclusione*» da tassazione dei dividendi (che, in tale ipotesi,

[35] Con il D. lgs. 12 dicembre 2003, n. 344, entrato in vigore il 1° gennaio 2004, è stato riformulato il T.u. delle imposte sui redditi ed è stato riformato il sistema di tassazione dei dividendi e delle plusvalenze derivanti dalla cessione di partecipazioni.

[36] Fino al 2011, l'aliquota era del 12,50 per cento. Il D.l. 24 aprile 2014 n. 66, conv. con L. 3 giugno 2014 n. 89 (artt. 3 e 4) ha elevato l'aliquota dal 20 al 26 per cento.

[37] La percentuale è stata elevata al 58,14 per cento dal D.m. 26 maggio 2017, che ha rideterminato le percentuali di concorso al reddito complessivo dei dividendi e delle plusvalenze, per tener conto della riduzione al 24 per cento dell'aliquota Ires. La legge 27 dicembre 2017, n. 205 (legge di bilancio per il 2018) ha parificato il trattamento fiscale dei dividendi percepiti tramite partecipazioni qualificate e non qualificate.

La percentuale, che era pari al 40 per cento per gli utili prodotti prima del 2008, è stata elevata al 49,72 per cento dal D.m. 2 aprile 2008 (come conseguenza della riduzione dell'aliquota Ires dal 33 al 27,5 per cento).

© Wolters Kluwer Italia

costituiscono componenti di reddito d'impresa e non redditi di capitale), nella misura del 95 per cento (Tuir, art. 89).

Per gli enti non commerciali, i dividendi costituiscono reddito di capitale e sono tassati per intero.

E) Il regime fiscale dei proventi azionari si applica anche ai proventi dei titoli similari alle azioni, ossia dei titoli e strumenti finanziari la cui remunerazione, come per le azioni, «*è costituita totalmente dalla partecipazione ai risultati economici della società emittente o di altre società appartenenti allo stesso gruppo o dell'affare in relazione al quale i titoli e gli strumenti finanziari sono stati emessi*»[38]. I proventi non sono tassati come interessi ma come dividendi.

Questi titoli sono indicati come strumenti finanziari partecipativi, o ibridi, perché sono una via di mezzo tra le azioni e le obbligazioni.

Le società possono emettere però anche strumenti finanziari, a fronte dell'apporto di opere o servizi, che non rappresentano una frazione del capitale (come le azioni), ma attribuiscono il diritto di partecipare agli utili[39]. Può trattarsi anche di strumenti finanziari che danno diritto ad una parte degli utili derivanti da uno specifico affare.

Inoltre, possono esservi anche titoli obbligazionari la cui remunerazione non è fissa, ma collegata all'andamento economico della società[40].

Ai fini fiscali, vale questo principio: i titoli o strumenti finanziari si considerano similari alle azioni quando la loro remunerazione è costituita totalmente dalla partecipazione ai risultati economici della società emittente. In tal caso, i relativi proventi sono trattati come i dividendi dei

[38] Tuir, art. 44, comma 2, lett. *a*). Cfr. P. Pacitto, *Aspetti fiscali dei nuovi strumenti finanziari partecipativi*, in *Imposta sul reddito delle società (IRES)*, cit., p. 289.

[39] Nell'art. 2346, comma 6, c.c., si prevede che la società, «*a seguito dell'apporto da parte dei soci o di terzi anche di opera e servizi*», possa emettere «*strumenti finanziari forniti di diritti patrimoniali o di diritti amministrativi, escluso il voto dell'assemblea generale degli azionisti*».

[40] L'art. 2411 c.c. delinea tre particolari categorie di titoli obbligazionari:

– la prima è quella delle obbligazioni postergate («*Il diritto degli obbligazionisti alla restituzione del capitale ed agli interessi può essere, in tutto o in parte, subordinato alla soddisfazione dei diritti di altri creditori della società*»);

– la seconda è quella delle obbligazioni, la cui remunerazione non è fissa, ma parametrata agli utili («*I tempi e l'entità del pagamento degli interessi possono variare in dipendenza di parametri oggettivi anche relativi all'andamento economico della società*»);

– la terza è quella degli strumenti finanziari assimilati alle obbligazioni («*La disciplina del presente capo si applica inoltre agli strumenti finanziari, comunque denominati, che condizionano i tempi e l'entità del rimborso del capitale all'andamento economico della società*»).

© Wolters Kluwer Italia

titoli azionari; e le plusvalenze e minusvalenze derivanti dalla loro cessione sono considerate come quelle relative alla cessione di partecipazioni sociali. Per la società emittente, la remunerazione degli strumenti finanziari legata all'andamento della società è indeducibile, come la distribuzione di utili ai soci[41]. In conclusione, se la remunerazione di un titolo è variabile (perché legata agli utili della società emittente), la conseguenza è duplice: la remunerazione, per il percettore, è tassata come i dividendi; per la società emittente è indeducibile.

Va aggiunto che sono assimilati alle azioni solo i titoli la cui remunerazione dipende totalmente dai risultati economici della società emittente. Se la dipendenza è parziale, il titolo va classificato tra i *titoli atipici*, ossia tra i titoli che non sono né azioni né obbligazioni e non sono neppure riconducibili alle categorie dei titoli similari alle azioni o alle obbligazioni. I proventi dei titoli atipici sono soggetti ad un regime fiscale sostitutivo (ritenuta alla fonte a titolo d'imposta del 26 per cento)[42].

Da ultimo, va ricordato che sono considerati similari alle partecipazioni in una società italiana le partecipazioni al capitale o al patrimonio delle società e degli enti non residenti, qualora la relativa remunerazione sia totalmente indeducibile nella determinazione del reddito imponibile nel Paese estero di residenza del soggetto emittente[43].

### **2.2.** *Natura non reddituale del riparto di riserve di capitale.*

Non costituisce reddito ciò che i soci ricevono a titolo di ripartizione di riserve di capitale o altri fondi non costituiti con utili[44], ma con sovrapprezzi di emissione delle azioni o quote; interessi di conguaglio versati dai sottoscrittori di nuove azioni o quote; versamenti dei soci a fondo perduto o in conto capitale; saldi di rivalutazione monetaria esenti da imposta (Tuir, art. 47, comma 5).

[41] L'art. 109, comma 9, del Tuir, stabilisce che non è deducibile la remunerazione degli strumenti finanziari che costituisce partecipazione ai risultati economici della società emittente.

[42] D.l. 30 settembre 1983, n. 512, conv. con L. 25 novembre 1983, n. 649, art. 5, commi 1 e 2. Se, invece, la remunerazione del titolo consta di due parti, una sola delle quali dipenda esclusivamente dall'andamento della società emittente, il trattamento fiscale delle azioni (indeducibilità dal reddito dell'ente erogante-esclusione dal reddito del socio) si applica solo a tale componente (Tuir, art. 89, comma 3-*bis*, lett. a).

[43] Tuir, art. 44, comma 2, lett. *a*), secondo periodo.

[44] Cfr. P. Coppola, *Le poste di patrimonio netto*, in *Imposta sul reddito delle società (IRES)*, cit., p. 249.

© Wolters Kluwer Italia

Tali introiti non hanno natura reddituale ma patrimoniale (sono restituzioni di conferimenti). Al riguardo va tenuto presente che non può esservi distribuzione di riserve di capitali se vi sono utili o riserve di utili da distribuire. In base ad una presunzione legale, che non ammette prova contraria, si considerano prioritariamente distribuiti l'utile dell'esercizio e le riserve di utili, anche se la delibera assembleare dispone diversamente (Tuir, art. 47, comma 1).

Le somme o valori distribuiti utilizzando riserve di capitale riducono, per il socio, il costo fiscalmente riconosciuto delle azioni o quote possedute[45].

In base al criterio per cui non sono reddito le restituzioni di conferimenti vanno intese le norme concernenti il recesso e le fattispecie simili.

Le somme o il valore normale dei beni che il socio riceve in caso di recesso, esclusione, riscatto, riduzione del capitale esuberante o di liquidazione (anche concorsuale) delle società ed enti non costituiscono utili per la parte che corrisponde al costo delle partecipazioni; sono, invece, utili per la parte eccedente.

In tutte queste ipotesi, fermo restando che non è reddito la restituzione del capitale investito, la differenza tra somma ricevuta e capitale investito è trattata dal legislatore come reddito di capitale. Ciò comporta che, se il differenziale è negativo, la perdita non è deducibile (se, invece, il differenziale fosse da inquadrare tra i «*redditi diversi*», la perdita sarebbe deducibile)[46].

[45] L'art. 87, comma 6, del Tuir, prevede l'applicazione della *participation exemption* anche alle somme o altri beni ricevuti dai soci delle società soggette all'Ires a titolo di ripartizione di determinate riserve o fondi, qualora le somme o il valore normale dei beni ricevuti eccedano il valore fiscalmente riconosciuto della partecipazione. Tale disposizione si applica sia ai soggetti passivi dell'Ires, sia ai soggetti passivi dell'Irpef, che detengono la partecipazione in regime di impresa (art. 58, comma 2, che richiama l'art. 87).

Nell'ipotesi in cui l'importo delle riserve distribuite ecceda il valore fiscalmente riconosciuto delle azioni o quote, il citato art. 87, comma 6, stabilisce, per i soggetti Ires, che sulla eccedenza si applichi il regime previsto per le plusvalenze. Sussistendo i requisiti previsti dal medesimo art. 87, la differenza in parola si qualifica per l'esenzione.

In forza del rinvio all'art. 87, contenuto nell'art. 58, comma 2, tale disposizione è applicabile anche ai soggetti Irpef che detengono le partecipazioni in regime d'impresa.

In applicazione dell'art. 47, comma 5, del Tuir, la ripartizione delle riserve non dà origine ad utili, ma a riduzione del costo delle partecipazioni possedute (anche per i soggetti Irpef che non detengono le partecipazioni in regime d'impresa).

Per tali soggetti è necessario qualificare l'eccedenza rispetto al valore fiscalmente riconosciuto della partecipazione in quanto – diversamente da quanto previsto per i soggetti Ires e per i soggetti Irpef che detengono le partecipazioni in regime d'impresa – le somme ricevute dai soci delle società a titolo di ripartizione delle riserve o fondi sono imponibili per l'eccedenza rispetto al valore fiscalmente riconosciuto delle azioni o quote.

[46] L'art. 47, comma 7, del Tuir, stabilisce che le somme o il valore normale dei beni ricevuti dai soci in caso di recesso, di esclusione, di riscatto o di riduzione del capitale per

© Wolters Kluwer Italia

**2.3.** *Gli utili degli associati in partecipazione.*

Gli utili della persona fisica che sia associato in un contratto di associazione in partecipazione[47] sono equiparati ai dividendi[48], e l'associante non li può dedurre come costo (Tuir, art. 109, comma 9).

Gli utili dell'associato sono tassati in misura ridotta (come i dividendi) solo se l'apporto superi determinati importi (5 per cento del valore del patrimonio netto della società associante; se l'associante è soggetto al regime delle imprese minori, si richiede un apporto superiore al 25 per cento). Se la misura dell'apporto è inferiore alle soglie, si applica un regime fiscale sostitutivo[49].

**2.4.** *Gli interessi e la presunzione di interessi.*

A) Nei redditi di capitale sono compresi: a) gli interessi e gli altri proventi derivanti da mutui, depositi e conti correnti; b) gli interessi e gli altri proventi delle obbligazioni e titoli similari, degli altri titoli diversi dalle azioni e titoli similari, nonché dei certificati di massa. Questi interessi hanno natura corrispettiva e sono tassati come componenti del reddito complessivo.

Non sono redditi di capitale, ma di altra categoria, gli interessi che non derivano dall'impiego di un capitale. Infatti, gli interessi moratori (previsti *ex lege*) e gli «*interessi per dilazione di pagamento*» (previsti per contratto) «*costituiscono redditi della stessa categoria di quelli da cui derivano i crediti su cui tali interessi sono maturati*» (Tuir, art. 6, comma 2). Da ciò deriva che gli interessi moratori pagati ad un professionista da un cliente sono reddito di lavoro autonomo; gli interessi percepiti da un dipendente sono redditi di lavoro dipendente; gli interessi percepiti nell'esercizio di impresa sono reddito d'impresa.

ESEMPIO

esuberanza, o di liquidazione della società, costituiscono utili per la parte che eccede il costo fiscale della partecipazione annullata.

[47] L'art. 2549 c.c. (modificato dall'art. 53 del D.lgs. 15 giugno 2015, n. 81, attuativo del *Jobs Act*) prevede che, nel caso in cui l'associato sia una persona fisica, l'apporto non può consistere, nemmeno in parte, in una prestazione di lavoro.

[48] Tuir, art. 44, comma 1, lett. *f*). Cfr. M. Pierro, *L'associazione in partecipazione e i contratti di cointeressenza*, in *Imposta sul reddito delle società (IRES)*, cit., p. 341.

[49] Ritenuta a titolo d'imposta del 26 per cento, a norma dell'art. 3, comma 3, lett. *a*) del Tuir e dell'art. 27, comma 1, D.P.R. 29 settembre 1973, n. 600.

© Wolters Kluwer Italia

Gli interessi compensativi non rappresentano un incremento, ma una reintegrazione del patrimonio, e, quindi, non sono reddito[50].

B) In materia di interessi vi sono due presunzioni legali relative. Secondo la prima, gli interessi derivanti da mutui (in generale) si presumono percepiti alla scadenza e nella misura pattuite. Se le scadenze non sono pattuite, gli interessi si presumono percepiti nell'ammontare maturato nel periodo d'imposta. Se la misura non è determinata per iscritto, gli interessi si computano al saggio legale (Tuir, art. 45, comma 2).

L'altra presunzione riguarda le somme versate dai soci alle società ed enti commerciali soggetti ad Ires (Tuir, art. 46). La qualificazione giuridica del rapporto può non essere chiara: tra socio e società può esservi un rapporto di mutuo, con diritto, quindi, del socio, a percepire degli interessi e alla restituzione del capitale. Ma la prassi conosce anche altri tipi di rapporto: ci si riferisce, in particolare, ai c.d. versamenti in conto capitale o a fondo perduto, a seguito dei quali il socio non ha diritto ad alcuna remunerazione, né ha diritto alla restituzione del capitale ad una scadenza predeterminata. Per la società, tali versamenti non sono sopravvenienze attive, ma conferimenti.

Ora, nel primo caso il socio si pone, nei confronti della società, come un qualsiasi altro soggetto che abbia dato in mutuo delle somme alla società; e quindi si applica la disciplina fiscale dei mutui. Nel secondo caso, il versamento del socio dà vita ad un rapporto sostanzialmente, anche se non formalmente, simile a quello dei conferimenti; si parla, in tal caso, di versamento a fondo perduto, di versamento in conto capitale, di conferimento atipico, ecc.

Le somme date da un socio alla società si presumono date a mutuo se dal bilancio della società finanziata non risulta che il versamento è stato fatto ad altro titolo. La presunzione del mutuo non impedisce però la prova che il mutuo è gratuito.

### 2.5. *Determinazione dei redditi di capitale.*

Secondo l'art. 45, comma 1, del Tuir, «*Il reddito di capitale è costituito dall'ammontare degli interessi, utili o altri proventi percepiti nel periodo d'imposta, senza alcuna deduzione*».

[50] Non sono perciò tassabili gli interessi maturati sui crediti di imposta (Cass., 5 luglio 1990, n. 7091; Id., 12 febbraio 2010, n. 3399).

© Wolters Kluwer Italia

Sono quindi due le regole generali in materia di determinazione dei redditi di capitale: la tassazione al lordo e il principio di cassa.

La tassazione al lordo impedisce la deduzione, sia di spese di produzione, sia di perdite. Non sono deducibili, ad esempio, le spese bancarie inerenti ad un reddito di capitale, né le perdite che si subiscono perché non viene recuperato un capitale, o perché un titolo obbligazionario viene rivenduto per un importo inferiore a quello di acquisto.

Il secondo principio è quello di cassa: si tassa la somma percepita nel periodo d'imposta, mentre non rileva il credito maturato.

Quando, al termine del rapporto, l'investitore riceve una somma superiore a quella impiegata, la differenza è anch'essa tassata come reddito di capitale: è il caso, ad esempio, dello scarto di emissione di un titolo obbligazionario (differenza tra prezzo di emissione e somma percepita alla scadenza).

**2.6.** *I regimi sostitutivi. Risparmio amministrato, risparmio gestito e piani individuali di risparmio.*

A) I redditi di capitale non sono sempre tassati in via ordinaria, come componenti del reddito complessivo soggetto ad imposta progressiva, ma anche con altre forme di tassazione – sostitutive ed agevolate – per ragioni connesse al *favor* verso il risparmio.

La normativa fiscale relativa ai redditi da capitale è (in larga misura) una normativa di favore, in linea con l'art. 47 della Costituzione, secondo cui è compito della Repubblica incoraggiare e tutelare il risparmio e, in particolare, l'investimento azionario. Inoltre, cessate le restrizioni alla circolazione dei capitali, oneri fiscali gravosi ne determinerebbero il trasferimento in Paesi a fiscalità più conveniente. Di qui la concorrenza fiscale degli Stati, ed i tentativi di coordinamento internazionale della tassazione dei capitali, in cui si inserisce la Direttiva comunitaria sul risparmio (di cui si dirà nel capitolo sulla fiscalità dell'UE).

Per tali ragioni, ed anche perché danneggiati dall'inflazione, molti redditi di capitale non entrano a far parte del reddito complessivo soggetto a tassazione ordinaria, ma sono soggetti a regimi fiscali sostitutivi[51], che sono regimi di favore sotto diversi profili: la tassazione è di tipo proporzionale e in misura ridotta; viene tutelato l'anonimato; il percettore del

[51] Si veda il D.lgs. 21 novembre 1997, n. 461, illustrato dalla circolare 24 giugno 1998, n. 165/E.

© Wolters Kluwer Italia

reddito è esonerato da ogni adempimento, in quanto la tassazione è posta a carico degli intermediari.

Vi sono regimi di ritenuta alla fonte a titolo d'imposta (che si applicano, ad esempio, agli interessi dei depositi e dei conti correnti bancari ed ai dividendi derivanti da partecipazioni) ed altri regimi fiscali sostitutivi, che riguardano il risparmio "gestito", il risparmio "amministrato", i fondi comuni, ecc.

Occorre dunque prendere in esame, non solo le norme del Tuir, ma anche quelle sulle ritenute d'imposta e sui regimi fiscali sostitutivi.

L'aliquota ridotta ha lo scopo di incoraggiare il risparmio delle famiglie, impiegato in titoli a medio o lungo termine e trattati nei mercati regolamentati: tale aliquota si applica, in particolare, alle plusvalenze derivanti dalla cessione di partecipazioni (vi è così equiparazione rispetto alla tassazione dei redditi del risparmio amministrato, gestito, o affidato a fondi comuni).

Dal 2014 la tassazione sostitutiva avviene con aliquota del 26 per cento[52]. Ma sono previste varie eccezioni, alle quali si applica l'aliquota del 12,50 per cento, riservando così a talune forme di investimento un trattamento di maggior favore[53]. Sul risultato di gestione delle forme di previdenza complementare si applica l'aliquota del 20 per cento.

È tassato il reddito "percepito"; la tassazione del "maturato" si applica solo al "risparmio gestito".

B) L'imposta sostitutiva può essere applicata direttamente dal contribuente, mediante dichiarazione (autotassazione), oppure dagli emittenti o dagli intermediari, mediante ritenuta alla fonte.

La prima forma di applicazione dell'imposta sostitutiva è dunque quella operata dallo stesso contribuente che indica, in dichiarazione, i redditi soggetti a imposta e versa il dovuto[54].

Gli altri regimi (opzionali) sono regimi sostitutivi in senso soggettivo e oggettivo: l'imposta che viene applicata non è l'imposta progressiva sul

[52] Vi erano, fino al 2011, due aliquote, una del 12,50 e una del 27 per cento. Il D.l. 13 agosto 2011, n. 138, convertito in L. 14 settembre 2011, n. 148 (c.d. "*Manovra di Ferragosto*"), all'art. 2, comma 6, ha previsto che le ritenute, le imposte sostitutive sugli interessi, premi e ogni altro provento di cui all'art. 44 del Tuir e sui redditi diversi di cui all'art. 67, comma 1, lettere da *c-bis*) a *c-quinquies*), sono stabilite nella misura del 20 per cento.

Il D.l. 24 aprile 2014, n. 66, conv. con L. 3 giugno 2014, n. 89 (artt. 3 e 4) ha elevato l'aliquota dal 20 al 26 per cento.

[53] Si applica la ritenuta del 12,50 per cento, ad esempio, agli interessi dei titoli di Stato e di altre obbligazioni pubbliche (di cui all'art. 31 del D.P.R. 29 settembre 1973, n. 601).

[54] D.lgs. 21 novembre 1997, n. 461, art. 5, che richiama gli artt. 67 e 68 del T.u.

© Wolters Kluwer Italia

reddito complessivo, ma quella sostitutiva (proporzionale), ed il soggetto che la applica non è colui che realizza il reddito, ma un sostituto d'imposta. Abbiamo così gli speciali regimi fiscali collegati al risparmio amministrato, al risparmio gestito, e ai fondi comuni.

C) Il regime del "risparmio amministrato" può riguardare esclusivamente le plusvalenze derivanti dalla cessione di partecipazioni e da alcuni strumenti finanziari[55] (escluse quelle relative a società residenti in "paradisi fiscali").

La tassazione del "risparmio amministrato" è a carico dell'intermediario.

L'opzione per il "risparmio amministrato" può essere adottata da chi abbia depositato in custodia o in amministrazione presso una banca o altro intermediario (sim e altri) i titoli, le quote o i certificati da cui derivano le plusvalenze imponibili. L'intermediario assume la veste di sostituto d'imposta, tenuto ad operare una ritenuta a titolo definitivo. Il risparmiatore è libero da obblighi fiscali, anche se non conserva l'anonimato[56].

La ritenuta dev'essere applicata a ciascun provento realizzato (plusvalenza o altro differenziale positivo), in rapporto ad un parametro calcolato secondo le regole che concernono la determinazione delle singole fattispecie reddituali[57].

Le minusvalenze, le perdite e i differenziali negativi che scaturiscono dalle singole cessioni si deducono dalle plusvalenze delle altre cessioni (la compensazione, se non può essere fatta nello stesso periodo d'imposta, è ammessa in quelli successivi, ma non oltre il quarto).

D) Il regime del "risparmio gestito" si applica ai redditi (di capitale) relativi a partecipazioni e ad altri strumenti finanziari; si applica, inoltre, alle plusvalenze derivanti da cessioni di partecipazioni, che sono «*redditi diversi*»[58]. Non è applicabile alle partecipazioni in società residenti in Paesi considerati "paradisi fiscali".

[55] Si tratta delle fattispecie indicate nelle lettere *c-bis*) e *c-ter*) dell'art. 67 Tuir.

[56] Il rapporto di amministrazione va segnalato all'Anagrafe Tributaria da parte degli intermediari a norma dell'art. 7, comma 6, del D.P.R. 29 settembre 1973, n. 605; inoltre, dal 1° gennaio 2012, sono soggette al medesimo obbligo di comunicazione le movimentazioni ed ogni informazione relativa al predetto rapporto (cfr. art. 11, comma 2, del D.l. 6 dicembre 2011, n. 201, conv. dalla L. 22 dicembre 2011, n. 214).

[57] Si applica l'art. 68 del Tuir, e si tiene conto degli oneri inerenti alla produzione dei redditi.

[58] Si tratta delle plusvalenze indicate alle lettere da *c-bis*) a *c-quinquies*) dell'art. 67 Tuir.

© Wolters Kluwer Italia

Anche questo sistema fiscale è opzionale, ed è adottabile da chi affida il suo risparmio ad una banca (o ad una sim), incaricandola di gestirlo ("gestione individuale di portafoglio", o "gestione patrimoniale mobiliare").

Mentre i fondi comuni di investimento, a partire dal 1° luglio 2011, non sono assoggettati ad imposizione e l'investitore è tassato solamente al momento del realizzo[59], nella gestione individuale l'imposta si applica ancora sul risultato "maturato" (ossia anche sulle plusvalenze e minusvalenze non monetizzate)[60].

I singoli redditi, quando confluiscono nella gestione, non sono sottoposti né a ritenuta né ad altre imposte alla fonte, dato che saranno tassati al momento della percezione da parte dell'investitore.

Se così non fosse, questi redditi sarebbero tassati due volte, prima come redditi della gestione, poi come redditi dei singoli investitori[61].

E) Per favorire il finanziamento delle imprese sono agevolati i piani individuali di risparmio (PIR) sottoscritti da persone fisiche, al di fuori di un'attività d'impresa[62].

Si prevede l'esenzione dalle imposte sui redditi derivanti dagli strumenti finanziari e dalle attività che formano il piano e l'esenzione dall'imposta di successione, ma solo dopo cinque anni.

[59] Si veda il D.l. 29 dicembre 2010, n. 225 convertito, con modificazioni, nella L. 26 febbraio 2011, n. 10.

[60] Il sistema di tassazione del maturato appare non equo nel caso in cui, dopo un periodo di rialzo della borsa, segue un periodo di ribassi. Con tale sistema, le plusvalenze sono tassate nel primo periodo in cui si verificano; ma se il contribuente vende i titoli in seguito, subendo delle perdite, la tassazione del "maturato" colpisce una ricchezza non realizzata. La tassazione sul maturato può essere vantaggiosa per l'investitore in tempi di discesa della borsa, perché le minusvalenze sono subito conteggiate.

[61] Il gestore della massa patrimoniale si pone quindi come "lordista" (cioè come soggetto che percepisce il reddito al lordo da imposte, senza ritenute alla fonte né imposte sostitutive).

[62] Si vedano gli artt. 1, commi 110-114, L. 11 dicembre 2016, n. 232, e 57, comma 2, D.l. 24 aprile 2017, n. 50.

© Wolters Kluwer Italia

ART 49.



LORDO CATEGORIA

SEZIONE III

# I REDDITI DI LAVORO DIPENDENTE

SOMMARIO: 3. I redditi di lavoro dipendente. – 3.1. La base imponibile e il principio di onnicomprensività. – 3.2. Il rimborso delle spese di produzione e le trasferte. – 3.3. I redditi in natura e i *fringe benefit*. – 3.4. I redditi non tassabili. – 3.5. I redditi assimilati a quelli di lavoro dipendente. – 3.6. I redditi di collaborazione coordinata e continuativa.

## 3. *I redditi di lavoro dipendente.*

Secondo l'art. 49 del Tuir, i redditi di lavoro dipendente «*sono quelli che derivano da rapporti aventi per oggetto la prestazione di lavoro, con qualsiasi qualifica, alle dipendenze e sotto la direzione di altri, compreso il lavoro a domicilio quando è considerato lavoro dipendente secondo le norme della legislazione sul lavoro*»[63].

Il lavoro a domicilio è compreso nella categoria quando è considerato lavoro dipendente secondo le norme della legislazione sul lavoro, ossia quando vi è subordinazione tecnica del lavoratore rispetto all'imprenditore[64].

Rientrano nella categoria anche «*le pensioni di ogni tipo e gli assegni ad esse equiparati*». L'espressione «*pensioni di ogni tipo*» implica che sono comprese non solo le pensioni che derivano da un rapporto di impiego o di servizio, ma anche le pensioni non derivanti da lavoro dipendente (pensioni di lavoratori autonomi, artigiani, imprenditori) e le pensioni di reversibilità e di invalidità. Sono escluse le pensioni che hanno natura risarcitoria, come le pensioni di guerra[65].

[63] La definizione fiscale riecheggia l'art. 2094 c.c., che definisce prestatore di lavoro subordinato chi lavora «*alle dipendenze e sotto la direzione dell'imprenditore*». Cfr. F. CROVATO, *I redditi di lavoro dipendente*, in *Imposta reddito persone fisiche. Giur. sist. dir. trib.*, cit., t. I, 299.

[64] Ai sensi dell'art. 1 della L. 18 dicembre 1973, n. 877, il lavoratore a domicilio: a) lavora al proprio domicilio o in altri locali a sua disposizione; b) è coadiuvato da familiari e non si avvale di dipendenti o apprendisti; c) dipende dall'imprenditore solo dal punto di vista tecnico.

[65] Sulle pensioni esentate si veda l'art. 34 del D.P.R. 29 settembre 1973, n. 601. In tema di pensioni erogate ai militari si veda Corte cost., 11 luglio 1989, n. 387, e Cass., 30 dicembre 2009, n. 27938.

© Wolters Kluwer Italia

### 3.1. *La base imponibile e il principio di onnicomprensività*

A) La regola basilare, in materia di determinazione del reddito di lavoro dipendente, è la seguente: «*Il reddito di lavoro dipendente è costituito da tutte le somme e i valori in genere, a qualunque titolo percepiti nel periodo d'imposta, anche sotto forma di erogazioni liberali, in relazione al rapporto di lavoro*» (art. 51 del Tuir).

Il reddito di lavoro dipendente è costituito da tutti i compensi, monetari e in natura («*valori in genere*»), ed è imponibile non quando matura, ma quando è percepito. Per i redditi in natura, si tiene conto del momento in cui il lavoratore fruisce del servizio o riceve il bene. Vi è qui però una deroga rispetto alla scadenza del periodo d'imposta, perché i redditi percepiti entro il 12 gennaio si imputano al periodo d'imposta precedente.

B) Il reddito di lavoro dipendente è costituito da tutti i compensi percepiti «*in relazione*» al rapporto di lavoro (c.d. onnicomprensività).

Perciò è imponibile non soltanto il reddito che remunera le prestazioni effettuate, ma anche quello che, derivando dal rapporto, prescinde da prestazioni effettivamente svolte (indennità di malattia, di maternità, ecc.)[66].

È dunque reddito di lavoro dipendente innanzitutto la retribuzione, che comprende il salario o stipendio, il trattamento di fine rapporto, gli scatti di anzianità, i compensi per lavoro straordinario, le diarie[67], gli interessi[68], la rivalutazione monetaria, il compenso per ferie non godute[69] o per riposo settimanale non fruito, ecc.

Sono tassabili l'indennità integrativa speciale dei dipendenti statali[70]; l'indennità di contingenza dei lavoratori privati; l'indennità di malattia, di maternità, di rischio, di residenza; l'indennità di trasferimento[71] e quella

[66] Per negare l'assoggettabilità ad Irpef di una erogazione al prestatore di lavoro è necessario accertare che l'erogazione non trovi la sua causa nel rapporto di lavoro (Cass., 17 agosto 2004, n. 16014).

[67] Cass., 17 aprile 2003, n. 6152.

[68] Cass., 29 marzo 2004, n. 6241; Id., 7 dicembre 2005, n. 27036.

[69] Cass., Sez. VI – 5, ord., 16 aprile 2014, n. 8915; Id., Sez. VI – 5, ord. 4 febbraio 2016, n. 2229.

[70] Cass., 20 agosto 2004, n. 16465; Id., sez. VI, ord. 8 maggio 2014, n. 10028.

[71] Le diarie corrisposte per le prestazioni svolte dal lavoratore nella sua sede stabile di lavoro, compresa quella di nuova, recente, destinazione, nella quale sia stato trasferito, non hanno natura risarcitoria, ma esclusivamente retributiva, e vanno, pertanto, qualificate come indennità di trasferimento, soggette al trattamento tributario ordinario (Cass., Sez. VI – 5, ord. 6 febbraio 2014, n. 2699).

© Wolters Kluwer Italia

di trasferta[72]; la rivalutazione monetaria[73], il premio di fedeltà[74], l'incentivo alle dimissioni o esodo[75], ecc.

Costituiscono reddito di lavoro dipendente le somme di denaro che il datore di lavoro è condannato a pagare, con sentenza del giudice del lavoro, ai sensi dell'art. 429, ultimo comma, c.p.c., per crediti di lavoro, interessi e danni da svalutazione, nonché le somme che il datore di lavoro corrisponde a titolo transattivo[76].

Costituiscono reddito di lavoro dipendente anche i proventi conseguiti a titolo risarcitorio (c.d. lucro cessante) in sostituzione di redditi non percepiti, se hanno la funzione di reintegrare il danno costituito dalla mancata percezione di redditi (Tuir, art. 6, comma 2).

Non sono tassabili gli assegni familiari dovuti per legge.

C) L'onnicomprensività comporta che fanno parte della base imponibile anche le liberalità che il lavoratore riceve dal datore di lavoro, dato che esse non sono fatte con *animus donandi*, ma sono liberalità remuneratorie (ciò consente di ritenere che non si ha una deroga al principio per cui è tassato il reddito-prodotto, non il reddito-entrata).

D) Sono tassate le indennità risarcitorie, quando il risarcimento sostituisce un reddito, ma non quando il risarcimento non ha natura retributiva[77].

Con questa chiave interpretativa devono essere risolte le controversie che sono sorte in ordine ad una molteplicità di fattispecie, delle quali alcuni affermano la tassabilità, in ragione del fatto che dipendono dal rapporto di lavoro, altri affermano l'intassabilità, in ragione del loro carattere risarcitorio.

Non sono invece tassate le indennità che risarciscono una perdita patrimoniale. Si è ritenuto perciò che non è reddito l'indennità corrisposta per la reintegrazione delle energie psicofisiche spese dal lavoratore oltre l'orario massimo di lavoro da lui esigibile[78].

[72] Cass., 3 aprile 2006, n. 7800.

[73] Cass., 6 febbraio 1985, n. 597; Id., 21 giugno 1986, n. 4127.

[74] Cass., 12 gennaio 1999, n. 248, in *Giur. it.*, 1999, 1330; Id., Sez. VI – 5, ord. 3 dicembre 2013, n. 27099; Id., Sez. VI – 5, ord. 3 febbraio 2014, n. 2246.

[75] Cass., 15 settembre 2006, n. 20056; Id., 27 giugno 2007, n. 14821; Id., 4 giugno 2014, n. 12485, in *Foro it.*, 2014, 12, 1, 3518; Id., Sez. VI – 1, ord. 12 luglio 2016, n. 14171.

[76] Cass., 6 settembre 2006, n. 19199, sulla tassabilità delle somme percepite dal lavoratore a titolo di transazione della controversia avente ad oggetto il risarcimento del danno per illegittimo licenziamento.

[77] Cass., 6 ottobre 2006, n. 21518; Id., 30 gennaio 2007, n. 1905.

[78] Cass., 21 giugno 2002, n. 9111; Id., 19 marzo 2010, n. 6754.

© Wolters Kluwer Italia

E) Sono compresi i compensi ricevuti sotto forma di partecipazioni agli utili; tali compensi sono costi per il datore di lavoro e non hanno, per il lavoratore, natura di utili (e quindi di reddito di capitale), ma sono compensi di lavoro; gli utili dell'impresa sono soltanto parametro per la loro determinazione.

F) Del reddito di lavoro dipendente possono far parte anche somme non corrisposte dal datore di lavoro ma da terzi: è il caso delle indennità previdenziali dovute dall'Inps (indennità di malattia, maternità e disoccupazione, integrazioni salariali) o dall'Inail (indennità per inabilitazione temporanea).

### 3.2. *Il rimborso delle spese di produzione e le trasferte.*

Nella determinazione del reddito imponibile di lavoro dipendente non sono direttamente rilevanti le spese di produzione: in luogo della deduzione delle spese sostenute il legislatore prevede una detrazione forfetaria dall'imposta lorda. Tale sistema dipende, innanzitutto, da ragioni di semplificazione applicativa: si vuole evitare ai lavoratori oneri di documentazione e di contabilità. Ma vi sono, anche, finalità antielusive: si vuole impedire che vengano dedotte spese non inerenti.

A queste preoccupazioni è improntata anche la minuziosa disciplina che il legislatore detta in materia di indennità e spese di trasferta (Tuir, art. 51, comma 4): quando il lavoratore opera al di fuori del territorio comunale, l'indennità di trasferta non è imponibile fino ad un certo limite (che costituisce forfetizzazione della spesa); oltre quel limite è imponibile [79].

### 3.3. *I redditi in natura e i* fringe benefit.

Nella retribuzione imponibile sono compresi, come abbiamo visto, anche i compensi in natura. Può trattarsi di beni o di servizi.

I compensi in natura sono denominati *fringe benefit*, in quanto sono aggiunti alla normale retribuzione in danaro.

La casistica dei *fringe benefit* è assai ricca. Alcuni sono stati ideati per fini di elusione fiscale. Ma sovente sono sorti per incentivare la produttività

[79] Si vuole così impedire che siano fatte figurare, come spese di trasferta, somme che, eccedendo le spese effettive, costituiscono retribuzione.

© Wolters Kluwer Italia

dei dipendenti, per legarli all'impresa, per motivi di prestigio dell'impresa. Ad esempio: uso privato di autovetture aziendali, di telefoni cellulari, speciali assicurazioni contro la malattia o la vecchiaia, mense scontate, attività dopolavoristiche e ricreative, uso di abitazioni di servizio o foresteria[80], doni in natura, contributi scolastici, iscrizioni a club, ecc.

I *fringe benefits* possono essere dati al lavoratore sia dal datore di lavoro sia da terzi, e possono fruirne anche i familiari del lavoratore: in ogni caso, essi sono tassati come redditi del lavoratore e sono quantificati in base al valore normale (Tuir, art. 51, comma 3).

Per semplificare l'applicazione dell'imposta, i *fringe benefit* non sono tassati quando sono di modico valore (ossia quando il valore complessivo non supera, nel periodo d'imposta, l'importo di 258,23 euro).

### **3.4.** *I redditi non tassabili.*

Per completare il quadro del trattamento fiscale dei lavoratori dipendenti va ora notato che la regola della onnicomprensività è largamente derogata.

Non essendo qui possibile una esposizione dettagliata, ci limitiamo a rilevare che, a norma dell'art. 51, comma 2, del Tuir, non sono tassati:

– i contributi che il datore di lavoro versa per l'assistenza, la previdenza e la sanità;

– le prestazioni di vitto (mensa aziendale, *ticket restaurant* fino a 5,29 euro al giorno);

– le prestazioni di servizi di trasporto collettivo;

– le somme erogate per frequenza di asili nido.

Un cenno particolare merita la disciplina fiscale dell'attribuzione di azioni ai dipendenti.

Le azioni attribuite, con funzione retributiva, alla generalità dei dipendenti (c.d. piani di azionariato diffuso), non sono tassate, ma solo nei limiti di un importo di 2065,83 euro, ed a condizione che non siano riacquistate dalla società emittente o dal datore di lavoro o comunque cedute prima che siano trascorsi almeno tre anni dalla percezione. Se le azioni sono cedute prima del triennio, l'importo che non ha concorso a formare il reddito al

[80] Cass., 25 novembre 2015, n. 24007.

© Wolters Kluwer Italia

momento dell'acquisto è assoggettato a tassazione nel periodo d'imposta in cui avviene la cessione[81].

### 3.5. *I redditi assimilati a quelli di lavoro dipendente.*

Vi sono fattispecie reddituali, non propriamente di lavoro dipendente, ma assimilate a quelle tipiche.

In alcuni casi, si tratta di proventi derivanti da attività lavorativa, cui è però estraneo il vincolo di subordinazione (come nel lavoro dipendente), o l'obbligo di risultato (come nel lavoro autonomo); in altri casi, manca l'attività lavorativa (per cui il legislatore avrebbe potuto includerli tra i «*redditi diversi*»). Si tratta, insomma, di ipotesi assai eterogenee.

I redditi assimilati a quelli di lavoro dipendente sono, a norma dell'art. 50, comma 1, del Tuir, tra gli altri:

a) i compensi percepiti dai lavoratori soci delle cooperative di produzione e di lavoro, delle cooperative di servizi e delle cooperative agricole e della piccola pesca, purché non eccedano il limite dei salari correnti maggiorati del 20 per cento;

b) le indennità e i compensi percepiti a carico di terzi da prestatori di lavoro dipendente per incarichi svolti in relazione a tale qualità[82];

c) le somme corrisposte a titolo di borsa di studio o per fini di studio o di addestramento professionale;

d) le remunerazioni dei sacerdoti, le congrue e i supplementi di congrua;

e) i compensi per l'attività libero professionale intramuraria del personale dipendente del Servizio sanitario nazionale;

f) le indennità, i gettoni di presenza e gli altri compensi corrisposti dallo Stato, dalle province, dalle regioni e dai comuni per l'esercizio di pubbliche funzioni[83], e i compensi corrisposti ai membri delle commissioni tributarie;

g) le indennità dei parlamentari (del parlamento nazionale e di quello europeo), dei consiglieri regionali, provinciali e comunali, e dei giudici

[81] Tuir, art. 51, comma 2, lett. *g*). Per il dipendente che riceve le *stock option* è imponibile, come reddito di lavoro dipendente, la differenza tra il valore normale delle azioni, al momento in cui l'opzione è esercitata o diviene esercitabile, e il prezzo d'esercizio (*strike price*), ossia il prezzo al quale ha diritto di esercitare l'opzione.

[82] Ad esempio, compensi percepiti: da dipendenti pubblici per la partecipazione, in ragione della carica o in rappresentanza degli enti di appartenenza, a commissioni di esame; dai dipendenti di una società per la funzione di consiglieri di amministrazione di società collegate o controllate; da magistrati o altri pubblici funzionari per la partecipazione a collegi arbitrali.

[83] Ad esempio: compensi dei giudici popolari e dei componenti di seggi elettorali.

© Wolters Kluwer Italia

della Corte costituzionale, e gli assegni vitalizi corrisposti in dipendenza della cessazione di tali cariche;

h) le rendite vitalizie e le rendite a tempo determinato, costituite a titolo oneroso[84];

h-*bis*) le prestazioni erogate dai fondi pensione;

i) gli altri assegni periodici, comunque denominati, alla cui produzione non concorrono attualmente né il capitale né il lavoro (compresi gli assegni al coniuge corrisposti a seguito di separazione o annullamento o scioglimento del matrimonio e gli assegni corrisposti in forza di testamento o donazione modale)[85];

l) i compensi percepiti dai soggetti impegnati in lavori socialmente utili in conformità a specifiche disposizioni normative.

L'assimilazione di questi redditi a quelli di lavoro comporta, in linea di massima, applicazione delle regole previste per i redditi di lavoro dipendente, con alcune particolarità:

a) per taluni redditi, la base imponibile non è pari all'importo percepito, perché sono accordati abbattimenti forfetari per le spese;

b) anche i redditi assimilati sono soggetti a ritenuta, commisurata all'imponibile, ed il datore di lavoro deve tenerne conto quando effettua il conguaglio annuale;

c) ad alcuni dei redditi assimilati non si applicano le detrazioni dall'imposta, previste per i redditi di lavoro dipendente[86].

I redditi di lavoro, che non rientrano nella definizione di reddito di lavoro dipendente, e neppure nella casistica dei redditi assimilati, sono redditi di lavoro autonomo o «*redditi diversi*».

### **3.6.** *I redditi di collaborazione coordinata e continuativa.*

Sono assimilati ai redditi di lavoro dipendente anche i redditi di collaborazione coordinata e continuativa, ossia i redditi derivanti da «*rapporti di collaborazione aventi per oggetto la prestazione di attività svolte senza vincolo di subordinazione, a favore di un determinato soggetto, nel quadro*

[84] Ad esempio: rendite derivanti da contratti di assicurazione in caso di sopravvivenza, se l'assicuratore si impegna a corrispondere una rendita periodica per un determinato periodo di tempo.

[85] Tuir, art. 50, comma 1, lett. *i*).

[86] Si veda l'art. 50, comma 3, del Tuir, che esclude le detrazioni previste dall'art. 14 per i redditi indicati alle lett. *e*), *f*), *g*), *h*), *i*).

© Wolters Kluwer Italia

*di un rapporto unitario e continuativo, senza l'impiego di mezzi organizzati e con retribuzione periodica prestabilita*»[87].

In via esemplificativa, sono indicati, come rientranti in questa categoria:

- le cariche di amministratore, sindaco e revisore di società, associazioni e altri enti con o senza personalità giuridica;
- la collaborazione a giornali, riviste, enciclopedie e simili;
- la partecipazione a collegi e commissioni (ad esempio, commissioni di esami).

Ai redditi derivanti da collaborazione coordinata e continuativa si applicano tutte le regole dei redditi da lavoro dipendente (tra cui quelle relative alle ritenute e ai *fringe benefit*).

[87] Tuir, art. 50, comma 1, lett. *c-bis*). I redditi di collaborazione coordinata e continuativa erano considerati redditi di lavoro autonomo, prima della modifica introdotta dall'art. 34, L. 21 novembre 2000, n. 342. Sono redditi assimilati a quelli di lavoro dipendente dal 1° gennaio 2001.

© Wolters Kluwer Italia

ART 53

CASSA

## SEZIONE IV

# I REDDITI DI LAVORO AUTONOMO

SOMMARIO: 4. Il reddito di lavoro autonomo. – 4.1. La base imponibile. Compensi e plusvalenze. – 4.2. Le spese e i costi pluriennali. – 4.3. I redditi equiparati a quelli di lavoro autonomo.

### 4. *Il reddito di lavoro autonomo.*

A) Secondo la definizione contenuta nell'art. 53 del Tuir, «*sono redditi di lavoro autonomo quelli che derivano dall'esercizio di arti e professioni. Per esercizio di arti e professioni si intende l'esercizio per professione abituale, ancorché non esclusiva, di attività di lavoro autonomo diverse da quelle considerate nel capo VI, compreso l'esercizio in forma associata di cui alla lettera c) del comma 3 dell'art. 5*»[88].

I redditi di lavoro autonomo sono definibili come redditi derivanti da un'attività che ha tre connotati:

1. – è svolta in modo autonomo;
2. – è abituale;
3. – è di natura non commerciale.

Il primo carattere (lo svolgimento in modo autonomo) distingue i redditi in esame da quelli di lavoro dipendente.

I redditi di lavoro autonomo sono redditi derivanti da un'attività continuativa; quando l'attività è occasionale i redditi che ne derivano sono «*redditi diversi*»[89].

Il terzo requisito (non commercialità) distingue i redditi di lavoro autonomo da quelli d'impresa. Al riguardo, va tenuto presente che – come si vedrà nell'esame della definizione di reddito di impresa – sono produttive di reddito di impresa le attività considerate dall'art. 2195 c.c. (attività civilisticamente commerciali), anche se non organizzate in forma di impresa.

Pertanto, il lavoro autonomo si distingue dall'esercizio di impresa commerciale (*ex* art. 2195 c.c.) sotto il profilo dell'oggetto dell'attività: se l'attività ha uno degli oggetti considerati nell'art. 2195, si ha impresa commerciale; se l'attività esula dall'art. 2195 si ha lavoro autonomo.

[88] La formula legislativa definisce i termini "arte" e "professione" attribuendo ad essi la stessa estensione del lavoro autonomo; di conseguenza, nella disciplina delle imposte sui redditi, vi è equivalenza semantica tra "esercizio di arte e professione" ed "esercizio di lavoro autonomo".

[89] Tuir, art. 67, comma 1, lett. *l*).

© Wolters Kluwer Italia

B) Rientrano dunque tra i redditi di lavoro autonomo non solo le attività artistiche e professionali (secondo il significato corrente di tali espressioni), ma varie altre attività [90].

Del resto, anche nel codice civile, sotto il titolo dedicato al lavoro autonomo (art. 2222 e seguenti), non sono disciplinati solo i contratti delle professioni intellettuali, ma tutti i contratti d'opera (contratti con cui una persona si obbliga a compiere un'opera o un servizio con lavoro prevalentemente proprio, ossia senza organizzazione di impresa).

Infine, la prestazione di servizi non rientranti nell'art. 2195 c.c. genera redditi d'impresa se svolta con organizzazione in forma di impresa. È decisiva l'organizzazione: se l'organizzazione è di tipo imprenditoriale, si ha reddito d'impresa; se non lo è, si ha reddito di lavoro autonomo. Se prevale l'apporto personale di un determinato soggetto, essendo l'organizzazione uno strumento di supporto, il reddito è di lavoro autonomo.

### 4.1. *La base imponibile. Compensi e plusvalenze.*

A) Il principale componente positivo della base imponibile dei redditi di lavoro autonomo è costituito dai compensi, in danaro o in natura (art. 54, comma 1, del Tuir, ove anche la precisazione che i compensi tassati possono avere forma di partecipazione agli utili).

Si applica il principio di cassa [91]. I compensi sono i corrispettivi percepiti a titolo di remunerazione dell'attività; sono comprese le somme ricevute a titolo di rimborso spese e gli interessi moratori o per dilazione di pagamento, ma sono esclusi i rimborsi delle spese sostenute in nome e per conto del cliente e i contributi previdenziali e assistenziali posti dalla legge a carico del cliente.

Concorrono a formare il reddito anche i corrispettivi percepiti a seguito di cessione della clientela o di "elementi immateriali", riferibili all'attività artistica o professionale, come la cessione del contratto di *leasing,* relativo ad un bene strumentale (Tuir, art. 54, comma 1-*quarter*).

B) Sono tassabili le plusvalenze (deducendo i costi) dei beni strumentali, realizzate in caso di cessione a titolo oneroso. Alla cessione sono equiparati

[90] I proventi della prostituzione sono assoggettabili ad imposta come redditi di lavoro autonomo, in caso di esercizio abituale, o come redditi diversi, in caso di esercizio occasionale (Cass., 27 luglio 2016, n. 15596).

[91] Se il contribuente applica il criterio di competenza, è legittimo l'accertamento dell'ufficio e, a confutazione di ciò, non è possibile invocare il divieto di doppia imposizione (Cass., 15 aprile 2011, n. 8626).

© Wolters Kluwer Italia

il risarcimento per perdita o danneggiamento, l'autoconsumo e la destinazione a finalità estranee all'esercizio dell'attività professionale o artistica (Tuir, art. 54, comma 1-*bis*).

La plusvalenza tassabile è pari alla differenza fra il corrispettivo della cessione e il costo non ammortizzato. Si considera l'indennità in caso di risarcimento e il valore normale in caso di autoconsumo.

Simmetricamente, sono deducibili le minusvalenze. In caso di cessione di un bene strumentale verso un corrispettivo inferiore al costo non ammortizzato, la minusvalenza è deducibile. Analogamente è deducibile la minusvalenza in caso di risarcimento. Invece, in caso di autoconsumo o destinazione di un bene a finalità estranee all'arte o professione le minusvalenze non sono deducibili.

### 4.2. *Le spese e i costi pluriennali.*

A) Le spese deducibili sono quelle sostenute «*nell'esercizio dell'arte o della professione*», ossia "inerenti" a tale esercizio, nonché le minusvalenze dei beni strumentali (Tuir, art. 54, comma 2).

Il primo requisito generale, in materia di spese deducibili, è dunque quello dell'inerenza; costi deducibili sono soltanto quelli "inerenti" alla produzione del reddito [92].

Altra regola generale è quella per cui le spese si deducono secondo il principio di cassa, ma vi sono costi deducibili per competenza.

Le spese inerenti sono, per regola generale, integralmente deducibili (ad esempio, canoni di affitto; spese per il personale dipendente; spese di elettricità, premi di assicurazione, imposte e tasse inerenti).

Ma sono numerose le ipotesi di costi non deducibili affatto, o non deducibili per intero.

B) Si applica il principio di competenza e non il principio di cassa:

– per i costi di acquisto dei beni mobili e dei beni immateriali (ad esempio, *computer*, *software*, arredamento, ecc.), che sono deducibili mediante quote annuali di ammortamento, applicando i coefficienti previsti per i

[92] Il requisito di inerenza dei costi rileva anche nella determinazione del reddito d'impresa (oltre che nell'Iva, ai fini della detrazione dell'imposta relativa agli acquisti). Molte norme che limitano la deduzione dei costi nella determinazione di tali redditi trovano giustificazione nel principio di inerenza. Cfr. E. MARELLO, *Involuzione del principio di inerenza ?*, in *Riv. dir. fin.*, 2002, I, 480.

© Wolters Kluwer Italia

beni delle imprese, ma, se il costo non supera euro 516,46, è ammessa la deduzione integrale nell'anno dell'acquisto (Tuir, art. 54, comma 2);

– per i canoni di *leasing* dei beni mobili strumentali (come le auto), che sono deducibili nell'anno in cui maturano, per un periodo non inferiore alla metà del periodo di ammortamento[93].

– per le indennità di fine rapporto dovute ai dipendenti, di cui è deducibili la quota maturata anno per anno.

C) I costi di acquisto degli immobili non sono deducibili[94]. I canoni di locazione ordinaria (ossia gli affitti) sono invece deducibili (per cassa) senza particolari limitazioni.

I canoni di *leasing*, relativi a immobili strumentali, sono deducibili (per competenza) per un periodo non inferiore a 12 anni.

Le spese relative all'ammodernamento, alla ristrutturazione e alla manutenzione straordinaria degli immobili sono deducibili nel limite del cinque per cento del costo complessivo dei beni materiali ammortizzabili; l'eccedenza è deducibile in quote costanti nei cinque periodi d'imposta successivi.

D) Vi sono regole particolari (ispirate talvolta da evidenti finalità antiabuso, o solo da ragioni di gettito), che limitano la deducibilità di alcuni costi o li forfetizzano:

a) il costo dei beni ad uso promiscuo è deducibile nella misura del 50 per cento;

b) gli ammortamenti e le spese relative all'auto sono deducibili nella misura del 20 per cento;

b) le spese relative ai telefoni sono deducibili per l'80 per cento;

c) le spese per alberghi e ristoranti sono deducibili nel limite del 75 per cento ed entro il limite complessivo annuo del due per cento dei compensi percepiti; sono però integralmente deducibili se sostenute dal committente per conto del professionista e da questi addebitate nella fattura; tutte le spese relative all'esecuzione di un incarico, sostenute direttamente dal committente, non costituiscono compensi in natura per il professionista (Tuir, art. 54, comma 5, terzo periodo, aggiunto dall'art. 8, L. 22 maggio 2017, n. 81);

d) le spese di rappresentanza sono deducibili nel limite dell'uno per cento dei compensi percepiti; tra le spese di rappresentanza sono compresi

[93] La norma ha finalità antielusiva. La deduzione è legata alla maturazione dei canoni secondo princìpi di competenza economica, per impedire il c.d. maxicanone iniziale.

[94] L'indeducibilità vale per gli immobili acquistati dal 2010.

© Wolters Kluwer Italia

gli acquisti di oggetti d'arte, di antiquariato o da collezione, anche se utilizzati come beni strumentali per l'esercizio dell'arte o professione, nonché quelle sostenute per l'acquisto o l'importazione di beni destinati ad essere ceduti a titolo gratuito;

e) le spese di partecipazione a convegni, congressi e simili o a corsi di aggiornamento professionale, incluse quelle di viaggio e soggiorno, sono deducibili entro il limite annuo di 10.000,00 euro.

Per impedire comportamenti elusivi (cioè il c.d. *splitting* dei redditi), o la deduzione di compensi per prestazioni non effettive, non sono deducibili i compensi per prestazioni di lavoro dipendente e per le collaborazioni coordinate e continuative o occasionali corrisposti al coniuge, ai figli minorenni e agli ascendenti per il lavoro prestato o l'opera svolta nei confronti del lavoratore autonomo (Tuir, art. 54, comma 6-*bis*). I compensi indeducibili non sono tassati a carico di chi li percepisce.

### 4.3. *I redditi equiparati a quelli di lavoro autonomo.*

Posta la definizione generale di reddito di lavoro autonomo, il legislatore allarga la categoria considerando espressamente alcune ipotesi particolari.

La prima ipotesi è costituita dai diritti d'autore (e dai diritti consimili). Analiticamente, il legislatore indica i redditi derivanti dalla utilizzazione economica, da parte dell'autore o inventore, di opere dell'ingegno, di brevetti industriali e processi, formule o informazioni relativi ad esperienze acquisite in campo industriale, commerciale o scientifico. Dall'ammontare lordo dei diritti d'autore si deduce il 25 per cento a titolo di spese di produzione (Tuir, art. 54, comma 8).

In secondo luogo, sono presi in considerazione gli utili derivanti da contratti di associazione in partecipazione, quando l'apporto sia costituito esclusivamente da prestazioni di lavoro (ma, dal 2015, non sono più ammessi contratti di associazione in partecipazione con apporto di lavoro).

Inoltre, sono redditi di lavoro autonomo gli utili spettanti ai promotori e ai soci fondatori di società di capitali; tali redditi sono inclusi tra quelli di lavoro autonomo, invece che tra i redditi di capitale, perché derivano dall'attività svolta per la promozione o costituzione della società.

Sono infine redditi di lavoro autonomo, soggetti a tassazione separata, le indennità per la cessazione di rapporti di agenzia.

In materia di determinazione dell'imponibile, a parte i costi deducibili in misura forfetaria dai diritti d'autore, non sono ammesse altre deduzioni di costi.

© Wolters Kluwer Italia

ART. 55



# SEZIONE V

## IL REDDITO D'IMPRESA

SOMMARIO: 5. Nozione di reddito d'impresa. – 5.1. Imprenditori individuali e società di persone. – 5.2. La tassazione separata degli utili non prelevati (IRI). – 5.3. Il regime semplificato delle imprese minori. – 5.4. Il regime forfettario delle imprese di piccole dimensioni. – 5.5. Le società di comodo.

### 5. *Nozione di reddito d'impresa.*

A) La disciplina del reddito d'impresa è collocata all'interno della disciplina dell'Ires, ma le stesse norme valgono anche per gli imprenditori individuali e per le società di persone commerciali (società in nome collettivo e in accomandita semplice).

Nel Tuir l'espressione «*reddito d'impresa*» equivale a «*reddito di impresa commerciale*»; quindi, quando si parla di impresa *tout court*, ci si riferisce all'impresa commerciale (e non all'impresa agraria)[95].

L'attività delle società commerciali (di persone e di capitali) è "istituzionalmente" attività d'impresa: per esse non si pone il problema di qualificare il loro reddito, che è, per definizione legislativa, sempre e per intero reddito d'impresa.

Il problema di definire l'attività d'impresa si pone per le persone fisiche in ambito Irpef (imprenditori individuali) e, in ambito Ires, per distinguere gli enti commerciali dagli enti non commerciali e per separare, tra le attività degli enti non commerciali, quelle imprenditoriali dalle altre.

[95] Secondo l'art. 55 del Tuir «*sono redditi d'impresa quelli che derivano dall'esercizio di imprese commerciali*». Per il legislatore fiscale vi è quindi equivalenza tra «*attività produttive di redditi d'impresa*» ed «*esercizio di impresa commerciale*» (ovvero tra «*impresa*» *tout court* e «*impresa commerciale*»). Come il riferimento alle arti e professioni nella definizione del lavoro autonomo, così il riferimento all'esercizio di impresa commerciale ha valore, dapprima, di *definiens*, e poi di *definiendum*, perciò, tutte le attività considerate in questa norma danno contenuto alla formula «*esercizio di impresa commerciale*», ma tale formula svolge il ruolo di *definiens* nei confronti dell'espressione «*esercizio di impresa*».

Sulla nozione fiscale di impresa, cfr.: M. POLANO, *Attività commerciali e impresa nel diritto tributario,* Padova, 1984; ID., *Impresa nel diritto tributario*, in *Riv. dir. fin.*, 1992, I, 266; M. INGROSSO, *Reddito d'impresa, organizzazione in forma d'impresa e piccola impresa*, in *Riv. dir. trib.*, 1993, I, 49; A. GIOVANNINI, *La nozione di imprenditore,* in *Imposta reddito persone fisiche. Giur. sist. dir. trib., cit.*, t. I, p. 419 ss.; G. TABET, *Il reddito d'impresa nel quadro delle categorie reddituali*, in *Il reddito d'impresa,* vol. I, a cura di G. Tabet, Padova, 1997, p. 1 ss.

© Wolters Kluwer Italia

B) La definizione di esercizio di impresa commerciale, posta dall'art. 55 del Tuir, non coincide con quella civilistica, ma è una "ridefinizione", più ampia e più complessa[96].

La definizione contenuta nell'art. 55, comma1, del T.u., è costruita richiamando la definizione civilistica di attività commerciale. L'art. 55 stabilisce infatti che «*per esercizio di imprese commerciali si intende l'esercizio per professione abituale, ancorché non esclusiva, delle attività indicate nell'art. 2195 del codice civile*»; sono perciò attività di impresa, ai fini fiscali, le attività definite commerciali dal codice civile.

Il rinvio alle attività definite commerciali nell'art. 2195 c.c. significa che la definizione fiscale di impresa si basa sulla natura dell'attività (le attività qualificate commerciali nell'art. 2195 c.c.) prescindendo dalle caratteristiche soggettive (forma soggettiva dell'imprenditore, o struttura organizzativa). Sono commerciali, secondo l'art. 2195 c.c.:

- l'attività industriale diretta alla produzione di beni o di servizi;
- l'attività intermediaria nella circolazione di beni;
- l'attività di trasporto (per terra, per acqua o per aria);
- l'attività bancaria o assicurativa;
- le attività ausiliarie delle precedenti.

C) Va notato che, secondo l'art. 55, comma 1, le imprese commerciali secondo il codice civile sono tali ai fini fiscali «*anche se non organizzate in forma di impresa*».

Per il diritto civile l'impresa è una attività economica «*organizzata*» al fine della produzione o dello scambio di beni e di servizi[97]; fiscalmente, invece, vi sono imprenditori senza (organizzazione di) impresa. È il caso, ad esempio, di talune figure ausiliarie dell'imprenditore commerciale, come gli agenti e i rappresentanti di commercio (art. 2195, n. 5)[98]: essi sono imprenditori ai fini fiscali anche se non operano in forma organizzata[99].

[96] Vi è analogia di struttura tra l'art. 55 del Tuir e l'art. 2195 c.c.; quest'ultimo, elenca delle attività nel comma 1 e, nel comma 2, definisce il significato dei termini "attività" e "imprese commerciali"; analogamente, il Tuir, dopo un elenco di attività, assume tale elenco come campo semantico della espressione "attività commerciale". In entrambi i casi, la tecnica definitoria è quella della definizione mediante elenchi; i membri dell'elenco, però, sono dati da definizioni intensive.

[97] Il codice civile definisce l'imprenditore come colui che «*esercita professionalmente una attività economica organizzata al fine della produzione o dello scambio di beni e di servizi*» (art. 2082); in base alla natura dell'attività esercitata vanno distinti gli imprenditori agricoli (art. 2135) da quelli commerciali (art. 2195).

[98] Cfr. M.C. Fregni, *Questioni in tema di tassazione degli agenti di commercio*, in *Riv. dir. trib.*, 2004, I, 423.

[99] Cfr. Cass., 20 aprile 1993, n. 4651, in *Dir. prat. trib.*, 1993, II, 719.

© Wolters Kluwer Italia

D) Se dunque l'attività di natura commerciale è impresa anche senza organizzazione (d'impresa), vi è però un'ipotesi in cui è l'organizzazione (in forma di impresa) che di per sé attribuisce a chi la svolge qualifica di imprenditore, ai fini fiscali, anche se l'attività svolta non è commerciale secondo il codice civile.

Sono infatti redditi d'impresa «*i redditi derivanti dall'esercizio di attività organizzate in forma d'impresa dirette alla prestazione di servizi che non rientrano nell'articolo 2195 del codice civile*» (art. 55, comma 2, lett. a).

Poiché l'art. 2195 c.c. definisce commerciale l'attività industriale di produzione di servizi (mentre l'attività qui considerata è quella di prestazione di servizi), abbiamo, in materia di servizi, la seguente tripartizione:

a) la "produzione" di servizi genera reddito d'impresa anche se non organizzata in forma d'impresa (art. 55, comma 1);

b) la "prestazione" di servizi, non compresi nell'art. 2195 c.c., genera redditi d'impresa solo se organizzata in forma d'impresa (art. 55, comma 2)[100];

c) infine, la prestazione di servizi non compresi nell'art. 2195 c.c., e non organizzata in forma d'impresa, è attività di lavoro autonomo.

Dal punto di vista pratico, non è tanto importante distinguere tra la prima e la seconda attività, perché entrambe generano redditi d'impresa; è importante distinguere tra la seconda e la terza, perché in un caso si ha reddito d'impresa, nell'altro reddito di lavoro autonomo.

Ora, il discrimine tra impresa e lavoro autonomo è dato dalla presenza o dall'assenza di una «*organizzazione in forma d'impresa*».

Si ritiene generalmente che, nelle professioni intellettuali, la presenza di una organizzazione, anche complessa, non vale a qualificare l'attività come impresa, perché l'organizzazione ha un ruolo servente rispetto all'apporto intellettuale del professionista; e poiché, per i redditi di lavoro autonomo, il dato che caratterizza la categoria è il tipo di attività esercitata, indipendentemente dall'organizzazione, i redditi professionali sono redditi di lavoro autonomo anche se organizzati in forma di impresa.

Il legislatore non fornisce alcuna indicazione circa la nozione di organizzazione in forma di impresa; si sono diffuse, perciò, ipotesi interpretative assai disparate, sia per la definizione dei caratteri "qualitativi" dell'organizzazione ad impresa, sia per la individuazione del livello minimo di organizzazione, necessario perché vi sia l'organizzazione ad impresa.

[100] Ad esempio: agenzie per pratiche amministrative (automobilistiche e simili), agenzie matrimoniali, scuole private.

© Wolters Kluwer Italia

E) L'art. 55, comma 2, stabilisce che si considerano redditi d'impresa anche

– i redditi derivanti dallo sfruttamento di miniere, cave, torbiere, saline, laghi, stagni e altre acque interne [101];

– i redditi dei terreni, ove spettino a società in nome collettivo e in accomandita semplice, nonché alle stabili organizzazioni di persone fisiche non residenti, esercenti attività di impresa.

Come visto in tema di imprese agrarie, sono tali anche le imprese che svolgono attività agricole per connessione, ma nei limiti previsti dall'art. 32 del Tuir; tali imprese, però, sono commerciali, se non rispettano i limiti predetti.

### 5.1. *Imprenditori individuali e società di persone.*

A) Al reddito degli imprenditori individuali e delle società di persone commerciali si applica il regime fiscale ordinario, se prestano servizi e conseguono ricavi annui superiori a 400.000 euro, o se esercitano altre attività e realizzano ricavi superiori a 700.000 euro annui. Se conseguono ricavi di ammontare inferiore, si applicano i regimi speciali che esamineremo.

Il regime ordinario comporta la determinazione del reddito in base al bilancio e l'applicazione delle stesse regole fiscali dettate, in ambito Ires, per le società di capitali.

Negli articoli da 56 a 66 del Tuir sono però poste alcune regole, che valgono solo per il reddito d'impresa tassato con Irpef, e di cui indichiamo qui di seguito le principali.

B) Occorre definire la nozione di beni «*relativi all'impresa*». L'imprenditore individuale può essere contemporaneamente proprietario sia di beni «*relativi all'impresa*», sia di altri beni (usati per i bisogni personali e familiari); è perciò necessario distinguere i beni personali (ad esempio, la casa di abitazione) dai beni «*relativi all'impresa*». Nel caso di società di fatto, vi possono essere beni che, pur risultando di proprietà dei soci, sono «*relativi all'impresa*».

Per le imprese individuali, l'art. 65 del Tuir definisce «*relativi all'impresa*»: le merci, i beni strumentali, i crediti acquisiti nell'esercizio

[101] Si noti che è reddito d'impresa non quello del proprietario, ma quello derivante dall'attività di sfruttamento. L'art. 55 non richiede espressamente, per tali attività, né l'organizzazione ad impresa né la professionalità; ma si deve ritenere che tali requisiti siano ugualmente richiesti, altrimenti si tratterebbe di redditi diversi.

© Wolters Kluwer Italia

dell'impresa, i beni inventariati (*ex* art. 2217 c.c.), gli immobili, anche se strumentali, inclusi nell'inventario.

Per le società di fatto, sono «*relativi all'impresa*», oltre alle merci, ai beni strumentali e ai crediti commerciali, i beni mobili e immobili iscritti nei pubblici registri a nome dei soci ed utilizzati in via esclusiva per l'impresa.

C) Tra i ricavi, si comprende il valore normale dei beni «*destinati al consumo personale o familiare dell'imprenditore*» (c.d. autoconsumo); viene qui equiparato ai ricavi un componente positivo che è da computare in quanto, ai fini fiscali, rileva tutto ciò che si distacca dalla sfera dell'impresa e, quindi, anche ciò che ne esce senza corrispettivo.

Una previsione analoga vi è per i beni che generano plusvalenze. Si ha dunque un componente positivo di reddito ogni volta che un bene cessa di appartenere all'impresa (con o senza corrispettivo).

D) Per gli imprenditori individuali, le plusvalenze che fruiscono del regime di *participation exemption* e i dividendi distribuiti da società di capitale sono tassati nella misura del 58,14 per cento (Tuir, artt. 58, comma 1 e 59).

Correlativamente, le minusvalenze non sono deducibili per intero ma nella stessa percentuale (58,14 per cento)[102].

Le plusvalenze realizzate dalle società di persone e dagli altri soggetti che producono reddito in forma associata (ex art. 5 del Tuir) sono invece imponibili nella misura del 49,72 per cento[103].

E) Le plusvalenze realizzate con la cessione di aziende possono essere tassate separatamente. Il trasferimento di azienda per causa di morte o per atto gratuito non costituisce realizzo delle plusvalenze dell'azienda. Per gli eredi, l'azienda ha lo stesso "valore fiscalmente riconosciuto" che aveva per il *de cuius* (Tuir, art. 58, comma 1).

F) Non sono ammesse in deduzione i compensi per il lavoro prestato nell'impresa dallo stesso imprenditore o dai suoi familiari (Tuir, art. 60), allo scopo di impedire che vengano simulati rapporti di lavoro tra familiari per ridurre la progressività.

[102] Le minusvalenze realizzate relative a partecipazioni con i requisiti dell'esenzione – ed i costi specificamente inerenti al realizzo di tali partecipazioni – sono indeducibili in misura corrispondente alla percentuale di plusvalenza esente (Tuir, art. 64).

[103] Art. 1, comma 64, L. 28 dicembre 2015, n. 208 (legge di stabilità per il 2016); art. 2, comma 3, D.m. 26 maggio 2017.

© Wolters Kluwer Italia

G) Gli interessi passivi, se vi sono ricavi o altri proventi esenti, non sono deducibili per intero, ma per la parte corrispondente al rapporto fra l'ammontare dei ricavi e altri proventi che concorrono alla formazione del reddito di impresa, o che non vi concorrono in quanto "esclusi", e l'ammontare complessivo di tutti i ricavi e proventi (Tuir, art. 61)[104].

H) Le spese sostenute per l'acquisto o la locazione, anche finanziaria, di beni mobili adibiti promiscuamente all'esercizio dell'impresa e all'uso personale o familiare sono ammortizzabili (o deducibili, se il costo non è superiore a 516,46 euro) nella misura del 50 per cento. Per gli immobili ad uso promiscuo, è consentita una deduzione nella stessa misura della rendita catastale o del canone di locazione, anche finanziaria, a condizione che il contribuente non disponga di altro immobile adibito esclusivamente all'esercizio dell'impresa.

I) Se il risultato derivante dall'attività d'impresa è negativo, la perdita può essere portata in diminuzione del reddito complessivo, ma al netto dei proventi esenti da imposta (e, in particolare, della parte dei proventi esenti che eccede gli interessi passivi e le altre spese generali indeducibili).

### 5.2. *La tassazione separata degli utili non prelevati (IRI).*

L'art. 55-*bis* del Tuir prevede che, dal 1° gennaio 2019, le imprese individuali e le società di persone in contabilità ordinaria possono sottoporre il reddito non distribuito a tassazione proporzionale separata, con la stessa aliquota dell'Ires (24 per cento).

Dalla base imponibile si deducono le somme prelevate dall'imprenditore e dai soci di società di persone; in tal modo, le somme non prelevate sono tassate in misura proporzionale (come il reddito d'impresa soggetto ad Ires e non distribuito), mentre le somme prelevate concorrono a formare il reddito complessivo dell'imprenditore individuale e dei soci delle società di persone, soggetto a tassazione Irpef progressiva.

Questo regime può essere applicato anche dalle società a responsabilità limitata trasparenti (art. 116 Tuir, comma 2-*bis*), in quanto si trovano in una situazione di fatto analoga a quella delle società di persone commerciali.

[104] La parte di interessi passivi non deducibile corrisponde, in sostanza, alla quota dei ricavi e proventi esenti rispetto al totale dei ricavi e proventi; non si ha diritto, per l'importo corrispondente, alla detrazione di imposta di cui all'art. 15, comma 1, lett. *a*) e *b*) del Tuir (che disciplinano, rispettivamente, gli interessi pagati per mutui agrari e per l'acquisto della prima casa).

© Wolters Kluwer Italia

L'opzione per il regime IRI dura 5 periodi d'imposta, è rinnovabile e deve essere esercitata nella dichiarazione dei redditi, con effetto dal periodo d'imposta cui è riferita la dichiarazione.

Vi sono dunque due regimi fiscali: il reddito che resta prezzo l'impresa è tassato con la stessa aliquota dell'Ires, mentre le somme prelevate dall'imprenditore e dai soci delle società di persone sono tassate come reddito ordinario soggetto a Irpef.

Si realizza in tal modo uniformità di trattamento tra società di capitali, società di persone e imprese individuali, rendendo il sistema più neutrale rispetto alla forma giuridica; inoltre, si favorisce la patrimonializzazione delle piccole imprese, in continuità con la normativa sull'aiuto alla crescita economica (ACE).

**5.3.** *Il regime semplificato delle imprese minori.*

A) L'art. 66 del T.u. prevede, per le imprese minori, una disciplina speciale, sia dal punto di vista sostanziale (regole di determinazione del reddito), sia dal punto di vista formale (obblighi contabili e criteri di accertamento).

Imprese minori sono quelle esercitate da persone fisiche e da società di persone, che, avendo ricavi non superiori ad un dato ammontare, sono ammesse al regime di contabilità semplificata (e non hanno optato per il regime di contabilità ordinaria).

L'ammontare di ricavi, al di sotto del quale è ammessa la contabilità semplificata, è di 400.000 euro per le imprese che prestano servizi e di 700.000 euro per le altre.

Le imprese minori possono optare per il regime ordinario di contabilità e di determinazione del reddito; in assenza di tale opzione, gli imprenditori minori possono tenere una contabilità semplificata, limitarsi cioè a tenere i registri Iva, nei quali debbono però essere annotati anche gli elementi rilevanti ai fini reddituali, e i registri degli incassi e dei pagamenti.

Di riflesso, le regole di determinazione del reddito delle imprese minori sono state concepite considerando che la contabilità è semplificata e che non viene redatto il bilancio di esercizio. Non si applica il regime di *participation exemption*, perché non vi è un bilancio in cui classificare le partecipazioni come immobilizzazioni.

B) La determinazione analitica dei redditi delle imprese minori infatti viene effettuata mediante l'applicazione di alcune soltanto delle regole in

© Wolters Kluwer Italia

materia di reddito d'impresa (ossia mediante l'applicazione delle regole ordinarie, con alcune eccezioni, connesse alla circostanza che tali soggetti pongono in essere una contabilità semplificata).

In sintesi, la disciplina dettata per la determinazione analitica del reddito delle imprese minori si basa sulle seguenti regole:

a) si applica un criterio di imputazione misto "cassa-competenza": in linea di principio, ricavi e costi concorrono alla formazione del reddito d'impresa nel periodo, rispettivamente, di incasso e sostenimento (ricavi, dividendi, interessi, spese per beni-merce, utenze, materiali di consumo, assicurazioni, oneri fiscali e contributivi); per alcuni componenti resta però fermo il principio di competenza (plusvalenze, minusvalenze, sopravvenienze attive e passive, ammortamenti, canoni di *leasing*, perdite di beni strumentali e su crediti);

b) il reddito d'impresa è costituito dalla differenza tra determinati componenti positivi (ricavi, plusvalenze, sopravvenienze, proventi immobiliari, dividendi e interessi attivi) e determinati componenti negativi (spese documentate, perdite, minusvalenze);

c) gli unici accantonamenti consentiti sono quelli di quiescenza e previdenza; gli altri accantonamenti non sono consentiti, perché presuppongono la redazione del bilancio (che manca per le imprese minori);

d) gli ammortamenti dei beni strumentali e dei beni immateriali sono consentiti a condizione che sia tenuto il registro dei cespiti ammortizzabili;

e) in via generale, sono applicabili anche alle imprese minori le norme che limitano o comunque regolano la deducibilità delle spese (in tema di oneri di utilità sociale, spese relative a più esercizi, ecc.), ma non vi sono previsioni in tema di limiti alla deducibilità degli interessi passivi[105].

## 5.4. *Il regime forfettario delle imprese di piccole dimensioni.*

Il regime forfettario[106] è riservato alle persone fisiche che esercitano attività di impresa o attività di lavoro autonomo, se, nell'anno precedente:

a) hanno conseguito ricavi o percepito compensi, ragguagliati ad anno, non superiori a determinati importi, correlati al tipo di attività svolta;

b) hanno sostenuto spese per lavoro dipendente non superiore a 5.000 euro lordi;

[105] L'Agenzia delle entrate, invece, ritiene che, anche se non espressamente richiamato dall'art. 66 del Tuir, l'art. 61 (che regola la deducibilità degli interessi passivi) si applica anche alle imprese minori (circ. 21 aprile 2009, n. 19/E).

[106] Si veda l'art. 1, commi da 54 a 89, della l. 23 dicembre 2014, n. 190 (legge di stabilità per il 2015).

© Wolters Kluwer Italia

c) il costo complessivo, al lordo degli ammortamenti, dei beni strumentali alla chiusura dell'esercizio non supera 20.000 euro.

Le persone fisiche che intraprendono l'esercizio di imprese, arti o professioni possono avvalersi del regime forfetario comunicando, nella dichiarazione di inizio di attività, di presumere la sussistenza dei requisiti previsti per accedere al regime in esame.

Adottando il regime forfettario, il reddito imponibile è calcolato applicando all'ammontare dei ricavi o dei compensi percepiti un coefficiente di redditività, diverso a seconda dell'attività svolta.

Sul reddito imponibile, così calcolato, si applica l'aliquota del 15 per cento (sostitutiva dell'imposta sui redditi, delle addizionali regionali e comunali e dell'Irap).

L'aliquota è ridotta al 5 per cento, nei primi cinque periodi d'imposta, per chi avvia una nuova attività.

I contribuenti in regime forfettario sono esonerati dagli obblighi di registrazione e di tenuta delle scritture contabili e non sono tenuti ad operare ritenute alla fonte (devono però indicare, nella dichiarazione dei redditi, il codice fiscale del percettore e l'ammontare delle somme su cui non è stata operata la ritenuta).

Infine, i contribuenti in regime forfettario non applicano l'Iva sulle operazioni attive e non hanno diritto alla detrazione sugli acquisti.

### 5.5. *Le società di comodo.*

Per motivi anche extrafiscali (scoraggiare l'utilizzo strumentale dell'istituto societario), le società commerciali (di capitale e di persone) sono qualificate «*non operative*», o «*di comodo*», se gli elementi attivi (ricavi, incrementi delle rimanenze, altri proventi), risultanti dal conto economico, sono inferiori a determinate percentuali (2 per cento delle partecipazioni e altri titoli; 6 per cento dei beni immobili; 15 per cento delle altre immobilizzazioni).

Sono inoltre considerate non operative le società che presentano dichiarazioni in perdita fiscale per cinque periodi d'imposta consecutivi oppure che nello stesso arco temporale rilevano una perdita fiscale per quattro periodi d'imposta ed un reddito inferiore all'imponibile minimo per il rimanente anno[107].

[107] D.l. 13 agosto 2011, n. 138, conv. dalla L. 14 settembre 2011, n. 148, art. 2, comma 36-*decies*. Cfr. M. Nussi, *La disciplina impositiva delle società di comodo tra esigenze di disincentivazione e rimedi incoerenti*, in *Riv. dir. fin.*, 2010, I, p. 491.

© Wolters Kluwer Italia

Il legislatore presume che le società così individuate producano un reddito minimo, pari ad una percentuale del loro patrimonio (1,5 per cento delle partecipazioni che non costituiscono immobilizzazioni; 4,75 per cento degli immobili; 12 per cento delle altre immobilizzazioni). L'aliquota ordinaria è maggiorata del 10,5 per cento[108].

Inoltre, le società di comodo non possono chiedere il rimborso dell'Iva a credito, né compensarla con l'Iva a debito.

Il regime delle società di comodo è un regime antielusivo. Le società considerate di comodo possono chiedere la disapplicazione della normativa che le riguarda ai sensi dell'art. 11, comma 1, lett. b), dello Statuto.

[108] Art. 30, L. 23 dicembre 1994, n. 724 e D.l. 13 agosto 2011, n. 138, conv. dalla L. 14 settembre 2011, n. 148, art. 2.

© Wolters Kluwer Italia

ART. 67



## SEZIONE VI
## I REDDITI DIVERSI

SOMMARIO: 6. La categoria dei «*redditi diversi*». – 6.1. Le plusvalenze immobiliari. – 6.2. Le plusvalenze da cessione di partecipazioni. – 6.3. Altri «*redditi diversi*».

### 6. *La categoria dei* «redditi diversi».

Nella categoria denominata «*redditi diversi*» il legislatore ha raggruppato una serie di ipotesi reddituali eterogenee, non riconducibili alle categorie tipiche (sinora esaminate), che sono caratterizzate dal fatto che i redditi compresi in ciascuna di esse derivano da una particolare fonte produttiva.

La categoria in esame presenta, quindi, carattere di "residualità", in quanto comprende una serie di ipotesi alle quali manca qualche tratto caratteristico dei redditi delle categorie tipiche.

### 6.1. *Le plusvalenze immobiliari.*

Tra i «*redditi diversi*» rientrano tre ipotesi di plusvalenze, dette "isolate", perché non realizzate nel contesto di una attività economica di tipo continuativo, come quella d'impresa[109].

[109] Nella precedente legislazione, le plusvalenze realizzate al di fuori dell'attività d'impresa erano tassate a condizione che fossero il frutto di una operazione economica fatta con intento speculativo.

Nel D.P.R. 29 settembre 1973, n. 597, art. 76, vi era una regola generale (tassazione di tutte le plusvalenze conseguite con fini speculativi) e tre previsioni specifiche, nelle quali erano contenute delle "presunzioni assolute" di intento speculativo.

La presenza dell'intento speculativo distingueva (nell'ottica del modello teorico del reddito inteso come prodotto) le plusvalenze riconducibili ad un'attività produttiva del contribuente dalle plusvalenze considerate non reddituali.

L'intento speculativo implicava che un determinato bene fosse acquisito con il fine di rivenderlo lucrando sul plusvalore determinato dall'andamento del mercato; la giurisprudenza esigeva che l'intento speculativo fosse presente in tutto lo svolgimento dell'operazione, dall'acquisto alla rivendita; era perciò esclusa la speculatività quando il bene era ricevuto in eredità o in donazione e quando la vendita non era effettuata per lucrare approfittando dell'andamento favorevole del mercato, ma per altri motivi.

Ora, l'intento speculativo non è più una componente delle fattispecie imponibili, ma costituisce la *ratio* sottostante alla individuazione legislativa delle plusvalenze rilevanti; nelle ipotesi previste, infatti, è normalmente diagnosticabile la presenza di un disegno speculativo.

© Wolters Kluwer Italia

La prima ipotesi è quella delle plusvalenze derivanti dalla lottizzazione di terreni o dalla esecuzione di opere intese a renderli edificabili, e la successiva vendita (anche parziale) dei terreni o degli edifici. Viene qui tassata una plusvalenza che non è riconducibile all'andamento del mercato, in sé considerato, ma all'attività svolta per lottizzare o rendere edificabili i terreni. Si assume come valore iniziale il prezzo di acquisto o quello normale dei terreni nel quinto anno anteriore alla lottizzazione.

La seconda ipotesi è quella delle plusvalenze realizzate mediante la cessione a titolo oneroso di beni immobili acquistati o costruiti da non più di cinque anni [110], ma non sono tassate le plusvalenze derivanti da immobili acquisiti per successione e da immobili che, per la maggior parte del periodo intercorso tra l'acquisto (o la costruzione) e la cessione, sono state adibiti ad abitazione principale del cedente o dei suoi familiari, in base al concetto che, in tali ipotesi, la plusvalenza non deriva da intento speculativo.

Infine (terza ipotesi), sono tassate le plusvalenze realizzate a seguito di cessione a titolo oneroso di terreni edificabili.

Le plusvalenze realizzate a seguito di esproprio sono soggette ad imposta sostitutiva, mediante ritenuta alla fonte, a titolo d'imposta, del 20 per cento [111].

## 6.2. *Le plusvalenze da cessione di partecipazioni.*

L'art. 67, comma 1, lett. c) e c-*bis* del Tuir include nei «*redditi diversi*» le plusvalenze realizzate, non nell'ambito dell'attività di impresa, mediante cessione a titolo oneroso di partecipazioni.

La cessione dei contratti di associazione in partecipazione è equiparata alla cessione di titoli azionari, per cui le plusvalenze derivanti dalle cessioni di tali contratti sono trattate come quelle derivanti dalla cessione di partecipazioni sociali [112].

[110] La presunzione assoluta di speculatività non è stata ritenuta illegittima da Corte cost., 22 luglio 1999, n. 346, in *Boll. trib.*, 1999, 1711.

[111] L. 30 dicembre 1991, n. 413, art. 11.

[112] Tuir, art. 67, comma 1, lett. *c-bis*), n. 1. Cfr. M. PIERRO, *L'associazione in partecipazione e i contratti di cointeressenza*, in *Imposta sul reddito delle società (IRES)*, cit., p. 341.

© Wolters Kluwer Italia

### 6.3. *Altri* «redditi diversi».

A) Fanno parte dei «*redditi diversi*» varie altre ipotesi reddituali, che possono essere indicate mettendo in rilievo la categoria tipica a cui sono ricollegabili, ed in cui non sono ricompresi per mancanza di un elemento essenziale della definizione della categoria tipica.

Abbiamo innanzitutto i redditi di natura fondiaria, la cui quantificazione non è data dal catasto, ed i redditi delle sublocazioni: tali redditi sono inseriti nella categoria dei «*redditi diversi*» perché la determinazione catastale è un elemento essenziale dei redditi fondiari.

Per lo stesso motivo, fanno parte dei «*redditi diversi*» i redditi dei beni immobili situati all'estero, che sono determinati in base alla valutazione reddituale effettuata dallo Stato estero (Tuir, art. 70).

I redditi derivanti da attività di lavoro autonomo non esercitate abitualmente, ed i redditi derivanti dall'utilizzazione economica di opere dell'ingegno, di brevetti industriali e di processi, formule e simili, sono «*redditi diversi*», e non redditi di lavoro autonomo, perché manca l'abitualità.

La mancanza di abitualità è anche la ragione per cui sono inseriti tra i «*redditi diversi*» i redditi derivanti da attività commerciali non esercitate abitualmente.

Vicino alla categoria del reddito di impresa è il reddito di chi, proprietario di un'azienda, non esercita attività di impresa ma dà l'azienda in affitto: il reddito che ne deriva è reddito diverso, come la plusvalenza realizzata in caso di vendita.

B) Vi sono, poi, fattispecie reddituali di varia natura, vale a dire:

– i redditi derivanti dalla concessione in usufrutto e dalla sublocazione di beni immobili, dall'affitto, locazione, noleggio e concessione in uso di veicoli, macchine e altri beni mobili, dall'affitto e concessione in usufrutto di aziende;

– redditi derivanti dalla «*differenza tra il valore di mercato e il corrispettivo annuo per la concessione in godimento di beni dell'impresa a soci o familiari dell'imprenditore*»[113];

– le vincite delle lotterie, dei giochi, concorsi a premio, ecc.[114];

– i premi ricevuti come riconoscimento di meriti artistici, scientifici e sociali.

[113] Tuir, art. 67, comma 1, lett. *h-ter*), introdotta dall'art. 2, comma 36-*terdecies*, D.l. 13 agosto 2011, n. 138, conv. dalla L. 14 settembre 2011, n. 148.

[114] Cfr. N. SARTORI, *Imposizione reddituale delle vincite conseguite presso case da gioco italiane ed estere*, in *Rass. trib.*, 2014, 987.

© Wolters Kluwer Italia

Vi è, infine, una formula di chiusura di portata generale, riguardante i redditi che derivano dall'assunzione di obblighi di fare, non fare e permettere[115].

I proventi illeciti, non classificabili nelle categorie tipiche, sono, come già detto, «*redditi diversi*» in quanto considerati frutto di uno degli obblighi ora indicati[116].

In conclusione, nella categoria dei «*redditi diversi*» vi sono redditi simili o prossimi a quelli fondiari, di capitale, di lavoro autonomo, d'impresa, ma privi di un requisito tipico della categoria, e perciò ascritti al novero dei «*redditi diversi*». Ed abbiamo una formula di portata generale (quella che ha riguardo agli obblighi di fare, non fare e permettere), che chiude il sistema, rendendolo potenzialmente comprensivo di ogni ipotesi di reddito prodotto.

C) Data la eterogeneità dei redditi contenuti in questa categoria, le relative regole di determinazione non sono uniformi.

Nella più parte dei casi, l'inclusione di un provento tra i «*redditi diversi*» è stata dettata proprio dall'esigenza di sottrarlo ai criteri di quantificazione dei redditi della categoria che presenta lo stesso tipo di fonte, per collegare ad esso regole particolari di determinazione.

Va notato infine i «*redditi diversi*», con qualche eccezione, si tassano al netto delle spese e degli oneri di produzione e non sono soggetti a ritenuta alla fonte.

[115] Il Tuir ha sostituito, ad una definizione "aperta" della materia tassabile (contenuta nell'art. 80 del D.P.R. 29 settembre 1973, n. 597, che prevedeva la tassazione di «*ogni altro reddito non espressamente considerato*»), un sistema "chiuso", ossia una indicazione tassativa delle fattispecie imponibili. La definizione "aperta" era fonte di incertezze e suscitava dubbi di legittimità costituzionale, in rapporto all'art. 23 Cost.

[116] Art. 36, comma 34-*bis*, del D.l. 4 luglio 2006, n. 223, conv. dalla L. 4 agosto 2006, n. 248.

© Wolters Kluwer Italia

CAPITOLO TERZO

# L'IMPOSTA SUL REDDITO DELLE SOCIETÀ

## SEZIONE I

## I SOGGETTI PASSIVI

SOMMARIO: 1. I soggetti passivi e la residenza fiscale. – 2. Il reddito delle società e degli enti commerciali. – 3. La base imponibile e il riporto delle perdite. – 3.1. La riduzione dell'imponibile in caso di incrementi del capitale proprio (ACE). – 4. Gli enti non commerciali. – 4.1. I redditi degli enti non commerciali. – 5. I *trust*.

### 1. *I soggetti passivi e la residenza fiscale.*

A) L'imposta sul reddito delle società (Ires) colpisce il reddito complessivo netto delle società di capitali e dei soggetti collettivi in genere[1], con aliquota del 24 per cento[2].

[1] L'imposta sul reddito delle società (Ires) è la denominazione dell'imposta sul reddito delle persone giuridiche (Irpeg), a partire dal 1° gennaio 2004, come previsto dalla L. 7 aprile 2003, n. 80. È mutata la denominazione, ma non sono mutati i soggetti passivi.

[2] Aliquota prevista per i periodi d'imposta successivi a quello in corso al 31 dicembre 2016 (art. 1, comma 61, della L. 28 dicembre 2015, n. 208: legge di stabilità per il 2016).

Il comma 65 prevede che, per gli enti creditizi e finanziari di cui al D.lgs. 27 gennaio 1992, n. 87, e per la Banca d'Italia, l'aliquota Ires è applicata con una addizionale di 3,5 punti percentuali.

© Wolters Kluwer Italia

L'art. 73 del Tuir suddivide i soggetti passivi in quattro gruppi:

a) società di capitali (società per azioni, società in accomandita per azioni, società a responsabilità limitata, cooperative, società di mutua assicurazione, società e cooperative europee[3]);

b) enti commerciali;

c) enti non commerciali;

d) società ed enti non residenti (esaminati nel capitolo sui redditi transnazionali).

Tra gli enti che possono essere soggetti passivi dell'Ires – come enti commerciali o non commerciali, residenti o non residenti – sono da includere le associazioni non riconosciute, i consorzi e, in generale, «*le altre organizzazioni non appartenenti ad altri soggetti passivi nei confronti dei quali il presupposto si verifichi in modo unitario ed autonomo*».

La categoria degli enti commerciali è formata dagli enti, pubblici e privati, compresi i *trust*, che hanno come oggetto esclusivo o principale della propria attività l'esercizio di una attività commerciale.

Enti non commerciali sono, al contrario, gli enti che non hanno, come oggetto esclusivo o principale della propria attività, l'esercizio di una attività commerciale.

L'Ires non si applica alle società di persone ed enti equiparati (i cui redditi, come visto nel capitolo sull'Irpef, sono imputati per trasparenza ai soci) e ad alcuni soggetti esenti (organi e amministrazioni dello Stato, comuni, comunità montane, province e regioni).

La base imponibile dell'Ires è disciplinata da tre gruppi di norme, dei quali, come vedremo tra breve, il primo si applica alle società di capitali e agli enti commerciali, il secondo agli enti non commerciali e il terzo alle società ed enti non residenti (Tuir, art. 75).

B) Sono residenti le società e gli enti che, per la maggior parte del periodo d'imposta, hanno la sede legale o la sede dell'amministrazione o l'oggetto principale nel territorio dello Stato.

*A contrario*, sono non residenti le società e gli enti, compresi i *trust*, che non hanno in Italia né la sede legale, né la sede dell'amministrazione, né l'oggetto principale della propria attività. Può trattarsi di società ed enti commerciali e di enti non commerciali.

[3] Le società europee (previste dal Regolamento CE n. 2157/2001) e le cooperative europee (previste dal Regolamento CE n. 1435/2003) sono state inserite fra i soggetti passivi Ires dal D.lgs. 6 novembre 2007, n. 199.

© Wolters Kluwer Italia

A norma dell'art. 73, comma 5-*bis*, del Tuir, si considera esistente nel territorio dello Stato la sede dell'amministrazione di società (c.d. esterovestite) ed enti che detengono partecipazioni di controllo, ai sensi dell'art. 2359, comma 1, c.c., in società o enti commerciali, se:

a) sono controllati, anche indirettamente, ai sensi dell'art. 2359, comma 1, c.c., da soggetti residenti nel territorio dello Stato; ovvero:

b) sono amministrati da un consiglio di amministrazione, o altro organo equivalente di gestione, composto in prevalenza di consiglieri residenti nel territorio dello Stato.

A norma dell'art. 73, comma 5-*quater*, del Tuir, si considerano residenti nello Stato, salvo prova contraria, le società e gli enti il cui patrimonio sia investito in misura prevalente in quote o azioni di investimento collettivo del risparmio immobiliari, e siano controllati direttamente o indirettamente, per il tramite di società fiduciarie o per interposta persona, da soggetti residenti in Italia; si considerano parimenti residenti, salvo prova contraria e con alcune eccezioni, i redditi degli organismi di investimento collettivo del risparmio istituiti in Italia.

Infine, si presume che siano residenti in Italia i *trust* esteri istituiti in Paesi a fiscalità privilegiata: a) se almeno un disponente e un beneficiario sono residenti in Italia; oppure, b) se il disponente ha trasferito in *trust* immobili o diritti reali immobiliari.

## 2. *Il reddito delle società e degli enti commerciali.*

Il reddito imponibile delle società e degli enti commerciali non è la somma di redditi distinti per categorie, ma è sempre, tutto, reddito d'impresa, «*da qualsiasi fonte provenga*» (Tuir, art. 81). Ne deriva che se una società possiede immobili, o capitali, i redditi relativi non sono redditi fondiari, o di capitale, ma componenti del reddito d'impresa[4].

Anche le società fra professionisti, costituite in forma di società di capitali, sono soggette ad Ires, e il loro reddito, dal punto di vista fiscale, è reddito di impresa[5].

[4] Gli interessi su mutui, finanziamenti e simili, quando sono conseguiti da società o da enti commerciali, non costituiscono reddito di capitale ma componenti del reddito di impresa (Cass., 3 marzo 2017, n. 5392).

[5] Le società per l'esercizio di professioni regolamentate in ordini professionali sono disciplinate dall'art. 10 della L. 12 novembre 2011, n. 183 (legge di stabilità per il 2012). Se assumono forma di società commerciale il loro reddito è reddito di impresa.

© Wolters Kluwer Italia

Sono reddito d'impresa anche i redditi dei terreni spettanti a soggetti passivi Ires[6], ma con l'eccezione, già rilevata, delle società che – avendo la qualifica di società agricole ai sensi dell'art. 2 del D.lgs. 29 marzo 2004, n. 99, e svolgendo in via esclusiva le attività agricole indicate nell'art. 2135 c.c.[7] – optano per la tassazione su base catastale.

## 3. *La base imponibile e il riporto delle perdite.*

A) Il risultato del singolo esercizio offre un'immagine parziale della situazione economica della società: se, ad uno o più esercizi in perdita, ne segue uno in utile, occorre considerare che l'utile non incrementa il patrimonio della società, se non sono colmate le perdite. È perciò previsto che la perdita di un periodo d'imposta «*può essere computata in diminuzione del reddito dei periodi d'imposta successivi in misura non superiore all'ottanta per cento del reddito imponibile di ciascuno di essi e per l'intero importo che trova capienza in tale ammontare*» (Tuir, art. 84, comma 1)[8]. Il limite dell'80 per cento comporta che il 20 per cento del reddito di un periodo è tassato, anche se le perdite pregresse superano il reddito di quel periodo[9]. Non vi sono limiti temporali al riporto delle perdite, ma il limite di utilizzo dell'80 per cento può costringere a prolungare il tempo in cui compensare le perdite.

B) Il riporto delle perdite non è ammesso quando il soggetto che le utilizza è nominalmente lo stesso, ma nella sostanza diverso, da quello che le ha realizzate, o quando muta l'attività che le ha prodotte. Occorre, cioè, che vi sia continuità sotto un profilo sia soggettivo, sia oggettivo.

In particolare, il riporto delle perdite non è ammesso quando «*la maggioranza delle partecipazioni aventi diritto di voto nelle assemblee ordinarie*

Cfr. P. Piantavigna, *La qualificazione del reddito nelle società tra professionisti*, in *Riv. dir. fin.*, 2014, I, 88.

[6] Tuir, art. 55, comma 2, lett. *c*).

[7] L. 27 dicembre 2006, n. 296, art. 1, comma 1093, attuata dal D.m. 27 settembre 2007, n. 213.

[8] Cfr.: P. Stizza, *La rilevanza delle perdite nel diritto tributario*, Padova, 2011, p. 50 ss.; M. di Siena, *Note sparse a margine del rinnovato regime di riporto delle perdite fiscali da parte dei soggetti Ires*, in *Riv. trim. dir. trib.*, 2012, 629.

[9] Il limite dell'80 per cento non vale per le nuove società, le cui perdite dei primi tre periodi d'imposta possono essere computate in diminuzione del reddito dei periodi successivi, se svolgono una attività produttiva nuova. Il riporto della perdita non è ammesso quando l'attività della nuova società sia la continuazione di un'attività già svolta sotto altra veste (come accade, ad esempio, se nella nuova società sia conferita un'azienda).

© Wolters Kluwer Italia

*del soggetto che riporta le perdite venga trasferita o comunque acquisita da terzi, anche a titolo temporaneo».*

Inoltre, il riporto non è ammesso quando «*venga modificata l'attività principale in fatto esercitata nei periodi d'imposta in cui le perdite sono state realizzate*» (Tuir, art. 84, comma 3).

La limitazione non si applica qualora le partecipazioni riguardino società che nel biennio precedente hanno rispettato determinati "requisiti di vitalità" (numero di dipendenti mai inferiore alle dieci unità; ammontare dei ricavi e proventi dell'attività caratteristica e delle spese per prestazioni di lavoro subordinato superiore al quaranta per cento della media degli ultimi due esercizi precedenti).

C) I soggetti i cui utili sono esenti (ad esempio, cooperative a mutualità prevalente, i cui utili accantonati a riserva indivisibile non sono imponibili), possono riportare la perdita solo per l'ammontare che eccede l'utile non tassato negli esercizi precedenti [10].

La perdita fiscale riportabile è dunque solo quella eccedente i proventi esenti (non tenendo conto delle plusvalenze che beneficiano della *participation exemption*), al netto dei componenti negativi che non sono deducibili perché si riferiscono a proventi esenti (Tuir, art. 109, comma 5). Ciò per evitare che i proventi esenti limitino due volte l'ammontare delle perdite fiscali riportabili, posto che la misura dell'indeducibilità dei componenti negativi discende dall'ammontare dei proventi esenti.

In caso di attività che fruiscono di regimi di non tassazione parziale o totale del reddito (ad esempio, imprese marittime, non in regime di *tonnage tax*, il cui reddito è esente all'80 per cento), le perdite fiscali assumono rilevanza in misura corrispondente al reddito tassabile e la perdita riportabile deve essere ridotta nella stessa misura dell'esenzione.

D) Se l'ufficio accerta un maggior imponibile, le perdite di quel periodo devono essere computate dall'ufficio in diminuzione del maggior reddito accertato [11].

[10] Inoltre, l'art. 84, comma 1, Tuir, stabilisce che «*la perdita è diminuita dei proventi esenti dall'imposta diversi da quelli di cui all'articolo 87, per la parte del loro ammontare che eccede i componenti negativi non dedotti ai sensi dell'articolo 109, comma 5. Detta differenza potrà tuttavia essere computata in diminuzione del reddito complessivo in misura tale che l'imposta corrispondente al reddito imponibile risulti compensata da eventuali crediti di imposta, ritenute alla fonte a titolo di acconto, versamenti in acconto, e dalle eccedenze di cui all'articolo 80*».

[11] La compensazione delle perdite pregresse con il reddito di un esercizio deve essere espressa nella dichiarazione. Inoltre, l'utilizzazione delle perdite pregresse può rendersi

© Wolters Kluwer Italia

Invece, per il riconoscimento delle perdite pregresse, è onere del contribuente chiederne il computo, entro il termine per la proposizione del ricorso.

In tal caso il termine per l'impugnazione dell'atto è sospeso per un periodo di sessanta giorni. L'ufficio deve ricalcolare imposta, interessi e sanzioni, dandone comunicazione al contribuente entro sessanta giorni dalla presentazione dell'istanza [12].

### 3.1. *La riduzione dell'imponibile in caso di incrementi del capitale proprio (ACE).*

Per incentivare l'aumento del patrimonio delle imprese è prevista una deduzione dal reddito imponibile di un importo pari ad una percentuale del nuovo capitale immesso nell'impresa (a partire da una certa data), sotto forma di conferimenti da parte dei soci o mediante destinazione di utili a riserva, secondo il modello ACE (*Allowance for Corporate Equity*) [13].

L'agevolazione si applica sia all'Ires dovuta da società di capitali, enti commerciali e stabili organizzazioni, sia all'Irpef dovuta da imprese individuali, società in nome collettivo e in accomandita semplice in regime di contabilità ordinaria.

## 4. *Gli enti non commerciali.*

A) La categoria degli enti non commerciali, come già detto, comprende gli enti che non svolgono, in via esclusiva o principale, un'attività commerciale; se svolgono un'attività commerciale, occorre che non sia quella principale. È quindi una categoria molto vasta ed eterogenea: vi rientrano,

necessaria come conseguenza della rettifica in aumento del risultato d'esercizio; in tal caso la compensazione, se non è effettuata dall'ufficio nell'avviso di accertamento, può essere chiesta dal contribuente alla commissione tributaria (Cass., 22 luglio 1994, n. 6837).

[12] D.P.R. 29 settembre 1973, n. 600, art. 42, comma 4.

[13] D.l. 6 dicembre 2011, n. 201, conv. dalla L. 22 dicembre 2011, n. 214, art. 1, modificato dal D.l. 24 aprile 2017, n. 50, convertito dalla L. 21 giugno 2017, n. 96. L'aliquota, fissata per il primo triennio è il 3 per cento, dal quarto periodo di imposta è determinata con decreto ministeriale, da emanare entro il 31 gennaio di ogni anno, tenendo conto dei rendimenti finanziari medi dei titoli obbligazionari pubblici, aumentabili di ulteriori tre punti percentuali a titolo di compensazione del maggior rischio. Per gli anni 2014, 2015 e 2016 l'aliquota è rispettivamente del 4,00, del 4,50 e del 4,75 per cento. L'aliquota si riduce all'1,6 per cento per i periodi in corso alla data del 31 dicembre 2017 e in seguito scende all'1,5 per cento.

© Wolters Kluwer Italia

infatti, enti pubblici, fondazioni, consorzi, *trust*, comitati, associazioni varie (culturali, sportive, politiche, sindacali, ecc.), enti ecclesiastici, ecc.

Le società di capitali (e le altre società commerciali) sono sempre (ontologicamente) imprese commerciali, in ragione della loro forma giuridica (ed anche se non svolgono, in concreto, un'attività commerciale).

Per gli enti diversi dalle società, invece, occorre distinguere tra enti commerciali ed enti non commerciali.

Si è già visto che sono enti commerciali quelli che hanno per oggetto esclusivo o principale l'esercizio di attività commerciali, e che sono, all'opposto, enti non commerciali gli enti che non hanno per oggetto esclusivo o principale l'esercizio di una attività commerciale. La distinzione dipende dunque dall'oggetto dell'attività. Un ente è da qualificare come non commerciale se non svolge attività commerciale o se non la svolge come attività principale.

In proposito, occorre porsi tre interrogativi: a) se l'oggetto si determini in base alla normativa dell'ente o in base all'attività svolta di fatto; b) se l'attività commerciale non è l'unica, in base a quale criterio si stabilisca se sia principale o secondaria; c) infine, come si determini la natura commerciale di una attività.

B) Rileva l'oggetto esclusivo o principale dell'attività, che «*è determinato in base alla legge, all'atto costitutivo o allo statuto, se esistente in forma di atto pubblico o di scrittura privata autenticata*».

Per oggetto principale si intende «*l'attività essenziale per realizzare direttamente gli scopi primari indicati dalla legge, dall'atto costitutivo o dallo statuto*» (Tuir, art. 73, commi 4).

Se manca l'atto costitutivo o lo statuto nelle forme richieste, l'oggetto principale è determinato in base all'attività effettivamente esercitata (Tuir, art. 73, comma 5).

C) La natura commerciale di un'attività si determina in base alla nozione di reddito d'impresa, fissata, in generale, nell'art. 55 del Tuir.

Pertanto, un ente che svolge più attività è da considerare non commerciale se non è commerciale «*l'attività essenziale per realizzare direttamente gli scopi primari*»[14]. E un ente non lucrativo è da qualificare come

[14] «*Diversamente, l'ente, ancorché dichiari finalità non lucrative, è considerato ente commerciale quando l'attività essenziale per la realizzazione degli scopi tipici è di natura commerciale*» (Min. fin., circ. 12 maggio 1998, n. 124/E).

© Wolters Kluwer Italia

ente commerciale se svolge attività commerciale per realizzare i suoi scopi primari.

Per valutare se una determinata attività assume carattere principale è necessario identificare «*gli scopi primari*» dell'ente, cioè gli scopi il cui perseguimento è irrinunciabile; occorre poi valutare se l'attività sia necessaria per realizzarli direttamente, e cioè se la diretta realizzazione degli scopi primari dell'ente sia o non sia impedita dal mancato esercizio dell'attività considerata.

N.B. D) Gli enti perdono la qualifica di enti non commerciali, prescindendo dalle previsioni statutarie, se esercitano prevalentemente attività commerciale per un intero periodo d'imposta (Tuir, art. 149).

Si prevede che, in tale valutazione, si tenga conto anche dei seguenti parametri:

a) prevalenza delle immobilizzazioni relative all'attività commerciale rispetto alle restanti attività;

b) prevalenza dei ricavi derivanti da attività commerciali rispetto al valore normale delle cessioni o prestazioni afferenti alle attività istituzionali;

c) prevalenza dei redditi derivanti da attività commerciali rispetto alle entrate istituzionali (contributi, sovvenzioni, liberalità e quote associative);

d) prevalenza dei componenti negativi inerenti all'attività commerciale rispetto alle restanti spese.

### 4.1. *I redditi degli enti non commerciali*.

A) Il reddito complessivo imponibile degli enti non commerciali è formato dalla somma dei redditi fondiari, di capitale, d'impresa e diversi (Tuir, art. 143)[15].

Gli enti non commerciali, quindi, come le persone fisiche e le società semplici, possono conseguire redditi appartenenti a categorie diverse (con la eccezione dei redditi di lavoro, di cui possono essere titolari solo le persone fisiche); ciascun reddito è determinato secondo le regole proprie della categoria di appartenenza.

[15] L'esercizio di attività previdenziali, assistenziali e sanitarie da parte di enti pubblici istituiti esclusivamente a tal fine, non costituisce esercizio di attività commerciale; pertanto, il reddito fondiario degli immobili strumentali utilizzati in relazione a tali attività non subisce la trasformazione in reddito d'impresa, con la conseguenza che il reddito complessivo va determinato sommando i vari redditi, compresi quelli fondiari (Cass., 18 novembre 2016, n. 23494).

© Wolters Kluwer Italia

Vi sono, anche per gli enti non commerciali, oneri deducibili dal reddito complessivo ed oneri detraibili dall'imposta (Tuir, artt. 146 e 147).

B) Gli utili percepiti dagli enti non commerciali non sono tassati per intero, perché il 22,26 per cento del loro ammontare non concorre alla formazione del reddito imponibile, in quanto "escluso"[16].

Le plusvalenze relative al realizzo delle partecipazioni, invece, sono tassate con le stesse regole previste per le persone fisiche, per cui, se sono conseguite al di fuori dell'attività d'impresa, sono tassate in modo parziale, o sottoposte a prelievo alla fonte a titolo definitivo, a seconda che attengano a partecipazioni qualificate o non qualificate; se conseguite, invece, nell'ambito dell'attività d'impresa, si applicano le regole previste per gli imprenditori individuali[17].

C) L'ente non commerciale, se svolge attività d'impresa, è tenuto a istituire una contabilità separata, distinguendo ciò che inerisce all'attività d'impresa (beni, costi, ricavi, ecc.), da ciò che inerisce all'attività istituzionale.

La distinzione tra beni relativi all'impresa e beni estranei è fatta con gli stessi criteri che si applicano agli imprenditori individuali (sono relativi all'impresa, tra gli altri, i beni indicati come tali nell'inventario redatto ai sensi dell'art. 2217 c.c.).

I componenti positivi e negativi si determinano secondo le regole ordinarie in materia di reddito d'impresa.

Pertanto: a) le spese specificamente inerenti all'attività commerciale sono deducibili per intero; b) le spese specificamente inerenti ad attività non imponibili non sono deducibili; c) le spese ad utilizzazione promiscua sono deducibili in parte (cioè in misura corrispondente al rapporto tra l'ammontare dei ricavi e proventi che formano il reddito d'impresa e l'ammontare complessivo dei proventi dell'ente).

Gli enti ammessi al regime di contabilità semplificata (vale a dire gli enti il cui volume d'affari non è elevato) possono optare per la determinazione forfettaria del reddito d'impresa; in tal caso, il loro reddito è determinato in misura pari ad una percentuale della somma dei componenti positivi (ricavi, plusvalenze, ecc.).

Le perdite dell'attività commerciale sono deducibili nei periodi successivi applicando le regole previste per gli imprenditori individuali.

[16] Art. 4, comma 1, lett. q), D. lgs. 12 dicembre 2003, n. 344, modificato dall'art. 1, comma 655, della L. 23 dicembre 2014, n. 190 (legge di stabilità per il 2015).

[17] Gli artt. 143 e 144 del Tuir rinviano infatti alle disposizioni del titolo primo.

© Wolters Kluwer Italia

D) Particolari disposizioni sono dettate per gli enti di tipo associativo (associazioni, consorzi, ecc.), che il legislatore tributario non definisce, limitandosi a prendere in considerazione la loro attività interna (ossia rivolta agli associati), al fine di escludere, se sono presenti determinati requisiti, la qualifica di attività commerciale (Tuir, art. 148).

L'attività degli enti di tipo associativo non è commerciale se sussistono due condizioni: a) è attività interna, rivolta cioè agli associati e partecipanti; b) non è retribuita con corrispettivi specifici.

Se manca uno di tali requisiti si applicano le ordinarie regole fiscali dell'impresa.

All'interno della categoria generale degli enti di tipo associativo, particolari regole sono previste per le associazioni politiche, sindacali, religiose, assistenziali, culturali, sportive dilettantistiche, di promozione sociale e di formazione extrascolastica.

Per tali associazioni, anche le attività svolte verso corrispettivo non sono commerciali, ma si richiede che siano svolte in diretta attuazione degli scopi istituzionali.

Inoltre, si esige da tali enti che i loro statuti abbiano particolari clausole (divieto di distribuire utili o avanzi di gestione; devoluzione del patrimonio, in caso di scioglimento, ad un ente analogo; effettività del rapporto associativo, con diritto di voto per gli associati; eleggibilità degli organi, ecc.).

## 5. *I* trust.

I *trust* residenti sono collocati nella categoria degli enti commerciali, o in quella degli enti non commerciali, se hanno o non hanno come oggetto esclusivo o principale lo svolgimento di un'attività commerciale[18]. In ragione della natura commerciale o non commerciale dell'attività svolta, si applicano al *trust* le regole in tema di determinazione del reddito complessivo netto e in tema di obblighi contabili previste per le società commerciali o per gli enti non commerciali. I *trust* non residenti (come in

[18] Tuir, art. 73, comma 1, lett. *b*) e *c*). Cfr. P. Coppola, *La disciplina fiscale del* trust *in materia di imposte dirette: le difficoltà di conciliare le attuali soluzioni normative alle molteplici applicazioni dell'istituto*, in *Rass. trib.*, 2009, 647; A. Parente, *La tassazione diretta dei* trust *in Italia*, in *Gli aspetti civilistici e fiscali del* trust, a cura di C. Buccico, Torino, 2015, p. 231.

© Wolters Kluwer Italia

generale i soggetti non residenti) sono tassati solo per i redditi prodotti nel territorio dello Stato.

Occorre poi distinguere fra *trust* "trasparenti" e trust "opachi".

Se i beneficiari sono individuati (cioè titolari di un diritto attuale e incondizionato all'assegnazione di una parte del reddito), il *trust* non è soggetto passivo dell'Ires, ma è fiscalmente "trasparente", perché i redditi sono imputati ai beneficiari (come redditi di capitale) in proporzione alla quota di partecipazione (Tuir, art. 44, lett. *g-sexies* e art. 73, comma 2)[19]. I beneficiari sono soggetti ad imposta per il reddito ad essi imputato, a prescindere dalla percezione.

Sono invece soggetti passivi dell'Ires i *trust* "opachi" (cioè senza beneficiari individuati): essi sono soggetti a tutti gli obblighi (sostanziali e formali) previsti per i soggetti passivi dell'Ires.

[19] Un *trust* può essere in parte opaco e in parte trasparente. Ciò avviene, ad esempio, quando l'atto istitutivo preveda che una parte del reddito del *trust* sia accantonata a capitale e un'altra parte sia attribuita ad uno o più beneficiari individuati.

© Wolters Kluwer Italia

# SEZIONE II

# IL REDDITO D'IMPRESA

SOMMARIO: 6. Il bilancio di esercizio. – 6.1. La derivazione (semplice e rafforzata) del reddito fiscale dal bilancio di esercizio. – 6.2. Le variazioni fiscali al risultato del conto economico. – 7. I beni relativi all'impresa e il loro valore fiscalmente riconosciuto. – 8. I princìpi generali del reddito d'impresa. Il principio di competenza. – 9. I componenti positivi. I ricavi. – 9.1. Le plusvalenze patrimoniali. – 9.2. Le plusvalenze esenti (*participation exemption*). – 9.3. I dividendi. – 9.4. Le sopravvenienze attive. – 9.5. Gli interessi attivi. – 9.6. I proventi immobiliari. – 9.7. Le rimanenze di magazzino. – 9.8. La valutazione dei titoli e delle partecipazioni. – 9.9. I lavori in corso e le opere di durata ultrannuale. – 10. I sovrapprezzi azionari e l'annullamento di azioni proprie. – 11. I componenti negativi. L'imputazione a conto economico. – 11.1. Il principio di inerenza. – 11.2. La remunerazione degli strumenti finanziari assimilati alle azioni. – 11.3. Il costo del lavoro. – 11.4. Gli interessi passivi. – 11.5. Gli oneri fiscali, contributivi e di utilità sociale. – 11.6. Le minusvalenze patrimoniali. – 11.7. Le sopravvenienze passive. – 11.8. Le perdite (di beni e su crediti). – 11.9. L'ammortamento dei beni materiali e le spese incrementative. – 11.10. L'ammortamento dei beni immateriali. – 11.11. Le spese relative a più esercizi. – 11.12. Gli accantonamenti. – 12. I principi contabili internazionali (IAS/ IFRS) e nazionali (OIC) e il principio di derivazione rafforzata. – 12.1. La determinazione del reddito delle società IAS *adopter* e OIC *adopter*.

## 6. *Il bilancio di esercizio.*

A) In materia di bilanci, vanno distinte tre categorie di imprese:

a) le società che applicano i principi contabili internazionali (IAS/IFRS), dette società IAS *adopter*;

b) le società che applicano le regole del codice civile[20], integrate dai princìpi contabili emanati dall'Organismo italiano di contabilità (società ITA GAAP, o società OIC *adopter*)[21]; queste società, ricorrendo le

[20] La Direttiva contabile 2013/34/UE ha ridisegnato la disciplina del bilancio di esercizio e del bilancio consolidato ed è stata recepita dal D.lgs. 18 agosto 2015, n. 139, che ha riformato le norme del codice civile in tema di bilancio di esercizio (per le società che non adottano i principi contabili IAS/IFRS). Cfr. O. CAGNASSO, *La nuova disciplina del bilancio di esercizio*, in *Giur. it.*, 2017, 1243.

In base alla L. 11 agosto 2014, n. 16, l'Organismo Italiano di Contabilità (OIC) «*emana i principi contabili nazionali, ispirati alla migliore prassi operativa, per la redazione dei bilanci secondo le disposizioni del codice civile*».

L'art. 12, comma 3, del D. lgs. 18 agosto 2015, n. 139, affida all'OIC il compito di aggiornare i principi contabili nazionali.

L'art. 13-*bis* del D.l. 30 dicembre 2016, n. 244, conv. dalla L. 27 febbraio 2017, n. 19, ha regolamentato, modificando il Tuir, gli aspetti fiscali della nuova disciplina contabile ai fini Ires e Irap.

[21] La sigla ITA GAAP designa i principi contabili nazionali generalmente accettati (*generally accepted accounting principles*).

© Wolters Kluwer Italia

condizioni previste dall'art. 2435-*bis* c.c., possono redigere il bilancio in forma abbreviata[22];

c) le micro-imprese[23], il cui bilancio è redatto in forma abbreviata, con le ulteriori semplificazioni previste dall'art. 2435-*ter*.

B) Il bilancio di esercizio è costituito dallo stato patrimoniale, dal conto economico, dal rendiconto finanziario e dalla nota integrativa (art. 2423, comma 1, c.c.)[24].

Nell'art. 2423, comma 4, c.c., è codificato il "principio di rilevanza", secondo cui «*non occorre rispettare gli obblighi in tema di rilevazione, valutazione, presentazione e informativa quando la loro osservanza abbia effetti irrilevanti al fine di dare una rappresentazione veritiera e corretta*»[25].

L'art. 2423-*bis,* n. 1-*bis,* c.c., pone il principio di prevalenza della sostanza sulla forma, stabilendo che «*la rilevazione e la presentazione delle voci è effettuata tenendo conto della sostanza dell'operazione o del contratto*».

C) Lo stato patrimoniale rappresenta la situazione patrimoniale e finanziaria della società e deve essere redatto in base allo schema previsto dall'art. 2424 c.c., raggruppando l'attivo, a sinistra, in quattro classi di valori (crediti verso i soci; immobilizzazioni; attivo circolante; ratei e risconti); e il passivo, a destra, in cinque classi (Patrimonio netto; Fondi per rischi ed oneri; Trattamento di fine rapporto di lavoro subordinato; Debiti; Ratei e risconti)[26].

[22] Sono società che superano le soglie dimensionali dell'art. 2435-*ter* ma si collocano al di sotto di quelle contemplate dall'art. 2435-*bis* c.c.; sono cioè società che non hanno emesso titoli negoziati in mercati regolamentati e non hanno superato taluni limiti concernenti l'attivo dello stato patrimoniale, i ricavi e il numero di dipendenti.

[23] Le micro-imprese sono le società che, ai sensi dell'art. 2435-*ter* c.c., nel primo esercizio o, successivamente, per due esercizi consecutivi, non hanno superato due dei seguenti limiti: 1) totale dell'attivo dello stato patrimoniale: 175.000 euro; 2) ricavi delle vendite e delle prestazioni: 350.000 euro; 3) dipendenti occupati in media durante l'esercizio: 5 unità.

[24] Le società che redigono il bilancio in forma abbreviata e le micro-imprese non sono tenute a redigere il rendiconto finanziario.

Le micro-imprese non sono obbligate a redigere la nota integrativa e la relazione sulla gestione (art. 2435-*ter* c.c.).

[25] Il bilancio può essere quindi redatto in modo diverso da quanto previsto dalla legge e dai principi contabili, quando le differenze che ne derivano non sono significative.

[26] Ecco lo schema dello stato patrimoniale:

A) Crediti verso i soci per versamenti ancora dovuti, con separata indicazione della parte già richiamata.

© Wolters Kluwer Italia

D) Il conto economico contiene la rappresentazione, da un lato, delle spese e dei costi sostenuti, e, dall'altro, dei ricavi e proventi conseguiti.

Deve essere redatto in forma scalare[27], seguendo lo schema fissato dall'art. 2425 c.c., che aggrega i componenti positivi e negativi in cinque sezioni (Valore della produzione; Costi della produzione; Proventi e oneri finanziari; Rettifiche di valore di attività finanziarie; Risultato dell'esercizio)[28].

B) Immobilizzazioni, e cioè: immobilizzazioni immateriali (costi di impianto e di ampliamento; costi di sviluppo; diritti di brevetto industriale e diritti di utilizzazione delle opere dell'ingegno; concessioni, licenze, marchi e diritti simili; avviamento; immobilizzazioni in corso e acconti); immobilizzazioni materiali (terreni e fabbricati; impianti e macchinari; attrezzature industriali e commerciali; altri beni; immobilizzazioni in corso e acconti) e immobilizzazioni finanziarie (partecipazioni, crediti, strumenti finanziari derivati).

C) Attivo circolante (rimanenze; crediti, attività finanziarie che non costituiscono immobilizzazioni, disponibilità liquide).

D) Ratei e risconti.

Nel passivo dello stato patrimoniale sono iscritti:

A) Patrimonio netto

B) Fondi per rischi ed oneri

C) Trattamento di fine rapporto di lavoro subordinato

D) Debiti

E) Ratei e risconti.

Nel patrimonio netto (o netto patrimoniale) sono compresi;

- il capitale sociale;
- le riserve;
- gli utili (o perdite) degli esercizi precedenti riportati a nuovo;
- l'utile (o perdita) dell'esercizio.

Le voci del patrimonio netto sono iscritte nel passivo non perché indicano delle passività, ma per ragioni puramente contabili: esse "bilanciano" lo stato patrimoniale, esprimendo la misura in cui l'attivo supera le passività. Alle voci del patrimonio netto si contrappone l'intero attivo (immobili, impianti, merci, crediti, cassa).

[27] Il conto economico in forma scalare consente di porre in evidenza i risultati settoriali ed intermedi attraverso i quali si perviene al risultato finale. Ad esempio, per un'azienda che produce beni, si calcolano, da una parte, le vendite (ricavi caratteristici), e, dall'altra, i costi industriali (consumi, manodopera, energia e forza motrice, spese generali del processo produttivo, ecc.). La differenza indica il risultato operativo lordo (ROL), richiamato dall'art. 96 del Tuir, in tema di interessi passivi.

Deducendo i costi amministrativi, si ottiene il risultato operativo; sottraendo infine gli oneri finanziari, si ottiene l'utile lordo della gestione caratteristica.

In sintesi, si ottengono, in progressione: l'utile lordo industriale; il risultato operativo; l'utile lordo della gestione caratteristica; l'utile al lordo delle imposte; l'utile finale al netto delle imposte.

[28] Lo schema del conto economico è il seguente:

A) *Valore della produzione* (ricavi, rimanenze, ecc.).

B) *Costi della produzione* (per materie prime, servizi, personale, ammortamenti e svalutazioni, affitti, canoni di *leasing*, accantonamenti, oneri diversi).

C) *Proventi ed oneri finanziari* (proventi da partecipazioni, altri proventi finanziari, interessi e oneri finanziari, utili e perdite su cambi).

D) *Rettifiche di valore di attività e passività finanziarie* (rivalutazioni e svalutazioni).

© Wolters Kluwer Italia

Nel conto economico devono essere iscritte non solo le passività certe ma anche quelle probabili[29]. Fiscalmente, invece, come vedremo, sono deducibili solo le passività certe; i fondi o accantonamenti sono deducibili solo in ipotesi tassativamente previste[30].

Al «*Risultato prima delle imposte*» si riferisce l'art. 83 del Tuir, elevandolo a elemento costitutivo dell'imponibile (con le variazioni fiscali).

Vanno poi annotate le imposte sul reddito dell'esercizio (imposte correnti, differite e anticipate), in una apposita voce (n. 20).

Segue (e chiude il bilancio) l'utile o perdita dell'esercizio (n. 21).

### **6.1.** *La derivazione (semplice e rafforzata) del reddito fiscale dal bilancio di esercizio.*

A) Il reddito d'impresa è calcolato in base al bilancio. Dispone infatti l'art. 83 del Tuir che «*Il reddito complessivo è determinato apportando all'utile o alla perdita risultante dal conto economico, relativo all'esercizio chiuso nel periodo d'imposta, le variazioni in aumento o in diminuzione conseguenti all'applicazione dei criteri stabiliti nelle successive disposizioni della presente sezione*».

Per calcolare il reddito d'impresa si prendono dunque le mosse dal risultato del conto economico (utile o perdita), al quale si apportano le variazioni previste dalle norme fiscali[31].

E) *Risultato prima delle imposte* (A-B+-C+-D)
Imposte sul reddito dell'esercizio, correnti, differite e anticipate
Utile (perdite) dell'esercizio.
Il D.lgs. 18 agosto 2015, n. 139, ha eliminato la sezione dei proventi e oneri straordinari.

[29] Non è necessaria la certezza perché anche la probabilità di una perdita o altro componente negativo di reddito basta a togliere certezza alla corrispondente frazione di utile. Inoltre, l'art. 2423-*bis*, comma 1, lett. 1), c.c., prevede il principio generale di prudenza nella redazione del bilancio.

[30] I fondi scaturiscono da accantonamenti effettuati per far fronte a costi che, presumibilmente, si manifesteranno in futuro e concorrono, come gli altri costi, alla determinazione del risultato dell'esercizio (utile o perdita). Le riserve di utili, da tener distinte dalle riserve di capitale, invece, sono costituite mediante accantonamento degli utili netti dell'esercizio; esse scaturiscono dalla destinazione dell'utile, effettuata dopo aver determinato il risultato dell'esercizio.

[31] Il risultato del conto economico è il primo dei (molteplici) componenti del calcolo dell'imponibile. Ciò significa che il risultato del conto economico è, nella determinazione analitica del reddito d'impresa, il primo elemento di una fattispecie complessa, insieme con le variazioni (in aumento o in diminuzione) imposte dalle norme fiscali.

In assenza dei presupposti della determinazione analitica, il reddito è determinato in via extracontabile, ed assumono diretta rilevanza i fatti economici.

© Wolters Kluwer Italia

È, questo, il sistema della derivazione, o dipendenza, del reddito fiscale dal bilancio di esercizio: derivazione parziale, perché il reddito imponibile non si identifica, *tout court*, con il risultato del conto economico, ma è anche conseguenza delle variazioni fiscali[32].

Vi è dunque divergenza tra norme civilistiche e norme fiscali, cioè tra bilancio civilistico – abbreviato ovvero ordinario (scelto per opzione) – e determinazione del reddito fiscale, a causa delle variazioni da applicare in sede fiscale.

B) Per le imprese che redigono il bilancio in base ai principi contabili (internazionali e nazionali) si applica, come vedremo, il principio di derivazione rafforzata, vale a dire il principio secondo cui le qualificazioni, classificazioni e imputazioni temporali di bilancio valgono anche ai fini fiscali, anche in deroga alle norme del Testo unico in tema di reddito d'impresa.

### **6.2.** *Le variazioni fiscali al risultato del conto economico.*

A) Le norme del Tuir, che comportano variazioni fiscali al risultato del conto economico, possono riflettere componenti positivi e componenti negativi del conto economico.

Abbiamo perciò variazioni in aumento di un componente positivo del conto economico e variazioni in aumento che derivano dalla eliminazione o riduzione un componente negativo. Le variazioni in diminuzione possono consistere nella eliminazione o riduzione di un componente positivo, o nella deduzione di componenti negativi non presenti, o presenti in misura minore, nel conto economico.

B) Le variazioni in aumento possono dipendere da norme che impongono di includere nel reddito imponibile componenti positivi non inclusi nel conto economico, o inclusi in misura minore di quanto prescritto dalla norma fiscale.

Il reddito è ricostruito in via extracontabile quando, ad esempio, non vi sia approvazione del bilancio (di un bilancio valido).

[32] Essendo fiscalmente rilevante il risultato del conto economico, sono indirettamente rilevanti tutti i componenti (positivi e negativi) che concorrono a determinare quel risultato. I componenti positivi e negativi concorrono a formare il reddito, anche se non espressamente contemplati nelle norme fiscali.

Le norme fiscali sul reddito d'impresa non costituiscono dunque una disciplina organica e compiuta di tutti i componenti reddituali, ma contengono norme che apportano integrazioni o deroghe alle norme civilistiche.

© Wolters Kluwer Italia

Esempi di norme di questo tipo sono:

– la norma che assimila ai ricavi il valore normale dei beni-merce assegnati ai soci o destinati all'autoconsumo o ad altre finalità estranee all'impresa (Tuir, art. 85, comma 2)[33];

– la norma che impone, per le operazioni tra società controllate, di tener conto del valore normale dei beni che una società italiana ha venduto ad una società estera controllata, in luogo del corrispettivo pattuito e contabilizzato (*transfer price*), se il valore normale è superiore al corrispettivo (Tuir, art. 110, comma 7).

Più frequente è il caso in cui le variazioni in aumento dipendono da norme che escludono (in tutto o in parte) la deducibilità in sede fiscale di componenti negativi di reddito.

Gli esempi di norme di questo tipo potrebbero essere numerosissimi, poiché tutte le norme in tema di costi pongono dei limiti alla deducibilità di componenti negativi e, quindi, implicano delle variazioni in aumento, quando il conto economico contenga componenti negativi non deducibili, o deducibili in un periodo diverso.

Limiti alla deducibilità possono dipendere da norme che riflettono il principio di inerenza (Tuir, art. 108, comma 2, artt. 61 e 96 e art. 100, in tema di spese di rappresentanza, interessi passivi, oneri di utilità sociale, ecc.).

Dipendono invece dal principio di competenza i costi deducibili in un periodo d'imposta diverso da quello in cui sono dedotti in sede civilistica, con effetti di variazione temporanea. Ad esempio, gli ammortamenti non deducibili in un dato periodo d'imposta per la parte superiore a quella fiscalmente ammessa, sono deducibili in seguito (Tuir, artt. 102-107).

C) Non tutti i componenti del reddito d'impresa derivano da corrispettivi contrattuali o da altri valori numerari.

Vi sono infatti componenti che sono frutto di una stima. Le norme civilistiche, al riguardo, dettano criteri di massima; le norme fiscali, invece, pongono parametri rigidi.

Ad esempio, in materia di ammortamenti, il codice civile stabilisce che le immobilizzazioni devono essere iscritte in bilancio in base al costo, che «*deve essere sistematicamente ammortizzato in ogni esercizio in relazione con la loro residua possibilità di utilizzazione*» (art. 2426, comma 1, n. 2, c.c.). La misura civilistica degli ammortamenti è dunque stimata. Le norme

[33] Si veda anche l'art. 86, comma 1, lett. c), in materia di plusvalenze.

© Wolters Kluwer Italia

fiscali prevedono invece criteri rigidi: gli ammortamenti non sono ammessi in misura superiore a determinati coefficienti (Tuir, art. 102, comma 2), e non sono sindacabili gli ammortamenti conformi ai coefficienti. In tal modo, è eliminato ogni motivo di contrasto.

D) Non tutte le norme fiscali sono a favore del fisco.

Vi sono variazioni fiscali che riducono il reddito imponibile rispetto al bilancio in quanto eliminano o riducono, definitivamente o temporaneamente, un componente positivo del conto economico.

La riduzione dell'imponibile può dipendere dal fatto che il conto economico contiene ricavi o proventi esenti (ad esempio, plusvalenze derivanti da partecipazioni immobilizzate che beneficiano del regime di *participation exemption*), o non soggetti al regime ordinario di tassazione (soggetti a ritenuta alla fonte a titolo d'imposta, o tassati con imposta sostitutiva, o soggetti a tassazione separata).

Nel conto economico possono essere presenti proventi "esclusi" da imposizione, o tassabili in misura ridotta (ad esempio, dividendi non tassati per effetto del regime di trasparenza, o tassati in parte).

Vi è riduzione dell'imponibile, inoltre, quando la tassazione di un componente positivo di reddito non avviene nell'anno in cui è realizzata, ma in seguito; si consideri, ad esempio, la norma sulle plusvalenze "rateizzabili" (Tuir, art. 86, comma 4) e quella relativa alle sopravvenienze attive tassabili in cinque esercizi a partire da quello dell'incasso (Tuir, art. 88, comma 3, lett. *b*).

Le variazioni che riducono il reddito imponibile rispetto all'utile di bilancio possono dipendere da costi computati nel conto economico di un dato esercizio, la cui deducibilità fiscale è rinviata. Si veda, ad esempio, la norma secondo cui i compensi agli amministratori sono dedotti nell'esercizio in cui sono corrisposti, e non in quello (precedente) in cui maturano (Tuir, art. 95, comma 5).

## **7.** *I beni relativi all'impresa e il loro valore fiscalmente riconosciuto.*

A) Occorre porre la definizione di beni «*relativi all'impresa*»[34], essendo, tale definizione, necessaria ai fini della determinazione del reddito

[34] In argomento, si vedano M. Logozzo, *I beni d'impresa*, in *Imposta reddito persone fisiche. Giur. sist. dir. trib.*, diretta da F. Tesauro, cit., II, p. 591; M. Pierro, *Beni e servizi nel diritto tributario*, Padova, 2003, p. 139.

© Wolters Kluwer Italia

d'impresa; i componenti positivi e negativi che concorrono a determinarlo sono infatti collegati a tali beni.

Qualificare un bene come relativo all'impresa significa che esso è soggetto al sistema di regole che concernono il reddito d'impresa (in tema di costi, ricavi, plusvalenze, rimanenze, ecc.).

Per le società sono «*relativi all'impresa*» tutti i beni che appartengono ad esse.

I beni «*relativi all'impresa*» sono classificati, nello stato patrimoniale, come attivo circolante o come immobilizzazioni.

Nell'attivo circolante sono compresi i beni-merce, cioè i beni alla cui produzione o scambio è diretta l'attività dell'impresa. La cessione dei beni-merce, come vedremo, genera ricavi[35].

I titoli di partecipazione in società di capitali (o altri enti commerciali) fanno parte dell'attivo circolante quando costituiscono un impiego transitorio di liquidità (per cui sono destinati ad essere rivenduti); in tal caso, sono equiparati alle merci e, quindi, la loro cessione genera ricavi[36].

Nelle immobilizzazioni sono compresi i beni strumentali, cioè i beni inseriti nel processo produttivo dell'impresa in modo durevole e, per tale ragione, destinati a fornire il proprio contributo alla produzione del reddito di più esercizi.

I titoli di partecipazione in società di capitali (o altri enti commerciali) fanno parte delle immobilizzazioni finanziarie (o attivo immobilizzato) quando costituiscono un investimento durevole; la loro cessione genera plusvalenze (Tuir, artt. 86 e 101)[37].

Nelle immobilizzazioni sono compresi anche i beni meramente patrimoniali, che sono una categoria residuale, da individuare per esclusione rispetto ai beni-merce e rispetto ai beni strumentali.

La cessione dei beni strumentali e dei beni patrimoniali genera, come vedremo, plusvalenze o minusvalenze (Tuir, artt. 86 e 101)[38].

B) Per stabilire la categoria di appartenenza di un bene (e, dunque, se genera ricavi o plusvalenze), bisogna aver riguardo alla sua relazione con

[35] Tuir, art. 85, comma 1, lett. *a*).

[36] Tuir, art. 85, comma 1, lett. *c*), *d*) ed *e*).

[37] Questo regime si applica anche agli strumenti finanziari partecipativi assimilati alle azioni ai sensi dell'art. 44 e ai contratti di associazione in partecipazione e di cointeressenza di cui all'art. 109, comma 9, lett. *b*).

[38] Una regola particolare è prevista per la permuta di un bene strumentale con un altro, anche quando oggetto di permuta è un complesso aziendale. Se il nuovo bene strumentale è iscritto in bilancio al valore residuo da ammortizzare del bene strumentale permutato, non vi è plusvalenza, ma, se vi è un conguaglio in denaro, il conguaglio è tassato come plusvalenza.

© Wolters Kluwer Italia

l'attività dell'impresa, non al bene in sé: un macchinario o un immobile sono beni-merce per l'impresa che li costruisce; sono, invece, beni strumentali per l'impresa che li acquista per usarli.

Per le partecipazioni e i titoli bisogna avere riguardo al bilancio: come regola generale, essi costituiscono immobilizzazioni finanziarie quando sono iscritti come tali nell'attivo dello stato patrimoniale (Tuir, art. 85, comma 3).

I beni-merce, a fine esercizio, sono rilevati come rimanenze (Tuir, art. 92); alla somma dei beni-merce prodotti o acquisiti da un'impresa in un dato esercizio e di quelli residuati da precedenti esercizi (rimanenze iniziali di magazzino) deve corrispondere la somma dei beni alienati nell'esercizio e di quelli giacenti in magazzino alla fine dell'esercizio (rimanenze finali). Le rimanenze di magazzino hanno, dunque, la funzione di trasferire il costo dei beni invenduti da un esercizio all'altro, in coerenza con il principio di correlazione: con questo meccanismo, il costo di acquisto è imputato all'esercizio in cui il bene genera ricavi.

I beni strumentali e meramente patrimoniali, invece, sono rilevati "al costo" nello stato patrimoniale dell'esercizio di acquisizione; il costo dei beni strumentali è ammortizzato, a partire dall'esercizio in cui entrano in funzione.

La distinzione tra beni-merce ed altri beni ha rilievo anche sotto il profilo della diminuzione di valore, perché – come si è appena detto – le variazioni delle giacenze di magazzino concorrono a formare il reddito, mentre le minusvalenze degli altri beni assumono rilievo solo quando sono realizzate (Tuir, art. 101, comma 1).

C) È poi necessario determinarne il «*valore fiscalmente riconosciuto*», il cui concetto non è definito espressamente, ma è richiamato da disposizioni relative al reddito d'impresa, alle operazioni straordinarie, al fallimento, ecc.

L'elemento costitutivo iniziale del «*valore fiscalmente riconosciuto*» è rappresentato dal costo[39], ossia dal corrispettivo pagato per l'acquisto del bene (in caso di provenienza esterna), o dal costo di fabbricazione (in caso di produzione in proprio).

Il costo di un bene comprende anche gli oneri di diretta imputazione connessi all'acquisto e al suo inserimento nel ciclo produttivo (ad esempio,

[39] Il costo è assunto al lordo delle quote di ammortamento già dedotte e comprende gli oneri accessori di diretta imputazione, esclusi gli interessi passivi e le spese generali [(Tuir, art. 110, comma 1, lett. *a*) e *b*)].

© Wolters Kluwer Italia

provvigioni dei mediatori, spese notarili, spese di trasporto, di montaggio, di collaudo, ecc.), con esclusione degli interessi passivi e delle spese generali.

Il costo subisce poi variazioni incrementative o riduttive (per effetto, ad esempio, degli ammortamenti), da cui deriva il «*valore fiscalmente riconosciuto*»[40].

## 8. *I princìpi generali del reddito d'impresa. Il principio di competenza.*

A) Il Testo unico, a chiusura della disciplina dei singoli componenti del reddito d'impresa (artt. 85 – 108), pone delle norme generali, tra cui, in primo luogo, il principio di competenza (art. 109), che si applica in via residuale, vale a dire quando le singole norme non prevedono diversamente.

L'attività d'impresa è un *continuum*, che convenzionalmente viene frazionato in esercizi sociali annuali. Ad ogni esercizio corrisponde un periodo d'imposta.

I componenti del reddito d'impresa sono imputati temporalmente ad un dato periodo d'imposta, in base al principio di competenza economica[41].

[40] Le rivalutazioni non determinano un incremento del costo fiscale, perché sono fiscalmente irrilevanti, a meno che vi sia una disposizione di legge che preveda il contrario [(Tuir, art. 110, comma 1, lett. *c*)].

[41] Secondo l'art. 2423-*bis* c.c., nella redazione del bilancio «*si deve tener conto dei proventi e degli oneri di competenza dell'esercizio, indipendentemente dalla data dell'incasso o del pagamento*».

Nel principio contabile n. 11, elaborato dall'Organismo Italiano di Contabilità (OIC), si prevede che i ricavi, come regola generale, devono essere riconosciuti quando si verificano le seguenti due condizioni:

1) il processo produttivo dei beni o dei servizi è stato completato;

2) lo scambio è già avvenuto, si è cioè verificato il passaggio sostanziale e non formale del titolo di proprietà. Tale momento è convenzionalmente rappresentato dalla spedizione o dal momento in cui i servizi sono resi e sono fatturabili.

I costi devono essere correlati con i ricavi dell'esercizio. Detta correlazione costituisce un corollario fondamentale del principio di competenza ed intende esprimere la necessità di contrapporre ai ricavi dell'esercizio i relativi costi certi o presunti. La correlazione si realizza:

a) per associazione di causa ad effetto tra costi e ricavi. L'associazione può essere effettuata analiticamente e direttamente (come nel caso delle provvigioni) o sulla base di assunzioni del flusso dei costi (FIFO, LIFO o medio);

b) per ripartizione dell'utilità o funzionalità pluriennale su base razionale e sistematica, in mancanza di una più diretta associazione. Tipico esempio è rappresentato dall'ammortamento;

c) per imputazione diretta di costi al conto economico dell'esercizio o perché associati al tempo o perché sia venuta meno l'utilità o la funzionalità del costo. In particolare quando:

© Wolters Kluwer Italia

Secondo tale principio, assume rilievo il momento in cui si verifica il fatto economico-gestionale da cui deriva il componente reddituale: i ricavi devono essere imputati all'esercizio in cui sono conseguiti in senso economico, ossia quando avviene lo scambio con i terzi; i costi assumono rilievo quando sono realizzati i ricavi che contribuiscono a produrre ("principio di correlazione" dei costi ai ricavi).

L'opposto del principio di competenza è il principio di cassa, in base al quale i componenti di reddito assumono rilievo quando avvengono i pagamenti (dei componenti negativi) e gli incassi (dei componenti positivi); in altri termini, ha rilievo il momento finanziario.

B) I componenti del reddito d'impresa non sono rappresentati solo da rapporti con i terzi (momenti di competenza "esterni"), ma anche dalla utilizzazione "interna" del bene o del servizio acquisiti[42]. Vi sono valutazioni del patrimonio che comportano una distribuzione in più periodi di elementi reddituali per i quali il rapporto coi terzi si è svolto in passato o si svolgerà in futuro.

Il termine competenza è quindi da intendere in modo da ricomprendere ogni fenomeno di ripartizione degli elementi reddituali tra più esercizi.

C) L'art. 109, comma 1, del Tuir, pone il principio generale di competenza stabilendo che ricavi, spese ed altri componenti positivi e negativi «*concorrono a formare il reddito nell'esercizio di competenza*».

Segue la disciplina di imputazione temporale di specifici componenti di reddito.

In particolare, per le cessioni di beni mobili, i corrispettivi si considerano conseguiti alla data della consegna o spedizione (però, se l'effetto traslativo si verifica in seguito, ha rilievo la data successiva in cui si verifica l'effetto traslativo); i corrispettivi delle cessioni di immobili e aziende si considerano conseguiti alla data di stipulazione dell'atto (ma, se è successiva, vale la data in cui si verifica l'effetto traslativo).

Il ricavo delle prestazioni di servizi è da imputare all'esercizio nel quale la prestazione è ultimata; in caso di prestazioni periodiche (ad esempio,

1) i costi sostenuti in un esercizio esauriscono la loro utilità già nell'esercizio stesso o non sia identificabile o valutabile l'utilità futura;

2) viene meno o non sia più identificabile o valutabile l'utilità futura o funzionalità di costi che erano stati sospesi in esercizi precedenti;

3) l'associazione di causa ad effetto o la ripartizione dell'utilità su base razionale e sistematica non siano di sostanziale utilità.

[42] Su tale distinzione, cfr. F. CROVATO, *L'imputazione a periodo nelle imposte sui redditi*, Padova, 1996, p. 60.

© Wolters Kluwer Italia

contratti di somministrazione, di locazione, di assicurazione, di mutuo), rileva la data di maturazione dei corrispettivi.

D) Gli stessi criteri valgono per i costi: se viene acquistato un bene (mobile o immobile), il costo è da imputare all'esercizio nel quale si verificano gli eventi già indicati per i ricavi; analogamente, per il costo dei servizi, vale la data di ultimazione ovvero, in caso di prestazioni periodiche, quella di maturazione dei corrispettivi.

Le regole ora indicate fissano la competenza temporale, cioè la data in cui i costi si considerano sostenuti e quella in cui i ricavi si considerano conseguiti.

I costi non sono tutti deducibili nel periodo in cui si considerano sostenuti: il principio di competenza economica comporta che i costi siano correlati ai ricavi, per cui devono essere dedotti nell'esercizio, o negli esercizi, in cui sono conseguiti i ricavi che concorrono a produrre. I costi pluriennali devono essere dedotti nei diversi esercizi in cui concorrono a produrre i ricavi.

Vi sono norme specifiche che rispecchiano il principio di correlazione, tra cui quelle riguardanti le rimanenze, gli ammortamenti, le spese relative a più esercizi (tra cui le spese relative a studi e ricerche e le spese di propaganda e pubblicità); le spese delle imprese di nuova costituzione, che vengono rinviate all'esercizio in cui si hanno i ricavi, ecc. Se non operano norme specifiche, l'imputazione temporale è da stabilire in base al principio di competenza economica, enunciato in generale (e in via residuale) dall'art. 109 del Tuir.

Per verificare, dunque, come opera il principio di competenza è necessario tener conto, dapprima, delle norme specifiche, e, poi, del richiamo generale al principio di competenza economica (ossia di correlazione). Ciò comporta che, quando non disponiamo di una regola precisa per stabilire la competenza di un determinato elemento di reddito, dobbiamo basarci sul principio di competenza economica.

E) Le norme in materia di competenza determinano una variazione temporanea. Ad esempio, la norma che impone di differire un costo, quando, nell'esercizio di competenza, non è certo nell'esistenza e oggettivamente determinabile nell'ammontare, produce una variazione (in aumento) di natura temporanea, perché destinata ad essere controbilanciata quando il costo, divenuto certo e determinabile, sarà dedotto ai fini fiscali (con una variazione, quindi, in diminuzione del reddito fiscale rispetto al conto economico). Considerazioni analoghe possono essere fatte, ad esempio, nel

© Wolters Kluwer Italia

caso in cui vengano effettuati, in sede civilistica, ammortamenti superiori a quelli ammessi ai fini fiscali.

Vi sono poi variazioni con effetti permanenti: ad esempio, se vi sono proventi esenti, o partecipazioni che fruiscono del regime di esenzione, ciò comporta in via definitiva l'indeducibilità dei costi relativi.

F) Vi sono norme che derogano al principio di competenza; vi è, insomma, una competenza fiscale che diverge da quella economico-civilistica.

I costi sono deducibili nell'esercizio di competenza solo se sono certi nell'*an* ed oggettivamente determinabili nel *quantum*; se non sono certi e oggettivamente determinabili devono essere dedotti nel successivo periodo in cui divengono certi e quantificabili con criteri oggettivi (Tuir, art. 109, comma 1).

REQUISITO FISCALE

Ciò dimostra che diritto tributario e diritto civile seguono criteri diversi: il primo "ammette" i costi solo se sono certi ed oggettivamente determinabili; il secondo "impone" la rilevazione dei costi, anche se sono soltanto probabili. Il diritto tributario tutela il fisco, il diritto civile tutela altri interessi, e quindi segue il "criterio di prudenza".

In materia di costi, si applica il principio di cassa per i compensi dovuti agli amministratori (Tuir, art. 95, comma 5), per gli oneri fiscali e contributivi (Tuir, art. 99), per le erogazioni liberali (Tuir, art. 100, comma 2) e per gli interessi di mora, anche attivi (Tuir, art. 109, comma 7).

G) Anche i ricavi, quando non sono certi ed oggettivamente determinabili, non sono da computare ai fini fiscali nell'esercizio di competenza, ma nel successivo esercizio in cui la loro esistenza diviene certa ed il loro ammontare determinabile in modo oggettivo; per i ricavi, perciò, non vi è divergenza tra disciplina civilistica e disciplina fiscale, dato che, anche in sede civilistica, devono essere computati solo ricavi effettivamente conseguiti.

Deroghe al principio di competenza concernenti i componenti positivi sono previste:

– per gli utili derivanti dalla partecipazione in società ed enti soggetti all'Ires, che concorrono a formare il reddito nell'esercizio in cui sono percepiti (Tuir, artt. 59, comma 1 e 89, comma 2); per tale motivo, gli utili delle partecipate, approvati ma non distribuiti, sono inseriti nel bilancio della partecipante in base al principio di competenza, ma non concorrono a formare il reddito della partecipante, se non sono stati percepiti; ne deriverà una "variazione in diminuzione" nell'anno di competenza, ed una "variazione in aumento" nell'anno di distribuzione;

© Wolters Kluwer Italia

– per le plusvalenze dei beni relativi all'impresa, la cui tassazione può avvenire non nel periodo in cui sono conseguite, ma in modo dilazionato (Tuir, art. 86, comma 4)[43];

– per le sopravvenienze attive conseguite a titolo di contributo o liberalità, che concorrono a formare il reddito imponibile per intero nell'esercizio in cui sono incassate o, a scelta del contribuente, in quote costanti al massimo in cinque esercizi, a partire da quello di incasso (Tuir, art. 88, comma 3, lett. b).

H) Data l'autonomia dei periodi d'imposta, le violazioni del principio di competenza possono comportare la perdita della possibilità di dedurre un costo, non contabilizzato nell'esercizio di competenza, quando l'Amministrazione ne disconosca la deducibilità in quel periodo. Può anche accadere che il contribuente subisca la doppia tassazione di un ricavo, quando lo ha contabilizzato in un esercizio non di competenza e l'Amministrazione lo accerti come omesso nel periodo di competenza.

Queste conseguenze sono però temperate dal principio secondo cui il contribuente può chiedere la restituzione della maggiore imposta, pagata per l'esercizio non di competenza, nel termine di prescrizione, decorrente dalla data del giudicato che respinge il ricorso contro un avviso di accertamento fondato sulla violazione del principio di competenza, in applicazione del principio secondo cui la prescrizione comincia a decorrere da quando il diritto può esser fatto valere (art. 2935 c.c.)[44].

## 9. *I componenti positivi. I ricavi.*

Le norme in materia di componenti positivi disciplinano: a) i criteri identificativi dei diversi tipi di componenti; b) le fattispecie che ne determinano la rilevanza; c) i criteri di determinazione.

A) Sono ricavi i corrispettivi delle cessioni di beni compresi nell'attivo circolante, ossia, secondo il dettato legislativo[45]:

[43] Il rinvio della tassazione è realizzato con il meccanismo delle variazioni. Se, ad esempio, la tassazione della plusvalenza è rateizzata in tre periodi di imposta, nella dichiarazione dell'esercizio in cui è realizzata la plusvalenza occorre operare ai fini fiscali una variazione in diminuzione di un importo pari a due terzi della plusvalenza; nei due periodi di imposta successivi dovrà esservi una variazione in aumento di un terzo.

[44] Cass., 13 maggio 2009, n. 10981; Id., 24 gennaio 2013, n. 1648.

[45] Tuir, art. 85, comma 1, lett. *a*), *b*) e *c*).

© Wolters Kluwer Italia

a) i corrispettivi delle cessioni di beni e delle prestazioni di servizi alla cui produzione o al cui scambio è diretta l'attività dell'impresa;

b) i corrispettivi delle cessioni di materie prime e sussidiarie, di semilavorati e altri beni mobili, esclusi quelli strumentali, acquistati o prodotti per essere impiegati nella produzione;

c) i corrispettivi delle cessioni di azioni o quote di partecipazione in società, quando sono equiparate alle merci.

B) Sono ricavi le indennità conseguite a titolo di risarcimento[46], anche in forma assicurativa, per la perdita o il danneggiamento di beni, la cui cessione genera ricavi. L'equiparazione delle indennità ai corrispettivi è una conseguenza del fatto che tali indennità sostituiscono i ricavi.

C) Sono inoltre ricavi:

– «*i contributi in danaro, o il valore normale di quelli in natura, spettanti sotto qualsiasi denominazione in base a contratto*»;

– «*i contributi spettanti esclusivamente in conto esercizio a norma di legge*»[47].

L'inclusione tra i ricavi dei contributi in conto esercizio deriva dal fatto che tali contributi sono dati, di solito, a imprese che operano in regime di prezzi amministrati (ad esempio, imprese di trasporto), o che praticano prezzi non remunerativi per ragioni politico-sociali; i contributi pubblici, quindi, integrano i ricavi (i contributi pubblici in conto capitale sono invece sopravvenienze attive, come si vedrà). I contributi contrattuali sono dei normali corrispettivi.

D) Si configura un ricavo, infine, quando il bene-merce fuoriesce dall'impresa senza corrispettivo (Tuir, art. 85, comma 2), come accade nel caso di "autoconsumo" da parte dei soci e, più in generale, di destinazione a finalità estranee all'esercizio dell'impresa (ad esempio, cessione gratuita). Mancando il corrispettivo, il ricavo è pari al valore normale del bene.

### 9.1. *Le plusvalenze patrimoniali.*

A) La plusvalenza è la differenza positiva tra due valori dello stesso bene in due momenti diversi (Tuir, art. 86).

[46] Tuir, art. 85, comma 1, lett. *f*).
[47] Tuir, art. 85, comma 1, lett. *g*) e *h*).

© Wolters Kluwer Italia

Le plusvalenze sono tassate: a) quando sono realizzate mediante cessione a titolo oneroso[48]; b) quando sono realizzate mediante risarcimento, a seguito di perdita o danneggiamento; c) quando i beni fuoriescono dalla sfera dell'impresa mediante assegnazione ai soci o destinazione a finalità estranee all'esercizio dell'impresa[49].

Altro presupposto di tassazione delle plusvalenze patrimoniali è il trasferimento dell'impresa all'estero, che rende tassabili le plusvalenze già maturate perché il bene fuoriesce dalla sfera impositiva dell'ordinamento italiano (Tuir, art. 166, commi 2-*quater* e 2-*quinquies*). L'imposta (*exit tax*) non è però esigibile al momento del trasferimento, perché ciò contrasterebbe con la libertà di stabilimento, ma quando la plusvalenza è realizzata[50]. Il trasferimento all'estero non rende tassabile la plusvalenza se il bene rimane in Italia, entro una stabile organizzazione, perché, in tale ipotesi, i beni continuano ad essere soggetti al regime fiscale italiano dei beni d'impresa, senza soluzione di continuità.

B) La plusvalenza è la differenza tra un valore finale ed un valore-base. Il valore-base è dato dal valore fiscalmente riconosciuto, ossia dal costo del bene, incrementato e ridotto dalle variazioni derivanti dall'applicazione delle norme tributarie. I beni strumentali sono iscritti nell'attivo dello stato patrimoniale per un valore pari al costo; tale valore decresce per effetto degli ammortamenti effettuati in base alle norme fiscali; il valore di bilancio (o valore di libro) di un bene, quindi, è pari alla differenza tra costo fiscale e ammortamenti fiscali, ossia è pari al costo fiscale non ammortizzato.

Il valore finale, in caso di realizzo, è dato dal corrispettivo (o dal risarcimento); se non c'è un controvalore (ad esempio nel caso di trasferimento all'estero), si considera il valore normale.

Le plusvalenze dei titoli e delle partecipazioni immobilizzate (e titoli assimilati) devono essere determinate con gli stessi criteri con cui sono determinate le plusvalenze degli altri beni, e cioè come differenza fra il

[48] A norma dell'art. 9 del Tuir, le norme sulle cessioni a titolo oneroso valgono anche per la costituzione o trasferimento di diritti reali e per i conferimenti in società.

[49] Nell'impresa individuale, l'ipotesi corrispondente è la destinazione al consumo personale o familiare dell'imprenditore (c.d. autoconsumo) o a finalità estranee all'esercizio dell'impresa.

In passato, era rilevante anche la mera iscrizione in bilancio della plusvalenza, in quanto tale iscrizione era considerata segno di definitività del maggior valore.

[50] Cfr. Corte di giustizia, 29 novembre 2011, causa C-371/10, *National Grid Indus NV.*

© Wolters Kluwer Italia

corrispettivo (o il valore normale) e il valore fiscalmente riconosciuto (Tuir, art. 86, commi 1, 2 e 3).

C) Le plusvalenze realizzate possono fruire di una norma di favore: infatti, concorrono a formare il reddito, a scelta del contribuente, nell'esercizio di competenza o in quote costanti in quell'esercizio e nei successivi (ma non oltre il quarto). La rateizzazione è consentita, però, solo per i beni posseduti per un periodo non inferiore a tre anni ed è attuata, come già detto, con il meccanismo delle variazioni (Tuir, art. 86, comma 4)[51].

La ragione di questa norma agevolativa risiede, da un lato, nel fatto che le plusvalenze sono componenti reddituali a formazione pluriennale e, dall'altro, nel fine di incentivare l'autofinanziamento delle imprese (mediante reinvestimento delle risorse provenienti dal realizzo delle plusvalenze).

### 9.2. *Le plusvalenze esenti* (participation exemption)

A) La tassazione del reddito delle società commerciali (e di altri enti la cui finalità è quella di conseguire un lucro da distribuire ai soci) pone il problema di coordinare la tassazione del reddito delle società con la tassazione dei soci, per evitare (o attenuare) che all'imposta dovuta sul reddito della società si aggiunga l'imposta dovuta sul reddito distribuito al socio.

Si possono adottare:

a) il sistema della trasparenza, nel quale la società non è tassata: sono tassati solo i soci, ai quali è imputato il reddito della società;

b) il sistema del credito d'imposta, con cui viene accreditata al socio l'imposta che colpisce i redditi della società (sistema in vigore in Italia fino alla riforma entrata in vigore nel 2004);

c) il sistema dell'esenzione, o esclusione da imposta, o tassazione ridotta del socio.

Dal 1° gennaio 2004 è in vigore un sistema in base al quale, all'imposta dovuta dalla società, si aggiunge una tassazione ridotta del socio.

Nei riguardi dei soggetti che non distribuiscono utili (enti non commerciali) non si pone il problema di evitare o attenuare la doppia tassazione.

[51] Per le partecipazioni che non beneficiano della *participation exemption*, la rateizzazione è ammessa se i titoli sono stati iscritti come immobilizzazioni negli ultimi tre bilanci; si considerano ceduti per primi i titoli acquistati per ultimi.

© Wolters Kluwer Italia

B) Per evitare la doppia tassazione, le plusvalenze derivanti da partecipazioni possono godere, come i dividendi, del regime di *participation exemption:* esenzione che, per i soggetti passivi dell'Ires, è del 95 per cento (Tuir, art. 87, comma 2)[52].

L'esenzione ha come presupposto l'assunto che la tassazione del socio duplicherebbe la tassazione dei redditi della società partecipata. Si tratta dunque d'una esenzione che non ha natura agevolativa, essendo prevista per impedire la doppia imposizione economica. Anche il 95 per cento dei dividendi, per lo stesso motivo, non è tassato; e la diversa terminologia ("esclusione" per i dividendi, "esenzione" per le plusvalenze) riflette il diverso regime di deducibilità dei costi connessi.

L'esenzione delle partecipazioni trae la sua giustificazione dall'inerire a beni di secondo grado, che riflettono le plusvalenze dei beni di primo grado; non può esservi quindi esenzione per le plusvalenze dei beni di primo grado, come, ad esempio, le aziende.

Da ciò discende che, se viene ceduta una partecipazione, la plusvalenza fruisce del regime di *participation exemption*, e non è tassata (e l'acquirente non può dedurre il costo che ha sostenuto); invece, se viene ceduta l'azienda, la plusvalenza è tassata (e, simmetricamente, l'acquirente può dedurre il costo che ha sostenuto)[53].

Il regime di esenzione è applicabile non solo alle partecipazioni in società commerciali (di capitali e di persone), ma anche alle partecipazioni in enti soggetti ad Ires, residenti o non residenti. Inoltre, può riguardare anche gli strumenti finanziari assimilati alle azioni e i contratti di associazioni in partecipazione, con apporto di capitale.

C) Le condizioni, da cui dipende l'applicazione del regime di esenzione, sono quattro: le prime due riguardano la società partecipante, le altre la partecipata.

La prima attiene al periodo di possesso (*holding period*), che dev'essere di un anno quando avviene la cessione (si richiede il possesso «*dal primo*

[52] Cfr. F. TESAURO, *La* participation exemption *e i suoi corollari*, in *Tributimpresa*, 2003, 11; C. GARBARINO, *Le plusvalenze esenti*, in *Imposta sul reddito delle società (IRES)*, a cura di F. Tesauro, Bologna, 2007, p. 179; A. VIOTTO, *Il regime tributario delle plusvalenze da partecipazioni*, Torino, 2013.

[53] Tuttavia, come si vedrà nel capitolo dedicato alle operazioni straordinarie, l'assoggettamento a tassazione delle plusvalenze derivanti dalla cessione di azienda può essere evitato mediante il conferimento dell'azienda in regime di "neutralità fiscale" e la successiva cessione della partecipazione sociale ricevuta (Tuir, art. 176, comma 3); in questo modo si ha un'equiparazione, sia pure indiretta, della cessione di azienda alla cessione delle partecipazioni esenti *ex* art. 87.

© Wolters Kluwer Italia

*giorno del dodicesimo mese precedente quello della cessione*»)[54]. L'esenzione è dunque accordata solo agli investimenti durevoli[55].

La seconda condizione è che le partecipazioni siano iscritte fra le immobilizzazioni finanziarie sin dal primo bilancio chiuso durante il periodo di possesso[56]. Sono così impedite riclassificazioni strumentali, eseguite in vista della cessione.

L'iscrizione iniziale in bilancio ha valore decisivo; se dopo la prima iscrizione fra le immobilizzazioni la partecipazione fosse iscritta nell'attivo circolante, l'esenzione non verrebbe meno. L'originaria iscrizione, invece, nell'attivo circolante preclude definitivamente l'applicazione del regime di esenzione.

Questi due primi requisiti intendono assicurare che la plusvalenza rifletta gli utili della partecipata, e non sia frutto di fluttuazioni del mercato.

La terza e la quarta condizione concernono la partecipata.

In base alla terza condizione, il regime di esenzione non compete alle partecipazioni in società che hanno sede in uno Stato o territorio a regime fiscale privilegiato[57]. Ciò in quanto, se la partecipata non è tassata, o è tassata poco, l'esenzione non ha ragion d'essere.

Questo impedimento all'applicazione della *participation exemption* può essere rimosso mediante interpello, provando che non è stato conseguito l'effetto di evitare una tassazione di livello ordinario, localizzando i redditi nello Stato o territorio a regime fiscale privilegiato.

Ciò significa che il regime di esenzione si applica anche se la società partecipata ha sede in Stati o territori a regime fiscale privilegiato, quando sia dimostrato che i redditi provengono da altre società partecipate, residenti in Stati o territori ove hanno subito una tassazione di livello ordinario[58].

[54] Le partecipazioni vendute, ad esempio, il 1° aprile 2018, fruiscono dell'esenzione se possedute già il 1° aprile dell'anno precedente.

[55] Se le partecipazioni sono state acquisite in più *tranche*, e non tutte sono state possedute da un anno, si considerano cedute per prime (con presunzione assoluta) quelle acquisite in data più recente: si applica, dunque, il LIFO.

[56] Le immobilizzazioni sono investimenti durevoli e si presume che siano immobilizzazioni le partecipazioni in società collegate (art. 2424-*bis* c.c.).

[57] Occorre che la società partecipata abbia la residenza fiscale in uno Stato o territorio diverso da quelli a regime fiscale privilegiato inclusi nel decreto emanato ai sensi dell'art. 167, comma 4, del Tuir, agli effetti della disciplina delle imprese estere controllate.

[58] L'art. 87, comma 1, lett. *c*), del Tuir, prevede che, qualora il contribuente intenda far valere la sussistenza di tale ultima condizione ma non abbia presentato istanza di interpello ovvero, avendola presentata, non abbia ricevuto risposta favorevole, la percezione di plusvalenze derivanti dalla cessione di partecipazioni in imprese o enti esteri localizzati in Stati o territori a regime fiscale privilegiato (inclusi nel decreto o nel provvedimento di cui all'art. 167, comma 4), deve essere segnalata nella dichiarazione dei redditi da parte del socio

© Wolters Kluwer Italia

Il quarto requisito concerne l'attività della società partecipata, che dev'essere un'impresa commerciale, come definita dall'art. 55 del Tuir.

L'esenzione è negata, perciò, alle partecipazioni in società senza impresa. In particolare, è negata alle partecipazioni in società immobiliari di mero godimento, ossia in società che non svolgono una effettiva attività commerciale[59].

La distinzione tra società che svolgono, e società che non svolgono, attività d'impresa, dipende dalla natura del patrimonio posseduto: si esclude, per presunzione legale assoluta, che svolgano attività commerciale le società il cui patrimonio è costituito prevalentemente da immobili c.d. patrimoniali; sono considerate, invece, società con attività commerciale quelle che hanno un patrimonio costituito prevalentemente da immobili-merce e immobili strumentali.

Anche quando la società partecipata è una immobiliare sussiste la *ratio* dell'esenzione, che è quella di non tassare due volte la stessa ricchezza; il motivo del requisito non attiene quindi alla doppia imposizione, ma è di tipo antielusivo: il legislatore intende evitare che l'esenzione sia applicata quando le società partecipate siano usate per realizzare plusvalenze dalla cessione di immobili, che la società partecipata potrebbe poi distribuire in regime di esenzione.

Al momento del realizzo della plusvalenza, le ultime due condizioni (residenza in uno Stato a fiscalità non privilegiata ed esercizio di attività commerciale) devono essere integrate ininterrottamente fin dal terzo periodo di imposta anteriore al realizzo (Tuir, art. 87, comma 2).

Infine, nel caso di partecipazioni in società *holding*, le stesse due condizioni devono essere integrate, oltre che dalla *holding*, anche dalle società partecipate dalla *holding* (Tuir, art. 87, comma 5).

I requisiti delle società partecipate dalla *holding* valgono per la *holding*, quando il valore corrente (non quello contabile) del patrimonio sociale della *holding* sia costituito prevalentemente da partecipazioni in società che possiedono i due requisiti. In sostanza, le caratteristiche delle società partecipate sono riferite direttamente alla *holding*[60]. Lo scopo della norma è

residente; nei casi di mancata o incompleta indicazione si applica la sanzione amministrativa prevista dall'art. 8, comma 3-*ter*, del D. lgs. 18 dicembre 1997, n. 471.

[59] Si tratta delle c.d. società immobiliari di comodo, costituite non per svolgere un'attività commerciale, ma solo per permettere ai soci di trarre vantaggio dalla condizione dei beni conferiti, che in tal modo sono sottratti alle pretese dei creditori dei soci.

[60] Se la *holding* ha una *sub-holding*, i requisiti devono essere posseduti dalle società partecipate dalla *sub-holding*.

© Wolters Kluwer Italia

impedire che, con l'inserimento di una *holding* nella struttura del gruppo, siano aggirati i requisiti della *participation exemption*.

D) L'esenzione delle plusvalenze derivanti da partecipazioni immobilizzate porta con sé la necessità di distinguere le partecipazioni, secondo che siano o che non siano esenti.

Se non sussistono i quattro presupposti, le plusvalenze delle partecipazioni immobilizzate sono tassabili.

Sono pertanto tassabili, in sintesi: a) le partecipazioni possedute da meno di dodici mesi; b) le partecipazioni inizialmente classificate nell'attivo circolante; c) le partecipazioni in società residenti in Paesi o territori a regime fiscale privilegiato (se l'impedimento non è stato rimosso mediante interpello); d) le partecipazioni in società senza impresa.

L'esenzione delle plusvalenze comporta l'indeducibilità dei costi connessi alle partecipazioni in regime di *participation exemption*.

Le plusvalenze delle partecipazioni non sono tassate «*in quanto esenti*»; dividendi, invece, non sono tassati «*in quanto esclusi*» (Tuir, art. 89). Da ciò deriva che i costi inerenti alle plusvalenze esenti non sono deducibili (Tuir, art. 109, comma 5), come i costi specificamente inerenti alla cessione: ad esempio, provvigione ad un intermediario.

Altra conseguenza dell'esenzione è la indeducibilità delle minusvalenze realizzate per effetto della cessione di partecipazioni esenti (Tuir, art. 101, comma 1)[61].

### 9.3. *I dividendi.*

A) Il regime di *participation exemption* vale anche per i dividendi, che, come le plusvalenze "esenti", sono tassati nella misura del 5 per cento; il 95 per cento è "escluso" da tassazione[62].

Però, per la tassazione del 5 per cento dei dividendi, non si richiedono le quattro condizioni alle quali è subordinata l'esenzione del 95 per cento delle plusvalenze.

[61] Sono quindi deducibili le minusvalenze realizzate per effetto della cessione di partecipazioni che non sono esenti.

Vi è però un'eccezione per le minusvalenze derivanti da operazioni di *dividend washing*, che, per ragioni antiabuso, sono indeducibili (Tuir, art. 109, commi 3-*bis* e 3-*ter*). La disciplina antiabuso non si applica ai soggetti che redigono il bilancio in base agli IAS (comma 3-*quinquies*).

[62] Tuir, art. 89, comma 2 e D.m. 2 aprile 2008. Cfr. M.C. Fregni, *I dividendi*, in *Imposta sul reddito delle società (IRES)*, cit., p. 129.

© Wolters Kluwer Italia

Trattandosi di "esclusione" (e non di "esenzione"), i costi inerenti sono deducibili. L'imponibilità del 5 per cento è da collegare alla deduzione delle spese inerenti.

Se i dividendi fossero totalmente non tassati, i costi inerenti di gestione dovrebbero essere totalmente indeducibili; invece, i costi di gestione sono deducibili, ma sono quantificati nella misura forfetaria del 5 per cento dei dividendi. Di qui la tassazione del 5 per cento, alla stregua del modello delineato nella Direttiva "madre-figlia".

Lo stesso regime di esclusione per il 95 per cento si applica alle remunerazioni che il soggetto Ires (società o ente commerciale) percepisce a fronte di titoli e strumenti finanziari assimilati alle azioni, o come associato nell'ambito di un contratto di associazione in partecipazione (con apporto di capitale), perché, anche in questo caso, le remunerazioni percepite sono assimilate ai dividendi[63].

B) I dividendi sono tassati quando sono percepiti, secondo il principio di cassa.

Ma occorre notare che, nei casi in cui si applica il principio di trasparenza, gli utili delle società partecipate si imputano ai soci a prescindere dalla distribuzione, che, quindi, è priva di rilievo fiscale. Ciò vale sia per la partecipazione in società di persone, sia per il regime di trasparenza delle società di capitali (Tuir, artt. 89, comma 1, 115 e 116).

### 9.4. *Le sopravvenienze attive.*

Vi sono sopravvenienze in senso stretto, o proprio e in senso lato, o improprio (Tuir, art. 88).

Le sopravvenienze (in senso proprio) sono eventi che modificano componenti positivi o negativi di reddito contabilizzati in precedenti esercizi. L'evento sopravvenuto può comportare una modificazione di segno positivo o di segno negativo della componente già computata: e quindi una sopravvenienza attiva o una sopravvenienza passiva.

In particolare, le sopravvenienze attive in senso stretto possono derivare:

– dal conseguimento di ricavi o altri proventi a fronte di spese, perdite od oneri dedotti o di passività iscritte in bilancio in precedenti esercizi

[63] Cfr. P. Pacitto, *Aspetti fiscali dei nuovi strumenti finanziari partecipativi*, in *Imposta sul reddito delle società (IRES)*, cit., p. 289; M. Pierro, *L'associazione in partecipazione e i contratti di cointeressenza*, in *Imposta sul reddito delle società (IRES)*, cit., p. 341.

© Wolters Kluwer Italia

(ad esempio, conseguimento di indennizzi per danni subiti; sgravi derivanti dalla fiscalizzazione di oneri sociali; rimborsi di imposte dedotte);

– dal conseguimento di ricavi in misura superiore a quella che ha concorso a formare il reddito in precedenti esercizi (ad esempio, conseguimento di maggiori corrispettivi, a seguito di revisione contrattuale);

– dalla sopravvenuta insussistenza di componenti negative dedotte in precedenti esercizi (ad esempio, riscossione di crediti già considerati inesigibili, per i quali è stata dedotta la relativa perdita; le varie ipotesi di eccedenza di accantonamenti).

Le sopravvenienze attive in senso lato (o improprie) derivano da un evento estraneo alla normale gestione dell'impresa e non modificano voci di reddito precedentemente computate ai fini fiscali. Rientrano in tale categoria:

– le indennità conseguite a titolo di risarcimento per danni non connessi alla perdita di beni che generano ricavi (beni-merce) o plusvalenze (beni strumentali o patrimoniali), come, per esempio, l'indennizzo per la perdita di avviamento commerciale, o per violazione del patto di esclusiva, o per concorrenza sleale;

– i proventi conseguiti a titolo di contributo o liberalità (la tassazione di tali sopravvenienze è agevolata: il contribuente può differirne la tassazione rateizzandola in cinque anni);

– il valore normale del bene in caso di cessione del contratto di locazione finanziaria;

– i contributi pubblici in conto capitale (quelli in conto esercizio sono ricavi, come abbiamo visto).

– la rinuncia dei soci ai crediti, per la parte che eccede il relativo valore fiscale.

Sia per le liberalità, sia per i contributi in conto capitale, la loro inclusione tra i componenti reddituali positivi d'impresa dimostra come, in questo ambito, operi un concetto di reddito per il quale sono rilevanti tutte le modificazioni patrimoniali riconducibili all'impresa, e non soltanto quelle che derivano direttamente dalla gestione.

Per espressa disposizione, non costituiscono sopravvenienze attive i versamenti a fondo perduto o in conto capitale effettuate dai soci in società (perché hanno natura di conferimenti di capitale).

Non si considerano sopravvenienze attive la rinuncia dei soci ai crediti verso la società, nei limiti del valore fiscale e le riduzioni dei debiti derivanti da concordato fallimentare, da concordato preventivo liquidatorio

© Wolters Kluwer Italia

o da procedure estere equivalenti, da concordato di risanamento, o da accordo di ristrutturazione dei debiti (Tuir, art. 88, comma 4-*bis* e 4-*ter*).

### 9.5. *Gli interessi attivi.*

Gli interessi attivi concorrono a formare il reddito imponibile per l’ammontare maturato nel periodo d’imposta, secondo il principio di competenza, ma gli interessi di mora sono imponibili quando sono percepiti (Tuir, art. 109, comma 7).

Se la misura degli interessi non è prevista in un atto scritto, si presume che sia da applicare il saggio legale, a norma dell’art. 1284 c.c. (Tuir, art. 89, comma 5).

### 9.6. *I proventi immobiliari.*

Anche gli immobili appartengono all’attivo circolante (beni-merce) o alle immobilizzazioni (immobili strumentali o meramente patrimoniali).

Gli immobili-merce e quelli strumentali, non essendo cespiti autonomi, non sono fonte di redditi fondiari (determinati catastalmente), ma concorrono alla produzione del reddito secondo le regole del reddito d’impresa[64].

Perciò, gli immobili che costituiscono beni alla cui produzione o al cui scambio è diretta l’attività dell’impresa comportano costi e ricavi alla stessa stregua degli altri beni-merce. Il caso tipico è quello dei fabbricati costruiti da imprese edili: la loro cessione genera ricavi e, prima della cessione, concorrono al calcolo del reddito imponibile come rimanenze. Anche gli immobili strumentali non sono fonte di un reddito fondiario, ma rilevano come beni dell’impresa, in ragione dei costi e dei proventi effettivi.

Solo gli immobili meramente patrimoniali si sottraggono in parte alla regola predetta, in quanto il loro reddito, pur essendo componente del reddito d’impresa, è quantificato in base all’estimo catastale (Tuir, art. 90); sono

[64] Cfr. M. Logozzo, *I proventi immobiliari*, in *Imposta sul reddito delle persone fisiche. Giur. sist. dir. trib.*, diretta da F. Tesauro, Torino, 1994, II, p. 676.

© Wolters Kluwer Italia

però deducibili gli interessi passivi relativi ai finanziamenti contratti per l'acquisizione di tali immobili[65].

### 9.7. *Le rimanenze di magazzino.*

A) Nel conto economico devono essere registrate le «*variazioni delle rimanenze in corso di lavorazione, semilavorati e finiti*»[66].

Le rimanenze finali sono una componente positiva derivante da costi (di acquisto, di lavorazione, ecc.) che alla fine dell'esercizio non hanno generato ricavi e che, per il principio di correlazione, sono "sospesi" e rinviati all'esercizio successivo.

In coerenza con il principio di continuità dei valori di bilancio, l'ammontare delle rimanenze finali di un periodo predetermina l'entità delle giacenze iniziali del periodo successivo.

Le rimanenze finali di un periodo non possono non coincidere con le giacenze iniziali del periodo successivo.

Dispone infatti l'art. 92, comma 7, del Tuir, che «*Le rimanenze finali di un esercizio nell'ammontare indicato dal contribuente costituiscono le esistenze iniziali dell'esercizio successivo*».

Perciò l'art. 92, comma 8, del Tuir, prevede che «*La rettifica da parte dell'ufficio delle valutazioni fatte dal contribuente in un esercizio ha effetto anche per gli esercizi successivi. L'ufficio tiene conto direttamente delle rettifiche operate e deve procedere a rettificare le valutazioni relative anche agli esercizi successivi*».

B) La valutazione delle rimanenze si effettua raggruppando i beni in categorie omogenee per natura e valore, ed assumendo, come criterio di valutazione, in primo luogo il "costo specifico".

Le rimanenze, al termine del primo esercizio in cui si verificano, sono valutate attribuendo ad ogni unità il valore risultante dalla divisione del costo complessivo dei beni prodotti o acquistati per le loro quantità.

[65] L. 24 dicembre 2007, n. 244, art. 1, comma 35. La disposizione di deroga è qualificata come norma di interpretazione autentica.

[66] Dal punto di vista aziendalistico, le rimanenze di magazzino sono costi sospesi, ossia costi sostenuti nell'esercizio, ai quali non corrispondono ricavi realizzati; essi sono sospesi, in attesa di essere correlati ai ricavi. Cfr. M.D. Corrado, *Le valutazioni di magazzino*, in *Imposta reddito persone fisiche. Giur. sist. dir. trib.*, diretta da F. Tesauro, cit., II, p. 795.

© Wolters Kluwer Italia

Negli esercizi successivi, se vi è incremento, le maggiori quantità costituiscono gruppi distinti per esercizio di formazione, da valutare con il criterio del costo medio. Se, invece, negli esercizi successivi, vi è diminuzione di quantità, ciò vuol dire che nel corso dell'anno sono stati venduti più beni di quelli acquistati e che la differenza mancante è stata prelevata dal magazzino.

Ma quali beni sono stati prelevati, se le giacenze si sono formate nel corso di vari esercizi mediante incrementi suddivisi in gruppi distinti?

Per espressa previsione, si considerano alienati per primi i beni facenti parte degli incrementi formati negli esercizi precedenti (distinti per esercizio di formazione) a partire dall'incremento più recente. È, questo, il criterio del LIFO (acronimo di *Last In First Out*), secondo cui si considerano venduti per primi i beni acquistati o prodotti per ultimi. Ciò implica che le giacenze di magazzino sono valutate in base ai costi più "vecchi" (perché relativi ai beni acquistati in tempi più remoti) e, dunque, che il reddito imponibile risulta compresso (essendo le rimanenze finali un componente positivo di reddito).

È consentita l'assunzione, anche ai fini fiscali, di altri metodi: le imprese che valutano in bilancio le rimanenze finali con il metodo della media ponderata, o con il metodo FIFO (*Fist In First Out*), o con varianti del LIFO, possono assumerne le risultanze anche ai fini fiscali.

C) Se il valore normale dei beni è inferiore al costo, è consentita la svalutazione del magazzino[67].

In sede fiscale, quando il valore del magazzino, determinato in base al costo, risulta superiore a quello di mercato dell'ultimo mese dell'esercizio, il contribuente può svalutarlo adottando il valore normale.

Ciò comporta l'azzeramento di tutti gli incrementi che si sono formati nel corso dei vari esercizi e la formazione di un unico (e nuovo) incremento relativo all'anno in cui si svaluta, con "valore totale" pari al valore di mercato e con "valore unitario" dei singoli beni pari al valore totale diviso per la quantità complessiva.

Viene così dato rilievo fiscale alla svalutazione delle rimanenze dei beni -merce, mentre, per gli altri beni, le minusvalenze hanno rilievo quando sono realizzate; ed è, questo, un aspetto rilevante della distinzione tra beni-merce e altri beni.

[67] L'art. 2426, n. 9, c.c., prevede che il magazzino deve essere valutato in base al valore di costo o in base al valore di realizzo, optando per quello minore (principio di prudenza).

© Wolters Kluwer Italia

### 9.8. *La valutazione dei titoli e delle partecipazioni.*

Tra le rimanenze da valutare vi sono anche i titoli e le partecipazioni assimilate alle merci, e cioè: le azioni e le partecipazioni non immobilizzate; gli strumenti finanziari similari alle azioni; le obbligazioni e i titoli assimilati alle obbligazioni.

Questi beni sono valutati a fine esercizio applicando criteri simili a quelli delle merci[68]. Pertanto:

– devono essere raggruppati in categorie omogenee (le categorie omogenee sono formate inserendo in una medesima categoria i titoli emessi da una medesima società, distinguendo in più categorie le azioni ordinarie, quelle di risparmio, ecc.);

– nel primo esercizio, ogni titolo è valutato dividendo il costo complessivo per le quantità;

– nei successivi esercizi, le maggiori quantità sono distinte per periodo di formazione; invece, se le quantità sono diminuite, si applica il LIFO;

– le rimanenze di un esercizio costituiscono esistenze iniziali dell'esercizio successivo.

Vi è una importante differenza tra merci e titoli: e cioè che la svalutazione prevista per le merci è permessa anche per le obbligazioni (e titoli assimilati), ma non è permessa né per le partecipazioni, né per gli strumenti finanziari assimilati alle partecipazioni[69].

In caso di distribuzione di azioni gratuite, a seguito di aumento del capitale sociale fatto con utilizzo di riserve, le azioni gratuite si aggiungono a quelle già possedute e il costo unitario si ottiene dividendo il costo originario per il numero complessivo delle azioni.

L'ammontare dei versamenti fatti a fondo perduto o in conto capitale alle società e delle rinunce ai crediti dei soci nei confronti delle società (nei limiti del valore fiscalmente riconosciuto) si aggiunge al costo (e quindi al valore) delle azioni e delle partecipazioni.

### 9.9. *I lavori in corso e le opere di durata ultrannuale.*

Oltre alle rimanenze dei beni-merce e dei titoli, occorre calcolare, e rilevare in bilancio tra le rimanenze, anche il valore dei «*prodotti in corso*

[68] Tuir, art. 94, che richiama l'art. 92 per la valutazione dei titoli di cui all'art. 85, comma 1, lett. *c*), *d*) ed *e*).

[69] Ciò in quanto l'art. 94, comma 4, dispone che le norme sulle svalutazioni (art. 92, comma 5) si applicano solo per la valutazione dei titoli di cui all'art. 85, comma 1, lett. *e*).

© Wolters Kluwer Italia

*di lavorazione*» e dei «*servizi in corso di esecuzione*», che sono valutati in base alle spese sostenute nell'esercizio.

Altra, più articolata normativa vale per le opere, le forniture e i servizi di durata ultrannuale (Tuir, art. 93). Si pensi, ad esempio, all'appalto di un'opera che richiede più anni di lavori: per tali contratti, la regola generale è che l'imprenditore, alla fine dell'esercizio, deve rilevare tra le rimanenze i lavori effettuati, determinandone il valore in base ai corrispettivi pattuiti.

Mentre il valore dei beni di magazzino viene determinato in base al costo, qui si segue un criterio diverso, valutando le prestazioni eseguite in base ai corrispettivi pattuiti.

I beni giacenti in magazzino sono valutati in base al costo perché contabilizzare i corrispettivi significherebbe contabilizzare utili "sperati" (ed invece il principio di prudenza impone di contabilizzare soltanto gli utili già "realizzati"). Nel caso delle opere di lunga durata, fatte su ordinazione, invece, il corrispettivo è un utile non soltanto sperato, ma economicamente già maturato, perché derivante dal contratto in corso di esecuzione.

La regola è dunque che le prestazioni eseguite, valutate in base ai corrispettivi pattuiti, concorrono a formare il reddito come rimanenze finali dell'esercizio in cui sono state eseguite e come giacenze iniziali dell'esercizio successivo.

Le maggiorazioni di prezzo richieste in base ad una norma di legge o clausola contrattuale devono essere conteggiate, se non sono stabilite in modo definitivo, in misura non inferiore al 50 per cento.

Se vi sono stati di avanzamento dei lavori, si tiene conto dei corrispettivi "liquidati".

Quando l'opera è conclusa, i corrispettivi definitivamente liquidati non fanno parte delle rimanenze, ma dei ricavi.

## 10. *I sovrapprezzi azionari e l'annullamento di azioni proprie.*

A) I sovrapprezzi azionari sono «*le somme percepite dalla società per l'emissione di azioni ad un prezzo superiore al loro valore nominale*» (art. 2431 c.c.), mentre gli interessi di conguaglio sono somme che i sottoscrittori di nuove azioni devono corrispondere per porsi su di un piano di parità con i precedenti azionisti.

In entrambi i casi si tratta di entrate (non reddituali ma) patrimoniali, simili ai conferimenti; perciò i sovrapprezzi di emissione delle azioni o

© Wolters Kluwer Italia

quote e gli interessi di conguaglio non concorrono a formare il reddito della società che li percepisce[70].

La distribuzione ai soci di riserve costituite con sovrapprezzi di emissione delle azioni e con interessi di conguaglio non costituisce reddito per i soci, ma restituzione di conferimenti. I soci, nel ricevere queste riserve, non devono sottoporle a tassazione (come utili), ma ridurre il valore fiscale della partecipazione[71].

B) Non concorre a formare il reddito, in caso di riduzione del capitale sociale mediante annullamento di azioni proprie, la differenza positiva o negativa tra il costo delle azioni annullate e la corrispondente quota del patrimonio netto[72].

Il costo di acquisto delle azioni proprie può essere superiore o inferiore alla quota di patrimonio netto corrispondente alla riduzione del capitale sociale.

L'operazione non ha rilievo reddituale, come sopravvenienza attiva o passiva (attiva se il costo delle azioni è inferiore, passiva se il costo è superiore alla quota di patrimonio netto riferibile a tali azioni).

## **11.** *I componenti negativi. L'imputazione a conto economico.*

A) Abbiamo già visto che le norme fiscali sul reddito d'impresa non mirano a disciplinare tutti i componenti reddituali che possono essere rilevanti; ciò implica, per i componenti negativi, che possono essere dedotti anche costi non specificamente previsti, a condizione che siano soddisfatte le prescrizioni generali sulla deducibilità dei costi.

[70] Tuir, art. 91, lett. *d*).

[71] Tuir, art. 47. Cfr. P. Coppola, *Le poste di patrimonio netto*, in *Imposta sul reddito delle società (IRES)*, cit., p. 249.

Cfr. Cass., 17 giugno 2009, n. 14023, secondo cui il legislatore, nel prevedere (art. 47, comma 5, Tuir) che le somme ed i beni ricevuti dai soci, a titolo di ripartizioni di riserve o altri fondi costituiti con sopraprezzi di emissione delle azioni o delle quote, non costituiscono utili, non intende sottrarre le somme in questione al prelievo fiscale, ma soltanto rinviarne il prelievo al momento in cui l'incremento di valore si trasformi in una vera e propria plusvalenza, da calcolarsi tenendo conto della riduzione del prezzo di acquisto; pertanto, le somme sottratte al regime degli utili di esercizio vanno registrate, nello stato patrimoniale del socio, come riduzione del costo delle partecipazioni.

[72] Tuir, art. 91, comma 1, lett. *c*). In bilancio l'acquisto di azioni proprie è qualificato rimborso e la rivendita come riemissione di capitale: nulla che abbia rilevanza reddituale.

© Wolters Kluwer Italia

Le regole generali, al riguardo, sono: l'iscrizione nel conto economico; il principio di competenza (già esaminato come principio generale valido anche per i componenti positivi); il principio di inerenza.

Sono inoltre indeducibili, come già visto, i costi direttamente utilizzati per il compimento di reati.

Vi sono poi regole specifiche, concernenti singole categorie di costi: tali regole traggono la loro ragion d'essere dal fatto che derogano ai criteri civilistici, oppure alle regole fiscali generali sulla deducibilità dei costi.

B) La regola, stabilita nell'art. 109, comma 4, del Tuir, secondo cui i componenti negativi non sono deducibili se non sono imputati al conto economico dell'esercizio di competenza, riflette il principio di derivazione del reddito imponibile dal risultato del conto economico. Occorre, dunque, che i costi siano iscritti nel conto economico dell'esercizio, altrimenti non sono deducibili.

Non possono essere dedotte ai fini fiscali le spese sostenute, ad esempio, per l'acquisto di materie prime, per retribuire i dipendenti, ecc., se queste spese non sono state contabilizzate e imputate al conto economico.

La previa imputazione a conto economico vale anche per i costi stimati (ammortamenti, altre rettifiche di valori). Se i costi stimati imputati a conto economico sono più elevati di quanto fiscalmente deducibile, la parte eccedente non è deducibile e deve essere ripresa a tassazione.

C) Vi sono tre deroghe al principio di previa imputazione a conto economico.

La prima deroga concerne i componenti negativi iscritti nel conto economico di un esercizio precedente, il cui scomputo è ammesso «*se la deduzione è stata rinviata in conformità alle precedenti norme del presente capo che dispongono o consentono il rinvio*». Questa deroga è un corollario necessario della regola che non consente di dedurre fiscalmente un costo nell'esercizio di competenza (esercizio in cui è stata computato ai fini civilistici). Se i costi, secondo il principio di competenza, sono stati contabilizzati in un esercizio in cui non erano deducibili fiscalmente, è giocoforza ammetterne la deducibilità nell'esercizio successivo, in cui sono divenuti deducibili fiscalmente, benché non imputati al conto economico.

La seconda deroga concerne le spese e gli altri componenti negativi che, «*pur non essendo imputabili al conto economico, sono deducibili per disposizione di legge*». Questa deroga opera in presenza di specifiche norme che ammettono la deducibilità fiscale di componenti negativi non iscritti in

© Wolters Kluwer Italia

bilancio: è il caso, ad esempio, dei compensi spettanti ai promotori e soci fondatori, che sono deducibili anche se non imputati al conto economico (Tuir, art. 95, comma 5).

Infine (terza deroga), «*Le spese e gli oneri specificamente afferenti i ricavi e gli altri proventi, che pur non risultando imputati al conto economico concorrono a formare il reddito, sono ammessi in deduzione se e nella misura in cui risultano da elementi certi e precisi*». In base a questa norma, l'indeducibilità dei costi non imputati al conto economico vale in modo assoluto soltanto per i costi generali, in quanto sono deducibili le spese e gli oneri, che siano correlati a ricavi e altri proventi tassabili. Possono essere dedotti i "costi neri", se si tratta di spese ad imputazione specifica, di cui il contribuente fornisca una prova piena, indicando anche l'identità della controparte contrattuale.

I costi delle operazioni "soggettivamente" inesistenti sono deducibili[73].

### **11.1.** *Il principio di inerenza.*

A) Un costo o una spesa sono deducibili se sono inerenti all'attività d'impresa[74].

L'inerenza è un nesso funzionale che lega il costo o la spesa alla vita dell'impresa; un costo, che non è sostenuto in funzione della produzione dei ricavi, non è deducibile: in altri termini, non è un *prius* del reddito, funzionale alla sua produzione, ma un *posterius*, una forma di impiego del reddito prodotto[75].

[73] «*A norma della L. 24 dicembre 1993, n. 537, art. 14, comma 4-bis, nella formulazione introdotta con il D.L. 2 marzo 2012, n. 16, art. 8, comma 1, sono deducibili per l'acquirente dei beni i costi delle operazioni soggettivamente inesistenti (…) anche per l'ipotesi che l'acquirente sia consapevole del carattere fraudolento delle operazioni*» (Cass., 20 giugno 2012, n. 10167; Id., 10 ottobre 2014, n. 21441; Id., sez. VI, ord. 7 dicembre 2016, n. 25249).

Ai soggetti coinvolti nelle "frodi carosello" non è contestabile la deducibilità dei costi se i beni acquistati non sono stati utilizzati direttamente al fine di commettere il reato ma, salvo prova contraria, per essere commercializzati e venduti (Cass., 31 marzo 2015, n. 6525).

[74] Il concetto di inerenza ha subito una lunga evoluzione. In una prima fase, si ritenevano deducibili solo le spese "necessarie" alla produzione del reddito; poi anche le spese "utili"; infine, è stata ammessa la deducibilità di ogni spesa che si riferisca all'attività dell'impresa. Cfr. A. Vicini Ronchetti, *La clausola dell'inerenza nel reddito d'impresa*, Padova, 2016.

Sono deducibili anche i costi ed oneri "in proiezione futura", come le spese promozionali e comunque quelle da cui potranno derivare ricavi in esercizi futuri.

[75] L'inerenza è una relazione concettuale tra costo e impresa, sicché il costo assume rilevanza nella determinazione della base imponibile non tanto per la connessione ad una

© Wolters Kluwer Italia

In forza del principio di inerenza non sono deducibili, ad esempio, le spese che l'imprenditore individuale sostenga per sé o per i suoi familiari; o le spese che una società si accolli senza che siano connesse all'attività economica della società (ad esempio, spese a beneficio degli amministratori o dei soci).

Non sono costi inerenti le somme dovute a titolo di sanzione, neppure quando si tratta di sanzioni irrogate per attività che hanno prodotto redditi (ad esempio, sanzioni dell'Autorità garante del mercato e della concorrenza). Le sanzioni non sono costi funzionali alla produzione del reddito[76].

Per le società che fanno parte di un medesimo gruppo, i costi che una società sopporta nell'interesse di altre società del gruppo, o di tutte le società del gruppo, possono essere ripartiti tra tutte le società che ne traggono beneficio[77].

Né ha rilievo la natura giuridica del negozio da cui scaturisce il costo; non può escludersi, perciò, l'inerenza di un costo, perché deriva da un atto a titolo gratuito, se si tratta di una elargizione che è funzionale alla vita dell'impresa.

B) Se una spesa è fatta in funzione dell'impresa, non se ne può disconoscere la deducibilità per ragioni che attengono alla sfera discrezionale delle scelte imprenditoriali.

Un costo è inerente nella misura in cui è congruo, non "antieconomico". Un costo eccessivo è indeducibile per l'eccedenza; non sono perciò deducibili i componenti negativi nella misura in cui siano di entità sproporzionata rispetto ai ricavi ed all'oggetto dell'attività d'impresa[78].

Si è ritenuto che non è deducibile la parte del compenso ai soci amministratori di una società di persone che superi il limite al di là del quale non vi è inerenza ai ricavi o, quanto meno, all'oggetto dell'impresa[79].

C) Le spese e gli altri componenti negativi, con l'eccezione degli interessi passivi, sono deducibili «*se e nella misura in cui si riferiscono ad attività o*

precisa componente di reddito, quanto per la correlazione con un'attività d'impresa potenzialmente idonea a produrre utili (Cass., 20 gennaio 2017, n. 1544).

[76] Cfr. Cass., 11 marzo 2011, n. 8135; Id., 7 giugno 2017, 14137.

[77] Cfr. Cass., 1° agosto 2000, n. 10062, in *Giur. it.*, 2001, 1527.

[78] Cfr. Cass., 25 febbraio 2010, n. 4554; Id., 2 aprile 2010, n. 8072; Id., ord. 10 novembre 2017, n. 26646.

[79] Cfr. Cass., 27 settembre 2000, n. 12813, in *Giur. it.*, 2001, 179; Id., 30 ottobre 2001, n. 13478; Id., 7 giugno 2017, n. 14137.

© Wolters Kluwer Italia

*beni da cui derivano ricavi o altri proventi che concorrono a formare il reddito o che non vi concorrono in quanto esclusi»* (Tuir, art. 109, comma 5).

Sono dunque deducibili i costi che si riferiscono ad attività o beni imponibili e a proventi "esclusi" da tassazione (come i dividendi)[80].

Al contrario, non sono deducibili i costi che si riferiscono esclusivamente ad attività o beni "esenti", tra cui i costi correlati alle plusvalenze "esenti".

I costi (come le spese generali) che si riferiscono indistintamente ad attività imponibili o "escluse" e ad attività "esenti" sono deducibili «*per la parte corrispondente al rapporto tra l'ammontare dei ricavi e degli altri componenti che concorrono a formare il reddito d'impresa o che non vi concorrono in quanto esclusi e l'ammontare complessivo di tutti i ricavi e proventi*»[81].

Gli interessi passivi sono deducibili a prescindere dall'inerenza, ma nei limiti quantitativi previsti dalla norma che specificamente li riguarda[82].

D) L'inerenza non è solo un requisito generale dei componenti negativi del reddito d'impresa; è, anche, la *ratio* di norme specifiche, come, ad esempio:

- la norma che limita all'80 per cento la deduzione delle quote di ammortamento del costo di acquisto e dei canoni di locazione o di noleggio di apparecchiature per i servizi di comunicazione elettronica (Tuir, art. 102, comma 9);
- la norma che limita (per le imprese e per i lavoratori autonomi) la deducibilità delle spese e degli altri componenti negativi relativi ai mezzi di trasporto (Tuir, art. 164);
- la norma (riguardante gli imprenditori individuali) che limita la deducibilità del costo dei beni ad uso promiscuo, ossia dei beni che servono

L'inerenza è richiesta anche per la deduzione dei costi nella determinazione del reddito di lavoro autonomo e, nell'Iva, per la detraibilità dell'imposta relativa agli acquisti.

Il concetto di inerenza ha subito una lunga evoluzione. In una prima fase, si ritenevano deducibili solo le spese "necessarie" alla produzione del reddito; poi anche le spese "utili"; infine, è stata ammessa la deducibilità di ogni spesa che si riferisca all'attività dell'impresa. Cfr. A. Vicini Ronchetti, *La clausola dell'inerenza nel reddito di impresa*, Milanofiori-Assago, 2016.

Sono deducibili anche i costi ed oneri "in proiezione futura", come le spese promozionali e altre da cui potranno derivare ricavi in esercizi futuri.

[80] Non sono però deducibili i costi di acquisto del diritto di usufrutto (o altro diritto analogo) relativo ad una partecipazione societaria da cui derivino dividendi "esclusi" (Tuir, art. 109, comma 8).

[81] Non vanno però computate le plusvalenze relative alle partecipazioni che beneficiano della *participation exemption*.

[82] Cfr. Cass., 3 febbraio 2010, n. 2440.

© Wolters Kluwer Italia

sia all'impresa, sia all'uso personale dell'imprenditore o dei suoi familiari (Tuir, art. 64, comma 2).

Gli «oneri di utilità sociale» sono spese non inerenti: il legislatore, tuttavia, in deroga al principio di inerenza, ne ammette (in misura limitata) la deduzione, per favorire il finanziamento di attività meritevoli di incentivazione.

## 11.2. *La remunerazione degli strumenti finanziari assimilati alle azioni.*

I titoli e gli strumenti finanziari, che comportano la partecipazione ai risultati economici della società emittente (o di un patrimonio destinato), sono assimilati alle azioni, per cui i proventi che ne derivano sono tassati come dividendi[83].

Correlativamente, non è deducibile la remunerazione di questi titoli e strumenti finanziari, «*per la quota di essa che direttamente o indirettamente comporti la partecipazione ai risultati economici della società emittente o di altre società appartenenti allo stesso gruppo o dell'affare in relazione al quale gli strumenti finanziari sono stati emessi*» (Tuir, art. 109, comma 9). Vi è dunque un evidente parallelismo fra trattamento dei proventi (assimilati ai dividendi) e indeducibilità della remunerazione (assimilata alla distribuzione di utili).

Sono deducibili le remunerazioni la cui dipendenza dai risultati economici dell'impresa riguardi unicamente l'*an*, ma non il *quantum* (si pensi, ad esempio, ai titoli con tasso di rendimento prestabilito, per i quali il pagamento degli interessi in una data misura sia subordinato all'esistenza di utili o alla effettiva distribuzione di dividendi da parte dell'emittente o di altra società del gruppo). In questi casi, la deducibilità è ammessa perché non vi è partecipazione ai risultati economici della società.

[83] I proventi degli strumenti finanziari che rappresentano titoli di partecipazione al capitale o al patrimonio della società partecipata non sono "utili" in senso proprio, ma, fiscalmente, sono assimilati ai dividendi, ai sensi dell'art. 44, comma 2, lett. *a*), del Tuir, nel caso in cui la loro remunerazione sia costituita «*totalmente dalla partecipazione ai risultati economici della società emittente o di altre società appartenenti allo stesso gruppo o dell'affare in relazione al quale gli strumenti finanziari sono stati emessi*».

© Wolters Kluwer Italia

### 11.3. *Il costo del lavoro.*

Le spese per prestazioni di lavoro sono integralmente deducibili, anche se si tratta di liberalità (Tuir, art. 95).

Taluni *fringe benefit* erogati dalla società sono deducibili nella stessa misura in cui costituiscono reddito tassabile per il dipendente (ad esempio, canoni di locazioni di immobili concessi in uso al dipendente), mentre altri (ad esempio, spese per opere o servizi che vanno a beneficio della generalità o di una determinata categoria di dipendenti, sostenute per finalità di educazione, istruzione, ricreazione, assistenza sociale o sanitaria) sono deducibili entro determinati parametri (nella specie, 5 per mille dell'ammontare complessivo delle spese di lavoro dipendente). Limiti quantitativi sono previsti anche per le spese di vitto e alloggio sostenute dal dipendente in trasferta.

I compensi spettanti agli amministratori delle società sono deducibili nell'esercizio in cui sono corrisposti, in deroga al principio di competenza, per evitare che siano dedotti importi che non saranno corrisposti; importi, cioè, dedotti come costi dalla società ma non percepiti e quindi non tassati come reddito degli amministratori.

I compensi erogati sotto forma di partecipazioni agli utili sono deducibili indipendentemente dall'imputazione al conto economico; ciò vale anche per i compensi spettanti ai promotori e ai soci fondatori e per le partecipazioni agli utili spettanti ai dipendenti e agli associati in partecipazione.

Vi è qui una deroga al principio della previa imputazione a conto economico, che trae giustificazione dal fatto che la partecipazione agli utili di un dato esercizio è calcolata dopo la determinazione dell'utile di quell'esercizio, e quindi non è inserita tra i costi del conto economico di quel periodo.

In deroga alla regola della indeducibilità, l'Irap relativa alle spese per il personale dipendente e assimilato è deducibile dal reddito d'impresa (e di lavoro autonomo)[84].

### 11.4. *Gli interessi passivi.*

A) Gli interessi passivi non sono soggetti alla regola della inerenza, ma sono previsti dei limiti alla loro deducibilità (sia, come abbiamo visto,

[84] D.l. 6 dicembre 2011, n. 201, conv. dalla L. 22 dicembre 2011, n. 214, art. 2, comma 1.

© Wolters Kluwer Italia

per gli imprenditori individuali e le società di persone, sia per i soggetti passivi dell'Ires).

La ragione di tale limitazione è quella di contrastare la sottocapitalizzazione e creare un giusto equilibrio, nel finanziamento delle società, tra mezzi propri e indebitamento, dato che la remunerazione del capitale proprio non è un costo deducibile, mentre gli interessi passivi sono deducibili. Non a caso taluni soggetti passivi dell'Ires, tra cui le banche e le assicurazioni, non sono soggetti alla disciplina fiscale degli interessi passivi[85]. Anche per le imprese minori la deducibilità degli interessi passivi non è limitata[86].

Con gli interessi passivi è deducibile il dieci per cento dell'Irap forfetariamente riferita agli interessi passivi ed oneri assimilati[87].

B) Nell'Ires, la regola di base è che gli interessi passivi e gli oneri assimilati sono deducibili in ciascun periodo di imposta fino a concorrenza degli interessi attivi e dei proventi assimilati realizzati nel medesimo periodo (Tuir, art. 96)[88].

L'eccedenza negativa (di interessi passivi rispetto agli interessi attivi) è deducibile nel limite del 30 per cento del risultato operativo lordo (ROL) della gestione caratteristica[89].

[85] Tuir, art. 96, comma 5. La limitazione non vale per soggetti caratterizzati da un sistema organizzativo e gestionale che non giustifica l'applicazione di norme sulla sottocapitalizzazione. Si tratta, in particolare, delle banche e degli altri soggetti finanziari di cui all'art. 1 del D.lgs. 27 gennaio 1992, n. 87 (ad eccezione delle società che esercitano, in via prevalente od esclusiva, l'attività di assunzione in partecipazioni in società esercenti attività diverse da quelle creditizia o finanziaria, ossia le c.d. holding industriali), delle imprese di assicurazione e delle società capogruppo di gruppi bancari e assicurativi, delle società consortili, delle società di progetto e delle società a prevalente partecipazione pubblica.

[86] Nell'art. 66, comma 3, Tuir, non vi alcun limite alla deducibilità degli interessi passivi.

[87] Si veda l'art. 6, comma 1, del D.l. 29 novembre 2008, n. 185, convertito, con modificazioni, dalla L. 28 gennaio 2009, n. 2.

[88] Tuir, art. 96. La limitazione non riguarda gli interessi passivi compresi nel costo dei beni e capitalizzabili. Sono in particolare rilevanti: «*gli interessi passivi e gli interessi attivi, nonché gli oneri e proventi assimilati, derivanti da contratti di mutuo, da contratti di locazione finanziaria, dall'emissione di obbligazioni e titoli similari e da ogni altro rapporto avente causa finanziaria, con esclusione degli interessi impliciti derivanti da debiti di natura commerciale e con inclusione, tra gli attivi, di quelli derivanti da crediti della stessa natura*» (Tuir, art. 96, comma 3).

[89] A norma dell'art. 96, comma 2, del Tuir, «*Per risultato operativo lordo si intende la differenza tra il valore e i costi della produzione di cui alle lettere A) e B) dell'articolo 2425 del codice civile, con esclusione delle voci di cui al numero 10, lettere a) e b), e dei canoni di locazione finanziaria di beni strumentali, nonché dei componenti positivi e negativi di natura straordinaria derivanti da trasferimenti di azienda o di rami di azienda, così come risultanti dal conto economico dell'esercizio; per i soggetti che redigono il bilancio in base ai princìpi*

© Wolters Kluwer Italia

La quota di interessi passivi, che supera tale misura, e che è indeducibile in un periodo di imposta, può essere dedotta nei periodi successivi, senza alcun limite di tempo, nella misura in cui tale quota sia inferiore al 30 per cento del ROL dello stesso periodo[90].

C) Nell'ambito del consolidato nazionale, l'eccedenza negativa (di interessi non deducibili) di una società può essere "usata" per ridurre il reddito complessivo del gruppo con una rettifica di consolidamento, se e nei limiti in cui le altre società consolidate presentino, per lo stesso periodo di imposta, una parte di ROL non utilizzata per dedurre i propri interessi passivi (Tuir, art. 96, comma 7).

Questa regola si applica anche alle eccedenze negative riportate in avanti, con la esclusione di quelle anteriori all'ingresso nel consolidato.

È così evitata l'indeducibilità degli interessi passivi (e oneri assimilati) per le società che presentano un ROL nullo o negativo, come, ad esempio, le *holding* industriali[91]. Tali soggetti, partecipando al consolidato, potranno "usare" il ROL delle altre società del gruppo; i reciproci rapporti economici sono poi regolati nell'ambito dei patti di consolidamento.

## **11.5.** *Gli oneri fiscali, contributivi e di utilità sociale.*

Dalla base imponibile di un'imposta sul reddito non può essere, e non è, deducibile la somma spesa per pagare l'imposta stessa, che non è un costo di produzione, ma una conseguenza del reddito prodotto. Inoltre, non sono deducibili le imposte per le quali è prevista la rivalsa, anche facoltativa (Tuir, art. 99)[92].

*contabili internazionali si assumono le voci di conto economico corrispondenti. Ai fini del calcolo del risultato operativo lordo si tiene altresì conto, in ogni caso, dei dividendi incassati relativi a partecipazioni detenute in società non residenti che risultino controllate ai sensi dell'articolo 2359, comma 1, n. 1), del codice civile».*

[90] La parte di ROL rimasta inutilizzata in un periodo di imposta può essere riportata in avanti ad incremento del ROL dei periodi di imposta successivi (Tuir, art. 96, comma 1, terzo periodo).

[91] Ciò si verifica perché i proventi tipici di tali società (dividendi, proventi finanziari, plusvalenze) sono esclusi dal calcolo del ROL; pertanto, le eccedenze di interessi passivi e oneri assimilati rispetto agli interessi attivi e proventi assimilati, ancorché illimitatamente riportabili a nuovo, non sono deducibili.

[92] Cfr. L. Del Federico, *Oneri fiscali e contributivi ed accantonamenti per imposte e tasse*, in *Imposta reddito persone fisiche. Giur. sist. dir. trib.*, diretta da F. Tesauro, cit., II, p. 721.

© Wolters Kluwer Italia

Le altre imposte, invece, sono deducibili secondo il principio di cassa, se rappresentano dei costi per la produzione del reddito. L'Irap non è deducibile (con l'eccezione dell'Irap relativa al costo del lavoro e di un importo forfetario riferito agli interessi passivi). Sono ammessi accantonamenti per il pagamento di tributi, sulla base di dichiarazioni, accertamenti e sentenze.

In tema di Iva, occorre distinguere tra imposta relativa agli acquisti, dovuta a titolo di rivalsa ai fornitori, e imposta dovuta al fisco sulle operazioni attive: la prima si detrae dall'imposta dovuta sulle vendite, e quella sulle vendite si recupera mediante rivalsa sui clienti. Secondo il suo meccanismo caratteristico, l'Iva non è un costo per l'impresa e, quindi, non è prospettabile la sua deducibilità dal reddito. Vi sono però casi in cui l'Iva sugli acquisti non è detraibile (ad esempio, perché le operazioni attive sono esenti), e casi in cui l'Iva sulle vendite non viene recuperata dai clienti: in tali casi, si profila un costo deducibile dal reddito (anche se non in base alla norma sugli oneri fiscali).

I contributi ad associazioni sindacali e di categoria sono deducibili nell'esercizio in cui sono corrisposti (ossia per cassa), ed a condizione che siano dovuti in base a formale deliberazione dell'associazione.

Il Tuir classifica come «*oneri di utilità sociale*» una serie di erogazioni liberali che, essendo rivolte alla utilità di terzi, non sono inerenti all'impresa; il legislatore però ne consente, entro ristretti limiti quantitativi, la deduzione, per favorire i destinatari di tali erogazioni (Tuir, art. 100)[93].

Rientrano tra gli oneri di utilità sociale, ad esempio, le spese a favore dei dipendenti per fini educativi, ricreativi; le erogazioni liberali a favore di enti con finalità assistenziali, di ricerca scientifica e simili; le spese sostenute per il restauro e la manutenzione di beni vincolati per il loro interesse storico o artistico.

## **11.6.** *Le minusvalenze patrimoniali.*

Le minusvalenze dei beni (strumentali e patrimoniali) relativi all'impresa sono deducibili quando sono realizzate (Tuir, art. 101).

Per realizzo si intende la cessione a titolo oneroso, o mediante risarcimento (non rileva l'assegnazione di beni ai soci o destinati a finalità estranee all'esercizio dell'impresa).

È deducibile la differenza tra i valori di realizzo e il costo fiscalmente riconosciuto (costo di acquisto al netto degli ammortamenti).

[93] Cfr. S. Gianoncelli, *Fiscalità d'impresa e utilità sociale*, Torino, 2013.

© Wolters Kluwer Italia

Le minusvalenze realizzate con la cessione di partecipazioni immobilizzate non sono deducibili se derivano da partecipazioni in regime di *participation exemption*.

Sono invece deducibili le minusvalenze realizzate, derivanti da partecipazioni immobilizzate non esenti, ma la deducibilità è limitata alla parte di minusvalenza che eccede l'importo non imponibile dei dividendi percepiti nei 36 mesi precedenti il realizzo. Ciò vale anche per le differenze negative tra ricavi e costi derivanti dalla cessione di titoli iscritti nell'attivo circolante, il cui realizzo non dà luogo a minusvalenze in senso tecnico (Tuir, art. 109, comma 3-*bis*)[94].

### **11.7.** *Le sopravvenienze passive.*

Le sopravvenienze passive, specularmente alle sopravvenienze attive (in senso stretto), sono l'effetto (Tuir, art. 101, comma 4):

– del mancato conseguimento di ricavi o altri proventi che hanno concorso a formare il reddito in precedenti esercizi;

– del sostenimento di spese, perdite od oneri a fronte di ricavi o altri proventi che hanno concorso a formare il reddito in precedenti esercizi;

– della sopravvenuta insussistenza di attività iscritte in bilancio in precedenti esercizi (purché non siano partecipazioni immobilizzate in regime di *participation exemption*)[95].

### **11.8.** *Le perdite (di beni e su crediti).*

A) Sono deducibili le perdite di beni strumentali o patrimoniali relativi all'impresa, cioè di beni che possono generare plusvalenze o minusvalenze (Tuir, art. 101, comma 5).

La perdita di un bene è da intendere in senso fisico (furto, smarrimento, incendio, ecc.) ed il relativo costo è deducibile se la perdita si verifica nello

[94] Le regole previste da tale disposizione «*si applicano con riferimento alle azioni, quote e strumenti finanziari similari alle azioni acquisite nei trentasei mesi precedenti il realizzo, sempre che soddisfino i requisiti per l'esenzione di cui alle lett. c) e d) del comma 1 dell'art. 87*» (comma 3-*ter*).

[95] Rientrano fra le sopravvenienze deducibili gli sconti e gli abbuoni concessi alla clientela in un periodo di imposta successivo a quello di contabilizzazione di ricavi derivanti dalla vendita dei bene-merce.

© Wolters Kluwer Italia

stesso esercizio in cui i beni sono stati immessi nel patrimonio aziendale; negli esercizi successivi rileva come sopravvenienza passiva.

B) Le perdite su crediti derivano dall'insolvenza del debitore, vale a dire dalla inesigibilità del credito e sono deducibili se risultano da elementi certi e precisi.

Il creditore può rendere certa e definitiva la perdita rinunciando al credito o cedendolo per un corrispettivo inferiore al valore nominale, ma, per la deducibilità fiscale, occorre dimostrarne l'inesigibilità.

In caso di cessione, vi è perdita se il prezzo di cessione è inferiore al valore fiscale del credito; la deduzione è ammessa solo se la cessione è *pro soluto* (non se è *pro solvendo*); e va inoltre dimostrata la congruità del prezzo[96].

C) Gli elementi certi e precisi sussistono in ogni caso:

a) quando il credito sia di modesta entità[97] e sia decorso un periodo di sei mesi dalla scadenza del pagamento;

b) quando il credito è prescritto;

[96] Occorre che l'atto unilaterale di rinuncia sia giustificato da un'effettiva irrecuperabilità del credito, rientrando diversamente negli atti di liberalità indeducibili a fini fiscali (Cass., 20 aprile 2016, n. 7860).

Il contribuente, anche per le cessioni "*pro soluto*", ha l'onere di allegare e documentare le ragioni che hanno consigliato l'operazione ed il conseguente recupero solo parziale del credito (Cass., 24 luglio 2014, n. 16823).

Le rinunce ai crediti, ove documentate con certezza e precisione, sono deducibili anche quando dipendano, non dall'assoluta irrecuperabilità del credito, bensì da scelte imprenditoriali inserite in una complessiva strategia aziendale rispondente a criteri di ragionevolezza ed economicità (Cass., ord. 2 maggio 2013, n. 10256).

Secondo Cass., 29 agosto 2001, n. 11329, la rinuncia al credito vantato dalla società partecipante nei confronti della società partecipata è deducibile solo se sono dimostrate le ragioni dell'inconsistenza patrimoniale del debitore e l'inopportunità delle azioni esecutive.

97 Il credito si considera di modesta entità quando ammonta ad un importo non superiore a 5.000 euro per le imprese di più rilevante dimensione di cui all'art. 27, comma 10, del D.l. 29 novembre 2008, n. 185, convertito dalla L. 28 gennaio 2009, n. 2, e non superiore a 2.500 euro per le altre imprese.

L'art. 101, comma 5-*bis*, del Tuir, prevede che, per i crediti di modesta entità e per quelli vantati nei confronti di debitori che siano assoggettati a procedure concorsuali o a procedure estere equivalenti ovvero abbiano concluso un accordo di ristrutturazione dei debiti o un piano attestato di risanamento, la deduzione della perdita su crediti è ammessa, nel periodo di imputazione in bilancio, anche quando l'imputazione avvenga in un periodo di imposta successivo a quello in cui sussistono gli elementi certi e precisi ovvero il debitore si considera assoggettato a procedura concorsuale, purché l'imputazione non avvenga in un periodo di imposta successivo a quello in cui, secondo la corretta applicazione dei principi contabili, si sarebbe dovuto procedere alla cancellazione del credito dal bilancio.

© Wolters Kluwer Italia

c) in caso di cancellazione dei crediti dal bilancio operata in applicazione dei princìpi contabili.

Le perdite su crediti sono deducibili «*in ogni caso, se il debitore è assoggettato a procedure concorsuali o ha concluso un accordo di ristrutturazione dei debiti omologato (...) o un piano attestato (...) o è assoggettato a procedure estere equivalenti, previste in Stati o territori con i quali esiste un adeguato scambio di informazioni*»[98].

D) Le perdite attribuite per trasparenza dalle società in nome collettivo e in accomandita semplice sono utilizzabili solo in abbattimento degli utili attribuiti per trasparenza nei successivi cinque periodi d'imposta dalla stessa società che le ha generate.

E) La deduzione di perdite su crediti deve essere coordinata con la disciplina degli accantonamenti per rischi su crediti (Tuir, art. 106, comma 2).

L'accantonamento al fondo rischi su crediti viene appostato in bilancio e fiscalmente dedotto (entro dati limiti) nell'esercizio in cui il credito viene reputato "in sofferenza", anticipando, in tal modo, la deduzione del costo in vista della eventuale futura perdita.

Quando, in un periodo di imposta successivo, si verificherà la perdita, si dovrà tenere conto dell'accantonamento dedotto in precedenza, per cui la perdita sarà deducibile solamente per la parte che eccede l'ammontare già dedotto.

### 11.9. *L'ammortamento dei beni materiali e le spese incrementative.*

A) Il principio di competenza economica comporta che i costi siano imputati agli esercizi nei quali si manifestano i ricavi che concorrono a produrre: perciò, i costi la cui utilità si estende a più esercizi debbono essere ripartiti (cioè ammortizzati) nei diversi esercizi in cui sono utilizzati.

L'ammortamento riguarda, in primo luogo, i costi di acquisto delle immobilizzazioni materiali (elementi patrimoniali destinati ad essere usati

CORRELAZ. COSTI / RICAVI

[98] Tuir, art. 101, comma 5, precisa che «*il debitore si considera assoggettato a procedura concorsuale dalla data della sentenza dichiarativa del fallimento o del provvedimento che ordina la liquidazione coatta amministrativa o del decreto di ammissione alla procedura di concordato preventivo o del decreto di omologazione dell'accordo di ristrutturazione o del decreto che dispone la procedura di amministrazione straordinaria delle grandi imprese in crisi o, per le procedure estere equivalenti, dalla data di ammissione ovvero, per i piani attestati, dalla data di iscrizione nel registro delle imprese*».

© Wolters Kluwer Italia

durevolmente), come, ad esempio, gli immobili strumentali, gli impianti, i macchinari, i mobili e le macchine di ufficio, le attrezzature di laboratorio, gli automezzi.

L'ammortamento fiscale dei beni materiali è ammesso per i soli beni strumentali all'esercizio dell'impresa: non è quindi consentito, ai fini fiscali, l'ammortamento dei beni non strumentali (anche se ammortizzabili in bilancio)[99].

Non sono ammortizzabili i beni non soggetti a logorio fisico o economico, per i quali non si rende necessaria, in tempi più o meno lunghi, una periodica sostituzione[100].

B) Nell'attivo dello stato patrimoniale le immobilizzazioni devono essere iscritte per un valore pari al costo storico; il *quantum* fiscalmente ammortizzabile è il costo del bene[101], determinato a norma dell'art. 110, Tuir.

Secondo il codice civile, il costo dei beni «*la cui utilizzazione è limitata nel tempo deve essere sistematicamente ammortizzato in ogni esercizio in relazione con la loro residua possibilità di utilizzazione*» (art. 2426). In sede fiscale, invece, le quote degli ammortamenti non possono eccedere i coefficienti stabiliti con decreto ministeriale[102].

I coefficienti sono fissati per categorie di beni omogenei in base al normale periodo di deperimento e consumo nei vari settori produttivi. Se, ad esempio, che un certo impianto, usato in un certo settore produttivo, può

[99] Strumentalità ed ammortizzabilità non sono concetti coincidenti, poiché un bene può essere strumentale senza essere ammortizzabile (è il caso del terreno rispetto all'opificio) e, viceversa, può essere ammortizzabile pur non essendo strumentale (è il caso dei fabbricati civili posseduti dall'impresa). Un bene è ammortizzabile se sia utilizzato nel ciclo produttivo e soddisfi quindi il requisito della strumentalità; e se si tratti di bene di uso durevole e sia ammortizzabile (Cass., 4 dicembre 2015, n. 24779).

[100] I terreni non sono ammortizzabili. Gli edifici sono ammortizzabili con aliquota molto bassa (3 per cento), al netto del costo delle aree occupate dalla costruzione e di quelle che ne costituiscono pertinenza. Dal costo totale si sottrae il costo di acquisto dell'area, se l'area è stata acquistata separatamente e poi edificata. Se invece l'area è stata acquistata già edificata, si sottrae il valore esposto in bilancio nell'anno di acquisto o, se è superiore, un valore corrispondente al 20 per cento del costo complessivo (30 per cento per i fabbricati industriali).

Non sono ammortizzabili i quadri esposti in un albergo, non essendo soggetti a logorio economico a causa del decorso del tempo (Cass.,13 ottobre 2006, n. 22021).

[101] L'art. 1, comma 33, L. 24 dicembre 2007, n. 244 (legge finanziaria per il 2008) ha soppresso: a) l'ammortamento intensivo o accelerato, dato da una aliquota proporzionalmente corrispondente al più intenso utilizzo del bene rispetto a quello normale del settore; b) l'ammortamento anticipato, che consisteva nel raddoppio dell'aliquota di ammortamento (a fini agevolativi) nel primo esercizio di entrata in funzione del bene e nei due successivi.

[102] D.m. 31 dicembre 1988 – *Coefficienti di ammortamento del costo dei beni materiali strumentali impiegati nell'esercizio di attività commerciali, arti e professioni.*

© Wolters Kluwer Italia

essere ammortizzato con aliquote non superiori al 20 per cento del costo, equivale a dire che l'ammortamento non può avere durata inferiore a cinque anni. Non sono previste aliquote minime.

Se la quota di ammortamento imputata in bilancio è superiore a quella fiscalmente ammessa, la parte eccedente dev'essere ripresa a tassazione (con una "variazione in aumento"); l'eccedenza può essere dedotta (con "variazioni in diminuzione") a partire dal primo esercizio successivo a quello in cui cessa l'ammortamento civilistico.

Se, invece, la quota di ammortamento imputata in bilancio è inferiore a quella fiscalmente ammessa, la parte non imputata in bilancio non può essere dedotta, per effetto della regola della previa imputazione, nell'esercizio in cui imputata in bilancio, l deduzione è rinviata al primo periodo di imposta successivo a quello in cui cessa l'ammortamento civilistico.

Le quote di ammortamento sono deducibili a partire dall'esercizio di entrata in funzione del bene: nel primo esercizio, la quota di ammortamento deve essere ridotta a metà (Tuir, 102, comma 2).

Per i beni materiali, il cui costo unitario è inferiore a 516,46 euro, è fiscalmente consentita la deduzione integrale delle spese di acquisizione nell'esercizio in cui sono state sostenute; è, questa, un'altra ipotesi in cui agli ammortamenti civilistici non corrispondono ammortamenti fiscali, fermo restando che, per il principio della previa imputazione, non sono ammesse deduzioni più elevate della quota stanziata in bilancio (Tuir, 102, comma 2).

C) Le spese di manutenzione, riparazione, ammodernamento e trasformazione possono essere "patrimonializzate", incrementando così il valore fiscalmente riconosciuto dei beni cui si riferiscono (Tuir, 102, comma 6). Quelle non patrimonializzate (non portate, cioè, ad incremento del costo dei cespiti) dovrebbero essere distinte in costi pluriennali, se incrementano la vita del cespite, e costi annuali, se non sono incrementativi.

Il legislatore fiscale ha semplificato la materia, forfettizzando la quota deducibile nell'esercizio in cui le spese sono sostenute (5 per cento del costo complessivo di tutti i beni materiali ammortizzabili che risultano dal libro cespiti all'inizio dell'esercizio); l'eccedenza è ammortizzabile per quote costanti nei cinque esercizi successivi. In sostanza, vi è una presunzione assoluta circa la quota delle spese incrementative.

Sono invece deducibili nell'esercizio in cui sono sostenute le spese di manutenzione "in abbonamento", ossia le spese dovute in base a contratti di manutenzione; i costi dei beni cui si riferisce la manutenzione "in

© Wolters Kluwer Italia

abbonamento" non devono essere computati in sede di calcolo del limite percentuale di deduzione ordinaria delle spese di manutenzione.

D) Alle imprese che, al termine di una concessione amministrativa, devono devolvere gratuitamente alla pubblica amministrazione i beni costruiti e gestiti in concessione, è consentita, in via alternativa, la procedura di ammortamento finanziario (Tuir, art. 104).

Tale forma di ammortamento ha per oggetto il capitale investito per la costruzione o l'acquisto di beni che, alla scadenza del rapporto di concessione, devono essere gratuitamente devoluti all'ente pubblico (ad esempio, un'autostrada, un impianto sportivo, uno stabilimento balneare, ecc.).

L'ammortamento finanziario è effettuato mediante deduzione fiscale di quote costanti nel tempo, salvi i casi di mutamento della durata della concessione o di modifica del costo dei beni (a seguito, ad esempio, di nuovi investimenti, o di ristrutturazioni, per cui sono incrementate le quote di ammortamento deducibili).

## 11.10. *L'ammortamento dei beni immateriali.*

Tra le immobilizzazioni immateriali (Tuir, art. 103) rientrano i diritti di utilizzazione di opere dell'ingegno, brevetti industriali, processi, formule e informazioni relativi ad esperienze acquisite in campo industriale, commerciale o scientifico, il cui costo è annualmente deducibile fino al 50 per cento (la durata minima è dunque di 2 anni).

I diritti di concessione di durata limitata, le cui quote di ammortamento possono essere dedotte in misura rapportata alla durata del diritto di utilizzo.

Per i marchi d'impresa, la quota massima di costo deducibile è pari ad un diciottesimo (5,56 per cento annuo) del costo d'acquisto.

Anche l'avviamento, quando sia stato sostenuto un costo di acquisto, è ammortizzabile; ed è ammortizzabile, come i marchi, in 18 anni.

## 11.11. *Le spese relative a più esercizi.*

Le spese relative a più esercizi sono deducibili nel limite della quota imputabile a ciascun esercizio, in base al principio di competenza (Tuir, art. 108, comma 1).

© Wolters Kluwer Italia

Le spese di rappresentanza[103] sono le spese sostenute per promuovere il nome e l'immagine dell'impresa, per cui influenzano le vendite in via indiretta e «*sono deducibili nel periodo d'imposta di sostenimento se rispondenti ai requisiti di inerenza stabiliti con decreto del Ministro dell'economia e delle finanze, anche in funzione della natura e della destinazione delle stesse*»[104].

Inoltre, le spese di rappresentanza deducibili «*sono commisurate all'ammontare dei ricavi e proventi della gestione caratteristica dell'impresa risultanti dalla dichiarazione dei redditi relativa allo stesso periodo in misura pari: a) all'1,5 per cento dei ricavi e altri proventi fino a euro 10 milioni; b) allo 0,6 per cento dei ricavi e altri proventi per la parte eccedente euro 10 milioni e fino a 50 milioni; c) allo 0,4 per cento dei ricavi e altri proventi per la parte eccedente euro 50 milioni*» (Tuir, art. 108, comma 2).

### **11.12.** *Gli accantonamenti.*

La disciplina del bilancio impone l'iscrizione dei costi anche soltanto probabili: è questa la ragion d'essere dei fondi-rischio, destinati a far fronte a costi o spese che potranno manifestarsi in esercizi futuri, ma di cui sia incerto l'*an* o il *quantum*. I fondi-rischio, in generale, non sono deducibili, perché non presentano i requisiti di certezza e definitività richiesti dalle norme fiscali.

Vi sono però dei casi in cui, eccezionalmente, i fondi-rischio sono fiscalmente deducibili (Tuir, art. 107, comma 4).

Un fondo-rischio, il cui accantonamento è deducibile, è quello relativo alla svalutazione dei crediti. È data facoltà di dedurre annualmente, a titolo di accantonamento contro tali rischi, un importo pari allo 0,50 per cento del valore nominale o di acquisizione dei crediti, fino ad un massimo del 5 per cento (la deduzione, quindi, non è più ammessa quando il fondo rischi è pari al 5 per cento dei crediti risultanti dal bilancio). Come già detto, quando si verificheranno perdite, la deduzione sarà possibile solo per la parte che supera l'accantonamento già dedotto.

[103] Costituiscono spese di rappresentanza i costi sostenuti per accrescere il prestigio e l'immagine della società e per potenziarne le possibilità di sviluppo, senza dar luogo ad un'aspettativa d'incremento delle vendite, mentre sono spese di pubblicità o propaganda quelle erogate per la realizzazione di iniziative tendenti, prevalentemente anche se non esclusivamente, alla pubblicizzazione di prodotti, marchi e servizi, o comunque al fine diretto di incrementare le vendite (Cass., 7 agosto 2015, n. 16596).

[104] Sono comunque deducibili le spese relative a beni distribuiti gratuitamente di valore unitario non superiore a 50 euro.

© Wolters Kluwer Italia

Altri accantonamenti, di cui è ammessa la deduzione, sono quelli al fondo delle spese per lavori ciclici di manutenzione e revisione di navi ed aeromobili; quelli delle società concessionarie per spese di ripristino o di sostituzione dei beni gratuitamente devolvibili, e quelli per oneri derivanti da operazioni e concorsi a premio (Tuir, art. 107).

Gli accantonamenti ai fondi per le indennità di fine rapporto e ai fondi di previdenza del personale dipendente, istituiti per ogni singolo dipendente ai sensi dell'art. 2117 c.c., sono deducibili nei limiti delle quote maturate nell'esercizio (Tuir, art. 106): non si tratta, in questo caso, di fondi-rischio in senso proprio, perché riflettono un debito certo, maturato nell'esercizio, che potrà eventualmente aumentare in futuro, ma che, nella misura maturata, è certo nell'*an* e nel *quantum.*

È bene precisare che, se e nella misura in cui un fondo è stato dedotto, non potranno essere dedotti i costi e le spese, quando saranno effettivamente sostenuti.

Invece, i fondi non dedotti (c.d. fondi tassati), non incidono sulla deduzione dei costi e delle spese, quando saranno sostenuti.

## 12. *I principi contabili internazionali (IAS/ IFRS) e nazionali (OIC) e il principio di derivazione rafforzata.*

A) Le società quotate, le banche, le assicurazioni, le società con strumenti finanziari diffusi presso il pubblico e gli intermediari finanziari devono redigere il bilancio di esercizio (e il bilancio consolidato) in base ai principi contabili internazionali[105], che sono stati recepiti dalla normativa comunitaria e da quella italiana[106].

[105] I principi contabili internazionali (IAS, acronimo di *International Accounting Standards,*), sono stati emanati da un gruppo di professionisti contabili (*International Accounting Standards Committee* (acronimo *IASC*) dal 1973 al 2001. Lo IASC è una fondazione privata di diritto statunitense (*IASC foundation*), al cui interno l'organo incaricato di emanare i principi contabili è denominato IASB (acronimo di *International Accounting Standards Board*) e i principi redatti da questo comitato sono denominati IFRS (acronimo di *International Financial Reporting Standards*). Poiché tali principi coesistono con i precedenti IAS, ci si riferisce spesso ai principi internazionali con il termine IAS/IFRS.

Il Regolamento (CE) n. 1606/02 del 19 luglio 2002, ha previsto che le società quotate nei mercati regolamentati europei debbano redigere i bilanci consolidati (dal 1° gennaio 2005) applicando i principi contabili internazionali, emanati dall'*International Accounting Standards Board* (IASB).

L'art. 3 del Regolamento prevede una procedura (c.d. procedura di comitatologia), attraverso la quale i principi contabili internazionali assumono valore di norme comunitarie regolamentari e sono, quindi, direttamente applicabili negli Stati membri.

[106] L'art. 25 della L. 31 ottobre 2003, n. 306, ha delegato il Governo ad introdurre nell'ordinamento italiano i principi contabili internazionali.

© Wolters Kluwer Italia

Il D.M. 1° aprile 2009, n. 48 (primo decreto IAS) e il D.M. 8 giugno 2011 (secondo decreto IAS) recano le norme che devono essere applicate dai soggetti IAS *adopter*.

B) Per i soggetti che redigono il bilancio in base ai principi contabili internazionali (soggetti IAS *adopter*) vige il principio di derivazione "rafforzato" (del reddito fiscale dal risultato del conto economico): per tali soggetti si applicano, anche in deroga alle disposizioni del Tuir, «*i criteri di qualificazione, imputazione temporale e classificazione in bilancio previsti dai rispettivi princìpi contabili*» (art. 83, comma 1, Tuir)[107].

Il principio di derivazione rafforzato, a norma dell'art. 83, comma 1-*bis*, del Tuir[108], si applica anche alle società che redigono il bilancio a norma del codice civile (anche in forza abbreviata) e dei principi contabili emanati dall'Organismo Italiano di Contabilità (OIC)[109].

Con il D.lgs. 19 dicembre 2003, n. 394, è stata recepita la Direttiva 2001/65/Ce del 27 settembre 2001, in materia di valutazione dei conti annuali e consolidati di alcuni tipi di società, nonché di banche e di altre istituzioni finanziarie.

Il D.lgs. 28 febbraio 2005, n. 38:

– ha previsto l'obbligo o la facoltà di applicare i principi contabili internazionali per talune tipologie societarie (società quotate, società con strumenti finanziari diffusi, banche e intermediari finanziari e imprese di assicurazione) a partire dal 1° gennaio 2005;

– ha modificato alcune norme del Tuir, dettando disposizioni relative ai riflessi fiscali degli IAS.

[107] La L. 24 dicembre 2007, n. 244 (legge finanziaria per il 2008) ha introdotto il principio di derivazione rafforzata, modificando l'art. 83 del Tuir. Cfr. M. Grandinetti, *Il principio di derivazione nell'Ires*, Padova, 2016, p. 167 ss.

Sono seguiti due regolamenti attuativi:

– il D.m. 1° aprile 2009, n. 48 (Regolamento recante: «*Disposizioni di attuazione e di coordinamento delle norme contenute nei commi 58 e 59 dell'articolo 1 della legge 24 dicembre 2007, n. 244 in materia di determinazione del reddito dei soggetti tenuti alla adozione dei princìpi contabili internazionali*»);

– il D.m. 8 giugno 2011, che disciplina il coordinamento tra i principi contabili internazionali previsti dal Regolamento (CE) n. 1606/2002 e le regole di determinazione della base imponibile Ires e Irap.

L'art. 2, comma 26, D.l. 29 dicembre 2010, n. 225, conv. dalla L. 26 febbraio 2011, n. 10, e l'art. 13-*bis*, comma 10, D.l. 30 dicembre 2016, n. 244, conv. dalla L. 27 febbraio 2017, n. 19, hanno modificato l'art. 4 del D.lgs. 28 febbraio 2005, n. 38, prevedendo una procedura di recepimento degli IAS e dei relativi effetti fiscali mediante decreti ministeriali.

Il D.m. 3 agosto 2017, attuando l'art. 13-*bis*, reca le regole di applicazione della derivazione rafforzata per i soggetti OIC *adopter*.

[108] Il D.l. 30 dicembre 2016, n. 244, conv. dalla L. 27 febbraio 2017, n. 19, ha modificato l'art. 83 del Tuir, estendendo il principio di derivazione rafforzato ai soggetti ITA GAAP.

[109] L'OIC è una fondazione, costituita il 27 novembre 2001.

© Wolters Kluwer Italia

Queste società devono applicare le norme contenute nei due decreti ministeriali IAS (del 2009 e 2011), ma solo in quanto compatibili[110].

Il D.m. 3 agosto 2017[111], con cui sono stati modificati ed integrati i due decreti IAS (del 2009 e del 2011), al fine di renderli applicabili ai soggetti OIC, individua le disposizioni che si applicano anche ai soggetti OIC (diversi dalle micro-imprese)[112].

C) Principio fondamentale del bilancio redatto secondo gli IAS è il principio di prevalenza della sostanza sulla forma[113].

In applicazione di tale principio, vi sono attività e passività finanziarie che devono essere iscritte in bilancio adottando il criterio di valutazione del *fair value* (valore equo), coincidente di solito con il valore di mercato o valore corrente.

Il criterio del *fair value* sostituisce il tradizionale criterio contabile di valutazione in base al costo, per cui una parte significativa degli elementi patrimoniali sono rappresentati in base al loro valore corrente.

[110] D.m. 1° aprile 2009, n. 48 (primo decreto IAS) e D.m. 8 giugno 2011 (secondo decreto IAS), emanati in attuazione dell'art. 1, comma 60, della L. 24 dicembre 2007, n. 244, e dell'art. 4, comma 7-*quater*, del D.lgs. 28 febbraio 2005, n. 38.

[111] Il D.M. 3 agosto 2017 è composto da 3 articoli:
- il primo contiene modifiche al D.M. 8 giugno 2011;
- il secondo individua le disposizioni dei due decreti IAS (D.M. n. 48/2009 e D.M. 8 giugno 2011) che sono applicabili ai soggetti OIC *adopter*, diversi dalle micro-imprese;

[112] In particolare:
- all'art. 2 è sancito che, per i componenti fiscalmente rilevanti, imputati direttamente a patrimonio e al prospetto degli altri componenti di conto economico complessivo, per i quali non è prevista comunque l'imputazione a conto economico, la rilevanza fiscale è determinata dalle disposizioni applicabili ai componenti aventi la stessa natura e imputati a conto economico e tale rilevanza si applica anche ai fini Irap;
- all'art. 5 è previsto che, nell'ipotesi di mancato esercizio di diritti connessi a strumenti finanziari rappresentativi di capitale, le riserve iscritte in bilancio a fronte delle relative assegnazioni concorrono alla formazione del reddito imponibile nella misura in cui le predette assegnazioni hanno generato componenti negativi che hanno assunto rilievo fiscale.

Il decreto precisa che, anche per il detentore di tali diritti, è ammesso in deduzione l'importo corrispondente ai maggiori interessi attivi contabilizzati e assoggettati a tassazione. Inoltre si prevede che se le operazioni di finanziamento sono effettuate tra soggetti tra i quali sussiste il rapporto di controllo, assumono rilevanza fiscale esclusivamente i componenti positivi e negativi imputati a conto economico che possono desumersi dal contratto di finanziamento e se siano stati rilevati nello Stato Patrimoniale componenti derivanti dal processo di attualizzazione a tassi di mercato previsto dal criterio del costo ammortizzato.

[113] Per l'analisi in generale delle questioni tributarie derivanti dall'adozione degli IAS, cfr. I. Vacca, *Gli IAS/IFR e il principio della prevalenza della sostanza sulla forma: effetti sul bilancio e sul principio di derivazione nella determinazione del reddito d'impresa*, in *Riv. dir. trib.*, 2006, I, 757; G. Zizzo, *I principi contabili internazionali*, in *Imposta sul reddito delle società (IRES)*, cit., 725; A. Contrino, *Aspetti tributari dei crediti d'impresa contabilizzati secondo gli Ias/Ifrs: prime riflessioni sistematiche*, in *Dir. prat. trib.*, 2011, I, 779.

© Wolters Kluwer Italia

D) Vi sono elementi patrimoniali valutati secondo gli IAS, il cui trattamento non si discosta sostanzialmente da quello previsto dal codice civile (ad esempio, le immobilizzazioni materiali; le partecipazioni costituenti immobilizzazioni finanziarie; fondi per rischi ed oneri).

In materia di spese pluriennali, gli IAS stabiliscono che sono iscrivibili tra le immobilizzazioni immateriali solo le spese di sviluppo. Le immobilizzazioni immateriali devono essere rilevate inizialmente al costo. In seguito, la valutazione potrà essere effettuata in base al valore corrente, verificando annualmente il valore con l'*impairment test*[114].

L'avviamento è ammortizzato in base alla stima del periodo nel quale si prevede che l'impresa percepirà benefici economici futuri; se tale periodo eccede i venti anni, l'avviamento deve essere sottoposto in ogni esercizio all'*impairment test* e la perdita di valore (*impairment loss*) deve essere rilevata nel conto economico.

Gli strumenti finanziari devono essere inizialmente valutati al costo; in seguito, devono essere valutati al costo o al *fair value*.

Le rimanenze devono essere iscritte in bilancio al minore tra il costo storico e il valore netto realizzabile. Nella valutazione dei beni fungibili non è più ammesso il LIFO, ma il FIFO e il costo medio ponderato.

### 12.1. *La determinazione del reddito delle società IAS* adopter *e OIC* adopter.

A) Per i soggetti IAS, come detto, hanno rilevanza fiscale «*i criteri di qualificazione, imputazione temporale e classificazione in bilancio previsti dai rispettivi princìpi contabili*» (Tuir, art. 83, comma 1).

Tali concetti sono definiti dall'Agenzia delle entrate nel seguente modo[115]:

Qualificare significa individuare:

– lo schema giuridico-contrattuale cui ricondurre la specifica operazione in base alla rappresentazione in bilancio (ad esempio, acquisto con pagamento differito);

[114] L'*impairment test* verifica che le attività siano iscritte in bilancio a un valore non superiore a quello recuperabile, considerando sia l'utilizzo dell'attività sia la sua vendita. Nel caso in cui si rilevi un'eccedenza del valore di bilancio rispetto a quello recuperabile occorre rilevare in conto economico la riduzione di valore (*impairment*). Il processo di *impairment* è disciplinato dallo IAS 36 «Riduzione durevole di valore delle attività».

[115] Circ. 28 febbraio 2011, n. 7.

© Wolters Kluwer Italia

– se l'operazione genera flussi reddituali o patrimoniali (ad esempio, acquisto e vendita di azioni proprie);

– se l'operazione non sia rappresentata nel bilancio IAS (ora anche OIC *adopter*), ma possa considerarsi fiscalmente realizzata o meno sotto il profilo giuridico-formale (ad esempio, vendita con assunzione di garanzia significativa).

Classificare significa individuare:

– la specifica tipologia o classe di provento/onere (Conto economico) di ciascuna operazione, come qualificata nella rappresentazione IAS (ora anche OIC *adopter*) (ad esempio, fondi di ripristino e bonifica);

– la specifica tipologia o classe di attivo/passivo (Stato Patrimoniale) di ciascuna operazione, come qualificata nella rappresentazione IAS (ora anche OIC *adopter*) (ad esempio, classificazione di attività e strumenti finanziari).

Imputare sotto il profilo temporale significa individuare:

– la maturazione economica che potrebbe essere diversa da quella giuridico-formale (ad esempio, ricavi di attivazione);

– il periodo d'imposta in cui i componenti reddituali fiscalmente rilevanti concorrono a formare la base imponibile (oneri relativi a più esercizi di cui all'art. 108, comma 3, del Tuir).

B) Indichiamo ora le principali norme dei decreti IAS del 2009 e del 2011, che, in base a quanto disposto dal D.m. 3 agosto 2017, si applicano in generale a tutti i soggetti per i quali vale il principio di derivazione rafforzata.

Vige in materia il fondamentale principio di prevalenza della sostanza sulla forma; in forza di tale principio, in tema di competenza, vale ai fini fiscali il periodo in cui un componente reddituale deve essere iscritto in bilancio secondo i princìpi contabili[116], che, essendo basati sui profili sostanziali, prevalgono sui criteri fiscali, che sono invece basati su profili giuridico-formali.

Non si applicano, quindi, le norme fiscali sulla competenza, racchiuse nei commi 1 e 2 dell'art. 109 del Tuir[117].

Non si applica, quindi, la norma che prevede i requisiti di certezza nell'esistenza e di determinabilità oggettiva dell'ammontare (comma 1) e non si applicano le regole che individuano il momento di imputazione temporale dei ricavi e dei costi derivanti da operazioni tipiche (comma 2): cessioni di beni e prestazioni di servizi.

[116] D.m. 1° aprile 2009, n. 48, art. 2, comma 1.
[117] D.m. 1° aprile 2009, n. 48, art. 2, comma 1.

© Wolters Kluwer Italia

C) Non è ammesso che i criteri contabili possano generare doppie deduzioni o doppie imposizioni in capo al medesimo contribuente [118].

D) Si applicano anche ai soggetti IAS:
– le regole del Tuir che fissano limiti quantitativi alla deduzione di componenti negativi, o la loro esclusione, o ne dispongono la ripartizione in più periodi d'imposta;
– le regole del Tuir che prevedono la tassazione o deduzione per cassa [119].

E) Per i soggetti IAS si considerano imputati a conto economico i componenti imputati direttamente a patrimonio per effetto dei principi contabili (Tuir, art. 109, comma 4) [120].

È il caso, ad esempio, della vendita di azioni proprie, la cui contabilizzazione comporta una riduzione del patrimonio netto (non vale, perciò, nei casi di incremento di una voce dell'attivo patrimoniale).

Vi sono dunque dei componenti negativi di reddito (ad esempio, ammortamento dell'avviamento e dei marchi, spese ad utilità pluriennale) deducibili anche se non imputati a conto economico, quando sono realizzati da soggetti IAS [121].

L'ammortamento dei marchi e dell'avviamento è consentito alle stesse condizioni e con gli stessi limiti annuali previsti per la generalità delle imprese, ma a prescindere dalla imputazione a conto economico delle relative voci di costo (Tuir, art. 103, comma 3-*bis*).

F) Gli immobili dei soggetti IAS si considerano strumentali solo se presentano i requisiti di cui all'art. 43 del Tuir [122].

G) Altre previsioni del D.m. 8 giugno 2011, che si applicano a tutti i soggetti IAS, concernono gli strumenti finanziari (art. 5), le operazioni di copertura (art. 7) e gli accantonamenti (art. 9).

[118] D.m. 1° aprile 2009, n. 48, art. 3, commi 1, 3, 4, e 2, primo periodo.

[119] D.m. 1° aprile 2009, art. 2, comma 2.

[120] Vedi D.m. 8 giugno 2011, art. 2, comma 2, secondo cui i componenti imputati direttamente a patrimonio netto rilevano ai fini Irap nello stesso modo di quelli iscritti a conto economico ed aventi la medesima natura.

[121] Tuir, art. 102, comma 3-*bis*, e art. 108, comma 3.

[122] D.m. 8 giugno 2001, art. 3.

© Wolters Kluwer Italia

# SEZIONE III
# I GRUPPI



## 13. *La fiscalità dei gruppi.*

Dal 2004 sono stati introdotti due sistemi opzionali di tassazione dei gruppi[123]: il consolidato e il regime di trasparenza (in alternativa alla tassazione ordinaria di ciascuna singola società).

Il diritto fiscale prende in considerazione i gruppi di società per molteplici fini, adottando, volta per volta, un'apposita definizione del rapporto di controllo. Non esiste una nozione giuridica di gruppo, con validità generale, né in ambito civilistico, né in sede fiscale[124].

L'art. 2359 c.c. definisce come società controllata:

1) la società in cui un'altra società dispone della maggioranza dei voti esercitabili nell'assemblea ordinaria (controllo interno di diritto);

2) la società in cui un'altra società dispone di voti sufficienti per esercitare un'influenza dominante nell'assemblea ordinaria (controllo interno di fatto);

[123] Prima della riforma entrata in vigore nel 2004, una sorta di consolidamento tra utili e perdite di società appartenenti allo stesso gruppo era costituita dalla facoltà (dei soci) di svalutare le partecipazioni a fronte delle perdite della società partecipata. Le perdite avevano così (indirettamente) rilievo nel patrimonio della partecipante.

In secondo luogo, era una forma di consolidamento anche il regime di tassazione dei dividendi imperniato sul credito d'imposta. Con tale sistema, l'imposta assolta dalla società partecipata, che distribuiva dividendi, generava un credito d'imposta per il socio, che compensava tale credito con l'imposta dovuta sul suo reddito. Il socio in perdita poteva chiedere il rimborso del credito d'imposta che gli era stato attribuito con i dividendi. In tal modo, in definitiva, il socio in perdita recuperava le imposte assolte dalla partecipata, realizzando così una forma di consolidamento tra perdite e utili del gruppo.

La riforma, introducendo la *participation exemption*, ha eliminato sia la facoltà di svalutare le partecipazioni, sia il credito d'imposta.

[124] Il legislatore fiscale richiama l'art. 2359 c.c. e adotta una nozione ampia di gruppo al fine di delimitare l'ambito di applicazione delle norme antielusive (come la CFC *rule*, il *transfer price*, ecc.); adotta, invece, nozioni ristrette in altre norme (ad esempio, ai fini della non applicazione o del rimborso delle ritenute, effettuate a società figlie di altri Stati dell'UE).

© Wolters Kluwer Italia

3) quella che è sotto l'influenza dominante di un'altra società in virtù di particolari vincoli contrattuali (controllo esterno di fatto).

Ai fini del consolidato fiscale, viene richiamato solo il «*controllo interno di diritto*», con ulteriori requisiti (in tema di partecipazione al capitale e gli utili), e con l'applicazione del "demoltiplicatore".

Ai gruppi è dato rilievo, sotto il profilo finanziario, dalla norma che consente il trasferimento, nell'ambito dei gruppi di società, dei diritti al rimborso delle eccedenze di quanto versato rispetto al dovuto [125]. Ad esempio, una società che chiuda l'esercizio in perdita ed abbia versato degli acconti, dei quali può chiedere il rimborso, può trasferire il diritto al rimborso ad una società in utile del medesimo gruppo, che può compensare il diritto al rimborso con il proprio debito d'imposta.

## 13.1. *I prezzi di trasferimento (*transfer price*).*

A) L'art. 110, comma 7, del Tuir prevede che l'Amministrazione finanziaria può rettificare i componenti di reddito derivanti da operazioni intercorse tra una impresa italiana ed una impresa estera, facenti parte di un medesimo gruppo [126], quando i prezzi non corrispondano al «*valore normale*», con l'effetto di trasferire utili da imprese italiane ad imprese residenti all'estero [127].

La rettifica del *transfer price* può essere la conseguenza di una pratica elusiva, con cui gli utili sono spostati negli Stati con fiscalità più conveniente.

Inoltre, la rettifica può non essere la conseguenza di un comportamento elusivo, ma la ripresa a tassazione, in Italia, di utili che sarebbero stati conseguiti se le due imprese, essendo in condizione di indipendenza, avessero praticato i prezzi di mercato.

[125] D.P.R. 29 settembre 1973, n. 602, art. 43-*ter*. Agli effetti dell'art. 43-*ter*, il gruppo è formato dalle società di cui la controllante possiede una partecipazione superiore al 50 per cento del capitale, fin dall'inizio del periodo di imposta precedente a quello cui si riferiscono i crediti di imposta ceduti. Le disposizioni sulla cessione delle eccedenze si applicano, in ogni caso, alle società tenute alla redazione del bilancio consolidato e alle società soggette all'Ires, incluse nel consolidamento col metodo integrale.

[126] La norma sui prezzi di trasferimento non si applica ai rapporti tra imprese residenti. L'art. 5, comma 2, del D.lgs. 14 settembre 2015, n. 147, prevede che l'art. 110, comma 2, del Tuir, «*si interpreta nel senso che la disciplina ivi prevista non si applica per le operazioni tra imprese residenti o localizzate nel territorio dello Stato*».

[127] Sulla funzione antielusiva, cfr. Cass., 13 ottobre 2006, n. 22023; Id., 16 maggio 2007, n. 11226; Id., 24 luglio 2015, n. 15642. Da ciò è desunto l'onere, per l'ufficio, di dimostrare che il contribuente residente abbia concretamente ottenuto vantaggi fiscali, come effetto del maggior livello di tassazione in Italia rispetto al Paese estero.

© Wolters Kluwer Italia

Ecco perché l'art. 9 del Modello Ocse di convenzione internazionale, regolando i rapporti tra le potestà impositive degli Stati di residenza di più imprese, prevede che ciascuno dei due Stati possa tassare gli utili che sono stati realizzati praticando prezzi diversi da quelli che sarebbero convenuti tra imprese indipendenti.

La norma del Tuir si applica ai rapporti:

a) tra imprese italiane e società non residenti che controllano direttamente o indirettamente l'impresa italiana, o ne sono controllate;

b) tra imprese italiane e società estere, quando i due soggetti dell'operazione siano entrambi controllati da una medesima società;

c) tra società non residenti e imprese italiane, quando queste ultime svolgono per le prime attività di commercializzazione dei prodotti.

B) La norma sui prezzi di trasferimento opera quando un'impresa italiana cede dei beni, o presta servizi, ad una impresa estera dello stesso gruppo, ed applica prezzi inferiori al valore normale, comprimendo così i propri utili a favore della consociata.

Inoltre, la norma opera quando un'impresa italiana acquista beni o servizi da una consociata estera, ad un prezzo superiore a quello normale.

Per arginare la manipolazione dei prezzi, ai fini fiscali si tiene conto, in luogo dei prezzi pattuiti, dei valori di mercato. Perciò hanno rilievo i prezzi corrispondenti al valore normale, in luogo di quelli pattuiti, se ne deriva un aumento del reddito per l'impresa italiana [128].

L'impresa italiana che non ha praticato prezzi conformi al valore normale deve operare delle rettifiche in aumento nella dichiarazione dei redditi.

Se la rettifica non è fatta dall'impresa, in sede di dichiarazione, l'Amministrazione finanziaria può rettificare in aumento i corrispettivi inferiori al valore normale, o rettificare in diminuzione i costi superiori al valore normale.

C) Per valore normale si intende «*il prezzo o corrispettivo mediamente praticato per i beni e i servizi della stessa specie o similari, in condizioni di libera concorrenza e al medesimo stadio di commercializzazione, nel tempo e nel luogo in cui i servizi sono stati acquistati o prestati, e, in mancanza, nel tempo e nel luogo più prossimi*» (Tuir, art. 9) [129].

[128] Cass., 19 ottobre 2012, n. 17953; Id., 13 luglio 2012, n. 11949. Cfr. S. CIPOLLINA, *Il «valore normale» nel* transfer pricing*: mercato rilevante e metodo del «confronto del prezzo*, in *Riv. dir. fin.*, 2013, II, 103.

[129] Cfr. Cass., 31 marzo 2011, n. 7343.

© Wolters Kluwer Italia

Il valore normale è dunque il prezzo di libera concorrenza. In altri termini, va seguito il criterio – consigliato da un rapporto dell'Ocse del 1979 – del prezzo che sarebbe pattuito per operazioni simili da imprese indipendenti (principio del *dealing at arm's length*).

Le *Transfer Pricing Guidelines for Multinational Enterprises and Tax Administrations* dell'Ocse ("le linee guida") identificano tre metodi per la determinazione del valore normale di una transazione tra parti correlate.

*(i) Metodo del confronto del prezzo (Metodo CUP)*

Il metodo CUP mette semplicemente a confronto il prezzo in una transazione con una parte correlata con il prezzo in una transazione equiparabile intervenuta, però, con una controparte indipendente. Se esiste una differenza, allora la relazione commerciale e finanziaria tra le parti correlate potrebbe non essere conforme al principio del valore normale (o principio dell'*arm's length*) ed in tal caso il prezzo può essere sostituito con il prezzo riscontrato nella transazione indipendente.

In presenza di transazioni con parti indipendenti equiparabili, il metodo CUP è molto affidabile e costituisce il metodo preferito, secondo la prassi internazionale, di applicazione del principio del valore normale.

*(ii) Metodo del prezzo di rivendita (Metodo RPM)*

Il metodo RPM valuta il valore normale di una transazione con una parte correlata facendo riferimento al margine lordo realizzato in transazioni con parti indipendenti equiparabili. Il prezzo al valore normale viene determinato sottraendo il profitto lordo dal prezzo di rivendita applicabile. In genere si utilizza il metodo del prezzo di rivendita in situazioni di distribuzione che implicano l'acquisto e la rivendita di una proprietà tangibile. Normalmente il distributore non aggiunge valore sostanziale alle merci, né fisicamente né mediante l'uso di una proprietà intangibile, modificandole prima della rivendita.

*(iii) Metodo del costo maggiorato (CPLM)*

Il metodo del costo maggiorato valuta il valore normale di una transazione con una parte correlata facendo riferimento al ricarico realizzato in transazioni equiparabili tra parti indipendenti. Il prezzo al valore normale per il trasferimento controllato è rappresentato dai costi di produzione della parte collegata, relativi a merci o alla fornitura di servizi implicati nella transazione, più un importo pari a quei costi moltiplicati per il ricarico dell'utile appropriato. Il metodo del costo maggiorato è comunemente utilizzato come metodo per la determinazione dei prezzi al valore normale per la fabbricazione, assemblaggio o altre attività relative alla produzione di merci che sono vendute alle parti correlate.

© Wolters Kluwer Italia

D) Non si applicano sanzioni al contribuente che, nel corso dell'accesso, ispezione o verifica o di altra attività istruttoria, consegni all'Amministrazione finanziaria documentazione idonea a consentirle il riscontro della conformità dei prezzi praticati al valore normale [130].

## 14. *Il regime di trasparenza. Aspetti generali.*

L'essenza del regime di trasparenza consiste nella imputazione ai soci dei redditi della società. La società partecipata non è tassata, perché il suo risultato fiscale (reddito o perdita) è imputato ai soci. I redditi prodotti dalla società "trasparente" non sono tassati come redditi della società, ma come redditi dei soci; lo stesso criterio vale per le perdite, che sono utilizzabili per compensare i redditi del socio. La trasparenza è dunque un regime che elimina la doppia imposizione dei redditi societari e consente l'utilizzo immediato delle perdite.

Sono previsti due regimi di trasparenza: a) uno "ordinario", riguardante le società di capitali, che hanno come soci altre società di capitali; b) un regime "speciale", riguardante le "piccole" società a responsabilità limitata, i cui soci sono soltanto persone fisiche, in numero limitato [131].

In ambito Ires, il regime di trasparenza è applicato solo per effetto di opzione; per le società di persone, invece, la trasparenza è imposta dalla legge.

### 14.1. *L'opzione per la trasparenza.*

A) L'opzione per la trasparenza può essere esercitata dalle società di capitali delle quali siano socie altre società di capitali. Sia la società partecipata (trasparente), sia le partecipanti, dunque, devono essere società di capitali [132]. L'opzione deve essere espressa sia dalla società partecipata, sia

[130] L'art. 26 del D.L. 31 maggio 2010, n. 78, ha inserito, nell'art. 1 del D.lgs. 18 dicembre 1997, n. 471, il comma 2-*ter*.

[131] Cfr. L. Salvini, *La tassazione per trasparenza*, in *Rass. trib.*, 2003, I, 1504; E. Marello, *Il regime di trasparenza*, in *Imposta sul reddito delle società (IRES)*, cit., p. 517.

[132] L'art. 115 del Tuir prevede che l'opzione può essere esercitata soltanto dai soggetti di cui all'art. 73, comma 1, lett. *a*), a cui partecipino esclusivamente soggetti di cui allo stesso art. 73, comma 1, lett. *a*). Possono dunque optare per la trasparenza soltanto le società per azioni, in accomandita per azioni, a responsabilità limitata, le cooperative e le società di mutua assicurazione, le società e le cooperative europee. Ne deriva che i consorzi possono

© Wolters Kluwer Italia

da tutti i soci (*all in, all out*), ha effetto per tre esercizi sociali della società partecipata e non può essere revocata[133]. La previsione di un periodo minimo di applicazione del regime rispecchia l'analoga norma prevista per il consolidato nazionale.

I soci devono avere una partecipazione non inferiore al 10 per cento e non superiore al 50 per cento. La percentuale riguarda sia i diritti di voto, esercitabili nell'assemblea generale di cui all'art. 2346 c.c., sia il diritto agli utili[134]. Un socio che ha una partecipazione superiore al 50 per cento (e che, quindi, controlla la partecipata), non può adottare il regime di trasparenza, ma il consolidato[135]. La previsione di una doppia soglia è dovuta al fatto che vi sono categorie di azioni alle quali possono essere attribuiti diritti patrimoniali e diritti amministrativi divergenti (*ex* art. 2348 c.c.).

Anche la previsione del duplice limite quantitativo, minimo e massimo, della partecipazione sociale ha una sua ragion d'essere. Il limite minimo serve ad impedire l'adozione della trasparenza in presenza di una base sociale molto frazionata, e dunque priva di uno stretto legame con la società partecipata, che giustifichi il trattamento fiscale tipico di società con pochi soci e forti legami. Il limite massimo segna lo spartiacque tra regime di trasparenza e consolidato.

B) Il regime di trasparenza non è adottabile in tre ipotesi.

Un primo ostacolo è la circostanza che i redditi di un socio siano soggetti ad una aliquota Ires ridotta. In tale ipotesi il regime di trasparenza non è applicabile, perché i redditi prodotti dalla partecipata, soggetti a tassazione ordinaria, sarebbero imputati ad una società che fruisce di una tassazione ridotta. Nel consolidato vi è una previsione analoga.

La seconda causa ostativa riguarda la società partecipata, cui è vietato optare per la trasparenza se ha aderito al consolidato (nazionale o mondiale), come controllata o come controllante.

Se la partecipata ha aderito al consolidato come controllata (e, quindi, è posseduta per oltre il 50 per cento dalla controllante), l'adozione del

optare per la trasparenza solo se costituiti in una di tali forme societarie (art. 2615-*ter* c.c.), e non se hanno forma non societaria (art. 2602 c.c.).

[133] Tuir, art. 115, comma 4. Poiché per le società non residenti si richiedono requisiti diversi da quelli richiesti per le società residenti, la norma non sembra compatibile con la libertà di stabilimento.

[134] Il D.m. 23 aprile 2004, art. 3, comma 2, precisa che il riferimento è all'assemblea ordinaria di cui agli artt. 2364, 2364-*bis* e 2479-*bis* c.c.

[135] Tuir, art. 115, comma 1. Se il Tuir non lo impedisse espressamente, una società partecipata (trasparente), i cui redditi sono dunque imputati ai suoi soci, potrebbe a sua volta, come controllante, optare per il consolidato.

© Wolters Kluwer Italia

regime di trasparenza è impedito dal fatto che il suo socio non può optare per la trasparenza perché possiede più del 50 per cento.

La partecipata non può inoltre aderire alla trasparenza nel caso in cui abbia il ruolo di controllante in un regime di consolidato, perché non si vuole che l'imponibile di gruppo sia imputato per trasparenza a soggetti che sono soci, ma non controllanti, della società capogruppo che consolida.

Da ciò si desume che la limitazione non opera se il consolidamento fiscale riguarda una società partecipante e, dunque, un socio cui sono imputati redditi in regime di trasparenza. In questo caso, il reddito o la perdita imputati per trasparenza confluiranno nel consolidato a cui partecipa, in qualità di controllante o controllato, il socio della società trasparente.

Si può dunque ipotizzare una società Beta (socia di Alfa), alla quale sono imputati per trasparenza i redditi di Alfa (partecipata), che, come controllante di Gamma, adotta il consolidato. In tale ipotesi, i redditi di Alfa, imputati per trasparenza a Beta, confluiranno nel consolidato della coppia Beta-Gamma[136].

In sintesi, la partecipata non può optare per il regime di trasparenza se ha optato per il consolidato (nazionale o mondiale). Le partecipanti, invece, possono optare per la trasparenza (se la loro partecipazione non è inferiore al 10 e non è superiore al 50 per cento) e, al tempo stesso, essere parte di un consolidato come controllanti.

Possiamo avere anche una catena di imputazione per trasparenza. La società-socia, alla quale viene imputato per trasparenza il reddito della partecipata può, a sua volta, essere "trasparente", per cui il reddito che le è imputato è di nuovo imputato alla sua socia (o alle socie).

La terza causa ostativa della trasparenza è l'assoggettamento della società partecipata ad una procedura concorsuale. Se la procedura sopravviene rispetto all'opzione, il regime di trasparenza cessa di avere efficacia a partire dall'inizio del periodo d'imposta in cui è emanato il provvedimento che dispone la procedura.

C) L'opzione per la trasparenza è permessa anche se vi sono soci non residenti, ma solo «*a condizione che non vi sia obbligo di ritenuta alla fonte sugli utili distribuiti*» (Tuir, art. 115, comma 2) e, inoltre, nel caso in cui vi sia

[136] Questa conclusione è confermata dal D.m. 23 aprile 2004, ove si stabilisce che l'opzione per la trasparenza può essere esercitata anche qualora i soci partecipino, in qualità di soggetti controllanti o controllati, al consolidato nazionale o mondiale (art. 3).

© Wolters Kluwer Italia

diritto al rimborso della ritenuta[137]. I redditi imputati ai soci non residenti sono redditi prodotti (e tassabili) in Italia[138].

Se dunque i dividendi del socio non residente sono soggetti a ritenuta alla fonte, non è ammessa l'opzione per la trasparenza.

Ciò significa, in pratica, che l'opzione può essere esercitata solamente se il socio – non residente in Italia – è una società residente nell'UE, che beneficia del regime "madre-figlia"[139]. Non è invece permessa l'opzione per i soci UE che non possiedono i requisiti richiesti per applicare la "madre-figlia".

Possono optare per la trasparenza le società non residenti che partecipino ad una società italiana mediante una stabile organizzazione, e le società che risiedono in Paesi con cui sia stata stipulata una convenzione contro le doppie imposizioni che escluda la ritenuta alla fonte sui dividendi "in uscita" dall'Italia.

D) Le condizioni richieste per l'esercizio dell'opzione devono sussistere dall'inizio alla fine del periodo d'imposta. Se vengono meno (ad esempio, perché una partecipazione scende al di sotto della soglia del 10 per cento o sale al di sopra del 50 per cento, oppure per la trasformazione di una partecipante in società di persone, o ancora perché una partecipazione viene ceduta ad una persona fisica), l'applicazione del regime di trasparenza cessa dall'inizio dell'esercizio sociale in corso della società partecipata.

Il regime può venir meno se una delle partecipanti perde le condizioni per l'esercizio dell'opzione (*all in, all out*); in tal caso, la società partecipata ridiventa soggetto passivo del tributo sui suoi redditi di quel periodo d'imposta. Se i mutamenti non incidono sulla permanenza dei requisiti per l'opzione (ad esempio, perché muta la percentuale di partecipazione di

[137] D.m. 23 aprile 2004, art. 1, comma 2.

[138] Tuir, art. 23, comma 1, lett. *g*). In forza di questa disposizione, si considerano prodotti nel territorio dello Stato – e, dunque, sono imponibili in Italia – «*i redditi di cui agli artt. 5, 115 e 116 imputabili ai soci, associati o partecipanti non residenti*». Anche il socio non residente della società italiana che ha esercitato l'opzione è dunque tassato in Italia sulla quota di reddito che gli è imputata.

[139] La ritenuta sui dividendi non si applica nei confronti dei soggetti residenti negli Stati dell'UE, se sussistono le condizioni previste nell'art. 27-*bis*, comma 1, del D.P.R. 29 settembre 1973, n. 600, che recepisce la Direttiva "madre-figlia", e prevede il rimborso o la non applicazione della ritenuta sui dividenti distribuiti a società residenti in UE, che rivestano le forme indicate nella Direttiva, abbiano una partecipazione diretta nella società italiana non inferiore al 20 per cento, detenuta da almeno un anno, e siano soggette nel loro Paese a una delle imposte indicate nella Direttiva.

© Wolters Kluwer Italia

uno o più soci nei limiti del 10-50 per cento, o perché la partecipazione è ceduta ad un nuovo socio che possiede i requisiti soggettivi per l'opzione), non vi è interruzione del regime di trasparenza.

### 14.2. *Gli effetti della trasparenza.*

A) Il regime di trasparenza delle società di capitali, come quello delle società di persone, comporta che il reddito prodotto dalla società partecipata è imputato a ciascun socio, «*indipendentemente dall'effettiva percezione, proporzionalmente alla sua quota di partecipazione agli utili*». È quindi priva di rilevanza fiscale la distribuzione dei dividendi.

Anche le perdite della partecipata sono imputate ai soci in proporzione delle rispettive quote di partecipazione ed entro il limite della quota del patrimonio netto contabile della società partecipata[140]. Ciò significa che se si è verificata una perdita fiscale di 1000 ed il patrimonio netto contabile della società partecipata (capitale più riserve) è pari a 800, ai soci non è imputabile l'intera perdita, ma solo una parte della perdita, pari a 800[141], analogamente a quanto previsto per i soci accomandanti, con riguardo alle perdite delle società in accomandita semplice (Tuir, art. 8).

Una disciplina particolare è prevista per le perdite fiscali anteriori all'esercizio dell'opzione.

Le perdite pregresse della partecipata possono essere utilizzate, secondo le regole ordinarie, solo per compensare i redditi prodotti da tale società prima dell'adozione del regime di trasparenza (si imputa ai soci, dunque, la quota di reddito residua).

Le perdite pregresse dei soci partecipanti non possono essere utilizzate per compensare i redditi ad essi imputati dalla società partecipata; è ammessa solo la compensazione con gli altri redditi prodotti dai soci.

[140] Tuir, art. 115, comma 3, terzo periodo.

[141] Secondo il D.m. 23 aprile 2004, il patrimonio netto contabile della società partecipata deve essere calcolato senza considerare la perdita di esercizio e tenendo conto dei conferimenti in denaro e in natura effettuati entro la data di approvazione del relativo bilancio (art. 7, comma 1).

Le perdite eccedenti il limite della quota di patrimonio netto di pertinenza del socio non vanno perdute, ma si computano in diminuzione del reddito della società partecipata dei periodi di imposta successivi secondo le regole ordinarie di cui all'art. 84 del Tuir (art. 7, comma 2).

© Wolters Kluwer Italia

B) L'imputazione al socio dei redditi e delle perdite della partecipata si riflette sul valore fiscale della partecipazione [142]. I redditi imputati lo incrementano, le perdite e i dividendi distribuiti lo decrementano. La regola ha rilievo per le partecipazioni imponibili, non per quelle esenti.

In caso di cessione delle partecipazioni imponibili, si evita una doppia tassazione conteggiando nel valore l'importo degli utili imputati, al netto dei dividendi distribuiti. Si considerano i dividendi percepiti perché la distribuzione di utili riduce il patrimonio netto della partecipata e riduce, quindi, il valore della partecipazione.

C) Le ritenute a titolo d'acconto sui redditi della partecipata, i crediti d'imposta e gli acconti versati si scomputano dalle imposte dovute dai singoli soci secondo la percentuale di partecipazione agli utili; «*l'imputazione del reddito avviene nei periodi d'imposta delle società partecipanti in corso alla data di chiusura dell'esercizio della società partecipata*» (Tuir, art. 115, comma 3).

I periodi di imposta delle partecipanti possono essere dunque differenti (al limite infrannuali, se interessati da operazioni societarie), diversamente da quanto accade nel consolidato.

D) La società partecipata non è debitrice d'imposta per il proprio reddito, ma è garante del debito dei soci. Ciascun socio risponde del debito tributario che scaturisce dal proprio reddito, ma la società partecipata «*garantisce con il proprio patrimonio l'adempimento degli obblighi tributari da parte dei soci*»; più precisamente, «*la società partecipata è solidalmente responsabile con ciascun socio per l'imposta, le sanzioni e gli interessi conseguenti all'obbligo di imputazione del reddito*» (Tuir, art. 115, comma 8).

Il decreto attuativo indica che la responsabilità solidale non sussiste: «*a) in caso di omessa o parziale dichiarazione da parte del socio del reddito imputato per trasparenza dalla partecipata; b) in caso di omesso o carente versamento dell'imposta da parte del socio*» (art. 13).

La responsabilità della partecipata è una responsabilità "da accertamento"; essa risponde insieme ai soci soltanto in caso di omessa, incompleta o infedele dichiarazione del proprio reddito. Si evita, in questo modo, che la responsabilità della partecipata per il socio inadempiente ponga indirettamente a carico degli altri soci le conseguenze patrimoniali dell'inadempimento.

[142] Tuir, art. 115, comma 12. Lo stesso criterio di calcolo è previsto dall'art. 68, comma 6, per le plusvalenze delle partecipazioni in società di persone, tassabili come redditi diversi.

© Wolters Kluwer Italia

E) Come le società di persone, le società di capitali "trasparenti" sono obbligate a presentare la dichiarazione dei (propri) redditi, pur se non ne scaturisce per essa alcun debito d'imposta, ma solo una obbligazione di garanzia. Sulla base di tale dichiarazione viene determinato l'imponibile da imputare ai soci, i quali, dal conto loro, devono dichiarare la quota di reddito ad essi imputata.

Alla rettifica della dichiarazione presentata dalla società partecipata il fisco deve provvedere con un unico atto, ai fini della rideterminazione del reddito della società ed ai fini della determinazione delle imposte dovute dai soci.

La rettifica del reddito della società "trasparente" si riflette, poi, sulle quote di maggior reddito da imputare ai soci, nei cui confronti deve essere emesso apposito avviso di accertamento, sulla base dell'avviso notificato alla partecipata.

### **14.3.** *La trasparenza delle "piccole" s.r.l.*

A) Il regime di trasparenza può essere adottato anche dalle società a responsabilità limitata, se sussistono tre condizioni (Tuir, art. 116, comma 1):

a) il volume di ricavi non deve superare le soglie previste per l'applicazione degli studi di settore;

b) la compagine sociale deve essere composta esclusivamente da persone fisiche, in numero non superiore a 10 (20 nel caso di società cooperativa a responsabilità limitata); può optare per questo regime anche una s.r.l. unipersonale;

c) la società non deve essere assoggettata a procedure concorsuali e non deve avere esercitato l'opzione per il consolidato (nazionale o mondiale).

Con la trasparenza, la tassazione delle "piccole" società a responsabilità limitata è allineata a quella delle società di persone (dando rilievo, dunque, non tanto alla forma giuridica, quanto alla sostanza economica di tali società); dall'altro, viene posto a disposizione dei soci delle "piccole" società a responsabilità limitata un sistema di tassazione dei loro redditi conforme al nuovo sistema di tassazione dei dividendi.

Per queste società, si tratta di operare una "scelta di campo" fra la tassazione con Ires, come società, e la tassazione con Irpef a carico dei soci. Se non si opta per la trasparenza, il reddito è tassato prima a carico della società, poi a carico del socio. Invece, con il sistema di trasparenza, viene eliminata la tassazione Ires della società; ed i soci sono tassati in ragione del reddito prodotto dalla società, a prescindere dalla distribuzione.

© Wolters Kluwer Italia

B) L'opzione per il regime "speciale" di trasparenza delle società a responsabilità limitata è esercitata con le stesse condizioni e modalità dell'opzione per il regime "ordinario". Il reddito della società trasparente ed il meccanismo dell'imputazione sono regolati dalle stesse disposizioni che valgono per il regime "ordinario".

Alcune puntualizzazioni riguardano le perdite[143]. Si applicano le seguenti regole:

– le perdite si imputano ai soci in proporzione delle rispettive quote di partecipazione ed entro il limite della quota del patrimonio netto contabile della società partecipata[144];

– i soci possono utilizzare le perdite solo per compensare i redditi della società partecipata entro il quinquennio successivo al periodo in cui sono imputate (ma le perdite dei primi tre esercizi della società partecipata sono riportabili senza limiti temporali).

C) Se la società possiede partecipazioni cui si applica la *participation exemption*, le plusvalenze derivanti dalla loro cessione e i dividendi percepiti concorrono alla formazione del reddito della società trasparente nella misura del 58,14 per cento (cioè come se fossero detenute direttamente dalle persone fisiche)[145]. La *ratio* della disposizione è di impedire che le persone fisiche, mediante il possesso indiretto di una partecipazione, possano beneficiare del regime di esenzione delle plusvalenze e dei dividendi previsti per i soggetti passivi dell'Ires.

D) In alternativa alla trasparenza, le s.r.l. a ristretta base proprietaria possono optare per il regime di cui all'art. 55-*bis*, Tuir, che prevede la tassazione separata, con aliquota pari a quella Ires, del reddito d'impresa accantonato dalla società; e la tassazione nel reddito complessivo del socio, con aliquote progressive Irpef, degli utili distribuiti[146].

Il reddito accantonato è tassato come il reddito d'impresa ordinariamente prodotto dalla società. Ma, a differenza del regime ordinario, gli utili distribuiti sono deducibili dal reddito d'impresa e sono considerati anch'essi redditi d'impresa per il socio (non redditi di capitale). Non si applica,

[143] Tuir, art. 116, comma 2.
[144] Tuir, art. 115, comma 3, terzo periodo.
[145] Tuir, art. 116, comma 2.
[146] Tuir, art. 116, comma 2-*bis*, inserito dall'art. 1, comma 547, lett. c), n. 2, della L. 11 dicembre 2016, n. 232 (legge di stabilità 2017). L'estensione del regime opzionale di tassazione separata anche alle piccole s.r.l. si è resa necessaria per evitare disparità di trattamento rispetto alle società di persone, ritenute in una situazione di fatto analoga.

© Wolters Kluwer Italia

perciò, la *participation exemption*: gli utili distribuiti sono integralmente imponibili a carico dei soci, perché la doppia imposizione economica è evitata a monte, con la deduzione degli utili distribuiti dal reddito d'impresa.

Questo particolare regime mira a incentivare la patrimonializzazione delle società, ossia il reinvestimento degli utili prodotti, che è invece penalizzata dall'imposizione per trasparenza, sui soci, degli utili non distribuiti.

## 15. *Il consolidato nazionale. Aspetti generali.*

La tassazione consolidata, nazionale o mondiale[147], colpisce il risultato del gruppo, visto come una unità economica. Il gruppo non ha soggettività giuridica. Le diverse società che lo compongono conservano la loro soggettività, sia ai fini della determinazione del reddito, sia ai fini della responsabilità.

Il consolidato fiscale non è fondato sul bilancio consolidato civilistico, che è un bilancio nel quale la pluralità delle società è rappresentata come un soggetto unitario, le poste relative ai rapporti interni di gruppo sono elise, i patrimoni netti sono integrati e il gruppo è rappresentato come un soggetto unitario, con un solo patrimonio ed un solo reddito.

Al contrario, nel consolidato fiscale non cessa la rilevanza dei rapporti tra società del gruppo. Il reddito di ciascuna società, compresa la capogruppo, calcolato secondo le norme ordinarie, confluisce nel risultato del gruppo, che deriva dalla somma algebrica dei risultati reddituali delle società consolidate (con una eventuale rettifica di consolidamento).

Si ottiene così il «*reddito complessivo globale*», su cui si applica l'imposta di cui è debitrice la controllante.

Nel consolidato, i risultati delle partecipate sono imputati alla controllante. Nel regime di trasparenza si ha un meccanismo inverso: si imputano *pro quota* alle partecipanti i risultati della partecipata.

[147] Il consolidato nazionale è disciplinato dagli artt. da 117 a 129 del Tuir, e dal D.m. 9 giugno 2004. Cfr. G. Presti, *Il consolidato di gruppo nella nuova imposta sulle società: profili di diritto commerciale*, in *Tributimpresa*, 2004, 57; P. Russo, *I soggetti passivi dell'Ires e la determinazione dell'imponibile*, in *Riv. dir. trib.*, 2004, I, 313; A. Fantozzi, *La nuova disciplina Ires: i rapporti di gruppo*, in *Riv. dir. trib.*, 2004, I, p. 489; P. Marongiu, *Il consolidato fiscale nazionale tra norme di attuazione, prassi e decreto correttivo*, in *Dir. prat. trib.*, 2005, I, 585; M. Beghin, *Il consolidato nazionale*, in *Imposta sul reddito delle società (IRES)*, cit., p. 557; S. Moratti, *Il consolidato fiscale nazionale*, Torino, 2013; C. Ricci, *La tassazione consolidata nell'Ires*, Torino, 2015; A. Giovannini, *Consolidato fiscale nazionale*, in *Dig. comm.*, *Aggiornamento*, vol. VII, Torino, 2015, p. 113 ss.

© Wolters Kluwer Italia

Regime di trasparenza e consolidato sono regimi alternativi: si può adottare il primo o il secondo in base alle percentuali di partecipazione.

### **15.1.** *L'opzione per il consolidato.*

A) L'applicazione del consolidato dipende dalla volontà delle società del gruppo: è necessaria l'opzione congiunta di una capogruppo e di almeno una società controllata.

Non è necessario che aderiscano al consolidato tutte le società del gruppo: non vale per il consolidato nazionale la regola "*all in, all out*", prevista per il regime di trasparenza e per il consolidato mondiale. L'opzione è fatta "a coppia", cioè da una controllante e da una controllata; si hanno quindi tante coppie di opzioni quanti sono i rapporti di partecipazione.

L'opzione richiede:

a) identità di esercizio sociale di ciascuna controllata con quello della società controllante;

b) esercizio congiunto ("a coppia") dell'opzione da parte di ciascuna controllata e della controllante[148];

c) elezione di domicilio da parte di ciascuna controllata presso la controllante ai fini della notifica degli atti e provvedimenti relativi ai periodi d'imposta per i quali è esercitata l'opzione;

d) comunicazione dell'opzione all'Agenzia delle entrate entro il sedicesimo giorno del sesto mese successivo alla chiusura del periodo di imposta precedente al primo esercizio cui si riferisce l'esercizio dell'opzione.

L'opzione per il consolidato è irrevocabile ed ha efficacia per tre esercizi sociali[149].

Non possono esercitare l'opzione le società che fruiscono della riduzione dell'aliquota Ires o che sono sottoposte a fallimento o a liquidazione coatta amministrativa[150], né le società che esercitano come partecipate l'opzione

[148] L'opzione può essere esercitata dalla società controllata anche a decorrere da un esercizio successivo a quello in cui ha inizio la tassazione di gruppo cui partecipa la controllante.

[149] Il vincolo triennale è posto per impedire la partecipazione al consolidato a società "*che solo occasionalmente e temporaneamente transitano all'interno del gruppo per poi fuoriuscirne subito dopo aver conseguito i benefici fiscali connessi a tale procedura*" (Rel. min.). L'effetto dell'opzione cessa prima del triennio, se ne vengono meno le condizioni.

Il rinnovo dell'opzione, allo scadere del triennio, deve avvenire con le stesse modalità ed entro il medesimo termine dianzi indicato ma riferito al primo esercizio successivo al triennio di efficacia dell'opzione (D.m. 9 giugno 2004, art. 14).

[150] Tuir, art. 126.

© Wolters Kluwer Italia

per la trasparenza[151]. L'opzione non è ammessa, in qualità di controllante, per le società che optano per il consolidato mondiale.

B) L'opzione per il consolidato può essere esercitata solo se la controllante dispone, fin dall'inizio del periodo in cui si esercita l'opzione, del "controllo di diritto", diretto o indiretto, ai sensi dell'art. 2359, comma 1, n. 1, c.c., ossia della maggioranza dei voti esercitabili nell'assemblea ordinaria della controllata[152], con i requisiti previsti dall'art. 120 del Tuir, e cioè:

a) partecipazione, diretta o indiretta, al capitale della controllata in misura superiore al 50 per cento;

b) partecipazione, diretta o indiretta, agli utili della controllata, in misura superiore al 50 per cento[153].

Non si considerano le azioni prive del diritto di voto.

Il rapporto di controllo può essere diretto o indiretto: è diretto quando la controllante dispone di una partecipazione pari o superiore alla maggioranza; è indiretto quando la maggioranza è posseduta per il tramite di un soggetto intermedio (ossia quando A possiede la maggioranza di B e B la maggioranza di C).

Se la partecipazione è indiretta, è necessario che la partecipazione risulti superiore al 50 per cento, applicando il "demoltiplicatore". Ciò significa che le quote delle società intermedie devono essere moltiplicate per le quote che le intermedie possiedono nelle società sottostanti.

Si supponga che la società Alfa abbia una partecipazione in Beta pari all'80 per cento; e che Beta partecipi a Gamma per il 70 per cento. Alfa può consolidare Beta, perché ha una partecipazione superiore al 50 per cento; può inoltre consolidare Gamma, perché la sua partecipazione "demoltiplicata" in Gamma è pari al 56 per cento (Alfa partecipa a Gamma per l'80 per cento del 70 per cento: *ergo* per una percentuale del 56 per cento).

Se la catena è più lunga (perché, ad esempio, Gamma ha una partecipazione in Delta del 70 per cento), non è possibile un unico consolidato, perché la partecipazione indiretta di Alfa in Delta è pari al 39,2 per cento (80 per 70 per 70).

[151] Tuir, art. 115, comma 1, lett. *b*).

[152] La percentuale dei diritti di voto è quella riferibile alle assemblee previste dagli artt. 2364, 2364-*bis* e 2479-*bis* c.c.

[153] Non devono dunque essere prese in considerazione le azioni gravate da diritto di usufrutto, perché il nudo proprietario non ha diritto agli utili.

© Wolters Kluwer Italia

La nozione di gruppo, che emerge dalla disciplina del consolidato fiscale, è assai ristretta, ed è notevolmente diversa non solo dalla nozione che emerge dall'art. 2359 c.c., ma anche dalla nozione delineata da altre norme fiscali.

Non tutte le società di un gruppo in senso civilistico possono dunque adottare il consolidato fiscale, ma solo quelle unite da un rapporto di controllo che presenta le tre caratteristiche sopra indicate, tenendo conto del demoltiplicatore[154].

C) La facoltà di optare come capogruppo è attribuita sia alle società di capitali, sia agli enti commerciali residenti.

Le società non residenti possono esercitare l'opzione per il consolidato solo in qualità di controllanti ed a condizione: a) di essere residenti in Paesi con i quali è in vigore una convenzione contro la doppia imposizione; b) di esercitare nel territorio dello Stato un'attività d'impresa mediante una stabile organizzazione, nel cui patrimonio sia compresa la partecipazione nelle società controllata[155]. L'opzione come controllata può essere esercitata da qualsiasi società di capitali residente.

## 15.2. *Il reddito consolidato.*

A) Ciascuna società consolidata deve determinare il proprio reddito applicando le regole ordinarie in materia di reddito d'impresa. È incluso perciò nell'imponibile il cinque per cento dei dividendi percepiti, anche se provengono da società del gruppo. Dal reddito complessivo di ciascuna consolidata sono computate in diminuzione le perdite relative agli esercizi anteriori all'inizio della tassazione di gruppo.

Il consolidato comporta la tassazione del «*reddito complessivo globale*», corrispondente alla somma algebrica dei redditi e delle perdite delle

[154] Può essere opportuno modificare la struttura del gruppo, quando vi sono società che non possono essere consolidate, per fruire dei benefici del consolidamento. La normativa fiscale, dunque, influenza sicuramente l'assetto organizzativo dei gruppi.

[155] Tuir, art. 117, comma 2. In assenza di una stabile organizzazione in Italia, una società estera residente fiscalmente in uno Stato europeo (o in uno Stato aderente all'Accordo sullo spazio economico europeo con il quale l'Italia abbia stipulato un trattato che assicura lo scambio di informazione) può aderire al consolidato fiscale designando come consolidante o una società controllata residente o una società controllata non residente con stabile organizzazione in Italia (Tuir, art. 117, comma 2-*bis* e 2-*ter*).

© Wolters Kluwer Italia

consolidate[156], con una eventuale "rettifica di consolidamento" per gli interessi passivi.

Si considera l'intero risultato delle controllate, quale che sia la quota di partecipazione posseduta (direttamente o indirettamente) dalla controllante[157].

B) La "rettifica di consolidamento" concerne la deduzione degli interessi passivi ed è da apportare alla somma algebrica dei risultati netti delle singole società del gruppo[158].

Più precisamente, il reddito di gruppo può essere rettificato in diminuzione per un importo corrispondente all'eccedenza di interessi passivi e oneri assimilati indeducibili prodotti da una società consolidata, a condizione che, nello stesso periodo, altre società consolidate presentino una "capienza" di ROL non utilizzata per la deduzione dei propri interessi passivi; la rettifica va effettuata nei limiti di tale "capienza"[159].

Il gruppo in regime di consolidato assume dunque una particolare rilevanza ai fini della massimizzazione della deducibilità degli interessi passivi. Anzi, in tutti i casi di società che presentano un ROL pari a zero o negativo (come accade, ad esempio, per le *holding* industriali), con conseguente indeducibilità di tutti gli oneri finanziari, l'esercizio dell'opzione per il consolidato nazionale rappresenta l'unica via per rendere deducibili gli interessi passivi di una società mediante l'utilizzo della "capienza" di ROL di altre società del gruppo.

L'eccedenza di oneri finanziari indeducibili che residua dopo la rettifica di consolidamento può essere riportata in avanti e utilizzata per ridurre,

[156] Cfr. Circ. Agenzia delle entrate, 9 marzo 2010, n. 9, in *Fisco 1*, 2010, 1868.

[157] Nel consolidato mondiale, invece, si imputa alla controllante una frazione del risultato delle partecipate corrispondente alla quota di partecipazione.

[158] Fino al 31 dicembre 2007, vi erano tre rettifiche di consolidamento. La prima, in diminuzione, per l'ammontare imponibile (5 per cento) dei dividendi distribuiti infragruppo; la seconda, in diminuzione o in aumento, per effetto della rideterminazione del pro-rata patrimoniale, senza tenere conto dei finanziamenti relativi alle partecipazioni in società consolidate (Tuir, art. 97, ora abrogato); la terza, in diminuzione, per un importo pari alla differenza tra il valore contabile e il valore fiscale dei beni trasferiti infragruppo in regime di neutralità fiscale (Tuir, art. 123, ora abrogato). In sostanza, non avevano rilievo fiscale alcuni fatti interni al gruppo.

A partire dal 1° gennaio 2008, le disposizioni che prevedevano tali rettifiche sono state abrogate. Vi è adesso una sola "rettifica di consolidamento", riguardante gli interessi passivi (Tuir, art. 96, comma 7).

[159] A tal fine, l'eccedenza di ROL (ma non di interessi passivi) può essere apportata al gruppo anche da società estere che presentino tutte le condizioni per la partecipazione al consolidato nazionale, come se fossero partecipi del consolidato nazionale.

© Wolters Kluwer Italia

alle medesime condizioni, il reddito complessivo di gruppo dei periodi di imposta successivi[160].

Dopo la "rettifica di consolidamento", si ottiene così il risultato complessivo globale del gruppo (reddito o perdita); da esso si deducono le (eventuali) perdite di gruppo di esercizi precedenti e si ottiene il reddito imponibile, o la perdita, di gruppo.

La perdita fiscale del gruppo è imputata alla società controllante, che può riportarla a nuovo e utilizzarla per compensare il reddito imponibile del gruppo dei periodi di imposta successivi.

Le perdite di esercizi precedenti l'opzione per il consolidato, invece, possono essere utilizzate solo dalla società (controllante o controllate) che le ha prodotte[161].

Sul reddito imponibile del gruppo, così calcolato, si applica l'aliquota dell'Ires.

C) Ciascuna società deve presentare la propria dichiarazione dei redditi all'Agenzia delle Entrate e comunicarla alla capogruppo, perché possa alla redigere la dichiarazione di gruppo (risultato reddituale, ritenute subite, detrazioni e crediti d'imposta, acconti versati)[162].

La dichiarazione delle controllate non contiene la liquidazione dell'imposta, che è liquidata dalla dichiarazione di gruppo.

Le consolidate possono cedere alla consolidante, ai fini della compensazione con l'imposta dovuta dalla consolidante, i crediti utilizzabili in compensazione e le eccedenze di imposta, ai sensi dell'art. 43-*ter* del D.P.R. 29 settembre 1973, n. 602.

D) Non hanno rilievo reddituale le somme ricevute o versate tra società del gruppo in contropartita dei vantaggi fiscali attribuiti o ricevuti nell'ambito del gruppo[163].

Si supponga che il risultato fiscale della controllata Alfa sia una perdita, e che il risultato della controllante Beta sia invece positivo. Il regime del consolidato permette l'utilizzo immediato della perdita di Alfa, mediante compensazione con l'utile di Beta, che, in tal modo, vede ridotto il suo onere fiscale. Per tale beneficio fiscale, Beta deve corrispondere una contropartita

[160] Sono escluse le eccedenze formatesi anteriormente all'ingresso nel consolidato.

[161] Tuir, art. 118, comma 2. Questa disposizione ha una *ratio* antielusiva; si vuole evitare l'acquisto di partecipazioni in società dotate di perdite pregresse al solo fine di abbattere, mediante il consolidato fiscale, l'utile delle altre società del gruppo.

[162] Tuir, art. 121.

[163] Tuir, art. 118, comma 4.

© Wolters Kluwer Italia

ad Alfa, che, quando tornerà a produrre utili, non potrà più utilizzare la perdita "ceduta" a Beta.

La contropartita è rapportata alla minore imposta pagata da Beta, e compensa Alfa della maggiore imposta cui dovrà far fronte, quando tornerà a produrre utili. Si tratta, pertanto, di movimentazioni interne al gruppo, che non hanno rilievo reddituale, né di componente negativo, per la società che le corrisponde, né di componente positivo, per la società che le riceve.

Tale compensazione, come ogni altra correlata al trasferimento di vantaggi fiscali da una società all'altra all'interno del consolidato, non è prevista dalla legge, ma è affidata ai c.d. patti di consolidamento[164], che hanno lo scopo di tutelare le minoranze.

**15.3.** *La responsabilità della controllante e delle consolidate.*

A) La società controllante è debitrice d'imposta in base al reddito complessivo del gruppo. Essa deve versare gli acconti infrannuali e l'imposta liquidata nella dichiarazione di gruppo. Se il risultato globale è negativo, alla controllante «*compete il riporto a nuovo della eventuale perdita risultante dalla somma algebrica degli imponibili*» (Tuir, art. 118, comma 1).

In caso di accertamento, la controllante risponde della maggiore imposta accertata, degli interessi e delle sanzioni irrogate alla controllante, in solido con la controllata che ha commesso la violazione (Tuir, art. 127).

Ogni singola società consolidata risponde, nei confronti del fisco, solo per la parte del debito fiscale che è da collegare al suo reddito complessivo. Risponde inoltre degli interessi e delle sanzioni irrogate per le violazioni che ha commesso.

B) La responsabilità (esterna) nei confronti del fisco va tenuta distinta dai rapporti interni. Ciascuna società controllata deve corrispondere alla capogruppo – per la quota parte del debito che corrisponde al suo reddito – i mezzi finanziari per assolvere il tributo; se non vengono forniti anticipatamente, la controllante ha diritto di rivalersi. L'obbligo è desumibile dal

[164] Cfr. P. PACITTO, *I patti di consolidamento*, in *Imposta sul reddito delle società (IRES)*, cit., p. 673.

© Wolters Kluwer Italia

principio di causalità delle attribuzioni patrimoniali[165], oltre che da una norma del Tuir[166].

La tassazione consolidata comporta la compensazione dei risultati positivi e negativi delle società partecipanti: ciò significa che le società con imponibili positivi profittano delle perdite delle società con imponibili negativi. Il vantaggio fiscale così procurato al gruppo deve essere remunerato, per non danneggiare le minoranze. Come già notato, tale remunerazione non concorre alla formazione del reddito imponibile né come componente positivo, per la società che la riceve, né come costo, per la società che la paga[167].

L'onere economico delle sanzioni deve essere sopportato dalla società cui è imputabile la violazione. Le controllate devono far fronte all'onere per le sanzioni irrogate per violazioni commesse nelle loro dichiarazioni; la controllante risponde delle violazioni commesse in sede di dichiarazione dell'imponibile consolidato (oltre che nella dichiarazione dei suoi redditi).

### **15.4.** *La cessazione del consolidato.*

Il consolidato cessa se, nel corso del triennio, viene meno il rapporto di controllo, o se, decorso il triennio, non è rinnovata l'opzione. In entrambi i casi sono recuperati a tassazione i benefici del consolidato[168].

Entro trenta giorni dalla cessazione del rapporto di controllo, la controllante e ciascuna controllata devono integrare i versamenti di acconto già effettuati, se inferiori a quelli dovuti senza il consolidamento; e la controllante, che conserva il diritto di utilizzare le perdite fiscali, i crediti e le eccedenze del gruppo, può attribuire, in tutto o in parte, le eccedenze dei pagamenti alla società nei cui confronti è venuto meno il controllo.

[165] Cfr. G. Presti, *Il consolidato di gruppo nella nuova imposta sulle società: profili di diritto commerciale*, cit., p. 57.

[166] Si veda l'art. 127, comma 4, del Tuir, secondo cui la rivalsa del soggetto controllante nei confronti della controllata «*perde efficacia*» (ossia: il diritto di rivalsa si estingue) qualora «*il soggetto controllante ometta di trasmettere alla società controllata copia degli atti e dei provvedimenti entro il ventesimo giorno successivo alla notifica ricevuta anche in qualità di domiciliatario secondo quanto previsto dall'articolo 119*». Cfr. F. Randazzo, *Le rivalse tributarie*, Milano, 2012, p. 48.

[167] Tuir, art. 118, comma 4, secondo cui «*Non concorrono alla formazione del reddito imponibile in quanto escluse le somme percepite o versate tra le società di cui al comma 1 dell'art. 118 in contropartita dei vantaggi fiscali ricevuti o attribuiti*».

[168] Tuir, art. 124, comma 1.

© Wolters Kluwer Italia

Nel caso in cui, al termine di un triennio, non siano rinnovate le opzioni, o una delle società non rinnovi l'opzione, la disciplina è analoga a quella concernente la cessazione infratriennale. Anche in questo caso le società devono integrare gli acconti che siano stati versati in misura inferiore al dovuto.

In entrambi i casi di cessazione, le perdite fiscali di gruppo non ancora utilizzate possono rimanere nella disponibilità della consolidante (Tuir, art. 124, comma 4) o essere attribuite alle società che le hanno prodotte, in maniera proporzionale o secondo altri criteri di imputazione, da indicare al momento dell'esercizio dell'opzione [169].

Per contro, i crediti chiesti a rimborso e le eccedenze riportate a nuovo, risultanti dalla dichiarazione di gruppo, competono alla controllante.

### 15.5. *L'avviso di rettifica del reddito consolidato.*

A) Dal controllo svolto dall'Amministrazione finanziaria potrà scaturire tanto la rettifica del risultato dichiarato dalle singole società, quanto la rettifica del solo risultato globale dichiarato dalla controllante [170].

Il controllo della dichiarazione di gruppo è effettuato dall'ufficio dell'Agenzia delle entrate nella cui circoscrizione è situato il domicilio fiscale della controllante, alla data in cui è presentata la dichiarazione. Se la rettifica investe soltanto il calcolo dell'imponibile di gruppo e le rettifiche di consolidamento, per motivi non imputabili a singole società del gruppo, l'avviso ha come destinataria solo la capogruppo.

B) Il controllo delle dichiarazioni delle singole consolidate è di competenza degli uffici di domicilio fiscale delle controllate.

Le rettifiche del reddito proprio di ciascuna consolidata sono effettuate con unico atto, che determina il reddito della controllata e quello globale, ed è notificato sia alla consolidata, sia alla consolidante (che sono litisconsorti necessari nel processo di impugnazione di tale atto).

La consolidante ha facoltà di chiedere che siano computate in diminuzione dei maggiori imponibili derivanti dalle rettifiche delle dichiarazioni delle singole consolidate le perdite di periodo del consolidato non utilizzate,

[169] D.m. 9 giugno 2004, art. 13. La decisione e i criteri di imputazione sono regolati dai patti di consolidamento.

[170] D.P.R. 29 settembre 1973, n. 600, art. 40-*bis*.

© Wolters Kluwer Italia

presentando un'istanza entro il termine di proposizione del ricorso. In tal caso il termine per l'impugnazione dell'atto è sospeso, per la consolidata e per la consolidante, per un periodo di sessanta giorni. L'ufficio deve ricalcolare la maggiore imposta, gli interessi e le sanzioni correlate, e comunicarne l'esito alla consolidata ed alla consolidante, entro sessanta giorni dalla presentazione dell'istanza.

© Wolters Kluwer Italia

CAPITOLO QUARTO

# I REDDITI TRANSNAZIONALI

SEZIONE I

## I REDDITI DEI NON RESIDENTI PRODOTTI IN ITALIA



### 1. *I criteri di localizzazione dei redditi transnazionali.*

I criteri in base ai quali si determina il luogo in cui un reddito si considera prodotto sono rilevanti per tassare in Italia i redditi dei non residenti e i redditi dei residenti prodotti all'estero e per il riconoscimento del credito d'imposta spettante ai residenti che hanno pagato imposte all'estero (Tuir, artt. 23, 151, comma 2, art. 153, comma 2 e 165, comma 2).

I criteri di localizzazione sono, in sintesi, i seguenti:

– per i redditi di origine patrimoniale rileva il luogo in cui è situata la fonte reddituale; per tale motivo, per i redditi fondiari vale la localizzazione dell'immobile; per i redditi di capitale rileva la sede del soggetto che li corrisponde (criterio della localizzazione del pagatore);

– per i redditi che derivano dallo svolgimento di una attività, vale il luogo in cui è svolta l'attività: perciò, i redditi di lavoro sono prodotti in

© Wolters Kluwer Italia

Italia se derivano da attività svolte nello Stato italiano[1]; i redditi d'impresa dei non residenti sono prodotti in Italia se derivano da attività svolte in Italia mediante una stabile organizzazione.

Sono prodotti in Italia i «*redditi diversi*» che derivano da beni situati nello Stato e da plusvalenze relative a partecipazioni in società residenti; sono altresì prodotti in Italia i redditi cui si applica il principio di trasparenza, cioè i redditi delle società di persone (ed enti assimilati) e quelli delle società di capitali che hanno optato per la trasparenza fiscale ed hanno sede in Italia.

Inoltre, si considerano prodotti in Italia, quando siano corrisposti da soggetti residenti (o da una stabile organizzazione situata in Italia): a) le pensioni e le indennità di fine rapporto; b) i redditi assimilati a quelli di lavoro dipendente; c) i compensi per l'utilizzazione di opere dell'ingegno, di brevetti industriali e di marchi d'impresa, nonché di processi, formule, e informazioni relative ad esperienze acquisite nel campo industriale, commerciale o scientifico; d) i compensi conseguiti da imprese, società ed enti non residenti per prestazioni artistiche e professionali effettuate nel territorio dello Stato per conto di un residente.

## 2. *I redditi dei non residenti prodotti in Italia. La tassazione delle persone fisiche.*

Come abbiamo già visto, per i non residenti, la tassazione dei redditi ha carattere reale, essendo limitata ai redditi prodotti nel territorio dello Stato.

Una persona fisica non è residente in Italia, ai fini fiscali, se non ricorre in Italia nessuno degli elementi costitutivi della residenza fiscale: iscrizione anagrafica, dimora abituale e domicilio, cioè centro degli affari e interessi (Tuir, art. 2).

La residenza fiscale è un criterio di collegamento (di un contribuente ad un dato ordinamento fiscale) che, essendo di natura personale, non afferisce ad un determinato reddito, ma alla persona e, di riflesso, a qualsiasi tipo di reddito. Tutt'altro rilievo hanno i criteri di collegamento di natura reale, che riguardano singole categorie reddituali. Il non residente è soggetto ad imposta in ragione del collegamento reale dei singoli redditi con il territorio dello Stato, ossia per il fatto che determinati redditi,

[1] Poiché non si richiede che il lavoratore autonomo non residente abbia una "base fissa" (ossia una stabile organizzazione) nel territorio dello Stato, la norma localizza in Italia anche il reddito derivante da una prestazione isolata svolta in Italia.

© Wolters Kluwer Italia

in base ad una "norma localizzante", sono redditi prodotti in Italia. (Tuir, art. 24, commi 2 e 3).

Sono dunque tassati in Italia i redditi che risultano prodotti in Italia, applicando i criteri dettati dall'art. 23 del Tuir.

I redditi di lavoro autonomo e di capitale prodotti in Italia da persone fisiche non residenti sono tassati mediante ritenuta a titolo d'imposta (D.P.R. 29 settembre 1973, n. 600, artt. 25, 26 e 27).

I redditi che non sono tassati alla fonte a titolo definitivo devono essere dichiarati dai non residenti. L'imposta si applica sulla somma dei singoli redditi prodotti in Italia (fatte salve le ipotesi di tassazione separata), ma l'imposta non ha natura personale.

Perciò, dal reddito complessivo prodotto in Italia i non residenti deducono soltanto alcuni degli oneri di cui all'art. 10 (oneri gravanti sugli immobili; donazioni alle Onlus ed altre liberalità, indennità per perdita dell'avviamento). Dall'imposta si scomputano solo alcune detrazioni. Non spettano le detrazioni dall'imposta per carichi di famiglia né le altre detrazioni di natura personale.

### **2.1.** *I dividendi "in uscita" dall'Italia.*

A) I dividendi distribuiti da società residenti a soggetti non residenti (dividendi "in uscita" o *outbound*) sono soggetti a ritenuta alla fonte a titolo d'imposta, nella misura del 26 per cento.

La ritenuta è da applicare, in via generale, quale che sia la natura della partecipazione e la natura giuridica del soggetto percipiente[2]. Peraltro, i soggetti non residenti hanno diritto al rimborso dell'importo di 11/16 della ritenuta subita, se dimostrano – mediante certificazione dell'autorità fiscale estera – di avere pagato sui dividendi percepiti le imposte nel Paese di residenza.

[2] D.P.R. 29 settembre 1973, n. 600, art. 27, comma 3.

La ritenuta è da applicare sugli utili corrisposti a soggetti non residenti che detengano partecipazioni o strumenti finanziari la cui remunerazione è totalmente costituita dalla partecipazione ai risultati economici della società emittente, e ai contratti di associazione in partecipazione di cui all'art. 109, comma 9, lett. *b*), del Tuir, non relativi a stabili organizzazioni nel territorio dello Stato.

Non si applica la ritenuta alle società non residenti che abbiano una stabile organizzazione in Italia, se gli utili provengano da una partecipazione connessa alla stabile organizzazione. In tal caso i dividendi seguono il regime ordinario dei redditi d'impresa imputabili alla stabile organizzazione.

© Wolters Kluwer Italia

Tale regime generale non trova applicazione nel caso di dividendi distribuiti a società ed enti residenti in Stati membri dell'UE o aderenti all'Accordo sullo spazio economico europeo. I dividendi sono soggetti a ritenuta a titolo d'imposta con aliquota dell'1,20 per cento, che corrisponde alla tassazione subita dai dividendi interni quando il percipiente è un soggetto Ires. Vi è quindi parità di trattamento tra società residenti in Italia e società residenti in altri Paesi dell'Unione europea (D.P.R. 29 settembre 1973, n. 600, art. 27, comma 3-*ter*)[3].

B) I dividendi non sono tassati quando si applica la Direttiva "madre-figlia", che, come si vedrà nel capitolo dedicato alla fiscalità dell'UE, impedisce la tassazione dei dividendi distribuiti tra società "madri" (cioè controllanti) e società "figlie" (cioè controllate) all'interno dell'Unione europea, vietando l'applicazione di ritenute, sia da parte dello Stato della "figlia", sia da parte dello Stato della "madre".

La Direttiva "madre-figlia" è stata recepita in Italia dall'art. 27-*bis* del D.P.R. 29 settembre 1973, n. 600, secondo cui la società "madre" non residente può richiedere che non sia applicata la ritenuta del 26 per cento o chiederne il rimborso.

Il regime previsto dalla Direttiva "madre-figlia", essendo diretto ad incrementare la formazione di gruppi transfrontalieri, non si applica a tutti i dividendi, ma solo ai dividendi percepiti dalle società che detengono una partecipazione diretta non inferiore al 10 per cento del capitale della società "figlia"; inoltre, esse devono:

a) rivestire una delle forme previste nell'apposito allegato alla citata direttiva "madre-figlia";

b) risiedere, ai fini fiscali, in uno Stato membro dell'Unione europea;

c) essere soggette nello Stato di residenza ad una delle imposte indicate nell'allegato alla Direttiva, senza fruire di regimi di opzione o di esonero[4] che non siano territorialmente o temporalmente limitati;

d) detenere la partecipazione ininterrottamente per almeno un anno.

La non applicazione o il rimborso della ritenuta sugli utili "in uscita" evita la doppia tassazione giuridica internazionale (cioè la tassazione di uno stesso reddito a carico dello stesso soggetto da parte di due Stati diversi).

[3] È stata data così attuazione alle raccomandazioni espresse dalla Commissione europea nel parere 28 giugno 2006, n. C-2544. L'aliquota è stata ridotta dall'1,375 all'1,20 per cento dall'art. 1, comma 62, della L. 28 dicembre 2015, n. 208 (legge di stabilità per il 2016).

[4] Può trattarsi, ad esempio, di un regime di trasparenza, o di un regime fiscale sostitutivo.

© Wolters Kluwer Italia

Non è evitata la doppia tassazione economica, e cioè la tassazione degli utili della società figlia (da parte dello Stato della fonte) e la tassazione dei dividendi (nello Stato di residenza del socio).

## 2.2. *La tassazione in Italia di società ed enti non residenti.*

Sono società ed enti non residenti quelli che, per la maggior parte del periodo d'imposta, non hanno la sede legale, o la sede dell'amministrazione, o l'oggetto principale dell'attività, nel territorio dello Stato. Non ha rilievo la forma giuridica: può trattarsi di società di capitali o società di persone (ed enti assimilati), di enti commerciali o non commerciali, con o senza personalità giuridica, compresi i *trust*.

Secondo il principio della tassazione su base territoriale, si tassano con l'Ires solo i redditi prodotti in Italia (Tuir, art. 151, comma 1).

Per le società e gli enti commerciali non residenti, occorre individuare i redditi prodotti in Italia, applicando l'art. 23 del Tuir e considerare se la società o l'ente commerciale non residente abbia una stabile organizzazione in Italia.

Se l'ente commerciale non residente dispone in Italia di una stabile organizzazione, si applicano alla stabile organizzazione le regole dell'Ires in materia di reddito d'impresa (Tuir, artt. 81 e seguenti).

Non tutti i redditi prodotti in Italia sono reddito d'impresa della stabile organizzazione, poiché non opera il c.d. principio della forza di attrazione della stabile organizzazione (Tuir, art. 152, comma 1).

Indipendentemente dalla presenza di una stabile organizzazione, i redditi della società o ente commerciale non residente conservano la qualifica della categoria di appartenenza, in applicazione del principio del trattamento "isolato" dei redditi (Tuir, art. 151, comma 3).

La stabile organizzazione non esercita alcuna forza attrattiva verso i redditi non commerciali. La sua presenza non comporta la trasformazione di tutti i redditi prodotti dall'ente non residente in reddito d'impresa, ma funge esclusivamente da collegamento tra il territorio e i redditi commerciali prodotti dalla società o ente non residente (se riconducibili all'attività della stabile organizzazione), rendendoli soggetti ad imposta in Italia.

L'imponibile è dato dalla somma dei singoli redditi, determinati secondo le regole proprie di ciascuna categoria[5].

[5] Dal reddito complessivo si deducono gli oneri indicati all'articolo 10, comma 1, lettere a) e g), cioè gli oneri gravanti sugli immobili e le donazioni alle Onlus.

© Wolters Kluwer Italia

Il reddito complessivo degli enti non commerciali non residenti si determina applicando le regole dettate nell'Irpef per le persone fisiche residenti. Occorre quindi distinguere le varie categorie reddituali, come stabilito per gli enti non commerciali residenti (Tuir, art. 153).

**2.3.** *La stabile organizzazione in Italia dei non residenti.*

A) Gli imprenditori non residenti producono reddito d'impresa imponibile in Italia solo se, nel territorio dello Stato, operano per mezzo di una stabile organizzazione.

La nozione di stabile organizzazione, nel Tuir, rispecchia la definizione contenuta nell'art. 5 del modello OCSE del 2005[6]. Il legislatore ha recepito sia l'elenco delle esemplificazioni (positive e negative) di matrice convenzionale, sia la distinzione fra stabile organizzazione materiale e stabile organizzazione personale.

La stabile organizzazione materiale è definita come «*sede fissa di affari per mezzo della quale l'impresa non residente esercita in tutto o in parte la sua attività sul territorio dello Stato*» (Tuir, art. 162, comma 1). Occorre dunque: che vi sia una sede di affari; che sia stabile; che sia espressione dell'esercizio normale dell'impresa e sia atta a produrre reddito.

L'art. 162, comma 2, del Tuir, reca l'esemplificazione positiva, comprendente: a) una sede di direzione; b) una succursale; c) un ufficio; d) un'officina; e) un laboratorio; f) una miniera, un giacimento petrolifero o di gas naturale. Un cantiere assume rilievo di stabile organizzazione se la sua durata supera i tre mesi.

Costituisce stabile organizzazione anche «*una significativa e continuativa presenza economica nel territorio dello Stato costruita in modo tale da non fare risultare una sua consistenza fisica nel territorio stesso*»[7].

Si mira con tale norma a colpire le multinazionali dell'economia digitale, che realizzano profitti in Italia senza una stabile organizzazione in senso fisico.

L'art. 162, comma 4, del Tuir, prevede che la nozione di stabile organizzazione non comprende (ipotesi negative): a) l'uso di una installazione ai

[6] La definizione contenuta nell'art. 162 del Tuir diverge per taluni aspetti dalla definizione contenuta in convenzioni stipulate dall'Italia, che rispecchiano l'art. 5 del Modello Ocse del 1963, ma non le versioni successive (1977, 1992, 2000 e 2005). Cfr. A.M. Gaffuri, *La stabile organizzazione nelle imposte sul reddito*, Torino, 2013.

[7] Ipotesi aggiunta dall'art. 1, comma 1010, lett. a), L. 27 dicembre 2017, n. 205, a decorrere dal 1° gennaio 2018.

© Wolters Kluwer Italia

soli fini di deposito, di esposizione o di consegna di beni o merci appartenenti all'impresa; b) la disponibilità di beni o merci appartenenti all'impresa immagazzinati ai soli fini di deposito, di esposizione o di consegna; c) la disponibilità i beni o le merci appartenenti all'impresa immagazzinati ai soli fini della trasformazione da parte di un'altra impresa; d) la disponibilità di una sede fissa di affari utilizzata ai soli fini di acquistare beni o merci o di raccogliere informazioni per l'impresa; e) la disponibilità di una sede fissa di affari utilizzata ai soli fini dello svolgimento, per l'impresa, di ogni altra attività; f) la disponibilità di una sede fissa di affari utilizzata ai soli fini dell'esercizio combinato delle attività dianzi menzionate nelle lettere da a) ad e), purché tali attività o, nel caso della lettera f), l'attività complessiva della sede fissa, quale risulta dalla combinazione delle attività svolte, abbiano carattere preparatorio o ausiliario.

La stabile organizzazione personale è un soggetto (persona fisica o giuridica), che, nel territorio dello Stato, conclude abitualmente, in nome e per conto dell'impresa non residente, contratti diversi da quelli di acquisto di beni (oppure opera per la conclusione di contratti senza modifiche sostanziali da parte dell'impresa). Tale attività deve essere esercitata abitualmente e deve impegnare l'impresa non residente.

Il soggetto che opera come stabile organizzazione personale si pone in condizione di dipendenza rispetto all'impresa non residente, ricevendo istruzioni.

Non vi è stabile organizzazione personale se il soggetto è indipendente, in senso giuridico ed economico, e opera nell'ambito della sua ordinaria attività[8].

La qualifica di stabile organizzazione può essere assunta da una società controllata, che metta a disposizione della casa madre la sua struttura o agisca concludendo contratti che impegnano la casa madre.

[8] Come prevede l'art. 162, comma 7, del Tuir, «*Il comma 6 non si applica quando il soggetto, che opera nel territorio dello Stato per conto di un'impresa non residente, svolge la propria attività in qualità di agente indipendente e agisce per l'impresa nell'ambito della propria ordinaria attività. Tuttavia, quando un soggetto opera esclusivamente o quasi esclusivamente per conto di una o più imprese alle quali è strettamente correlato, tale soggetto non è considerato un agente indipendente, ai sensi del presente comma, in relazione a ciascuna di tali imprese*».

Il Commentario al Modello Ocse precisa che lo *status* di indipendenza sottintende l'assenza di dettagliate istruzioni e di un controllo complessivo, sull'attività dell'intermediario, da parte dell'impresa estera (indipendenza giuridica), e l'assunzione, da parte dell'intermediario stesso, del rischio imprenditoriale per le attività esercitate nell'interesse dell'impresa (indipendenza economica).

© Wolters Kluwer Italia

B) La stabile organizzazione non è un soggetto giuridico distinto dalla società non residente, ma mero "centro di imputazione di situazioni giuridiche". Ciò significa che dalla stabile organizzazione scaturiscono situazioni giuridiche che fanno capo al soggetto non residente, al quale è riconducibile la stabile organizzazione (materiale o personale).

La presenza in Italia di una stabile organizzazione rende applicabili le stesse norme che si applicherebbero se l'impresa non residente fosse residente in Italia. Non vi è, però, uno sdoppiamento della personalità giuridica del non residente. In definitiva, la stabile organizzazione non è un soggetto, ma una fattispecie, con effetti costitutivi di situazioni giuridiche che fanno capo al non residente.

C) Il reddito della stabile organizzazione è determinato secondo le disposizioni relative al reddito d'impresa (Tuir, art. 152).

La base imponibile è determinata sulla base di un rendiconto economico e patrimoniale, da redigersi secondo i principi contabili previsti per i soggetti residenti aventi le medesime caratteristiche, come se la stabile organizzazione fosse una entità autonoma, separata e indipendente rispetto alla più vasta organizzazione di cui è parte[9]. Il Fondo di dotazione è determinato secondo gli *standard* OCSE.

I componenti di reddito della stabile organizzazione relativi ai rapporti con la casa madre sono soggetti alla disciplina dei prezzi di trasferimento, come tra società dello stesso gruppo[10].

## 4. *Il rappresentante fiscale dei non residenti.*

Per le imposte sui redditi, è previsto che le società e gli enti non residenti, che non hanno la sede legale o amministrativa nel territorio dello Stato, devono indicare (al fisco) le generalità e l'indirizzo in Italia di un rappresentante per i rapporti tributari (D.P.R. 29 settembre 1973, n. 600, art. 4).

[9] Secondo la giurisprudenza, le c.d. spese di regia possono essere dedotte dalla base imponibile dell'imposta gravante sulla stabile organizzazione se riguardano prestazioni rese dalla casa madre alla stabile organizzazione (Cass., 14 dicembre 1999, n. 14016, in *Boll. trib.*, 2000, 784; Cass., 1° agosto 2000, n. 10062, in *Giur. it.*, 2001, 1527). Cfr. C. GARBARINO, *La tassazione del reddito transnazionale*, Padova, 1990, p. 229.

[10] Cfr. A. LOVISOLO, *La «funzione» della stabile organizzazione ed i criteri generali di determinazione del suo reddito, con particolare riferimento ai rapporti con la «casa madre»*, in *Dir. prat. trib.*, 2014, I, 719.

© Wolters Kluwer Italia

È molto incerta la consistenza giuridica di tale "rappresentanza": dalla lettera della legge si deduce che si tratta di un mero domiciliatario, che deve essere nominato per essere abilitato a ricevere la notificazione di atti dell'amministrazione (ad esempio, questionari o avvisi di accertamento). In sostanza, dunque, la funzione del rappresentante fiscale è analoga a quella del domiciliatario che qualsiasi contribuente può nominare, per il ricevimento degli atti dell'Amministrazione finanziaria [11].

Il rappresentante fiscale non ha, secondo il modello legale, poteri rappresentativi per la generalità dei rapporti dello straniero con gli uffici dell'Agenzia delle entrate [12], a meno che tali poteri non siano espressamente conferiti con procura notarile [13], nel qual caso si ha una effettiva rappresentanza, secondo le norme del codice civile, cui si connettono anche responsabilità personali, per inadempimenti e violazioni.

## 5. *L'interpello sui nuovi investimenti delle imprese non residenti.*

Le imprese non residenti, che intendono effettuare investimenti nel territorio dello Stato di ammontare non inferiore a trenta milioni di euro e con significative ricadute occupazionali, possono presentare all'Agenzia delle entrate un'istanza in merito al trattamento fiscale del loro piano di investimento e delle operazioni straordinarie che si ipotizzano per la sua realizzazione [14].

La risposta dell'Agenzia deve essere resa entro centoventi giorni, prorogabili, nel caso sia necessario acquisire ulteriori informazioni, di ulteriori novanta giorni. Qualora la risposta non pervenga al contribuente entro i predetti termini, si intende che l'Amministrazione finanziaria concordi con l'interpretazione o il comportamento prospettato nell'istanza.

Il contenuto della risposta, in qualunque forma resa, vincola l'Amministrazione finanziaria e resta valido finché rimangono invariate le circostanze di fatto e di diritto sulla base delle quali si è pronunciata l'Agenzia, con conseguente nullità di ogni provvedimento amministrativo difforme.

[11] D.P.R. 29 settembre 1973, n. 600, art. 60, comma 1, lett. *d*).

[12] L'Amministrazione finanziaria esclude che il rappresentante possa sottoscrivere la dichiarazione dei redditi: circ. 30 aprile 1977, n. 7/1496.

[13] La nomina del rappresentante fiscale, *ex* art. 4, comma 2, del D.P.R. 29 settembre 1973, n. 600, non richiede l'atto pubblico; altra cosa è invece la nomina di un procuratore *ad negotia*, che abbia anche il potere di sottoscrivere la dichiarazione, di presentare ricorsi, ecc.

[14] D.lgs. 14 settembre 2015, n. 147, art. 2. Cfr. G. Vanz, *Investitori esteri e interpello sui nuovi investimenti*, in *Rass. trib.*, 2017, 947.

© Wolters Kluwer Italia

# SEZIONE II

# I REDDITI DEI RESIDENTI PRODOTTI ALL'ESTERO



## 6. *I dividendi e le plusvalenze provenienti da Stati a fiscalità ordinaria.*

A) I dividendi percepiti da persone fisiche, provenienti da Stati a fiscalità ordinaria, sono tassati come i dividendi distribuiti da società residenti. Pertanto, si applica o il regime sostitutivo con aliquota del 26 per cento, o la tassazione del 58,14 per cento, o la tassazione integrale (si rinvia a quanto detto nel capitolo sui singoli redditi, nella sezione dedicata ai redditi di capitale, paragrafo sui dividendi) [15].

Invece, gli utili distribuiti da società non residenti ai soggetti passivi Ires residenti sono componenti del reddito d'impresa e sono tassati come i dividendi distribuiti da società residenti (Tuir, art. 89, comma 3).

B) Le plusvalenze realizzate da non imprenditori sono «*redditi diversi*», e sono tassate con imposta sostitutiva del 26 per cento (dal 1° gennaio 2019).

Invece, le plusvalenze realizzate da soggetti passivi Ires, derivanti da cessioni di partecipazioni in società non residenti, sono trattate come le cessioni di partecipazioni in società residenti (esenzione del 95 per cento, in presenza dei presupposti della *partecipation exemption*).

[15] D.P.R. 29 settembre 1973, n. 600, art. 27, commi 1 e 4. Se il dividendo è stato assoggettato a ritenuta "convenzionale" dallo Stato della fonte, il contribuente può chiederne il rimborso all'Amministrazione finanziaria estera, certificando di essere fiscalmente residente in Italia.

Se non intervengono intermediari, il percettore dei dividendi deve autotassarsi, dichiarando i dividendi percepiti (Tuir, art. 18).

© Wolters Kluwer Italia

**6.1.** *I dividendi e le plusvalenze provenienti da Stati a fiscalità privilegiata.*

A) Se la società partecipata ha sede in un Paese a regime fiscale privilegiato, non vi è motivo per detassare i dividendi e le plusvalenze.

Ecco perché i dividendi provenienti da "paradisi fiscali" sono tassati per intero, sia quando sono redditi di capitale (Tuir, art. 47, comma 4), sia quando sono redditi d'impresa (art. 89, comma 3).

B) Non si applica il regime di piena imponibilità dei dividendi ove sia accertato, anche a seguito di interpello, che, dalla partecipazione in società residenti in "paradisi fiscali", non sia conseguito l'effetto di localizzare i redditi in Stato o territori a fiscalità privilegiata.

In altri termini, deve risultare che la società partecipata abbia ricevuto quei redditi da società residenti in Paesi a fiscalità ordinaria (Tuir, art. 47, comma 4, e art. 89, comma 3)[16].

C) Nel caso di cessione di partecipazioni in società localizzate nei "paradisi fiscali" sono imponibili per intero: a) le plusvalenze realizzate da società o enti commerciali o da società di persone o imprenditori individuali (Tuir, artt. 87, comma 1, lett. c); b) le plusvalenze realizzate da persone fisiche (non imprenditori), se la partecipazione è qualificata (Tuir, art. 68, comma 4). Si tiene conto anche delle minusvalenze, con facoltà di riporto a nuovo.

D) Per le plusvalenze da cessione di partecipazioni in società residenti in Stati a fiscalità privilegiata la piena imponibilità è esclusa per i soggetti passivi Ires ove sia dimostrato che non sia stato conseguito l'effetto di localizzare i redditi in Stato a fiscalità privilegiata (Tuir, art. 87, comma 1, lett. c).

L'art. 89, comma 3, del Tuir, prevede però, per le plusvalenze conseguite da soggetti passivi Ires, un regime di tassazione attenuata, limitata al 50 per cento di quanto percepito, e con attribuzione del credito d'imposta indiretto, quando la società partecipata svolge, in via principale, un'effettiva

[16] La tassazione integrale si applica anche quando la società estera partecipata abbia sede in un Paese a fiscalità ordinaria, ma abbia ricevuto i redditi distribuiti da società partecipate residenti in Paesi a regime fiscale privilegiato, come è confermato dall'art. 89, comma 3, che parla di utili «*provenienti*», e non di utili distribuiti (come nel comma 2).

© Wolters Kluwer Italia

attività commerciale o industriale, nel mercato dello Stato o territorio di insediamento.

**7.** *Esenzione opzionale delle stabili organizzazioni estere.*

Le imprese residenti che posseggono una stabile organizzazione all'estero possono optare per l'esenzione degli utili e delle perdite ad essa attribuibili (Tuir, art. 168-*ter*).

L'opzione è irrevocabile ed è esercitata quando è costituita la stabile organizzazione.

L'opzione può essere esercitata anche per le stabili organizzazioni già esistenti. In tal caso, se l'attività delle stabili organizzazioni ha generato perdite dedotte dal reddito imponibile in Italia, gli utili prodotti dalle stabili organizzazioni continuano ad essere tassabili in Italia, fino a concorrenza delle perdite dedotte dal reddito nei precedenti esercizi.

**8.** *Le imprese estere controllate.*

A) Il regime delle imprese estere controllate (o regime CFC: *Controlled Foreign Companies*) è un regime di trasparenza che si applica alle società e, in generale, ai contribuenti residenti che detengono «*direttamente o indirettamente, anche tramite società fiduciarie o per interposta persona, il controllo di una impresa, di una società o di altro ente, residente o localizzato in Stati o territori a regime fiscale privilegiato*» (Tuir, art. 167, comma 1).

Di regola, i redditi derivanti dalla partecipazione in società residenti all'estero sono soggetti ad imposta quando sono percepiti: secondo il "regime CFC", invece, i redditi delle controllate estere sono imputati al soggetto residente in Italia, a prescindere dalla distribuzione, in base al principio di trasparenza.

Il regime CFC è simile al consolidato mondiale, perché comporta l'imputazione per trasparenza di redditi prodotti all'estero ad un contribuente residente in Italia. Ma, mentre il consolidato è opzionale, il regime CFC ha funzione antielusiva, e, quindi, si applica obbligatoriamente.

Per effetto del regime di trasparenza, i redditi prodotti dalle CFC sono tassati in Italia nel periodo in cui sono prodotti: è così contrastato il *tax deferral,* cioè il rinvio della tassazione in Italia mediante rinvio della distribuzione dei redditi prodotti dalle imprese estere controllate.

© Wolters Kluwer Italia

Si considerano privilegiati i regimi fiscali, anche speciali, di Stati o territori il cui livello nominale di tassazione risulti inferiore al 50 per cento di quello applicabile in Italia (Tuir, art. 167, comma 4)[17].

Rileva il controllo ai sensi dell'art. 2359 c.c., secondo cui vi è controllo se una società dispone della maggioranza dei voti o di un numero di voti sufficienti per esercitare un'influenza dominante sull'altro soggetto; il controllo può inoltre derivare dalla presenza di particolari vincoli contrattuali (Tuir, art. 167, comma 3)[18].

B) Il regime CFC non si applica in due ipotesi:

a) nel caso in cui il soggetto estero «*svolga un'effettiva attività industriale o commerciale, come sua principale attività, nel mercato dello Stato o territorio di insediamento*»[19];

b) quando il soggetto residente non fruisce del regime fiscale privilegiato, perché il soggetto estero partecipato riceve utili prodotti da una stabile organizzazione o da una partecipata i cui redditi sono tassati in un Paese a fiscalità normale.

C) Per la determinazione del reddito da imputare al soggetto residente, il l'art. 167, comma 6, del Tuir prevede che i redditi del non residente sono assoggettati a tassazione separata con l'aliquota media Irpef applicata sul reddito complessivo del soggetto residente e, comunque, non inferiore all'aliquota ordinaria dell'imposta sul reddito delle società[20].

I redditi del soggetto estero sono determinati applicando le norme italiane in materia di reddito d'impresa.

Dall'imposta così determinata sono ammesse in detrazione le imposte pagate all'estero a titolo definitivo.

D) Ai sensi dell'art. 167, comma 8-*bis*, Tuir, il regime CFC è esteso ai casi in cui i soggetti esteri controllati non hanno sede in Stati o territori a regime privilegiato, qualora:

[17] Comma modificato dall'art. 1, comma 142, della L. 28 dicembre 2015, n. 208 (legge di stabilità per il 2016). In precedenza, l'art. 167 si applicava alle CFC residenti in Stati o territori individuati dal D.m. 21 novembre 2001 (*black list*).

[18] Cfr. D. STEVANATO, *Controlled Foreign Companies: concetto di controllo e imputazione del reddito*, in *Riv. dir. trib.*, 2000, I, 777.

[19] Per le attività bancarie, finanziarie e assicurative questa condizione si ritiene soddisfatta quando la maggior parte delle fonti, degli impieghi o dei ricavi originano nello Stato o territorio di insediamento.

[20] Non si applica la disposizione di cui all'art. 86, comma 4 del Tuir, in tema di rateizzazione della tassazione delle plusvalenze.

© Wolters Kluwer Italia

*a*) siano assoggettati ad una tassazione effettiva inferiore a più della metà di quella a cui sarebbero soggetti se fossero residenti in Italia;

*b*) abbiano conseguito proventi ("*passive income*") derivanti per più del 50 per cento dalla gestione, dalla detenzione o dall'investimento in titoli, partecipazioni, crediti o altre attività finanziarie, dalla cessione o dalla concessione in uso di diritti immateriali relativi alla proprietà industriale, letteraria o artistica) o dalla prestazione di servizi infragruppo[21].

L'estensione del regime CFC ora indicata può essere però evitata se il soggetto residente dimostra – mediante interpello – che l'insediamento all'estero non rappresenta una "costruzione artificiosa", volta a conseguire un indebito vantaggio fiscale[22].

Con questa estensione, il regime CFC appare diretto a contrastare non solo il *tax deferral*, ma più in generale la dislocazione di profitti propri del soggetto controllante presso strutture estere artificiose, con sede in Stati o territori a fiscalità privilegiata.

## 9. *Il consolidato mondiale.*

A) Il consolidato mondiale comporta la imputazione, alla capogruppo italiana, del risultato fiscale delle controllate estere, in proporzione alla quota di partecipazione[23].

Vi è una fondamentale differenza tra consolidato nazionale e mondiale. Il primo determina la tassazione unitaria di più soggetti passivi. Il consolidato mondiale, invece, concerne la tassazione di un solo soggetto passivo (la controllante residente), a cui sono imputati i redditi delle partecipazioni in controllate estere.

Alla controllante sono imputati in misura proporzionale i redditi e le perdite di tutte le controllate non residenti (*all in, all out*), per un periodo non inferiore a cinque esercizi (i successivi rinnovi vincolano per almeno tre esercizi).

[21] Si tratta dei servizi resi nei confronti di soggetti che direttamente o indirettamente controllano la società o l'ente non residente, ne sono controllati o sono controllati dalla stessa società che controlla la società o l'ente non residente, ivi compresi i servizi finanziari.

[22] Sulla nozione di costruzione artificiosa cfr. Corte di giustizia, 12 settembre 2006, *Cadbury Schweppes*, C-196/04.

[23] Cfr. G. Stancati, *Il consolidato mondiale*, in *Imposta sul reddito delle società (IRES)*, a cura di F. Tesauro, cit., p. 879; F. Tesauro, *Aspetti internazionali della riforma fiscale*, in *Fiscalità internaz.*, 2003, 427.

© Wolters Kluwer Italia

Si imputano quote di reddito della società estera: non avrebbe alcun fondamento tassare una quota di reddito superiore alla frazione riferibile alla controllante in base alla partecipazione posseduta.

Questo sistema di tassazione presenta, al tempo stesso, vantaggi e svantaggi.

Il lato positivo è dato dalla compensabilità delle perdite fiscali delle controllate non residenti con i redditi delle società residenti. La controllante che non adotta il consolidato può dedurre le perdite delle stabili organizzazioni (Tuir, art. 84), ma non le perdite delle controllate estere. La principale "ragion pratica" del consolidato mondiale è dunque la compensabilità delle perdite tranfrontaliere[24]. Tutte le limitazioni e le cautele che circondano l'istituto (che, non a caso, è adottato solo da Francia e Danimarca) vanno dunque spiegate avendo presente che consente la compensazione delle perdite di società estere con utili realizzati in Italia.

D'altro canto, però, il consolidato rende immediatamente tassabili in Italia, per imputazione (alla controllante), gli utili delle controllate non residenti.

B) Il soggetto controllante deve essere una società di capitali o un ente commerciale residente in Italia. Non possono adottare il consolidato mondiale né le società di persone, né le società non residenti. Per brevità, nella esposizione che segue, ci riferiremo alle società, ma resta inteso che anche gli enti commerciali residenti possono assumere il ruolo di capogruppo.

La controllante può optare per il consolidato mondiale: a) se è una società quotata nei mercati regolamentati; b) se è controllata dallo Stato, o da altri enti pubblici, o da persone fisiche residenti, che non abbiano il controllo di altre società.

Il requisito del controllo sussiste quando la controllante possiede: a) la maggioranza dei diritti di voto esercitabili nell'assemblea ordinaria; b) il diritto di partecipare agli utili in misura superiore al 50 per cento.

Il controllo può essere detenuto anche in modo indiretto, ossia per il tramite di una o più controllate residenti; in tal caso, però, è necessario che la capogruppo e le controllate residenti optino per il consolidato nazionale[25]. Va anche qui tenuto conto, come nel consolidato nazionale, dell'effetto "demoltiplicativo" della catena di controllo.

[24] Prima della riforma che ha introdotto la *participation exemption*, le perdite delle società partecipate assumevano rilevanza mediante la svalutazione della partecipazione.

[25] Tuir, art. 131, comma 2. Di contro, ai sensi dell'art. 130, comma 4, la capogruppo del consolidato mondiale non può partecipare come controllata al consolidato nazionale.

© Wolters Kluwer Italia

Non sono previsti requisiti per le controllate, che possono dunque essere società di qualsiasi tipo.

L'opzione per il consolidato mondiale deve essere esercitata unicamente dalla società o ente controllante residente. Le controllate non devono esprimere alcuna opzione, perché il consolidato mondiale non tassa i loro redditi. Le controllate devono però assumere alcuni impegni (come si vedrà).

L'opzione è efficace se, oltre ai presupposti già indicati, sussistono le seguenti ulteriori condizioni:

a) l'opzione ha per oggetto tutte le controllate non residenti (*all in, all out*);

b) vi è identità dell'esercizio sociale di ciascuna società controllata con quello della controllante;

c) i bilanci di tutte le società del gruppo sono soggetti a revisione contabile;

d) il consenso delle controllate alla revisione del proprio bilancio e l'impegno a fornire alla controllante la collaborazione necessaria per la determinazione dell'imponibile e per adempiere, entro un periodo non superiore a 60 giorni dalla loro notifica, alle richieste dell'Amministrazione finanziaria.

### **9.1.** *Gli effetti del consolidato mondiale.*

Il consolidato mondiale comporta, come già accennato, l'imputazione alla controllante dei risultati reddituali (utile o perdita) delle società non residenti, in proporzione della quota di partecipazione agli utili (Tuir, art. 131).

Il risultato reddituale delle società estere, calcolato secondo la legislazione fiscale dello Stato di residenza fiscale, deve essere ricalcolato applicando le disposizioni vigenti in Italia in materia di Ires (Tuir, art. 134), analogamente a quanto previsto per le CFC.

Devono poi essere effettuate le "rettifiche di consolidamento", così riassumibili:

a) adozione di un trattamento uniforme dei componenti di reddito risultanti dai bilanci revisionati delle controllate;

b) riconoscimento dei valori risultanti dal bilancio relativo al periodo anteriore a quello di adozione del consolidamento, a condizione che non vi sia stato un mutamento di principi contabili;

c) esclusione degli utili e perdite di cambio risultanti da finanziamenti infragruppo di durata superiore a diciotto mesi;

d) conversione degli imponibili espressi in valuta estera;

e) applicazione del principio del valore normale ai beni e servizi scambiati tra società residenti e non residenti, al fine di preservare la corretta allocazione internazionale del reddito;

f) esclusione dei fondi per rischi ed oneri che non rientrano nelle categorie tipizzate dal Tuir, di cui va rispettata la misura.

Sulla base imponibile risultante dalle rettifiche di consolidamento, la controllante determina la corrispondente imposta lorda, da cui sono scomputabili i crediti e le ritenute di pertinenza della controllante, nonché il credito per le imposte pagate all'estero dalle società controllate (Tuir, art. 165, comma 6)[26].

### 9.2. *Interruzione e revoca dell'opzione per il consolidato mondiale.*

La disciplina degli eventi *lato sensu* interruttivi distingue, essenzialmente, due ipotesi principali, a seconda che l'evento interessi la capogruppo ovvero le controllate (Tuir, art. 165, comma 6).

Se la capogruppo perde lo *status* legittimante (ad esempio, privatizzazione di una *holding* pubblica), il regime cessa di avere efficacia a partire dall'inizio del periodo di imposta successivo.

Quando si verifica l'evento interruttivo, le perdite maturate durante il consolidamento vengono ridotte proporzionalmente al "contributo" che le controllate hanno dato alla loro produzione. Si verifica il medesimo effetto in caso di revoca dell'opzione.

Nell'ipotesi in cui venga meno il requisito di controllo rispetto ad una o più entità sono recuperati a tassazione, nella base imponibile consolidata, le perdite proporzionalmente riferibili alle società uscite dal consolidamento, qualora ne rappresentino oltre due terzi.

In caso di interruzione o di revoca dell'opzione, i dividendi percepiti e le plusvalenze realizzate dalla controllante, per effetto delle partecipazioni detenute nelle società consolidate, concorrono a formare il reddito imponibile della controllante, per la quota parte che ha beneficiato della *participation exemption*, fino a concorrenza della differenza fra le perdite delle società estere dedotte e i redditi delle stesse società tassati nell'ambito del consolidato (Tuir, art. 139-*bis*).

[26] Cfr. A. CONTRINO, *Il riporto delle eccedenze d'imposta estera nella disciplina del* foreign tax credit, in *Dir. prat. trib.*, 2007, I, 271.

© Wolters Kluwer Italia

Tale regola si applica anche in costanza di consolidato, quando la partecipazione posseduta dalla controllante residente in una società estera consolidata si riduce, ma senza scendere al di sotto della percentuale di controllo che dà titolo all'inclusione nel consolidato.

## **10.** *Il credito d'imposta per le imposte pagate all'estero.*

L'attribuzione del credito d'imposta per le imposte assolte all'estero ai contribuenti residenti in Italia, che producono reddito in altri Paesi, mira a realizzare la neutralità fiscale interna dal punto di vista dello Stato esportatore di capitali: mira, cioè, a fare in modo che la tassazione del reddito prodotto all'estero sia pari alla tassazione del reddito prodotto nello Stato di residenza dell'investitore.

A tale scopo, per eliminare (o attenuare) la doppia imposizione internazionale, a parte i rimedi previsti dalle convenzioni internazionali, è attribuito al contribuente residente un credito d'imposta (*foreign tax credit*)[27].

Il credito d'imposta si compensa con l'imposta dovuta dal soggetto residente; in sostanza, si tratta di una detrazione, che spetta fino a concorrenza della quota di imposta italiana corrispondente al rapporto tra redditi prodotti all'estero e reddito complessivo. La detrazione è data per il tributo pagato all'estero, ma non in misura superiore alla quota di imposta italiana proporzionalmente attribuibile al reddito prodotto all'estero.

Se alla formazione della base imponibile concorrono redditi prodotti in più Stati esteri, la detrazione si applica separatamente per ciascuno Stato (*per country limitation*).

Nel caso in cui il reddito prodotto all'estero sia tassato parzialmente (ad esempio, dividendi percepiti da società, che concorrono solo per il 5 per cento, o da persone fisiche, che concorrono solo in parte), anche l'imposta estera detraibile è ridotta in misura corrispondente. Il credito d'imposta è infatti ridotto in misura proporzionale alla quota del reddito estero che non concorre alla formazione del reddito complessivo.

Inoltre, la detrazione può essere fatta valere solo se i redditi possono considerarsi prodotti all'estero secondo i criteri previsti per la localizzazione dei redditi prodotti da non residenti in Italia, e se i redditi esteri concorrono alla formazione del reddito complessivo imponibile (il credito

[27] Si veda l'art. 165 del Tuir, che detta regole dettagliate. Cfr. A. Contrino, *Contributo allo studio del credito per le imposte estere*, Torino, 2012; Id., *La recente riforma del credito per le imposte estere: prime considerazioni sistematiche*, in *Rass. trib.*, 2017, 323.

© Wolters Kluwer Italia

d'imposta non spetta per i redditi di fonte estera sottoposti in Italia a ritenute alla fonte o imposte sostitutive).

È necessario, infine, che il pagamento dell'imposta allo Stato estero sia stato fatto a titolo definitivo.

## 11. *La patrimoniale su immobili e attività finanziarie.*

In parallelo alla patrimoniale municipale che colpisce gli immobili posseduti in Italia, gli immobili posseduti all'estero, da persone fisiche residenti in Italia, sono tassati con una patrimoniale, cioè dall'imposta sul valore degli immobili situati all'estero[28]. L'imposta è dovuta nella misura dello 0,76 per cento del valore degli immobili.

Per evitare doppie imposizioni, dall'imposta si deduce un credito d'imposta pari all'ammontare dell'imposta patrimoniale versata nello Stato in cui è situato l'immobile.

Sono soggette ad imposta anche le attività finanziarie detenute all'estero dalle persone fisiche residenti nel territorio dello Stato.

L'imposta è dovuta nella misura del 2 per mille del valore delle attività finanziarie. La base imponibile è costituita dal valore di mercato, rilevato al termine di ciascun anno solare. Dall'imposta si detrae un credito d'imposta pari all'ammontare dell'imposta patrimoniale versata nello Stato estero.

Per l'applicazione di queste due imposte valgono le disposizioni previste per l'Irpef.

## 12. *La dichiarazione dei beni e redditi esteri.*

I soggetti residenti fiscalmente in Italia devono dichiarare i beni detenuti e i redditi prodotti all'estero (obblighi di monitoraggio).

Le persone fisiche, gli enti non commerciali e le società semplici, residenti in Italia, devono indicare nella dichiarazione dei redditi gli investimenti che detengono all'estero e le attività estere di natura finanziaria, attraverso cui possono essere conseguiti redditi imponibili in Italia[29]. La

[28] Si veda l'art. 19, commi dal 13 al 17, del D.l. 6 dicembre 2011, n. 201 (decreto Monti), convertito dalla L. 22 dicembre 2011, n. 214.

[29] Si veda l'art. 4, commi 1 e 3, D.l. 28 giugno 1990, n. 167, conv. dalla L. 4 agosto 1990, n. 227. Va notato che devono essere dichiarati non solo i beni che producono reddito, ma anche i beni potenzialmente capaci di produrre reddito (immobili, unità da diporto, oggetti preziosi e opere d'arte, ecc.).

© Wolters Kluwer Italia

violazione dell'obbligo di dichiarazione è punita con sanzione amministrativa pecuniaria dal 3 al 15 per cento dell'ammontare degli importi non dichiarati[30]. La sanzione è raddoppiata (quindi dal 6 al 30 per cento), se lo Stato estero è a regime fiscale privilegiato[31].

A ciò vanno aggiunte le imposte dovute sui redditi prodotti all'estero dai capitali non dichiarati e le sanzioni connesse alla omessa o infedele dichiarazione di redditi.

Norme particolarmente severe si applicano per l'omessa dichiarazione di investimenti e attività di natura finanziaria detenute negli Stati o territori a regime fiscale privilegiato[32]: vi è innanzitutto la presunzione che derivino, salvo prova contraria, da redditi sottratti a tassazione[33]; inoltre, sono raddoppiati i termini per l'accertamento[34] e sono raddoppiate le sanzioni amministrative per omessa o infedele dichiarazione dei redditi che ne sono derivati[35].

## 13. *Accordi preventivi delle imprese con attività internazionale.*

Le imprese con attività internazionale possono stipulare con l'Agenzia delle entrate accordi preventivi concernenti i prezzi di trasferimento, le stabili organizzazioni, i dividendi, gli interessi, le *royalties* ed altri componenti reddituali (D.P.R. 29 settembre 1973, n. 600, art. 31-*bis*).

Si tratta di accordi che vincolano le parti per il periodo d'imposta nel corso del quale sono stipulati e per i quattro periodi d'imposta successivi, salvo mutamenti delle circostanze di fatto o di diritto.

[30] Si veda l'art. 5 del D.l. 28 giugno 1990, n. 167, conv. con L. 6 agosto 1990, n. 227.

[31] Si veda l'art. 5 del D.l. 28 giugno 1990, n. 167, conv. con L. 6 agosto 1990, n. 227.

[32] Si tratta degli Stati e territori indicati nelle *black list* (D.m. 4 maggio 1999 e 21 novembre 2001).

[33] D.l. 1° luglio 2009, n. 78, conv. con L. 3 agosto 2009, n. 102, art. 12.

[34] Termini di cui all'art. 43, commi 1 e 2, del D.P.R. 29 settembre 1973, n. 600, e all'art. 57, commi 1 e 2, del D.P.R. 26 ottobre 1972, n. 633.

[35] Sanzioni previste dall'art. 1 del D. lgs. 18 dicembre 1997, n. 471.

© Wolters Kluwer Italia

## CAPITOLO QUINTO

# LE OPERAZIONI STRAORDINARIE



### 1. *Premessa.*

Sono considerati in questo capitolo i profili fiscali delle operazioni straordinarie, e cioè di taluni eventi organizzativi, o riorganizzativi, da distinguere secondo che abbiano per oggetto beni (in specie, aziende e partecipazioni) o soggetti (trasformazioni, fusioni, scissioni di società e di altri enti). La disciplina di queste operazioni è contenuta nel Tuir (art. 170 e seguenti, per le operazioni domestiche; art. 178 e seguenti, per le operazioni transfrontaliere, che recepiscono la direttiva comunitaria sulle fusioni e su altre operazioni straordinarie).

### 2. *Operazioni sui beni. Le cessioni di azienda.*

A) Per l'imprenditore, l'azienda acquistata ha un valore fiscalmente riconosciuto, pari al costo, che può essere ammortizzato per la parte riferibile

© Wolters Kluwer Italia

ai beni strumentali. Se l'azienda è ceduta ad un prezzo maggiore del valore fiscalmente riconosciuto, la plusvalenza – pari alla differenza fra il corrispettivo, al netto degli oneri accessori di diretta imputazione, e il costo non ammortizzato – è tassata integralmente nel periodo d'imposta del realizzo (Tuir, art. 86, comma 4).

Accanto al regime ordinario sono però previsti dei regimi fiscali attenuati, o di non tassazione.

Chi cede un'azienda posseduta da meno di tre anni, e, quindi, realizza una plusvalenza formata in poco tempo, non ha alcuna agevolazione; le attenuazioni sono riservate alle plusvalenze che si sono formate in un periodo relativamente più lungo (di tre o di cinque anni).

Se l'azienda ceduta è stata posseduta per un periodo non inferiore a tre anni, il contribuente ha la facoltà di scelta tra tassazione immediata nell'esercizio del realizzo e tassazione frazionata in più esercizi, in quote costanti, nell'esercizio del realizzo e nei successivi, non oltre il quarto (Tuir, art. 86, comma 4).

La tassazione immediata della plusvalenza realizzata può essere conveniente quando compensa perdite dell'esercizio o perdite pregresse.

In luogo di questo regime, se l'azienda è stata posseduta per almeno cinque anni, l'imprenditore individuale può optare (nella dichiarazione dei redditi) per la tassazione separata (Tuir, artt. 17 e 58).

La plusvalenza derivante dalla cessione dell'unica azienda da parte degli imprenditori individuali, che sia stata data in affitto e poi ceduta senza rientrarne in possesso, è tassabile come reddito diverso (Tuir, art. 67, comma 1, lett. *h*).

In caso di permuta, non vi è tassazione se il corrispettivo della cessione è costituto da beni ammortizzabili (anche se si tratta di un complesso o ramo aziendale), e se vi è continuità di valori fiscali (cioè se i beni ricevuti sono complessivamente iscritti in bilancio allo stesso valore al quale erano iscritti i beni ceduti). Si tassa l'eventuale conguaglio in danaro, cioè la parte di plusvalenza che è monetizzata (Tuir, art. 86, comma 2, ultimo periodo).

B) Il trasferimento di azienda per causa di morte o per atto gratuito non rende tassabili le plusvalenze, purché vi sia continuità di valori fiscali: l'azienda deve essere assunta ai valori fiscalmente riconosciuti nei confronti del dante causa (Tuir, art. 58) [1]; se l'erede o il donatario cede l'azienda, la plusvalenza è tassata come reddito diverso (Tuir, art. 67, comma 1, lett. *h-bis*).

[1] Cfr. Cass., 25 gennaio 2002, n. 905.

© Wolters Kluwer Italia

C) La plusvalenza realizzata con la cessione di una azienda non è tassata se l'azienda è conferita in una società, in regime di neutralità fiscale (Tuir, art. 176, comma 1); la partecipazione ricevuta, se è iscritta come immobilizzazione, può essere poi ceduta in regime di *participation exemption.*

L'art. 176, comma 3, del Tuir, esclude espressamente che tale operazione possa essere considerata elusiva[2].

## **2.1.** *La responsabilità del cessionario d'azienda.*

Chi acquista un'azienda è solidalmente responsabile con il cedente per il pagamento dell'imposta e delle sanzioni riferibili alle violazioni commesse nell'anno in cui è avvenuta la cessione e nei due precedenti, nonché per quelle già irrogate e contestate nel medesimo periodo, anche se riferite a violazioni commesse in epoca anteriore (D.lgs. 18 dicembre 1997, n. 472, art. 14).

Si tratta di una responsabilità limitata, oltre che temporalmente, anche nella misura, perché il cessionario è obbligato nei limiti del valore dell'azienda ceduta[3].

La responsabilità del cessionario non ha limiti se la cessione è avvenuta in frode al fisco. La frode è presunta se il trasferimento si è verificato entro sei mesi dalla constatazione di una violazione penale.

## **2.2.** *Le cessioni di partecipazioni immobilizzate.*

Secondo il regime ordinario, sono imponibili le plusvalenze realizzate con la cessione di partecipazioni sociali iscritte nell'attivo immobilizzato (c.d. partecipazioni strategiche), se non fruiscono del regime di *participation exemption.* Se si tratta di partecipazioni iscritte fra le immobilizzazioni finanziarie negli ultimi tre bilanci, il contribuente può sottoporre la plusvalenza a tassazione immediata o frazionarla in quote costanti, nell'esercizio del realizzo e nei successivi, non oltre il quarto (Tuir, art. 86, comma 4).

[2] L'Agenzia delle entrate e la giurisprudenza ritengono, agli effetti dell'imposta di registro (come si vedrà nel capitolo relativo a tale imposta), che l'operazione debba essere tassata come se fosse ceduta l'azienda.

[3] È previsto che il cessionario possa ottenere un certificato relativo alle pendenze tributarie del cedente.

© Wolters Kluwer Italia

Questo regime non opera, però, per le partecipazioni immobilizzate che fruiscono della *participation exemption*. In tale regime, le plusvalenze derivanti dalla cessione di partecipazioni "strategiche" sono:

a) esenti da imposizione, nella misura del 95 per cento, se il cedente è una società di capitali o un ente commerciale;

b) esenti da imposizione, nella misura del 41,86 per cento, se il cedente è un imprenditore individuale;

c) esenti da imposizione, nella misura del 50,28, se il cedente è una società di persone commerciale.

## 3. *I conferimenti in generale.*

I conferimenti, generalmente, hanno per oggetto danaro; possono però avere per oggetto anche altri beni (crediti, immobili, partecipazioni, aziende, ecc.)[4]. Se è conferito danaro, non sorgono problemi di tassazione.

I conferimenti di altri beni possono essere fiscalmente "realizzativi" (cioè con tassazione delle plusvalenze realizzate) o "neutrali" (cioè senza tassazione delle plusvalenze).

In linea di principio, i conferimenti sono equiparati alle cessioni a titolo oneroso (Tuir, art. 9, comma 5): sono, quindi, realizzativi. Ciò significa che, di norma, le plusvalenze dei beni conferiti sono da considerare realizzate e sono tassate, come nel caso in cui il bene è ceduto verso un corrispettivo in danaro. Vi sono, però, anche ipotesi in cui, come vedremo, i conferimenti sono neutrali[5].

Per effetto del conferimento, il conferente riceve una partecipazione (azioni o quote); la plusvalenza insita nel bene conferito (bene di primo grado) non viene "monetizzata", ma "scambiata" con un bene di secondo grado (il titolo di partecipazione). La plusvalenza è data dalla differenza tra valore delle partecipazioni ricevute e valore del bene conferito.

Per determinare il valore delle partecipazioni ricevute bisogna distinguere tra conferimenti in società quotate e conferimenti in società non quotate (Tuir, art. 9, comma 2).

[4] Cfr. A. Turchi, *I conferimenti*, in *Imposta sul reddito delle società (IRES)*, a cura di F. Tesauro, Bologna, 2007, p. 731 ss.; Id., *Conferimenti e apporti nel sistema delle imposte sui redditi*, Torino, 2008.

[5] Se il regime normale dei conferimenti è quello dei conferimenti realizzativi, i regimi di neutralità devono essere considerati agevolativi (cfr. A. Turchi, *Conferimenti e apporti nel sistema delle imposte sui redditi*, cit., p. 158).

© Wolters Kluwer Italia

Se la conferitaria è una società quotata in borsa o in altri mercati regolamentati, il valore normale delle partecipazioni è determinato in base alle quotazioni della borsa (in specie, si tiene conto della media aritmetica dei prezzi rilevati nell'ultimo mese).

Se la conferitaria non è quotata, si assume che il valore normale delle partecipazioni ricevute sia pari al valore normale dei beni conferiti. La plusvalenza è dunque pari alla differenza tra valore normale e valore fiscale dei beni conferiti.

I conferimenti hanno rilievo non solo per il conferente, ma anche per la società conferitaria, che deve dare un valore ai beni ricevuti. Il Tuir non fornisce però alcuna indicazione sul valore fiscale che il bene conferito deve assumere per la conferitaria.

### 3.1. *I conferimenti di azienda.*

A) Per i conferimenti di azienda effettuati nell'esercizio di impresa il regime ordinario non è il realizzo, ma la neutralità fiscale[6]. I conferimenti d'azienda sono equiparati alle altre operazioni straordinarie (trasformazioni, fusioni, scissioni) e sono considerati una mera riorganizzazione; la partecipazione sostituisce l'azienda, nel patrimonio del conferente; il rapporto fra conferente e struttura produttiva non cessa, ma continua per il tramite della partecipazione ricevuta.

Il regime di continuità e neutralità fiscale comporta che il valore fiscale dell'azienda conferita diventa, per il conferente, valore della partecipazione ricevuta; per la conferitaria, il valore fiscale dei beni ricevuti è lo stesso valore che i beni avevano per il conferente.

La neutralità fiscale non viene meno se le plusvalenze sono iscritte in contabilità. Il conferente può infatti attribuire alla partecipazione ricevuta un valore contabile superiore al valore fiscale della azienda conferita; e il conferitario può iscrivere l'azienda ad un valore superiore al valore fiscale (riprendendo i valori di perizia). La plusvalenza messa così in evidenza

[6] L'art. 175, comma 1, del Tuir, nel testo originario, disciplinava il conferimento realizzativo delle aziende e delle partecipazioni di controllo e di collegamento.

Il riferimento alle aziende è stato soppresso dall'art. 1, comma 46, lett. *c*), n. 1), della L. 24 dicembre 2007, n. 244, in vigore dal 1° gennaio 2008. Inoltre, l'art. 1, comma 46, lett. *d*), n. 2, della citata L. 24 dicembre 2007, n. 244, ha soppresso il comma 2 dell'art. 176, che prevedeva l'opzione per la tassazione.

Cfr. M. Di Siena, *Il principio di neutralità nella circolazione di compendi aziendali*, Milano, 2017, p. 81 ss.

© Wolters Kluwer Italia

non è tassata, ma le divergenze tra valori fiscali e valori contabili devono essere indicate in un "prospetto di riconciliazione", allegato alla dichiarazione dei redditi, per "memorizzare" la differenza tra valori civilistici e fiscali (Tuir, art. 176, comma 1)[7].

Non vi è dunque tassazione di plusvalenze per effetto del conferimento; vi sarà tassazione quando il soggetto conferente cederà la partecipazione, o la società conferitaria cederà l'azienda, per un corrispettivo superiore al valore fiscale. Il valore di partenza, ai fini del calcolo della plusvalenza, non è il valore contabile di iscrizione (che è fiscalmente irrilevante), ma il valore fiscale indicato nel prospetto di riconciliazione.

B) Alla conferitaria è riconosciuta la facoltà di attribuire un valore fiscalmente riconosciuto ai plusvalori latenti delle immobilizzazioni (materiali e immateriali) dell'azienda ricevuta pagando un'imposta sostitutiva (Tuir, art. 176, comma 2-*ter*)[8].

Riceve in tal modo riconoscimento fiscale il maggior valore degli elementi dell'attivo costituenti immobilizzazioni (materiali e immateriali) dell'azienda ricevuta, compreso l'avviamento; sono esclusi, quindi, gli elementi dell'attivo circolante e le immobilizzazioni finanziarie (ad esempio, le rimanenze di merci o titoli).

L'imposta è sostitutiva dell'Irpef, dell'Ires e dell'Irap. I maggiori valori assoggettati ad imposta sostitutiva possono essere oggetto di ammortamento fiscale a partire dal periodo di imposta nel corso del quale è esercitata l'opzione[9], ma i beni non devono essere ceduti prima del quarto periodo d'imposta successivo a quello di esercizio dell'opzione.

La plusvalenza o minusvalenza deve essere calcolata contrapponendo al corrispettivo ricevuto (o al valore normale) il costo fiscale del cespite ceduto, ridotto dei maggiori valori affrancati e del maggior ammortamento dedotto. In tale ipotesi, è riconosciuto un credito d'imposta in misura pari al tributo sostitutivo versato.

L'opzione effettuata dalla società conferitaria non riguarda il conferente, per il quale la partecipazione ricevuta conserva il valore fiscale dell'azienda

[7] Cfr. A. Turchi, *Conferimenti e apporti nel sistema delle imposte sui redditi*, cit., p. 332; G. Corasaniti, *Profili tributari dei conferimenti in natura e degli apporti in società*, Milano, 2008, p. 256.

[8] Occorre esprimere a tal fine un'opzione nella dichiarazione dei redditi dell'esercizio in cui avviene il conferimento d'azienda o in quella del periodo d'imposta successivo.

[9] Tale periodo può non essere quello in cui è stato effettuato il conferimento d'azienda, essendo prevista la possibilità di compiere la scelta anche nella dichiarazione dei redditi del periodo di imposta immediatamente successivo a quello in cui è avvenuta l'operazione.

© Wolters Kluwer Italia

conferita: in caso di cessione della partecipazione, il conferente può fruire del regime di *participation exemption*.

C) Il regime di neutralità fiscale si applica anche all'imprenditore individuale che conferisce l'unica azienda di cui è proprietario.

Il valore fiscale delle partecipazioni ricevute è dato dal valore fiscale dell'azienda conferita; vi sarà tassazione della plusvalenza se le partecipazioni ricevute saranno alienate verso un corrispettivo superiore al valore fiscale di partenza (Tuir, art. 176, comma 2-*bis*).

Poiché l'imprenditore individuale, per effetto del conferimento dell'unica azienda, cessa di essere imprenditore, la plusvalenza realizzata cedendo la partecipazione è tassata come reddito diverso.

La partecipazione ceduta sarà considerata partecipazione qualificata e sarà tassata in misura parziale (esenzione del 50,28 per cento)[10]. Si applicherà, dunque, il regime di *participation exemption*, assumendo come valore di partenza per il calcolo della plusvalenza il valore della partecipazione sociale che, come detto, è pari al valore fiscale dell'azienda conferita[11].

## 3.2. *I conferimenti di partecipazioni di controllo o di collegamento.*

Per effetto dell'equiparazione generale dei conferimenti alle cessioni, le plusvalenze derivanti dal conferimento di partecipazioni sono imponibili come le altre plusvalenze (Tuir, art. 86, comma 4) o soggette al regime di *participation exemption* (Tuir, artt. 58 e 87)[12].

Peraltro, il conferimento di partecipazioni di controllo o di collegamento (ai sensi dell'art. 2359 c.c.), effettuato nell'esercizio di imprese commerciali, è assimilato ai conferimenti di aziende, per cui può essere effettuato in regime di neutralità fiscale, come i conferimenti di aziende.

Vi è però una importante differenza, perché il conferimento di aziende resta neutrale anche se le plusvalenze emergono a livello contabile

[10] Tuir, art. 67, comma 1, lett. *c*). La partecipazione si considera qualificata in ogni caso, anche se non ricorrono le percentuali previste dall'art. 67 del Tuir.

[11] Il regime di neutralità può essere applicato sia quando l'imprenditore individuale conferisce l'azienda in una società già esistente, sia quando la conferisce in una società nuova ("trasformando" l'impresa individuale in società).

[12] È controverso se, a seguito del conferimento di partecipazioni esenti, i beni ricevuti dal conferitario abbiano un valore fiscalmente riconosciuto. Cfr. A. TURCHI, *Conferimenti e apporti nel sistema delle imposte sui redditi*, cit., p. 228.

© Wolters Kluwer Italia

(neutralità dunque solo fiscale), mentre i conferimenti di partecipazioni di controllo o di collegamento sono neutrali solo se la plusvalenza non emerge a livello contabile.

Il regime di neutralità si applica dunque solo se il conferente iscrive la partecipazione ricevuta allo stesso valore contabile della partecipazione conferita e se, a sua volta, il conferitario iscrive la partecipazione al valore contabile che aveva presso il conferente.

Vi è invece tassazione se la plusvalenza è rilevata da uno dei due soggetti dell'operazione. Ossia se il conferente attribuisce alla partecipazione ricevuta un valore superiore a quello della partecipazione conferita o se il conferitario attribuisce alla partecipazione conferita un valore contabile superiore a quello che aveva presso il conferente[13].

In definitiva, i soggetti coinvolti possono concordare la non tassazione, dando continuità ai precedenti valori, o decidere di tassare in tutto o in parte la plusvalenza, facendo emergere in tutto o in parte il valore reale della partecipazione conferita o di quella ricevuta.

Il regime di neutralità non è applicabile nel caso in cui siano conferite partecipazioni di controllo o di collegamento imponibili (cioè prive dei requisiti della *participation exemption*) e si ricevono in cambio partecipazioni esenti, cioè con i requisiti della *participation exemption*, con esclusione del requisito temporale (Tuir, art. 175, comma 2). In tale ipotesi, è subito tassata la plusvalenza latente, che è pari alla differenza tra valore normale e valore fiscalmente riconosciuto. Non vi è neutralità perché la plusvalenza, insita nelle partecipazioni imponibili conferite, è "trasferita" nella partecipazione (esente) ricevuta e, se non fosse tassata per effetto del conferimento, non sarebbe più tassata.

Invece, nel caso di conferimento di una partecipazione di controllo o di collegamento esente, in cambio di un'altra partecipazione pure esente, non vi sono plusvalenze imponibili latenti.

[13] Per sancire la tassabilità l'art. 175 del Tuir prevede che «*si considera valore di realizzo quello attribuito alle partecipazioni, ricevute in cambio dell'oggetto conferito, nelle scritture contabili del soggetto conferente ovvero, se superiore, quello attribuito alle partecipazioni conferite nelle scritture contabili del soggetto conferitario*».

Si applicano le regole sulla tassazione delle plusvalenze previste dall'art. 86 del 175 Tuir; la plusvalenza è tassata in modo frazionato, se la partecipazione è stata iscritta fra le immobilizzazioni finanziarie nei bilanci degli ultimi tre esercizi; altrimenti, è imponibile per intero, nell'esercizio del realizzo.

Non è rilevante la minusvalenza realizzata con il conferimento di partecipazioni di controllo o di collegamento. Si veda l'art. 175, comma 1, Tuir («*Ai fini dell'applicazione delle disposizioni di cui all'articolo 86, fatti salvi i casi di esenzione di cui all'articolo 87*»).

© Wolters Kluwer Italia

**3.3.** *Lo scambio di partecipazioni.*

Il regime di neutralità può essere applicato, a certe condizioni, anche allo scambio di partecipazioni, quando sia in gioco il controllo societario.

In caso di permuta, cioè nel caso in cui una società acquista (o integra, o incrementa) il controllo di un'altra società, cedendo azioni proprie, lo scambio avviene in regime di neutralità fiscale (Tuir, art. 177)[14], a condizione che:

a) i soggetti dello scambio siano società o enti commerciali, soggetti ad Ires;

b) oggetto dello scambio sia una partecipazione che permetta di acquisire o integrare il controllo ai sensi dell'art. 2359, comma 1, n. 1), c.c. (ossia la maggioranza dei voti esercitabili nell'assemblea ordinaria) o di incrementare il controllo in virtù di un obbligo legale o di un vincolo statutario;

c) l'operazione avvenga con continuità dei valori fiscali delle azioni o quote, e cioè con attribuzione, alle azioni o quote ricevute, del valore fiscalmente riconosciuto delle azioni o quote proprie, che sono state cedute.

In tal caso, la plusvalenza resta latente e sarà tassata quando la partecipazione sarà ceduta (salvo che ricorrano i presupposti di applicazione della *participation exemption*)[15]. L'eventuale conguaglio in denaro è tassabile, applicando, se ne ricorrono le condizioni, il regime di *participation exemption* (Tuir, art. 87, per i soggetti Ires, e artt. 58 e 67, comma 3, per gli altri soggetti).

Il regime di neutralità si applica anche allo scambio di partecipazioni mediante conferimento, ossia quando la società che acquista una partecipazione di controllo, o incrementa la percentuale di controllo in virtù di un obbligo legale o statutario, aumenta appositamente il capitale sociale, attribuendo al conferente le nuove azioni.

In tal caso, le azioni o quote ricevute dai conferenti sono valutate in base alla corrispondente quota delle voci di patrimonio netto formato dalla società conferitaria per effetto del conferimento (Tuir, art. 177, comma 2).

Vale anche per il conferimento attuato mediante scambio di partecipazioni la regola, già vista in materia di conferimenti di partecipazioni di controllo e di collegamento, secondo cui il regime di neutralità non si applica nel caso in cui lo scambio avvenga tra una partecipazione non esente con

[14] Cfr. P. Pacitto, *Fusioni, scissioni e scambi di partecipazioni*, in *Imposta sul reddito delle società (IRES)*, a cura di F. Tesauro, cit., p. 862 ss.

[15] Al cedente si applicano le norme sulla cessione di partecipazione e, quindi, se ne ricorrono i presupposti, l'esenzione prevista per i soggetti passivi Ires o l'esenzione prevista per le persone fisiche.

© Wolters Kluwer Italia

una partecipazione alla quale si applica la *participation exemption* (Tuir, art. 177, comma 3, che rinvia all'art. 175, comma 2).

## 4. *Operazioni sui soggetti. Le trasformazioni omogenee.*

Trasformazione, fusione e scissione sono tre forme di riorganizzazione societaria che possono essere considerate in modo unitario perché nessuna di esse dà luogo, di per sé, alla tassazione delle plusvalenze latenti, essendo operazioni che, a differenza delle cessioni e dei conferimenti, non hanno per oggetto i beni (se non in via mediata), ma i soggetti.

Con la trasformazione, muta la forma sociale di una società, ma non vi è realizzo di presupposti impositivi. Ecco perché «*la trasformazione della società non costituisce realizzo né distribuzione delle plusvalenze e minusvalenze dei beni, comprese quelle relative alle rimanenze e il valore di avviamento*» (Tuir, art. 170, comma 1).

In realtà, le trasformazioni non sono sempre neutrali, ma anche realizzative.

La trasformazione da un tipo di società commerciale ad altro di società commerciale (trasformazioni omogenee dal punto di vista civilistico) assume particolare rilievo fiscale quando consiste nella trasformazione di una società di capitali in società di persone, o viceversa, ossia quando il mutamento di tipo societario produce mutamento dell'imposta da applicare (trasformazione eterogenea dal punto di vista fiscale).

In tali casi, il periodo d'imposta in corso si divide in due: la trasformazione interrompe il periodo d'imposta in corso e inizia un nuovo periodo. Il periodo interrotto decorre dall'inizio dell'esercizio fino alla data in cui ha effetto la trasformazione; il secondo dal giorno successivo alla data in cui ha effetto la trasformazione fino alla chiusura dell'esercizio sociale. Si applicano, a ciascuno dei due periodi, le regole cui la società è soggetta in ragione della sua forma sociale.

La trasformazione esige perciò la redazione di due conti economici, relativi ai due periodi d'imposta, e la presentazione di correlative dichiarazioni dei redditi, applicando le norme fiscali proprie del tipo sociale.

Se una società di persone si trasforma in società di capitali, i redditi del periodo che precede la trasformazione sono tassati con le regole previste per le società di persone, imputando ai soci i redditi della società.

Le riserve costituite prima della trasformazione con utili tassati in capo ai soci per imputazione conservano il loro originario *status* fiscale anche dopo la trasformazione e non saranno da tassare quando la società

© Wolters Kluwer Italia

trasformata le distribuirà ai soci. È però necessario che siano iscritte in bilancio con la indicazione della loro origine.

Se una società di capitali, cui non si applica il regime di trasparenza, si trasforma in società di persone, e nel suo bilancio vi sono riserve costituite con utili, gli utili non sono imputati ai soci, perché la trasformazione non determina l'immediata applicazione alle riserve delle norme in tema di redditi delle società di persone.

Le riserve conservano il loro *status* fiscale originario di utili tassabili come dividendi presso i soci solo a seguito di distribuzione (a condizione, però, che siano iscritte in bilancio con indicazione della loro origine). Pertanto, solo quando sono distribuite ai soci, o utilizzate per scopi diversi dalla copertura di perdite di esercizio, sono tassate presso i soci.

In definitiva, quindi, in caso di passaggio da società di capitali a società di persone, alle riserve costituite prima della trasformazione continuano ad applicarsi le norme Ires relative ai dividendi, anche se la società non è più soggetta a tale imposta.

Il Tuir omette di considerare espressamente il caso in cui una società commerciale (di capitali o di persone) si trasforma in società semplice ed il caso, inverso, in cui una società semplice si trasforma in società commerciale (di persone o di capitali).

La trasformazione di una società di capitali in società semplice (c.d. de commercializzazione) è analoga alla trasformazione di una società di capitali in ente non commerciale. I beni della società di capitali cessano di essere "beni d'impresa", e ciò comporta la tassazione delle plusvalenze perché la trasformazione realizza una destinazione dei beni plus valenti a finalità estranee all'impresa [16].

Il caso, inverso, in cui una società semplice si trasforma in società di capitali, dev'essere trattato come la trasformazione di un soggetto non commerciale in soggetto commerciale. Cioè equiparando la trasformazione al conferimento.

### 4.1. *Le trasformazioni eterogenee.*

La trasformazione eterogenea, in senso civilistico, può avvenire:

– o come trasformazione di una società di capitali in consorzio, società consortile, società cooperativa, comunione di azienda, associazione non riconosciuta e fondazione (art. 2500-*septies* c.c.);

[16] Tuir, artt. 85, comma 2 e 86, comma 1 lett. *c*).

© Wolters Kluwer Italia

– o come trasformazione di tali soggetti in società di capitali (art. 2500-*octies* c.c.).

Si tratta, anche in questi casi, di trasformazione in senso proprio: muta la forma giuridica, non l'identità del soggetto, per cui si ha piena continuità di rapporti giuridici.

Dal punto di vista fiscale nulla muta se vi è identità di regime fiscale tra situazione anteriore e situazione posteriore alla trasformazione (la trasformazione è omogenea dal punto di vista fiscale): ciò accade, ad esempio, quando un ente pubblico economico si trasforma in società di capitali o quando, viceversa, una società di capitali si trasforma in ente pubblico economico[17].

Assumono invece rilievo le ipotesi in cui muta il regime fiscale (trasformazione eterogenea dal punto di vista fiscale)[18].

Se vi è trasformazione di una società di capitali in soggetto non commerciale, l'operazione comporta il realizzo dei beni della società secondo il valore normale (salvo che non confluiscano nell'attività di impresa del soggetto non commerciale). Le plusvalenze sono imponibili perché i beni aziendali cessano di essere beni d'impresa. La trasformazione determina infatti la destinazione dei beni aziendali a finalità estranee all'esercizio di impresa.

Nel caso di trasformazione da soggetto non commerciale in società di capitali, l'operazione è fiscalmente equiparata ad un conferimento (Tuir, art. 171, comma 2). Ma il conferimento è equiparato ad una cessione (Tuir, art. 9, comma 5) e, quindi, la trasformazione equivale, fiscalmente, ad una cessione. Ecco perché le plusvalenze insite nel patrimonio dell'ente che, trasformandosi, si "commercializza", sono tassate come le plusvalenze dei beni ceduti e, quindi, come redditi diversi[19]. In altri termini, le plusvalenze dei beni dell'ente non commerciale che si trasforma in società commerciale

[17] Cfr. G. Laurini, *Legittima la trasformazione di società* in house *in azienda speciale*, in *Notariato*, 2014, 113; F. Tesauro, N. Sartori, *La trasformazione delle società di gestione dei beni comuni in enti pubblici. Profili fiscali della ripubblicizzazione*, in *Riv. dir. impresa*, 2016.

[18] Cfr. F. Tesauro, *Aspetti fiscali della trasformazione eterogenea*, in *Tributimpresa*, 2005, fasc. 2, 5 e in *Fisco-Allegato*, 2005, fasc. 8, 21; F. Cicognani, *Le trasformazioni eterogenee ecc.*, in *Imposta sul reddito delle società (IRES)*, a cura di F. Tesauro, cit., p. 795; Id., *Profili tributari delle trasformazioni di società ed enti*, Torino, 2011.

[19] Ecco perché l'art. 67 prevede, al comma 1, lett. *n*), del Tuir, che sono tassabili come redditi diversi le plusvalenze «*realizzate a seguito di trasformazione eterogenea di cui all'art. 171, comma 2, ove ricorrono i presupposti di tassazione di cui alle lettere precedenti*».

© Wolters Kluwer Italia

sono trattate come quelle realizzate da un "privato", cioè come redditi diversi (Tuir, art. 67, comma 1)[20].

Sennonché, l'ente non commerciale che si trasforma in società commerciale non riceve nessun corrispettivo. Può accadere che il "corrispettivo" venga dato ad un terzo, cui sono attribuite le azioni della società risultante dalla trasformazione. Il tributo sulla plusvalenza ha come soggetto passivo l'ente che si trasforma: questo pagamento di imposta è lo scotto che si paga per la trasformazione dei "beni non d'impresa" (dell'ente non commerciale) in "beni relativi all'impresa", rivalutandone i valori di riferimento rispetto al costo.

Come si quantifica la plusvalenza? Dato per noto il valore di partenza (costo fiscale) del patrimonio dell'ente che si trasforma, vi è da individuare il valore finale (nuovo valore fiscale del patrimonio). Normalmente, la plusvalenza è la differenza tra corrispettivo percepito e costo fiscale (Tuir, art. 67, comma 1). Qui, però, non c'è un corrispettivo in senso stretto, ma, a fronte del conferimento, vi sono delle partecipazioni che vengono date ad un terzo. Ci si deve quindi riferire a queste partecipazioni, e determinarne il valore ai sensi dell'art. 9, comma 4, del Tuir. In particolare, ci si deve riferire all'art. 9, comma 4, lett. *b*), dove si stabilisce che rileva il valore del bene conferito, se la conferitaria è di nuova costituzione.

Le partecipazioni devono essere valutate in base al valore corrente del patrimonio che si trasforma in bene d'impresa; e questo valore dev'essere confrontato con il costo storico del patrimonio. Ne possono scaturire una plusvalenza imponibile e una "rivalutazione" del patrimonio ai fini delle successive vicende "realizzative" di plusvalenze, secondo lo schema dei conferimenti "realizzativi".

## 5. *La fusione.*

La fusione può avvenire o con la costituzione di una nuova società o mediante incorporazione (art. 2501 c.c.): in pratica, però, le fusioni sono realizzate prevalentemente mediante incorporazione. Nell'esposizione che segue ci riferiremo, per semplicità espositiva, quasi solo a tale ipotesi.

[20] Ad esempio, se l'ente non commerciale possiede delle partecipazioni non qualificate, deve applicarsi, ai sensi dell'art. 67, comma 1, lett. *c-bis*), l'imposta sostitutiva sui *capital gain*. Per la quantificazione, si applica l'art. 68, comma 6, del Tuir. Se l'ente non commerciale possiede un immobile, si applicano le norme sulla tassazione delle plusvalenze immobiliari come redditi diversi.

© Wolters Kluwer Italia

La società incorporante subentra in tutte le situazioni giuridiche che facevano capo alle società fuse, o alla incorporata. Ad esempio, l'avviso di rettifica della dichiarazione dell'incorporata dovrà essere emesso nei confronti dell'incorporante; le imposte dovute dalla incorporata dovranno essere pagate dall'incorporante.

La fusione interessa l'organizzazione patrimoniale e societaria dei soggetti d'imposta, non la loro gestione, ed è quindi evento fiscalmente neutro ai fini reddituali[21].

La neutralità riguarda, in particolare, le plusvalenze e le minusvalenze insite nel patrimonio della società incorporata o fusa e le differenze di fusione (avanzi e disavanzi). Nel patrimonio della società che è fusa o incorporata possono esservi – e, solitamente, vi sono – beni il cui valore reale è diverso da quello fiscalmente riconosciuto (Tuir, art. 172, comma 2); possono esservi, quindi, plusvalenze o minusvalenze latenti.

Di regola, le plusvalenze latenti divengono tassabili, e le minusvalenze divengono deducibili, se si realizzano determinati eventi (realizzo mediante cessione a titolo oneroso, distribuzione ai soci, ecc.). La fusione non è però evento rilevante a tali fini. Infatti «*non costituisce realizzo né distribuzione delle plusvalenze e minusvalenze dei beni delle società fuse o incorporate, comprese quelle relative alle rimanenze e il valore di avviamento*» (Tuir, art. 172, comma 1). In definitiva, la fusione non conferisce rilievo alle differenze (positive o negative) tra valori reali e valori fiscalmente riconosciuti dei beni delle società che partecipano alla fusione.

I beni provenienti dalle società fuse o incorporate possono essere iscritti ad un valore contabile superiore a quello di provenienza, se dalla fusione emerge un disavanzo. Questi maggiori valori non costituiscono plusvalenze imponibili per la società risultante dalla fusione o incorporante.

I beni ricevuti dalla incorporante assumono lo stesso valore fiscale che avevano presso l'incorporata. E i divergenti valori contabili e valori fiscali devono essere annotati in un "prospetto di riconciliazione", da unire alla dichiarazione dei redditi (Tuir, art. 172, comma 2). In caso di successiva cessione dei beni, si assumerà come valore di partenza, per il calcolo della plusvalenza, non il valore contabile del bene, ma il valore fiscalmente riconosciuto, indicato nel prospetto. Sarà in tal modo tassata la parte di plusvalenza latente, non tassata in occasione della fusione.

[21] Sul trattamento fiscale del fenomeno, la legislazione ha conosciuto, negli ultimi anni, un'evoluzione assai tormentata. Sulla disciplina vigente cfr. P. PACITTO, *Fusioni, scissioni e scambi di partecipazioni*, in *Imposta sul reddito delle società (IRES)*, a cura di F. Tesauro, cit., p. 850.

© Wolters Kluwer Italia

La fusione è fiscalmente neutra anche per i soci.

Le partecipazioni dei soci delle società fuse o incorporate sono annullate e sostituite da partecipazioni della società risultante dalla fusione o incorporante, e il concambio avviene in base al rapporto calcolato nel progetto di fusione. Il concambio non rientra tra le ipotesi alle quali la legge ricollega il realizzo di plusvalenze imponibili, ma è considerato una semplice sostituzione di titoli, per cui «*il cambio delle partecipazioni originarie non costituisce né realizzo né distribuzione di plusvalenze o minusvalenze, né conseguimento di ricavi per i soci della società incorporata o fusa*» (Tuir, art. 172, comma 3). È tassabile solamente il conguaglio in denaro pagato ai soci in occasione del concambio: sono tassate come reddito di capitale le somme ricevute che eccedono il costo della partecipazione annullata (Tuir, art. 47, comma 7).

### **5.1.** *Avanzi e disavanzi da annullamento.*

Passiamo ora ad esaminare il trattamento fiscale delle differenze di fusione (avanzi e disavanzi), che hanno significato diverso nelle fusioni con o senza cambio di azioni.

Cominciamo dall'incorporazione senza cambio di azioni.

Quando la società incorporante possiede per intero le azioni della società da incorporare, con la fusione è annullata la partecipazione nella società incorporata; nel suo bilancio, in luogo della partecipazione annullata, sono iscritti gli elementi dell'attivo e del passivo della società incorporata. Per stabilire se vi è avanzo, si dovrà calcolare la somma delle attività e sottrarre quella delle passività; si ottiene così il valore del patrimonio netto della società incorporata, che sostituisce, nel bilancio della incorporante, il valore della partecipazione.

In simile ipotesi, vi è avanzo di fusione se il patrimonio netto contabile della società incorporata è superiore al valore contabile della partecipazione posseduta dalla incorporante.

L'avanzo è iscritto come posta di patrimonio netto della incorporante e dev'essere utilizzato innanzitutto per la ricostituzione delle riserve in sospensione d'imposta presenti nel patrimonio della società incorporata. La parte residua acquisisce il regime fiscale del capitale e delle riserve della società incorporata (diverse da quelle ricostituite), che hanno proporzionalmente concorso a determinarlo (Tuir, art. 172, comma 6)[22].

[22] L'importo del capitale e delle riserve è da considerare al netto del valore della partecipazione annullata.

© Wolters Kluwer Italia

Vi è, invece, disavanzo di fusione, quando il valore del patrimonio netto contabile della incorporata è inferiore al valore contabile della partecipazione.

Questa ipotesi è più frequente perché, di solito, i valori contabili dei beni d'impresa sono inferiori a quelli reali e il valore contabile delle azioni (o quote) corrisponde ai valori reali.

Ora, tanto l'avanzo, quanto il disavanzo, non concorrono – per espresso disposto di legge – a formare il reddito della incorporante; in altri termini, l'avanzo non è un componente positivo di reddito, il disavanzo non è un componente negativo.

La fusione è fiscalmente neutra con riguardo alle differenze di fusione, in un duplice senso:

a) nel senso che avanzi e disavanzi di fusione non hanno rilievo reddituale: «nella determinazione del reddito della società risultante dalla fusione o incorporante non si tiene conto dell'avanzo o disavanzo iscritto in bilancio per effetto del rapporto di cambio delle azioni o quote o dell'annullamento delle azioni o quote di alcuna delle società fuse possedute da altre» (Tuir, art. 47, comma 7);

b) nel senso che il disavanzo può essere utilizzato, nel bilancio della società incorporante o risultante dalla fusione, per rivalutare i beni provenienti dalla società fusa o incorporata in bilancio, ma non anche fiscalmente dato che «*i beni ricevuti sono valutati fiscalmente in base all'ultimo valore riconosciuto ai fini delle imposte sui redditi*» (Tuir, art. 172).

Si supponga che la società Alfa abbia acquistato per 100 euro la totalità delle azioni di Beta, che ha un patrimonio netto contabile di 50 euro; a seguito dell'incorporazione, emergerà un disavanzo di 50. Ora, se il costo delle azioni (100) corrisponde al valore reale del patrimonio della società incorporata (100), il disavanzo non indica una perdita, ma soltanto che il valore contabile del patrimonio della incorporata (50) è inferiore al valore effettivo del patrimonio (100). La differenza può dipendere dal fatto che i singoli beni hanno un valore contabile e fiscale inferiore a quello corrente; e può dipendere dal fatto che il valore della somma dei singoli beni è inferiore al valore complessivo dell'azienda, in quanto comprensivo dell'avviamento. Il disavanzo, dunque, non indica una perdita, a meno che non risulti che il costo della partecipazione è superiore al valore effettivo del patrimonio dell'azienda.

Il legislatore, peraltro, non distingue le due ipotesi, e non attribuisce rilevanza fiscale al disavanzo, nemmeno nel caso in cui, avendo riguardo alle ragioni del disavanzo, sarebbe opportuno trattarlo come componente negativo deducibile.

© Wolters Kluwer Italia

Considerazioni simmetriche valgono per l'avanzo, che emerge quando il valore contabile della partecipazione annullata (cioè, di regola, il costo) è inferiore al valore contabile del patrimonio netto dell'incorporata. Ripetendo le considerazioni fatte per il disavanzo, va osservato che l'incorporante realizza un profitto solo in apparenza, perché acquista per un dato importo (costo della partecipazione) un *quid* che, al momento della fusione, risulta valere di più (secondo i valori di libro); ma, anche qui, si tratta di un'apparenza che può essere illusoria, perché il valore di ciò che è stato acquisito non è dato dal patrimonio netto contabile, ma dal valore reale del patrimonio della incorporata.

La fusione senza concambio, dunque, di per sé, non determina emersione di perdite deducibili o di componenti positive tassabili; avanzo e disavanzo da annullamento sono, perciò, fiscalmente neutri.

Potranno emergere componenti positivi o negativi di reddito quando avranno rilievo fiscale i valori reali dei beni della incorporata, acquisiti dalla incorporante.

### 5.2. *Avanzi e disavanzi da rapporti di cambio.*

La nozione di avanzo e disavanzo, nelle fusioni con concambio di azioni, è diversa da quella che abbiamo esaminato fin qui, con riguardo alle fusioni senza concambio.

Se l'incorporante non possiede l'intero capitale della società da incorporare (perché non possiede alcuna azione o possiede una partecipazione non totalitaria), i soci della società incorporanda entrano a far parte della compagine sociale della incorporante, ottenendo, in luogo delle azioni della incorporanda da essi possedute (che sono annullate), azioni della incorporante, che a tale scopo deve aumentare il proprio capitale.

Fusione con concambio di azioni può aversi, inoltre, in caso di fusione in senso proprio, ossia quando due o più società confluiscono in una terza società, di nuova costituzione, le cui azioni sono distribuite tra i soci delle vecchie società, in sostituzione delle azioni annullate.

Per i soci della incorporata vi è dunque un cambio di azioni, perché ricevono, in sostituzione delle azioni della incorporata, azioni della incorporante.

La società incorporante deve aumentare il proprio capitale sociale per assegnare le nuove azioni ai soci della società incorporata. La differenza di fusione è qui data dalla differenza tra misura dell'aumento

© Wolters Kluwer Italia

del capitale dell'incorporante e valore del patrimonio netto contabile dell'incorporata.

Quindi, considerando l'incorporazione in termini di acquisizione del patrimonio di una società da parte di un'altra, dobbiamo osservare che, nel caso di incorporazione senza concambio, il "costo" da considerare è dato dal costo della partecipazione pre-posseduta dall'incorporante; e che, nel caso di fusione con concambio, il "costo" è dato dall'aumento di capitale, deliberato dall'incorporante, per disporre di nuovi titoli da assegnare ai soci della incorporata.

Le differenze di fusione scaturiscono, quindi, dalle differenze tra tali "costi" ed il patrimonio netto contabile dell'incorporata.

Se l'aumento di capitale dell'incorporante è inferiore al patrimonio netto dell'incorporata, si ha un avanzo: una quota del patrimonio netto dell'incorporata bilancia l'aumento di capitale, il resto (l'avanzo) costituirà una posta (passiva) dello stato patrimoniale della incorporante (o della nuova società).

E poiché l'avanzo ha natura di sovrapprezzo (e quindi, in ultima analisi, di capitale), si comprende perché non è tassato (come componente reddituale positivo). Anche questo avanzo deve essere utilizzato innanzitutto per la ricostituzione delle riserve in sospensione d'imposta, sottoponendone la parte residua al regime fiscale del capitale e delle riserve (diverse da quelle già ricostituite) della società fusa o incorporata che hanno proporzionalmente concorso a determinarlo.

Vi è disavanzo quando l'aumento di capitale deliberato dalla incorporante supera il patrimonio netto contabile della incorporata. Esso indica che l'incorporante deve compensare i soci della incorporata con azioni il cui valore nominale complessivo supera il valore netto del patrimonio della incorporata. Il disavanzo ha dunque origine dall'aumento di capitale della incorporante, effettuato per disporre dei titoli da assegnare ai soci dell'incorporata.

Il disavanzo da concambio sarà una posta dell'attivo dello stato patrimoniale della società incorporante o risultante dalla fusione, iscritta per equilibrare quella parte di aumento di capitale della incorporante o della nuova società che supera il patrimonio netto contabile delle società fuse o della incorporata. Il disavanzo figura nello stato patrimoniale della incorporante come posta attiva che ha la funzione di contropartita di parte del capitale sociale (il passivo è incrementato dall'aumento del capitale sociale; nell'attivo si iscrive il patrimonio netto della incorporata che, essendo minore dell'aumento di capitale, comporta una contropartita che bilancia l'incremento del capitale sociale).

© Wolters Kluwer Italia

**5.3.** *Il riconoscimento opzionale dei maggiori valori iscritti in bilancio.*

La regola generale secondo cui i disavanzi da annullamento o da concambio non sono imponibili per l'incorporante (o per la società risultante dalla fusione) comporta che non siano fiscalmente rilevanti i valori o i maggiori valori iscritti in bilancio mediante l'utilizzo di tali poste (ad esempio, mediante l'iscrizione dell'avviamento o la rivalutazione dei singoli cespiti della società incorporata o fusa).

La società incorporante (o risultante dalla fusione) può però "affrancare" tali valori o maggiori valori, ossia ottenerne il riconoscimento fiscale, mediante applicazione dell'imposta sostitutiva prevista per i conferimenti di azienda[23].

Si applica la disciplina del riconoscimento dei maggiori valori iscritti dalla società conferitaria nell'ipotesi di conferimento di azienda.

**5.4.** *Il riporto delle perdite e degli interessi passivi.*

Tra le situazioni soggettive che vengono acquisite dalla società incorporante (o risultante dalla fusione) vi è il diritto di utilizzare le perdite fiscali pregresse delle società coinvolte nella fusione.

Che le perdite di una società siano "computate" dalla società che le realizza, o dalla società che la incorpora, appare indifferente, se la fusione ha comportato la unificazione di due apparati produttivi. Il riporto delle perdite fiscali pregresse di una delle società fuse o incorporate da parte della nuova società o della incorporante non ha nulla di eccepibile quando la fusione è posta in essere per la causa giuridica che la contraddistingue, ed ha realizzato una razionale riorganizzazione di più apparati produttivi. L'operazione appare invece strumentale ad un risultato di pura elusione fiscale quando una società non viene fusa o incorporata per il suo valore economico-produttivo, ma solo in quanto portatrice di un "beneficio fiscale" (cioè di perdite che potrebbero essere utilizzate dalla incorporante).Il legislatore, perciò, limita tale diritto per scopi antielusivi, ossia per arginare il fenomeno di fusioni attuate non per fini economico-produttivi, ma solo per permettere all'incorporante di utilizzare le perdite dell'incorporata, o viceversa (Tuir, art. 172, comma 7)[24].

[23] Tuir, art. 172, comma 10-*bis*.

[24] Le limitazioni al riporto delle perdite fiscali valgono per tutte le società partecipanti alla fusione e, quindi, riguardano anche le perdite della società incorporante.

© Wolters Kluwer Italia

Sono tre i limiti al riporto delle perdite a seguito di fusione.

Il primo limite condiziona la stessa possibilità di riportare a nuovo le perdite: si richiede che la società incorporata abbia avuto, nell'ultimo esercizio, un ammontare di ricavi e proventi dell'attività caratteristica, e un ammontare di spese per prestazioni di lavoro subordinato e per i relativi contributi, superiore al quaranta per cento della media dei due esercizi precedenti[25]. Tale previsione (relativa ai c.d. indici di vitalità) mira ad impedire l'incorporazione di società inattive a fini elusivi.

Il secondo limite riguarda il *quantum* della perdita riportabile: le perdite di ciascuna società partecipe della fusione sono riportabili in misura non superiore al rispettivo patrimonio netto, risultante dall'ultimo bilancio o dalla situazione patrimoniale di cui all'art. 2501-*quater* c.c., senza tener conto dei conferimenti e dei versamenti fatti negli ultimi ventiquattro mesi anteriori alla data cui si riferisce la situazione patrimoniale.

Il terzo limite è anch'esso quantitativo e concerne le fusioni con annullamento quando, prima dell'incorporazione, la società incorporante abbia svalutato la partecipazione dell'incorporanda. Per impedire che l'incorporante, dopo aver dedotto la svalutazione dei titoli, deduca anche le perdite pregresse della società incorporata, è precluso all'incorporante di utilizzare le perdite fino a concorrenza dell'importo della svalutazione, nel presupposto che le perdite pregresse della incorporata abbiano già trovato riconoscimento fiscale con la svalutazione. Questa previsione ha perso gran parte del suo rilievo, a seguito dell'introduzione del regime di *participation exemption*. I limiti al riporto delle perdite si applicano anche agli interessi passivi che, indeducibili nel periodo in cui sono sostenuti, possono essere riportati in avanti (Tuir, art. 172, comma 7, ultimo periodo, che richiama l'art. 96, comma 4).

Sul problema se, oltre alla norma antielusiva specifica, riguardante il riporto delle perdite a seguito di fusione, sia applicabile il limite generale al riporto delle perdite *ex* art. 84 del Tuir, cfr. M. Poggioli, *L'inafferrabile asistematicità del trasferimento intersoggettivo delle perdite fiscali, tra disposizioni antielusive analitiche e clausola generale*, in *Riv. dir. trib.*, 2007, II, 401.

[25] A norma dell'art. 172, comma 7, Tuir, occorre «*che dal conto economico della società le cui perdite sono riportabili, relativo all'esercizio precedente a quello in cui la fusione è stata deliberata, risulti un ammontare di ricavi e proventi dell'attività caratteristica, e un ammontare delle spese per prestazioni di lavoro subordinato e relativi contributi, di cui all'art. 2425 del codice civile, superiore al 40 per cento di quello risultante dalla media dei due ultimi esercizi anteriori*».

© Wolters Kluwer Italia

**5.5.** *La sorte delle riserve.*

Il subentro dell'incorporante nelle situazioni tributarie dell'incorporata riguarda anche le riserve in sospensione d'imposta: il debito fiscale potenziale ad esse collegato passa all'incorporante[26].

Vanno però distinte due categorie di riserve: quelle tassabili per qualunque utilizzo; quelle tassabili solo in caso di distribuzione.

In linea generale, le riserve "in sospensione" sono tassabili se la società subentrante non le ricostituisce nel suo bilancio[27].

La ricostituzione, presso l'incorporante, delle riserve in sospensione d'imposta equivale alla iscrizione di un debito; ne deriva, quindi, riduzione dell'avanzo.

Se non vi è avanzo, o se l'avanzo non è capiente, la ricostituzione può esser fatta vincolando a tale fine le poste disponibili del patrimonio netto e, in particolare, le riserve già tassate (ma anche, in mancanza, il capitale sociale della società risultante dalla fusione o incorporante, indicando il vincolo nella nota integrativa).

La ricostituzione delle riserve non è necessaria quando si tratta di riserve tassabili solo in caso di distribuzione ai soci; esse vanno ricostituite nei limiti in cui vi sia un avanzo o un aumento di capitale sociale superiore alla somma dei capitali delle società partecipanti alla fusione. Le riserve sono tassate solo se la società incorporante o risultante dalla fusione le distribuisce ai soci.

Può accadere che l'aumento di capitale disposto dalla società incorporante o risultante dalla fusione o l'avanzo (da annullamento o da concambio) eccedano la ricostituzione e l'attribuzione delle riserve in sospensione; a tale eccedenza si applica il regime delle riserve delle società fuse o incorporate, diverse da quelle in sospensione, che hanno proporzionalmente concorso alla sua formazione[28].

[26] Cfr. E.M. Bagarotto, *Il regime tributario delle riserve dell'incorporante e dell'incorporata nella fusione inversa*, in *Riv. dir. trib.*, 2011, I, 783.

[27] L'art. 172, comma 5, del Tuir, prevede che «*le riserve in sospensione d'imposta, iscritte nell'ultimo bilancio delle società fuse o incorporate, concorrono a formare il reddito della società risultante dalla fusione o incorporante se e nella misura in cui non siano state ricostituite nel suo bilancio prioritariamente utilizzando l'eventuale avanzo di fusione*».

[28] Il regime dell'aumento di capitale e dell'avanzo (da annullamento o da concambio) dipende dalla composizione del patrimonio netto della società incorporata.

All'aumento di capitale e all'avanzo da annullamento o da concambio, che eccedono la ricostituzione e l'attribuzione delle riserve in sospensione d'imposta provenienti dalla società fusa o incorporata, si applica il regime fiscale del capitale e delle riserve della società da cui provengono. «*Si considerano non concorrenti alla formazione dell'avanzo da annul-*

© Wolters Kluwer Italia

Ciò rispecchia il principio secondo cui l'incremento di capitale attuato dalla società risultante dalla fusione o dall'incorporante (in funzione del concambio), e l'avanzo (da concambio o da annullamento), assorbono il patrimonio netto delle società fuse o incorporate, e, di conseguenza, ne conservano la natura fiscale.

Vi sono insomma quote di patrimonio della società risultante dalla fusione o incorporante, che non nascono presso tale società da nuovi conferimenti, ma derivano da quote di patrimonio netto delle società fuse o incorporate, di cui conservano lo *status* fiscale.

### **5.6.** *La fusione retroattiva.*

Gli effetti fiscali della fusione, di regola, coincidono temporalmente con quelli civilistici; è però ammesso che l'atto di fusione abbia effetti retroattivi ai fini fiscali, risalendo non oltre la data in cui si è chiuso l'ultimo esercizio della società incorporata o, se più prossima, non oltre la data in cui si è chiuso l'ultimo esercizio della incorporante (Tuir, art. 172, comma 9).

La retrodatazione degli effetti della fusione è utile per semplificare gli adempimenti contabili e fiscali connessi all'operazione, perché impedisce che assuma valore di autonomo periodo d'imposta, per l'incorporata, l'intervallo di tempo che va dall'inizio del periodo d'imposta, in cui avviene la fusione, alla data in cui ha effetto, ai fini civilistici, l'atto di fusione.

Con la retrodatazione, gli effetti possono retroagire in modo da comprendere, sin dall'inizio, il periodo d'imposta in corso per l'incorporante al momento della fusione; tale periodo non viene frazionato e i relativi effetti vengono imputati per intero, ai fini dell'imposizione sui redditi, all'incorporante (fermi restando gli adempimenti già compiuti dall'incorporata).

La retrodatazione opera *ex nunc*: fermi gli adempimenti fiscali già posti in essere dalla incorporata (ad esempio, fatture, ritenute, ecc.), la retrodatazione implica soltanto che le conseguenze reddituali dei fatti di quel periodo sono imputati alla incorporante. Se il risultato della frazione di periodo di una delle società partecipanti alla fusione è negativo, si applicano

*lamento il capitale e le riserve di capitale fino a concorrenza del valore della partecipazione annullata*» (Tuir, art. 172, comma 6).

In altri termini, come già notato, l'avanzo deve essere utilizzato, innanzitutto, per ricostituire le riserve in sospensione d'imposta; il residuo deve essere utilizzato per ricostituire le altre riserve della società incorporata che hanno proporzionalmente concorso alla sua formazione. Vi è, dunque, un ordine di priorità da rispettare nella qualificazione fiscale delle poste patrimoniali (aumento di capitale e avanzo) che scaturiscono dalla fusione.

© Wolters Kluwer Italia

le limitazioni qualitative e quantitative previste per il riporto delle perdite pregresse (Tuir, art. 172, comma 7).

La retroattività non è dunque assoluta, perché non viene cancellata retroattivamente la soggettività tributaria della incorporata, ma è relativa, perché attiene soltanto all'imputazione soggettiva dei fatti reddituali del periodo considerato.

## 6. *La scissione.*

A) Fenomeno inverso alla fusione è quello della scissione, che può avvenire in due modi:

(i) scissione totale: trasferimento dell'intero patrimonio di una società ad altre società (due o più), preesistenti o di nuova costituzione; le società beneficiarie, in cambio di ciò che ricevono dalla società scissa, non danno nulla a tale società ma assegnano proprie azioni ai soci della società scissa;

(ii) scissione parziale: trasferimento di parte del patrimonio di una società (Alfa), che permane, ad una o più società (Beta e Gamma), con assegnazione ai soci di Alfa di azioni di Beta e Gamma.

La differenza fondamentale, tra le due forme di scissione, è che nel primo caso la società scissa diventa un "guscio vuoto", in quanto, non possedendo più nulla, è destinata ad estinguersi, mentre, nel secondo, è soltanto impoverita (e, quindi, non si estingue).

B) La disciplina fiscale della scissione presenta notevoli affinità – di problemi e di soluzioni – con la fusione[29].

Anche la scissione, come la fusione, non determina il realizzo o altro evento che attribuisca rilevanza fiscale alle plusvalenze e minusvalenze latenti nei beni della società scissa trasferiti alla beneficiaria (Tuir, art. 173, comma 1).

Per quel che riguarda le plusvalenze, il trasferimento (totale o parziale) del patrimonio della società scissa alle società beneficiarie avviene senza corrispettivo; non vi sono, pertanto, i presupposti per la tassabilità, a carico della società scissa, delle plusvalenze latenti nei beni trasferiti. Né vi sono, per le stesse ragioni, i presupposti per considerare rilevanti le minusvalenze che emergono. Ciò trova espresso riconoscimento nell'art. 173, comma 2, Tuir, ove si afferma l'irrilevanza fiscale dei maggiori valori iscritti

[29] Cfr. P. Pacitto, *Fusioni, scissioni e scambi di partecipazioni*, in *Imposta sul reddito delle società (IRES)*, a cura di F. Tesauro, cit., p. 856.

© Wolters Kluwer Italia

nel bilancio delle società beneficiarie per effetto dell'imputazione del disavanzo, a condizione che i divergenti valori civilistici e fiscali siano annotati in un "prospetto di riconciliazione" da allegare alla dichiarazione dei redditi.

Anche la scissione, come la fusione, è un'operazione fiscalmente neutra per i soci: la sostituzione delle partecipazioni sociali non costituisce né realizzo né distribuzione di plusvalenze o di minusvalenze o di ricavi, salva la tassabilità del conguaglio, per la parte fiscalmente rilevante ai sensi dell'art. 47, comma 7, Tuir.

C) Possono darsi, anche a seguito della scissione, avanzi e disavanzi, sia da concambio, sia da annullamento.

Essi risultano dal confronto, presso la società beneficiaria, tra aumento di capitale disposto dalla stessa società beneficiaria e valore netto contabile dei beni, provenienti dalla società scissa e pervenuti alla beneficiaria; oppure, nel caso in cui la beneficiaria sia socia della scissa, dal confronto fra il valore contabile della partecipazione posseduta e la parte proporzionalmente corrispondente del valore contabile del patrimonio ricevuto.

Anche per le differenze di scissione il principio è quello della neutralità: avanzi e disavanzi riflettono, qui, fenomeni analoghi a quelli visti in materia di fusione con concambio e senza concambio: si applicano, pertanto, le regole fiscali previste per le differenze di fusione.

Anche alle società beneficiarie è consentito optare – al pari dell'incorporante o alla società risultante dalla fusione – per l'affrancamento dei valori o maggiori valori iscritti in bilancio mediante applicazione del regime dell'imposta sostitutiva per i conferimenti di azienda (Tuir, art. 173, comma 15-*bis*).

D) In caso di scissione totale, le posizioni soggettive (attive e passive) che facevano capo alla società scissa passano tutte alla società beneficiaria, mentre, nel caso di scissione parziale, le posizioni soggettive della società scissa sono trasferite solo in parte (Tuir, art. 173, commi 4, 5 e 6).

Peraltro, in caso di scissione parziale, per i debiti fiscali della scissa relativi a periodi anteriori alla scissione, rispondono, solidalmente e illimitatamente, anche le società beneficiarie (Tuir, art. 173, commi 13). La responsabilità non è dunque limitata (come prevede l'art. 2506-*bis* c.c.), e concerne anche le sanzioni (D.lgs. 18 dicembre 1997, n. 472, art. 15, comma 2)[30].

[30] Cfr. Cass., 24 giugno 2015, n. 13059.

© Wolters Kluwer Italia

**7.** *La liquidazione ordinaria delle società.*

A) Quando una società, soggetta a Ires, viene messa in liquidazione, si rende necessario separare fiscalmente la gestione ordinaria dalla liquidazione (Tuir, art. 182)[31]. Per tale motivo, l'intervallo temporale che va dall'inizio del periodo d'imposta alla messa in liquidazione costituisce autonomo periodo d'imposta, in funzione del quale deve essere formato un apposito bilancio (art. 2277 c.c.). Sarà quindi oggetto di tassazione il reddito di impresa relativo al periodo compreso tra l'inizio dell'esercizio e l'inizio della liquidazione; il liquidatore deve presentare la dichiarazione relativa a tale periodo entro nove mesi dalla messa in liquidazione (D.P.R. 22 luglio 1998, n. 322, art. 5, comma 1).

B) Il reddito relativo al periodo compreso tra l'inizio e la chiusura della liquidazione è determinato in base al bilancio finale. Se la liquidazione si protrae oltre l'esercizio in cui ha avuto inizio, il reddito relativo alla residua frazione di tale esercizio e a ciascun successivo esercizio intermedio è determinato in via provvisoria in base al rispettivo bilancio, liquidando l'imposta, salvo conguaglio, in base al bilancio finale.

Se la liquidazione si protrae per più di cinque esercizi, compreso quello in cui ha avuto inizio, nonché in caso di omessa presentazione del bilancio finale, i redditi determinati in via provvisoria si considerano definitivi e ai fini dell'imposta sul reddito delle persone fisiche i redditi compresi nelle somme percepite o nei beni ricevuti dai soci, ancorché già tassati separatamente, concorrono a formarne il reddito complessivo per i periodi di imposta di competenza.

C) Con riguardo alla liquidazione degli imprenditori individuali e delle società di persone, vanno distinte tre ipotesi.

Se la liquidazione non va oltre il periodo d'imposta in cui inizia, deve essere redatto un bilancio finale di liquidazione, in base al quale è determinato il reddito imponibile.

Quando la liquidazione della società si protrae oltre il periodo in cui inizia, e dura non più di tre esercizi, il periodo della liquidazione costituisce un periodo d'imposta unico. Il risultato dei singoli esercizi ha carattere provvisorio; ad essi segue il conguaglio, sulla base del bilancio finale

[31] Cfr. A. Benazzi, *La liquidazione ordinaria*, in *Imposta sul reddito delle persone giuridiche. Giur. sist. dir. trib.*, cit., p. 583.

© Wolters Kluwer Italia

di liquidazione. Le perdite degli esercizi che precedono la messa in liquidazione sono compensate con il risultato finale.

Ultima ipotesi è quella in cui la liquidazione dura più di tre esercizi: in tal caso, i risultati dei singoli esercizi intermedi cessano di essere provvisori ed assumono carattere di definitività.

## 8. *Il fallimento e la liquidazione coatta amministrativa.*

A) In tema di disciplina fiscale del fallimento, valida anche per la liquidazione coatta amministrativa, occorre distinguere tra:

– periodi d'imposta pre-fallimentari (già interamente trascorsi, nel momento in cui viene dichiarato il fallimento);

– mini-periodo prefallimentare, che va dall'inizio del periodo d'imposta in corso nel momento della dichiarazione di fallimento alla data di dichiarazione del fallimento;

– periodo fallimentare (o maxi-periodo fallimentare), che va dall'inizio della procedura fino alla chiusura.

I crediti fiscali dei periodi d'imposta pre-fallimentari sono soggetti alle regole del fallimento (c.d. crediti concorsuali)[32]: per riscuoterli, il fisco deve insinuarsi al passivo sulla base di un titolo idoneo[33].

La dichiarazione di fallimento interrompe il periodo d'imposta in corso; il lasso di tempo che va dall'inizio del periodo d'imposta alla data della dichiarazione di fallimento è, come nella liquidazione ordinaria, un periodo d'imposta autonomo, il cui reddito è determinato in base al bilancio redatto dal curatore o dal commissario liquidatore (Tuir, art. 183, comma 1)[34].

[32] Crediti concorsuali sono infatti quelli anteriori al fallimento (c.d. cristallizzazione della massa passiva concorsuale), e sono anteriori al fallimento i crediti fondati su titolo o causa anteriori. Pertanto, sono crediti fiscali concorsuali quelli derivanti da presupposti d'imposta anteriori alla dichiarazione di fallimento, anche se l'avviso di accertamento è emesso dopo la dichiarazione di fallimento. Il carattere costitutivo dell'avviso di accertamento, infatti, non esclude la concorsualità del credito d'imposta, il cui atto costitutivo è fondato su di un fatto anteriore al fallimento ed è quindi retroattivo.

[33] Il ruolo e l'avviso di liquidazione costituiscono titolo idoneo per l'ammissione del credito d'imposta al passivo fallimentare; ove sorgano contestazioni, il credito è ammesso al passivo con riserva (Cass., 29 maggio 2006, n. 12777).

L'insinuazione al passivo può essere chiesta, oltre che dall'agente della riscossione in base alla iscrizione a ruolo, anche dall'Agenzia delle entrate, in base ad un titolo idoneo diverso (Cass., 15 marzo 2012, n. 4126).

[34] Cfr. F. TESAURO, *Appunti sugli adempimenti fiscali del curatore fallimentare*, in *Rass. trib.*, 1990, I, 241; M. MAURO, *Imposizione fiscale e fallimento*, Torino, 2011.

© Wolters Kluwer Italia

Il curatore ha l'obbligo di presentare la dichiarazione relativa a tale particolare periodo d'imposta (dichiarazione c.d. iniziale), entro nove mesi dalla nomina (D.P.R. 22 luglio 1998, n. 322, art. 5, comma 4).

Se il fallimento riguarda una società di persone o un imprenditore individuale o un'impresa familiare, alla dichiarazione del curatore segue quella del soggetto fallito, che deve tener conto di quando dichiarato dal curatore, il quale, a tal scopo, deve inviare copia della sua dichiarazione iniziale al soggetto fallito[35].

Analogamente, il risultato della dichiarazione finale (reddito o perdita) concorre a formale il reddito di questi soggetti.

B) Il periodo che va dall'inizio alla chiusura del fallimento è un unico periodo d'imposta (c.d. maxi-periodo), il cui risultato fiscale è determinato in modo particolare, essendo costituito «*dalla differenza tra il residuo attivo e il patrimonio netto dell'impresa o della società all'inizio del procedimento determinato in base ai valori fiscalmente riconosciuti*» (Tuir, art. 183). In pratica, però, è rarissimo che un fallimento venga chiuso con un residuo attivo; di solito, il fallimento si chiude con un residuo passivo. Il risultato fiscale della procedura fallimentare è calcolato in base alle dichiarazioni iniziale e finale del curatore (presentate a norma dell'art. 10 del D.P.R. 29 settembre 1973, n. 600). Il curatore, entro nove mesi dalla chiusura del fallimento, deve presentare la dichiarazione finale, previo versamento dell'imposta, che fosse in ipotesi dovuta (D.P.R. 22 luglio 1998, n. 322, art. 5, comma 1).

[35] L'art. 183 del Tuir affida al curatore il compito di presentare la dichiarazione dei redditi per gli anni ricompresi nella procedura, ma restano fermi, in ciascun periodo d'imposta, gli obblighi tributari dell'imprenditore e dei soci: l'imprenditore fallito è quindi tenuto a presentare la dichiarazione dei redditi in relazione alla disponibilità di beni non ricompresi nella procedura fallimentare, indipendentemente dalla dichiarazione del curatore per le stesse annualità (Cass., 20 settembre 2006, n. 20391, in *Dir. prat. trib.*, 2007, 1, 2, 225).

© Wolters Kluwer Italia

# PARTE II
# LE IMPOSTE INDIRETTE

CAPITOLO SESTO

# L'IMPOSTA SUL VALORE AGGIUNTO

SEZIONE I

## STRUTTURA



### 1. *Origine e natura dell'Iva.*

A) L'imposta sul valore aggiunto è stata ideata in sede europea ed è stata introdotta in tutti gli Stati membri della Comunità (ora Unione) in base ad un modello tracciato nel 1967 da due direttive comunitarie[1]. La

[1] Le prime due direttive furono recepite dalla delega per la riforma tributaria (L. 9 ottobre 1971, n. 825, art. 5) e dal D.P.R. 26 ottobre 1972, n. 633. Particolarmente importante, poi, la sesta direttiva (17 maggio 1977, n. 77/388/CEE), recepita in Italia con il D.P.R. 29 gennaio 1979, n. 24 e con il D.P.R. 31 marzo 1979, n. 94.

Cfr. G.A. MICHELI, *Dalle direttive comunitarie sull'Iva alla nuova legislazione italiana*, in *Riv. dir. fin.*, 1979, I, 663; A.E. GRANELLI, *L'attuazione in Italia della VI direttiva CEE*, in *Dir. prat. trib.*, 1979, I, 301. Tra le monografie si vedano: C. COSCIANI, *L'imposta sul valore aggiunto*, Roma, 1967; S. SAMMARTINO, *Profilo soggettivo del presupposto dell'Iva*, Milano, 1975; R. PERRONE CAPANO, *L'imposta sul valore aggiunto*, Napoli, 1977; A. COMELLI, *Iva comunitaria e Iva nazionale. Contributo alla teoria generale dell'imposta sul valore aggiunto*, Padova, 2000. Per una trattazione generale cfr. *L'imposta sul valore aggiunto. Giurisprudenza sistematica di diritto tributario*, diretta da F. Tesauro, Torino, 2001 e R. PORTALE, *Imposta sul valore aggiunto*, Milano, 2018.

© Wolters Kluwer Italia

disciplina europea del tributo è ora racchiusa principalmente nella Direttiva 2006/112/CE del Consiglio del 28 novembre 2006 (detta Direttiva «rifusione»), seguita da altre direttive[2].

In Italia, l'Iva è stata istituita ed è disciplinata dal D.P.R. 26 ottobre 1972, n. 633 (che sarà indicato come D.P.R. n. 633)[3].

Considerato il rapporto tra diritto dell'UE e diritto interno, la disciplina dell'Iva dev'essere ricostruita tenendo presente, in via prioritaria, il diritto dell'UE (con la giurisprudenza della Corte di giustizia), e, poi, in via secondaria, la disciplina nazionale.

L'Iva è una delle «risorse proprie» dell'UE. Gli Stati membri sono tenuti a devolvere all'Unione parte del gettito del tributo e devono garantirne la corretta applicazione e l'effettiva riscossione.

Perciò, secondo la Corte di giustizia dell'UE, il giudice penale italiano può disapplicare le norme interne sulla prescrizione dei reati in materia di Iva quando tali norme ostino all'inflizione di sanzioni penali effettive e dissuasive in un numero considerevole di casi di frode grave che ledono gli interessi finanziari dell'Unione Europea o che prevedano termini di prescrizione più brevi di quelli previsti per i casi che ledono gli interessi finanziari dello Stato membro interessato[4].

Inoltre, in base al diritto dell'UE, l'Iva non può essere oggetto di condono[5].

Può, però, essere oggetto di falcidia nel concordato preventivo e nell'accordo di ristrutturazione dei debiti, ma solo se un esperto indipendente attesti che l'Erario non otterrebbe un pagamento maggiore in caso di fallimento (Legge fallimentare, art. 182-*ter*)[6].

[2] Sono da ricordare la Direttiva 2008/8/CE, sulla territorialità delle prestazioni di servizi, che ha sostituito il criterio della sede del prestatore con quello della sede del committente per l'applicazione dell'imposta tra soggetti Iva, e la Direttiva 2008/9/CE, sul rimborso ai non residenti, che ha adottato una procedura informatizzata di gestione delle domande di rimborso, da presentare all'Amministrazione di residenza.

[3] L'Iva ha sostituito l'imposta generale sull'entrata (Ige), che era un'imposta plurifase cumulativa ("a cascata") e colpiva (con aliquota del 4 per cento) il valore pieno dei beni e dei servizi ad ogni passaggio del processo produttivo-distributivo.

[4] Corte di giustizia, 8 settembre 2015, *Taricco*, C-105/14; Id., 5 dicembre 2017, *M.A.S.* e *M.B.*, C-42/17.

[5] Corte di giustizia, 17 luglio 2008, causa n. 132/06, *Comm. c. Italia*, in *Giur. it.*, 2009, 241, con nota di E. Marello, *La Corte di giustizia censura il condono Iva: le ricadute di un'importante decisione*. Le norme nazionali che prevedono condoni Iva devono essere disapplicate (Cass., ord. 13 ottobre 2017, n. 24132).

[6] Corte di giustizia, 7 aprile 2016, *Degano Trasporti S.a.s.*, C-546/14, e Cass., sez. un., 27 dicembre 2016, n. 26988, rovesciando il contrario orientamento espresso da Cass., sez. I, 4 novembre 2011, n. 22931, in *Dir. prat. trib.*, 2013, II, 1043.

© Wolters Kluwer Italia

B) L'imposta sul valore aggiunto appartiene alla categoria delle imposte sui consumi, che possono essere "monofase" o "plurifase". Le prime sono applicate una sola volta (ad esempio, sulle cessioni dal produttore al commerciante, o dal dettagliante al consumatore finale). Le seconde, invece, sono applicate nelle varie fasi del processo produttivo-distributivo.

Le imposte plurifase sono "cumulative" (o "a cascata"), se il tributo dovuto in ciascuna fase si somma agli altri; oppure sul valore aggiunto (come appunto l'Iva), se l'imposizione colpisce il maggior valore che ciascuna fase aggiunge al bene.

L'imposta "a cascata" non è neutrale rispetto alla tassazione complessiva di una merce, che dipende dalla lunghezza del ciclo distributivo; i prodotti che pervengono al consumatore dopo un numero maggiore di passaggi sono tassati più di altri, anche quando, per ragioni economico-sociali, dovrebbero essere tassati di meno.

Inoltre, l'imposta "a cascata" influisce sull'organizzazione produttiva, in quanto favorisce le aziende integrate colpendo di più quelle specializzate; ne deriva una concentrazione innaturale delle imprese industriali e commerciali ed un intralcio alla divisione razionale del lavoro fra le imprese.

L'imposta sul valore aggiunto, invece, grava sul consumatore in proporzione del prezzo finale del bene, ed è neutrale rispetto al numero dei passaggi, per cui non interferisce con la organizzazione delle imprese. Si ritiene perciò che il sistema d'imposizione sul valore aggiunto sia da preferire all'imposizione cumulativa.

C) Le ragioni per cui la Comunità europea ha imposto ai Paesi membri l'adozione dell'imposta sul valore aggiunto sono diverse. Per impedire che uno Stato membro applichi, ai prodotti provenienti da altro Stato membro, tributi superiori a quelli che gravano sui prodotti nazionali, o che favorisca le esportazioni accordando rimborsi dei tributi prelevati nello Stato in misura superiore all'ammontare effettivamente riscosso, è necessario calcolare esattamente l'imposizione che grava su di una merce; il che, con il sistema dell'imposta cumulativa, non è agevole, per cui si ricorre ad una determinazione forfetaria.

Con l'imposta sul valore aggiunto, invece, si conosce esattamente il carico fiscale di un bene, per cui è possibile determinare l'ammontare dell'imposta sulle importazioni e la misura dei rimborsi all'esportazione, senza porre in essere – abusando del *forfait* – agevolazioni all'esportazione e aggravi all'importazione. La neutralità dell'imposta sul valore aggiunto rispetto al meccanismo degli scambi internazionali è quindi una delle ragioni per cui tale forma d'imposizione è stata preferita in sede comunitaria.

© Wolters Kluwer Italia

D) Per la Corte di giustizia le caratteristiche essenziali dell'Iva sono quattro: si applica in modo generale alle operazioni aventi ad oggetto beni o servizi; è proporzionale al corrispettivo dei beni e servizi forniti; è riscossa in ciascuna fase del procedimento di produzione e di distribuzione, compresa la vendita al minuto, a prescindere dal numero di operazioni effettuate in precedenza; gli importi pagati in occasione delle precedenti fasi del processo sono detratti dall'imposta dovuta, cosicché il tributo si applica, in ciascuna fase, solo al valore aggiunto, e, in definitiva, grava solo sul consumatore finale[7].

### 1.1. *La neutralità.*

È rilevante distinguere tra "soggetti passivi" (o "assoggettati") e "consumatori finali": i primi sono gravati da una serie di obblighi formali e sostanziali (in ordine alle dichiarazioni, alla contabilità, alla fatturazione, ai versamenti, ecc.), ma possono detrarre l'imposta pagata (o da pagare) "a monte"; per essi, l'Iva non è un costo.

Soggetti passivi dell'Iva sono gli imprenditori, i lavoratori autonomi e coloro che importano beni o servizi; essi sono debitori verso lo Stato, ma hanno il diritto di detrarre l'Iva sugli acquisti.

Ad ogni passaggio, lo Stato deve incassare la differenza tra Iva sugli acquisti e Iva sulle vendite.

L'imposta è neutrale per i soggetti passivi, che sono debitori verso lo Stato dell'Iva commisurata ai corrispettivi, ma sono, contemporaneamente, creditori (di rivalsa) verso i cessionari o committenti.

Inoltre, i soggetti passivi sono debitori (per Iva di rivalsa) verso i propri fornitori, ma, al tempo stesso, l'Iva dovuta per rivalsa può essere detratta nei confronti dello Stato.

La risultante economica dell'operare combinato di queste quattro situazioni soggettive è la neutralità dell'imposta per i soggetti passivi (imprenditori e lavoratori autonomi).

Il consumatore finale, invece, effettua solo operazioni di acquisto, per le quali è debitore per rivalsa verso colui che gli cede un bene o presta un servizio, ma non ha il diritto di detrarre l'imposta.

Perciò, «*una volta giunto al consumatore finale, che non sia un soggetto passivo, il bene resta gravato dall'Iva per un importo proporzionale al prezzo che detto consumatore ha pagato al proprio fornitore*» e, quindi, solo

[7] Corte di Giustizia, 3 ottobre 2006, *Banca pop. di Cremona*, C-475/03, in *Giur. it.*, 2007, 493.

© Wolters Kluwer Italia

sul consumatore finale grava, alla fine, «*l'onere di pagare l'importo dell'Iva proporzionale al prezzo del bene acquistato*»[8]. Il consumatore finale è il soggetto definitivamente "inciso" dal tributo.

In conclusione, l'imposta, dal punto di vista giuridico-formale, ha come soggetti passivi (in senso tecnico) gli imprenditori e i lavoratori autonomi e coloro che effettuano importazioni; dal punto di vista economico, invece, grava solo sui "consumatori finali".

Il diritto di detrazione (del soggetto passivo verso il fisco) caratterizza l'imposta sul valore aggiunto e la distingue da ogni altra imposta. Vi è una inversione di ruoli rispetto ad altre imposte, perché, a fronte del diritto di detrazione, il fisco è debitore, il contribuente creditore[9].

Nell'alternativa tra assoggettamento ad Iva e assoggettamento ad imposta di registro, il "soggetto passivo" Iva ha in genere convenienza a che una prestazione sia soggetta ad Iva, se l'imposta può essere da lui "recuperata".

Altra peculiarità del tributo attiene alle esenzioni; solitamente, l'esenzione si risolve in un vantaggio per il soggetto passivo. Nell'Iva, invece, l'esenzione può risolversi in uno svantaggio, perché – come vedremo – alle operazioni attive esenti corrisponde la non detraibilità dell'imposta sugli acquisti.

### **1.2.** *Il fondamento costituzionale.*

L'imposta sul valore aggiunto è un'imposta generale sul consumo. Il consumo è il fatto espressivo di capacità contributiva, che giustifica l'imposta sul piano costituzionale, ed il consumatore finale è il portatore della capacità contributiva incisa dal tributo. Ciò vale per l'Iva, ma anche per altre imposte sui consumi, come le accise, il cui soggetto passivo è il fabbricante o altro operatore economico, ma il cui onere economico grava, in definitiva, sul consumatore, per effetto della traslazione dell'imposta.

Vi è dunque divario tra aspetto giuridico-formale e aspetto economico-sostanziale dell'Iva. Dal primo punto di vista, il tributo ha come presupposti determinate "operazioni" (cessioni di beni e prestazioni di servizi), poste in essere da determinati soggetti (imprenditori e lavoratori autonomi), che sono anche i soggetti passivi in senso tecnico-formale.

[8] Corte di giustizia, 4 febbraio 1988, *Commissione c. Regno del Belgio,* causa 391/85, in *Racc.*, 1988, 596; Id., 3 marzo 1988, *Bergandi*, causa 252/86, in *Racc.*, 1988, 1371; Id., 4 ottobre 1995, *Finanzamt c. Armbrecht,* C-291/92.

[9] Possono quindi aversi controversie in cui un contribuente "rivendica" la qualifica di soggetto passivo (controversie, queste, difficilmente ipotizzabili in altre imposte). Cfr. Corte di giustizia, 4 giugno 2009, *Salix,* C-102/08.

© Wolters Kluwer Italia

Ciò spiega anche la tassazione delle importazioni, la cui giustificazione è la destinazione al consumo interno, nell'Unione europea, di un bene proveniente da Paesi terzi; il bene, con l'applicazione dell'Iva sull'importazione, è assoggettato ad imposta alla stessa stregua dei prodotti interni all'Unione.

Ciò spiega anche il diritto di detrazione, che è il tratto peculiare che distingue l'Iva da tutte le altre imposte; come abbiamo visto, è il diritto di detrazione (ossia il meccanismo "detrazione-rivalsa"), che rende neutrale l'imposta per i soggetti passivi, ma non per il c.d. consumatore finale, sul quale dunque grava economicamente il tributo.

## **2.** *I soggetti passivi.*

A) L'imposta sul valore aggiunto ha come soggetti passivi gli imprenditori e i lavoratori autonomi e si applica sulle cessioni di beni e sulle prestazioni di servizi, oltre che sulle importazioni, da chiunque effettuate.

Secondo l'art. 4 del D.P.R. n. 633, «*per esercizio di imprese si intende l'esercizio per professione abituale, ancorché non esclusiva, delle attività commerciali o agricole di cui agli artt. 2135 e 2195 del codice civile, anche se non organizzate in forma di impresa, nonché l'esercizio di attività organizzate in forma di impresa, dirette alla prestazione di servizi che non rientrano nell'art. 2195 del codice civile*» [10].

Ponendo a confronto la definizione di imprenditore ai fini Iva e quella di imprenditore ai fini delle imposte sui redditi, si notano identità e differenze:

a) nelle due definizioni, vi è in comune il rimando alle attività qualificate commerciali dall'art. 2195 c.c. e l'irrilevanza della «*organizzazione in forma di impresa*» [11]; perciò, nei due settori, è imprenditore chiunque svolga un'attività commerciale, anche se non organizzata in forma di impresa; come ai fini Irpef, le prestazioni di servizi a terzi, che non rientrano nell'art. 2195 c.c., sono ugualmente attività d'impresa se vi è l'organizzazione in forma d'impresa;

b) la definizione Iva di imprenditore comprende anche gli imprenditori agricoli, che sono soggetti ad imposta come gli imprenditori commerciali (invece, nelle imposte dirette, vi è diversità di disciplina);

[10] Cfr. M. Interdonato, *Gli imprenditori*, in *L'imposta sul valore aggiunto. Giur. sist. dir. trib.*, diretta da F. Tesauro, cit., p. 123 ss.

[11] In materia di Iva, la nozione civilistica e quella tributaristica di "imprenditore commerciale" divergono per un aspetto essenziale ossia quello della necessità dell' organizzazione", essendo tale requisito indispensabile per il diritto civile, non indispensabile per quello tributario, ai fini del quale è sufficiente la "professionalità abituale" dell'attività economica, anche senza "l'esclusività" della stessa (Cass., Sez. VI – 5, ord. 6 aprile 2017, n. 8982).

© Wolters Kluwer Italia

c) nelle due definizioni, vi è in comune che sono qualificate in modo onnicomprensivo come attività imprenditoriali tutte le attività svolte da società ed enti commerciali; invece, le attività degli enti non commerciali sono da discriminare tra attività di impresa (soggette ad Iva) ed attività non imprenditoriali.

B) Ai fini Iva, sono considerate in ogni caso imprenditoriali (e quindi imponibili) le operazioni effettuate da società commerciali e da enti che abbiano per oggetto principale od esclusivo l'esercizio di attività commerciali od agricole. Sono dunque soggette ad imposta tutte le cessioni di beni e le prestazioni di servizi delle società commerciali e degli enti commerciali.

Invece, per gli enti (pubblici e privati) non commerciali sono imponibili «*soltanto le cessioni di beni e le prestazioni di servizi fatte nell'esercizio di imprese commerciali o agricole*».

Tutte le attività economiche rese a titolo oneroso sono soggette ad imposta, ma vi è una deroga per gli organismi di diritto pubblico, che non sono soggetti passivi per le attività che esercitano «*in quanto pubbliche autorità, anche quando, in relazione a tali attività od operazioni, percepiscono diritti, canoni, contributi o retribuzioni*» [12]. L'imposta però si applica anche alle attività economiche svolte dagli enti pubblici come pubbliche autorità «*quando il loro non assoggettamento provocherebbe distorsioni di concorrenza di una certa importanza*», e cioè quando l'attività dell'ente pubblico può essere svolta anche da privati.

C) Ai fini Iva, come nelle imposte dirette, «*per esercizio di arte o professione si intende l'esercizio per professione abituale, ancorché non esclusiva, di qualsiasi attività di lavoro autonomo*» (D.P.R. n. 633, art. 5). Esercenti arti o professioni possono essere, ai fini Iva, le persone fisiche, le società semplici e le associazioni professionali.

Questa categoria di soggetti passivi dell'Iva è molto ampia, in quanto comprende qualsiasi attività di lavoro: può trattarsi tanto di una professione intellettuale, come di un'attività materiale. Si richiede: a) che l'attività sia svolta in modo autonomo (ossia senza il vincolo di subordinazione che caratterizza il lavoro dipendente); b) che non vi siano i connotati dell'imprenditorialità.

[12] Si veda l'art. 13 della Direttiva «rifusione» e Corte di giustizia, 17 ottobre 1989, *Comune di Carpaneto Piacentino*, cause n. 231/87 e 129/88, in *Foro it.*, 1991, IV, 186. La vendita di immobili di un Comune, aventi destinazione non abitativa (nella fattispecie, uffici, scuole e depositi), deve intendersi effettuata in veste di "pubblica autorità" ed è, quindi, esclusa da Iva (Cass., ord. 9 agosto 2017, n. 19812).

© Wolters Kluwer Italia

## 3. *Il "campo di applicazione" e le operazioni "escluse".*

Una operazione economica è rilevante ai fini dell'Iva se sussistono tre condizioni: se è posta in essere da un imprenditore o da un lavoratore autonomo (presupposto soggettivo); se rientra nel "campo di applicazione" del tributo (presupposto oggettivo); se è effettuata nel territorio dello Stato (presupposto territoriale)[13].

Le operazioni che rientrano nel "campo di applicazione" dell'Iva si distinguono in:

– operazioni "imponibili";
– operazioni "non imponibili";
– operazioni "esenti".

Le operazioni "imponibili" comportano il sorgere del debito d'imposta e non limitano il diritto di detrazione.

Le operazioni "non imponibili" e quelle "esenti" non fanno sorgere il debito d'imposta, ma comportano gli stessi adempimenti formali delle operazioni imponibili (devono essere fatturate e registrate, devono essere incluse nel calcolo del volume d'affari, ecc.).

L'aspetto caratteristico delle operazioni "esenti" risiede nel fatto che esse limitano il diritto di detrazione, a differenza delle operazioni "non imponibili" (esportazioni), che non incidono su tale diritto.

Infine, le operazioni "fuori campo Iva", o "escluse", sono quelle che non hanno alcun rilievo ai fini dell'applicazione dell'imposta: non comportano né il sorgere del debito d'imposta, né obblighi formali; non incidono sul diritto di detrazione e non rilevano ai fini del calcolo del "volume d'affari".

### 3.1. *Le operazioni imponibili. Le cessioni di beni.*

A) Nella categoria delle operazioni imponibili sono comprese quattro specie di operazioni:

1) le cessioni di beni (all'interno del territorio nazionale);
2) le prestazioni di servizi (rese nel territorio nazionale);
3) gli acquisti intra-UE;
4) le importazioni (da Paesi extra-UE).

[13] Anche in tema di Iva trova applicazione il principio, posto dalla disposizione dell'art. 14, comma 4, L. 24 dicembre 1993, n. 537 (di per sé riferita alla disciplina delle imposte sui redditi), secondo il quale i proventi provenienti da attività illecita sono assoggettabili ad imposizione (Cass., ord. 26 luglio 2017, n. 18495).

© Wolters Kluwer Italia

Secondo l'art. 2, comma 1, del D.P.R. n. 633, «*costituiscono cessioni di beni gli atti a titolo oneroso che importano trasferimento della proprietà ovvero costituzione o trasferimento di diritti reali di godimento su beni di ogni genere*».

Il termine "cessione" comprende dunque non solo il trasferimento della proprietà o di altro diritto reale, ma anche la costituzione di un diritto reale. Rientrano nella fattispecie in esame non solo i contratti, ma tutti gli atti giuridici che determinano effetti traslativi o costitutivi di diritti reali (compresi i trasferimenti coattivi) [14].

Le cessioni di beni immateriali non sono considerate cessioni, ma prestazioni di servizi.

Le cessioni imponibili sono quelle a titolo oneroso; ma le cessioni a titolo gratuito non sono sempre escluse da imposta, perché sono imponibili le cessioni gratuite di beni-merce (beni che l'impresa produce o commercia).

B) L'art. 2, comma 2, del D.P.R. 633, prevede che sono assimilate alle cessioni di beni alcune operazioni, che non presentano uno dei requisiti delle "cessioni", e cioè:

1) le vendite con riserva di proprietà [15];

2) le locazioni con clausola di trasferimento della proprietà vincolante per ambedue le parti;

3) i passaggi dal committente al commissionario e dal commissionario al committente di beni venduti o acquistati in esecuzione di contratti di commissione [16];

4) le cessioni gratuite di beni la cui produzione o il cui commercio rientra nell'attività propria dell'impresa [17];

5) la destinazione di beni al consumo personale o familiare dell'imprenditore o del lavoratore autonomo o ad altre finalità estranee all'esercizio dell'impresa o della professione (è il c.d. autoconsumo) [18];

[14] In tema di vendite forzate cfr. Cass., 4 marzo 1992, n. 2587, in *Foro it.*, 1993, I, 1651.

[15] Nelle vendite con riserva di proprietà, il prezzo è rateizzato e l'effetto traslativo si verifica con il pagamento dell'ultima rata (art. 1523 c.c.); l'imposta, però, è dovuta subito per intero, come se il trasferimento fosse immediato.

[16] Il commissionario vende o acquista beni per conto del committente ma in nome proprio (art. 1731 c.c.); si pensi, ad esempio, ai commissionari delle case automobilistiche. Vi è perciò, in caso di vendita tramite commissionario, una doppia fatturazione con Iva: dal committente al commissionario e dal commissionario all'acquirente finale. Il percorso è inverso nel caso di commissione di acquisto. Le provvigioni dei concessionari non sono tassate come prestazioni di servizi (art. 3, lett. *h*).

[17] Sono però escluse da imposta le cessioni di campioni gratuiti di modico valore.

[18] Qui non vi è un corrispettivo; ma, se non vi fosse imponibilità, questi beni uscirebbero dalla sfera dell'impresa e perverrebbero al consumo senza imposta sull'ultimo passaggio;

© Wolters Kluwer Italia

6) le assegnazioni delle società ai soci, nonché le assegnazioni o le analoghe operazioni fatte da altri enti privati o pubblici, compresi i consorzi e le associazioni o altre organizzazioni senza personalità giuridica[19].

C) Vi sono infine delle operazioni che, pur presentando tutti i requisiti delle "cessioni", sono "escluse" dal campo di applicazione dell'Iva (D.P.R. n. 633, art. 2, comma 3).

Tra di esse, sono da ricordare alcune "cessioni", che non appartengono alla gestione ordinaria dell'impresa, ma sono operazioni straordinarie di organizzazione. L'Iva si riferisce alla gestione ordinaria, mentre alle operazioni straordinarie corrisponde l'imposta tipica per la raccolta di capitali (imposta di registro). Perciò, sono esclusi da Iva le cessioni e i conferimenti di azienda (o di rami d'azienda); sono esclusi anche i passaggi di beni dipendenti da fusioni, scissioni o trasformazioni di società.

Sono "escluse" le cessioni di terreni non edificabili.

Sono "escluse", infine, le cessioni gratuite di campioni di modico valore, le cessioni soggette alla disciplina della tassa sulle lotterie, le cessioni di danaro e di valori bollati e postali, ecc.

## 3.2. *Le prestazioni di servizi.*

Le prestazioni di servizi sono, in generale, le prestazioni che danno esecuzione ad obbligazioni di fare, non fare o permettere, dietro corrispettivo, come, ad esempio, le prestazioni dipendenti da contratti d'opera, appalto, trasporto, mandato, spedizione, agenzia, mediazione, deposito (D.P.R. n. 633, art. 3). Anche per le prestazioni di servizi è richiesta la onerosità, a meno che non si tratti di autoconsumo[20].

Anche qui vi sono fattispecie "assimilate" e fattispecie "escluse".

l'impresa fruirebbe della detrazione "a monte" senza correlativa imponibilità "a valle". Valgono, insomma, considerazioni analoghe a quelle per le quali negli stessi casi vi è ricavo (o plusvalenza) ai fini reddituali.

[19] Come nel caso dell'autoconsumo, la norma mira ad evitare che, attraverso l'assegnazione, beni inseriti nel circuito produttivo e redistributivo pervengano al consumo finale senza scontare in via definitiva l'imposizione. Cfr. L. Castaldi, *Le operazioni imponibili*, in *L'imposta sul valore aggiunto. Giur. sist. dir. trib.*, diretta da F. Tesauro, cit., p. 60.

[20] Quando sia di valore superiore a 25,85 euro, è soggetto ad imposta anche il c.d. autoconsumo di servizi, o l'effettuazione gratuita di servizi per finalità estranee all'esercizio dell'impresa. La ragione dell'imponibilità è simile a quella che sta a fondamento dell'autoconsumo di beni: anche i servizi non devono giungere al consumatore finale liberi da imposta.

© Wolters Kluwer Italia

Le ipotesi più significative di fattispecie assimilate sono le seguenti: a) le concessioni di beni in locazione, affitto, noleggio e simili; b) le cessioni di diritti su beni immateriali (ad esempio, cessioni di diritti d'autore e di diritti su invenzioni industriali, marchi, insegne, modelli, ecc.); c) i prestiti di denaro e di titoli non rappresentativi di merci; d) le somministrazioni di alimenti e bevande; e) le cessioni di contratto.

L'elenco delle prestazioni di servizi "escluse" da imposta comprende, tra le altre: a) le cessioni di diritti d'autore effettuate dagli autori; b) i prestiti obbligazionari; c) le cessioni di contratti che hanno per oggetto beni la cui cessione è "esclusa" da imposta (denaro, terreni non edificabili, ecc.).

### **3.3.** *Le esenzioni.*

A) Le operazioni "esenti" non comportano il sorgere del debito d'imposta, ma, come le operazioni "imponibili" e "non imponibili", rientrano nel "campo di applicazione" dell'Iva e, perciò, comportano gli adempimenti formali richiesti per le operazioni imponibili (fatturazione, annotazione nei registri, ecc.); inoltre, non consentono la detrazione dell'Iva "a monte".

Come già osservato, il trattamento giuridico delle operazioni "esenti" è diverso da quello delle operazioni "escluse"; queste ultime non hanno alcuna rilevanza ai fini Iva, mentre le operazioni esenti fanno parte del "campo di applicazione" del tributo e incidono sul diritto di detrazione.

Il soggetto passivo Iva che effettua operazioni esenti non può detrarre l'Iva sugli acquisti; mancando la detraibilità, viene meno la neutralità del tributo, che assume natura economica di costo.

Per tale motivo, per il soggetto passivo, il fatto che un'operazione attiva sia esente non è un vantaggio, se si considera, da un lato, che l'Iva a debito sarebbe recuperata con la rivalsa, e, dall'altro, che le operazioni esenti escludono il diritto di detrazione. L'esenzione può insomma essere sconveniente, se il costo dell'Iva sugli acquisti non è trasferito sui prezzi delle vendite.

Vi è quindi differenza tra operazioni "escluse" ed "esenti", perché le prime non incidono sul diritto di detrazione.

L'esenzione di un bene o di un servizio dovrebbe giovare al consumatore finale, che acquista il bene o il servizio ad un costo non maggiorato dall'Iva.

© Wolters Kluwer Italia

B) Non è qui il caso di riportare dettagliatamente l'elenco delle operazioni esenti, contenuto nell'art. 10 del D.P.R. n. 633[21]. Limitandoci a poche indicazioni sommarie, noteremo che sono esenti:

- talune operazioni di carattere finanziario (operazioni creditizie, assicurative, valutarie, relative a valori mobiliari);
- le operazioni relative alla riscossione dei tributi;
- l'esercizio di giochi e scommesse;
- le prestazioni di mandato e di mediazione;
- le operazioni in oro;
- alcune operazioni immobiliari;
- alcune operazioni socialmente rilevanti (cessioni gratuite di beni a determinate categorie di soggetti; taluni servizi di pubblica utilità; le prestazioni sanitarie; le attività educative e culturali);
- le cessioni di beni acquistati senza detrazione dell'Iva.

Le ragioni che giustificano l'esenzione sono di vario genere: alcune operazioni sono esenti per ragioni sociali (ad esempio, prestazioni sanitarie, educative, di tipo culturale); altre per ragioni di tecnica tributaria (ad esempio, le operazioni finanziarie e assicurative, che sono soggette a tributi).

## 4. *Il momento impositivo.*

A) Il momento impositivo è quello in cui un'operazione si considera effettuata e l'imposta diviene esigibile (D.P.R. n. 633, art. 6)[22].

L'espressione "esigibilità" dell'imposta non significa "esigibilità attuale" e non è da riferire all'imposta dovuta o da versare sulla massa di operazioni compiute in un determinato periodo di tempo, ma significa che si attualizzano gli effetti giuridici legati alla singola operazione.

Per esigibilità dell'imposta il diritto dell'UE intende «*il diritto che l'Erario può far valere a norma di legge, a partire da un determinato momento, presso il debitore, per il pagamento dell'imposta, anche se il pagamento può essere differito*»[23]. Nel diritto interno, l'esigibilità è legata al momento in cui una operazione si considera effettuata; coincide, quindi, con il momento impositivo (D.P.R. n. 633, art. 6, comma 5).

[21] Cfr. A. Viotto, *Le esenzioni*, in *L'imposta sul valore aggiunto. Giur. sist. dir. trib.*, diretta da F. Tesauro, cit., p. 94 ss.; F. Montanari, *Le operazioni esenti nel sistema dell'Iva*, Torino, 2013.

[22] Cfr. M.C. Fregni, *Il momento impositivo*, in *L'imposta sul valore aggiunto. Giur. sist. dir. trib.*, diretta da F. Tesauro, cit., p. 223 ss.

[23] Direttiva 2006/112/CE del Consiglio del 28 novembre 2006, art. 62.

© Wolters Kluwer Italia

Tale effetto giuridico ha una doppia valenza: per chi effettua operazioni attive fa decorrere il termine della fatturazione e registrazione (15 giorni)[24]; per il compratore o committente segna la nascita del diritto alla detrazione[25].

B) Vediamo ora, in dettaglio, quando una operazione si considera effettuata.

Per le cessioni di beni immobili la regola è che si considerano effettuate nel momento della stipulazione, ma, se gli effetti sono differiti, rileva il momento in cui si producono gli effetti traslativi.

Le cessioni di beni mobili si considerano effettuate nel momento della consegna o spedizione, salvo, anche qui, il caso in cui gli effetti traslativi siano differiti; in ogni caso, però, l'operazione si ha per effettuata dopo il decorso di un anno dalla consegna o spedizione.

Le prestazioni di servizi si considerano effettuate quando è pagato il corrispettivo. Non ha rilievo, quindi, la conclusione della prestazione. Prima del pagamento, non vi è obbligo (ma solo la facoltà) di emettere fattura o di pagare l'imposta[26].

C) Vi sono due fattispecie che anticipano il momento di effettuazione delle operazioni: l'emissione della fattura e il pagamento del corrispettivo.

Sia la fattura, sia il pagamento, costituiscono effettuazione della operazione per le cessioni di beni. Il pagamento di acconti, perciò, deve essere fatturato e sottoposto a imposta[27]. Per le prestazioni di servizi, abbiamo già visto che il pagamento è la fattispecie principale di compimento dell'operazione.

È opportuno notare che il momento in cui una operazione si considera effettuata ai fini Iva può essere diverso da quello in cui rileva ai fini reddituali. Secondo le norme del reddito di impresa, un ricavo è da computare in base al principio di competenza, e non hanno rilievo né la fatturazione né il pagamento. È quindi fisiologico che vi sia divario tra volume d'affari Iva e ammontare dei ricavi imponibili ai fini del reddito.

[24] Quando è effettuata una operazione deve essere emessa la fattura (art. 21); entro quindici giorni dalla loro emissione, le fatture devono essere registrate (art. 23); mensilmente, deve essere versata l'imposta liquidata in base alle fatture registrate nel mese precedente (D.P.R. 23 marzo 1998, n. 100, art. 1).

[25] D.P.R. n. 633, art. 19, a norma del quale il diritto di detrazione del cessionario sorge quando l'imposta (dovuta dal cedente) diventa esigibile (ossia quando l'operazione si ha per effettuata per il cedente).

[26] Cass., 1° ottobre 2010, n. 20527; Id., 7 luglio 2017, n. 16778.

[27] Cfr. Cass., 8 novembre 2000, n. 14532. La caparra non è soggetta ad imposta (Cass., 22 gennaio 2007, n. 1320).

© Wolters Kluwer Italia

**5.** *La base imponibile.*

A) La base imponibile è costituita, di regola, dall'ammontare complessivo dei corrispettivi dovuti al cedente o al prestatore secondo le condizioni contrattuali (D.P.R. n. 633, art. 13)[28]; non ha dunque rilievo il valore normale o il valore venale dell'oggetto del contratto, ma il corrispettivo pattuito.

Sono compresi nell'imponibile anche gli oneri e le spese inerenti all'esecuzione[29], nonché i debiti e gli oneri verso terzi accollati al cessionario o al committente e le integrazioni dovute da altri soggetti.

B) Solo nel caso in cui non vi è un corrispettivo, o il corrispettivo è in natura, assume rilievo il valore normale, definito, dall'art. 14 del D.P.R. n. 633, come l'importo che il cessionario o committente dovrebbe pagare, in condizioni di libera concorrenza, per ottenere quel bene o servizio, nel tempo e nel luogo di tale cessione o prestazione[30].

C) Ai sensi dell'art. 15 del D.P.R. n. 633, non concorrono a formare la base imponibile (ma sono "escluse"):

1) le somme dovute a titolo di interessi moratori o di penalità[31] per ritardi o altre irregolarità nell'adempimento degli obblighi del cessionario o del committente;

2) il valore normale dei beni ceduti a titolo di sconto, premio o abbuono in conformità alle originarie condizioni contrattuali[32], tranne quelli la cui cessione è soggetta ad aliquota più elevata;

3) le somme dovute a titolo di rimborso delle anticipazioni fatte in nome e per conto della controparte, purché regolarmente documentate[33];

[28] Cfr. G. Stancati, *La base imponibile e le aliquote*, in *L'imposta sul valore aggiunto. Giur. sist. dir. trib.*, diretta da F. Tesauro, cit., p. 241 ss.

[29] Sulla inclusione nella base imponibile dell'importo dovuto per il pagamento del prezzo mediante carta di credito vedi Corte di giustizia, 25 maggio 1993, causa 18/92, *Chaussures Bully*, in *Foro it.*, 1993, I, 699.

[30] Il valore normale, nell'Iva, come agli effetti delle imposte sui redditi (art. 9, comma 3, del Tuir) riflette il prezzo di un bene ad un dato stadio di commercializzazione. Nell'imposta di registro rileva il valore venale in comune commercio, cioè il valore di mercato.

[31] Come, ad esempio, la clausola penale prevista dall'art. 1382 c.c.

[32] Cfr. Corte di giustizia, 24 ottobre 1996, *Argos Distributors*, causa n. 288/94, in *Raccolta*, 1996, I, 5311; Id., 27 aprile 1999, *Kuwait Petroleum*, C-48/997, in *Fisco*, 2000, 140.

[33] Ad esempio, i rimborsi di spese fatte dai professionisti in nome e per conto dei clienti; le spese fatte dal mandatario in nome e per conto del mandante, nell'esecuzione di un mandato con rappresentanza.

© Wolters Kluwer Italia

4) l'importo degli imballaggi e dei recipienti, quando ne sia stato espressamente pattuito il rimborso alla resa;

5) le somme dovute a titolo di rivalsa dell'imposta sul valore aggiunto.

## 6. *Le aliquote.*

L'aliquota ordinaria è del 22 per cento (dal 1° ottobre 2013). Vi sono poi due aliquote ridotte (del 10 e del 4 per cento) per i beni e servizi che maggiormente incidono sul costo medio della vita. La maggior parte delle operazioni avviene con aliquota ordinaria. Invece, i beni di prima necessità, come gli alimentari, i servizi primari, le utenze domestiche e le opere sulla prima casa, scontano aliquote ridotte, in base a tabelle prefissate.

Le operazioni "non imponibili" possono essere considerate come operazioni a tasso zero (in tal modo, sono distinte dalle operazioni esenti, che pure non determinano alcun debito d'imposta, ma incidono sul diritto di detrazione).

L'imposta dovuta dal soggetto passivo si quantifica applicando, alle operazioni effettuate, le relative aliquote, ma l'imposta astrattamente dovuta sulle operazioni attive è cosa diversa dalla somma da versare: quest'ultima è data dalla differenza tra imposta dovuta sulle operazioni attive e imposta detraibile.

## 7. *Il diritto di rivalsa.*

A) Il soggetto passivo (cedente o prestatore) che effettua una operazione imponibile (e che, perciò, è debitore d'imposta verso il fisco), ha il diritto di rivalersi nei confronti del cessionario o del committente. In tal modo, il debito tributario è neutralizzato dalla rivalsa.

Il diritto di rivalsa è quindi un credito del soggetto passivo dell'Iva (cedente o prestatore), nei confronti della controparte (cessionario o committente), che si aggiunge, per effetto di legge, al corrispettivo[34].

[34] Nel novero degli effetti che scaturiscono da un contratto (effetti statuiti dalle parti nel contratto ed effetti c.d. naturali, collegati dal diritto privato al contratto assunto come mero atto), è da comprendere anche il rapporto di rivalsa, rapporto che, anche se previsto da una legge tributaria, è un effetto legale di diritto privato.

© Wolters Kluwer Italia

Il credito sorge, in concreto, dall'addebito dell'Iva nella fattura[35]. La fattispecie da cui scaturisce il diritto di rivalsa è composta, perciò, di due elementi: la effettuazione di una operazione imponibile e la emissione della fattura.

B) Il soggetto passivo Iva, quando effettua una operazione imponibile, deve emettere fattura addebitando l'imposta, a titolo di rivalsa, al cessionario o committente (D.P.R. n. 633, art. 18, comma 1)[36].

La rivalsa, oltre che un diritto, è un obbligo. L'obbligo ha per oggetto l'emissione della fattura, con addebito della rivalsa. Il soggetto passivo Iva ha l'obbligo di far sorgere il diritto di rivalsa; ha l'obbligo, in altri termini, di costituirsi creditore.

L'obbligo riguarda, quindi, non l'esercizio del credito di rivalsa[37], ma la nascita del credito; ed attiene alla fase costitutiva del diritto, non alle vicende del diritto già sorto[38].

Nel commercio al minuto non è obbligatoria l'emissione della fattura: il prezzo si intende comprensivo dell'imposta[39].

C) Al diritto-dovere del cedente di un bene o prestatore di un servizio di emettere fattura con Iva corrispondono simmetriche situazioni soggettive del cessionario o committente, che deve corrispondere al cedente o al prestatore l'Iva di rivalsa ed ha il diritto di ricevere la fattura con addebito dell'imposta; tale diritto è in funzione della detrazione, che presuppone il ricevimento della fattura con addebito dell'imposta e l'annotazione della fattura nel registro degli acquisti[40].

[35] Come si deduce dal comma 1 dell'art. 18, ove si parla di addebito dell'Iva, e, *a contrario*, dal comma 2, secondo cui, per le operazioni per le quali non è prescritta l'emissione della fattura, il prezzo o corrispettivo si intende comprensivo dell'imposta.

[36] Il diritto-dovere di rivalsa è previsto in via generale per tutte le operazioni, ad eccezione di quelle indicate nel comma 3 dell'art. 18, comma 3, del D.P.R. n. 633.

[37] Sarebbe del resto difficilmente concepibile la previsione legislativa dell'obbligo di esercitare un credito: significherebbe, ad esempio, obbligare il creditore a far causa al debitore, ad agire esecutivamente, ecc.

[38] Il soggetto passivo è titolare del diritto (potestativo) di far sorgere il credito di rivalsa; l'obbligo di emettere fattura con addebito dell'imposta è obbligo di esercitare un diritto potestativo.

[39] Si veda l'art. 18, comma 2, del D.P.R. n. 633, a norma del quale il cliente può chiedere che gli sia data la fattura: in tale ipotesi, la rivalsa è distinta dal prezzo, e l'acquirente acquista la possibilità di esercitare il diritto di detrazione.

[40] Cfr. F. Randazzo, *Le rivalse tributarie*, Milano, 2012, p. 120.

© Wolters Kluwer Italia

Un risvolto della previsione legislativa dell'obbligo di rivalsa è la nullità di patti che la escludano (nullità espressamente prevista dalla legge). Il rapporto di rivalsa, insomma, non è disponibile[41].

D) Non vi è una norma che limiti nel tempo la rivalsa, che quindi può essere esercitata anche in ritardo, vale a dire dopo che è decorso il termine per la emissione della fattura, ed anche dopo che il cedente o prestatore ha ricevuto un avviso di accertamento.

In caso di accertamento, il cedente o prestatore ha diritto di rivalersi, ma dopo che ha pagato l'imposta, con le sanzioni e gli interessi; simmetricamente sorge, per il cessionario o committente, il diritto di detrazione, entro il termine di presentazione della dichiarazione del secondo anno successivo a quello in cui l'imposta gli è stata addebitata (D.P.R. n. 633, art. 60, comma 7).

E) Il rapporto di rivalsa è un rapporto tra privati, distinto dal rapporto tributario che intercorre tra fisco e contribuente, ma correlato al rapporto tributario. Trattandosi di rapporto tra privati, le relative liti appartengono alla giurisdizione del giudice ordinario[42].

## 8. *Il diritto di detrazione. Esigibilità ed inerenza.*

A) Il diritto di detrazione ha per oggetto «*l'imposta assolta o dovuta dal soggetto passivo o a lui addebitata a titolo di rivalsa in relazione ai beni ed ai servizi importati o acquistati nell'esercizio di impresa, arte o professione*» (D.P.R. n. 633, art. 19, comma 1).

Gli acquisti e le importazioni di beni e servizi danno diritto alla detrazione se sono effettuati nell'esercizio di impresa, arte o professione, cioè se sono "inerenti" all'attività esercitata[43].

[41] L'indisponibilità concerne l'obbligo del cedente di emettere fattura con addebito dell'imposta (ossia l'obbligo di costituirsi creditore); una volta sorto il credito di rivalsa, e, quindi, il diritto di detrazione del cessionario verso l'erario, le prescrizioni della legge fiscale sono adempiute; l'effettivo pagamento è un fatto tra privati, liberamente negoziabile, al quale il fisco è estraneo.

[42] Giurisprudenza consolidata. Cfr. Cass., 28 ottobre 1995, n. 11313, in *Giur. it.*, 1996, I, 1, 449; Id., sez. un., 20 novembre 2017, n. 27437. Chi ha pagato in via di rivalsa un'imposta non dovuta non ha azione verso l'Amministrazione finanziaria, ma verso il prestatore (Cass., 5 maggio 2003, n. 6778).

[43] Ai fini dell'Iva, l'inerenza quale requisito di detraibilità dell'imposta afferente al costo richiede elementi obiettivi che evidenzino una concreta strumentalità del bene o servizio all'attività d'impresa (Cass., 20 gennaio 2017, n. 1544).

© Wolters Kluwer Italia

Nel caso di importazioni, è detraibile l'Iva risultante dalle bollette doganali; nel caso di acquisto interno, il soggetto passivo Iva può detrarre l'imposta che gli è stata addebitata nelle fatture di acquisto. La detrazione non presuppone che chi esercita il diritto di detrazione abbia pagato l'imposta, ma che abbia ricevuto la fattura con addebito dell'Iva di rivalsa e che la fattura sia annotata[44].

Per poter esercitare il diritto di detrazione occorre dunque che siano annotate, nel registro degli acquisti, le fatture e le bollette doganali (comprese le autofatture); l'importo detraibile risulta dalla somma dell'Iva di rivalsa annotata nel registro degli acquisti (registro dell'Iva a credito). La detrazione è esercitata nelle liquidazioni periodiche (mensili o trimestrali) o in sede di dichiarazione annuale[45].

Il diritto di detrazione è soggetto a decadenza; può essere esercitato, al più tardi, con la dichiarazione relativa all'anno in cui il diritto è sorto ed alle condizioni esistenti al momento in cui è sorto[46].

B) La detrazione (come la rivalsa) realizza la neutralità dell'Iva; perciò la legislazione nazionale non può sottoporla a limiti non compatibili con il principio di neutralità[47].

Il diritto di detrazione, se ne sussiste il presupposto sostanziale (acquisto di beni o servizi inerenti), deve essere riconosciuto, per realizzare la neutralità del tributo, anche al cessionario/committente che abbia omesso gli adempimenti formali, come l'autofatturazione, la integrazione della

Il meccanismo della detrazione Iva postula una necessaria correlazione fra i beni e i servizi acquistati e l'attività esercitata, nel senso che essi devono inerire all'impresa, anche se si tratti di beni non strumentali in senso proprio, purché risultino in concreto destinati alla finalità della produzione o dello scambio nell'ambito dell'attività dell'impresa stessa (Cass., 3 marzo 2017, n. 5406).

[44] Corte di Giustizia, 29 marzo 2012, *Véleclair*, C-414/10, Si veda l'art. 19, comma 1, D.P.R. n. 633, ove è stabilito che è detraibile l'imposta «*assolta o dovuta*» dal soggetto passivo.

[45] La detraibilità è subordinata all'annotazione delle relative fatture nel registro di cui all'art. 25 del D.P.R. n. 633 (Cass., 21 maggio 2008, n. 12913).

[46] D.P.R. n. 633, art. 19, comma 1, secondo periodo. Anche la registrazione delle fatture deve farsi, al più tardi, entro il termine di presentazione della dichiarazione relativa all'anno di ricezione della fattura (D.P.R. n. 633, art. 25, comma 1).

[47] Cfr. Corte di giustizia, 30 settembre 2010, *Oasis East*, C-395/09,in *Racc.*, 2010, I, 8811, secondo cui il diritto nazionale non può escludere in maniera generale il diritto alla detrazione dell'Iva versata a monte in occasione dell'acquisto di servizi importati, il cui prezzo è pagato direttamente o indirettamente ad una persona stabilita in uno stato o territorio definito come "paradiso fiscale" dalla suddetta legislazione.

© Wolters Kluwer Italia

fattura[48], o la registrazione di acquisti intracomunitari[49]. È solo necessario che gli inadempimenti formali non impediscano all'Amministrazione finanziaria il controllo dei requisiti sostanziali.

**8.1.** *Esclusioni della detrazione.*

A) Non è detraibile l'imposta relativa ad acquisti direttamente destinati al compimento di operazioni esenti, o al compimento di operazioni non soggette o escluse dal campo di applicazione dell'Iva (D.P.R. n. 633, art. 19, comma 2)[50].

Questa forma di indetraibilità è detta "analitica", o "per destinazione", in quanto concerne singoli beni o servizi, direttamente destinati ad operazioni che escludono la detrazione[51].

B) Vi sono beni e servizi per i quali il legislatore esclude la detraibilità in quanto presume in modo assoluto la non inerenza, o ammette la detraibilità solo parziale, presumendo la parziale inerenza (D.P.R. n. 633, art. 19-*bis*1).

Non è perciò detraibile l'imposta relativa all'acquisto di aerei e imbarcazioni; l'imposta relativa all'acquisto di auto è detraibile nella misura del 40 per cento; l'imposta relativa all'acquisto di carburanti e lubrificanti segue il regime di non detraibilità, o di detraibilità limitata, previsto per aerei, imbarcazioni e auto.

Non è inoltre detraibile l'Iva relativa alle spese di trasporto delle persone, alle spese di rappresentanza ed a spese per alimenti e bevande, né l'Iva relativa all'acquisto o alla locazione di fabbricati ad uso abitativo.

C) Gli enti non commerciali possono detrarre soltanto l'Iva relativa agli acquisti fatti nell'esercizio di attività agricole o commerciali, purché

[48] Cfr. Corte di giustizia, 8 maggio 2008, *Ecotrade*, C-95/07 e C-96/07, cit., secondo cui l'inadempimento di obblighi formali non può comportare la perdita della detrazione, con pregiudizio della neutralità dell'imposta.

In caso di importazioni di beni da uno Stato extra-comunitario, spetta il diritto di detrazione, nonostante l'inosservanza dell'obbligo di *reverse charge* (Cass., 5 maggio 2010, n. 10819).

[49] Corte di giustizia, 11 dicembre 2014, *Idexx Laboratories*, C 590/13, in *Foro it.*, 2015, IV, 379; Cass., 13 marzo 2015, n. 5072.

[50] Ad esempio, non ha diritto di detrarre l'Iva un organismo di diritto pubblico che acquista un bene d'investimento in veste di pubblica autorità (Corte di giustizia, 2 giugno 2005, n. 378/02; Id., 21 marzo 2000, C-110/98 e C-147/98 e Id., 8 giugno 2000, C-98/98).

[51] L'art. 19, comma 4, del D.P.R. n. 633, puntualizza che «*l'ammontare indetraibile è determinato secondo criteri oggettivi, coerenti con la natura dei beni e servizi acquistati*».

© Wolters Kluwer Italia

gestiscano tali attività con contabilità separata (cioè distinta rispetto a quella relativa all'attività principale)[52].

Qui il limite al diritto di detrazione trae giustificazione dal fatto che i beni e i servizi acquistati non sono tutti inerenti ad attività d'impresa. Si presume, in sostanza, che una parte degli acquisti di tali soggetti siano utilizzati per attività fuori del "campo Iva", in veste di consumatori finali.

### **8.2.** *Il* pro-rata.

A) Quando non vi sono legami diretti tra acquisti e specifiche operazioni attive che non sono soggette ad imposta, ed il soggetto passivo Iva esercita sia attività che danno diritto, sia attività che non danno diritto alla detrazione, la quota di Iva detraibile è calcolata in modo forfetario (*pro-rata*).

Il criterio del *pro-rata* si applica, dunque, quando non è applicabile la regola della indetraibilità specifica, ossia quando il contribuente ponga in essere operazioni esenti in modo sistematico (D.P.R. n. 633, art. 19, comma 5 e art. 19-*bis*).

Il diritto alla detrazione dell'imposta spetta in misura proporzionale alle operazioni che danno diritto alla detrazione. È quindi pari al risultato della frazione avente al numeratore l'ammontare delle operazioni con diritto a detrazione, effettuate nell'anno, e al denominatore la somma di tutte le operazioni attive effettuate nello stesso periodo.

Ad esempio, se le operazioni imponibili sono pari a 50 euro, e quelle esenti sono pari a 100, la percentuale di detrazione è data dal risultato di una frazione che ha come numeratore 50 e come denominatore 150. Poiché le operazioni che danno diritto alla detrazione sono un terzo del totale, l'Iva detraibile è pari ad un terzo dell'imposta relativa agli acquisti[53].

[52] Il comma 3 dell'art. 19-*ter* del D.P.R. n. 633 non ammette la detrazione nel caso di omessa tenuta, anche per l'attività principale, della contabilità obbligatoria (o di irregolarità che la rendono inattendibile). Per una vasta categoria di enti pubblici la contabilità separata «*è realizzata nell'ambito e con l'osservanza delle modalità previste per la contabilità pubblica obbligatoria a norma di legge o di statuto*».

[53] L'art. 19-*bis* del D.P.R. n. 633 dispone che nel calcolo del *pro-rata* si deve tenere conto solamente delle operazioni che danno diritto alla detrazione (cioè delle operazioni imponibili e di quelle ad esse assimilate *ex* art. 19, comma 3) e delle operazioni esenti. Non sono da computare né al numeratore, né al denominatore della frazione, le operazioni non soggette ad Iva.

© Wolters Kluwer Italia

B) Vi sono operazioni attive che non devono essere considerate nel calcolo della percentuale di detrazione, tra cui le cessioni di beni ammortizzabili e alcune operazioni esenti (D.P.R. n. 633, art. 19-*bis*, comma 2).

Limitano il diritto di detrazione non tutte le esenzioni, ma solo quelle relative all'attività propria dell'impresa. Le operazioni esenti, che «*non formano oggetto dell'attività propria del soggetto passivo o sono accessorie ad operazioni imponibili*», non si riflettono sul diritto di detrazione. Solo le attività esenti, che costituiscono attività "proprie", limitano la detrazione.

In sostanza, l'impresa che effettua un'operazione esente in via occasionale, o la effettua in aggiunta ad un'operazione imponibile, conserva intatto il diritto di detrazione; in tal modo, la neutralità del tributo non è intaccata da operazioni sporadiche, non significative della attività della impresa[54]. L'attività propria dell'impresa non è quella astrattamente prevista dallo statuto, ma quella effettivamente svolta[55].

## 8.3. *La rettifica della detrazione.*

Le norme in tema di detraibilità, sin qui esaminate, non sono applicate in via definitiva, ma sulla base di una previsione dell'utilizzo che sarà dato al bene o al servizio acquistato.

La detrazione può essere operata al momento dell'acquisto, senza bisogno di attendere l'effettivo utilizzo; ma, se il bene o servizio è impiegato in modo difforme, la detrazione operata deve essere rettificata, in aumento o in diminuzione, in base al concreto utilizzo che ne viene fatto (D.P.R. n. 633, art. 19-*bis*2)[56].

Una particolare disciplina concerne la rettifica della detrazione dell'Iva relativa all'acquisto di beni ammortizzabili.

[54] Per Cass., 4 febbraio 2005, n. 2300, una operazione economica isolata, compiuta da una società commerciale, di per sé sola non può valere a dare consistenza ad una attività imprenditoriale capace di giustificare l'inerenza dell'operazione passiva, salvo che la società dimostri o che l'operazione non sia isolata, e che sia inserita in una specifica attività imprenditoriale, oppure che si inserisca in una attività immobiliare vera e propria, così che – in ambedue i casi – sia destinata, almeno in prospettiva, a generare un lucro.

[55] Cass., 10 marzo 2010, n. 5753; Id., 24 marzo 2017, n. 7654.

[56] Poiché non è praticabile un controllo continuo degli acquisti, la rettifica è limitata all'atto del "primo utilizzo" per i beni non ammortizzabili e per i servizi, e ai quattro anni successivi all'entrata in funzione per i beni ammortizzabili.

Per i beni non ammortizzabili e per i servizi il mutamento di destinazione ha dunque rilievo solo fino al "primo utilizzo"; per i beni ammortizzabili, invece, il mutamento di destinazione è rilevante anche in seguito, ma non oltre i quattro anni successivi. Il cambio di destinazione successivo ai quattro anni non ha rilievo.

© Wolters Kluwer Italia

È ammessa la detrazione dell'Iva sui beni ammortizzabili in misura integrale nell'anno di acquisto del bene, ma la detrazione può venir meno, o essere modificata, se negli anni successivi aumenta la percentuale delle operazioni esenti.

La percentuale di detraibilità può dunque variare di anno in anno per effetto del mutamento del rapporto tra operazioni esenti e volume di affari.

Tale sistema è detto *pro-rata temporis*: con esso si vuole ovviare all'incongruenza che si verifica quando un soggetto, che acquista beni strumentali in un anno in cui non effettua, o effettua in misura minima, operazioni esenti, fruisca di tali beni in anni in cui aumenta sensibilmente la percentuale di operazioni esenti.

Più precisamente, è detraibile di regola l'intero ammontare dell'Iva dovuta sull'acquisto di beni ammortizzabili, ma tale ammontare deve essere rettificato nei quattro anni successivi a quello di acquisto se si verifica una variazione della percentuale di detrazione superiore a dieci punti.

© Wolters Kluwer Italia

# SEZIONE II

# APPLICAZIONE



## **9.** *Il numero di partita Iva, la fattura e i registri.*

A) Il primo adempimento imposto ai contribuenti è quello di identificarsi, cioè di presentare la dichiarazione di inizio dell'attività: i soggetti che intraprendono l'esercizio di un'impresa, arte o professione e i non residenti che costituiscono una stabile organizzazione devono farne dichiarazione al fisco, il quale attribuisce al neo-contribuente un numero di partita Iva[57].

Correlativamente, deve essere dichiarata anche la cessazione dell'attività.

I soggetti che intendono effettuare operazioni intracomunitarie devono iscriversi nell'archivio VIES (*VAT Information Exchange System*)[58].

B) I soggetti passivi sono tenuti a emettere fattura per le operazioni che effettuano e a registrare le fatture emesse: l'obbligo riguarda tutte le operazioni che rientrano nel "campo di applicazione" dell'imposta e, quindi, non solo le operazioni imponibili, ma anche quelle "non imponibili" ed "esenti" (D.P.R n. 633, art. 21)[59].

La fattura non è obbligatoria, se non è richiesta dal cliente, per il commercio al minuto e per le attività assimilate (D.P.R. n. 633, art. 22).

La fattura non deve essere sottoscritta[60]. Datata e numerata in modo progressivo per anno solare, deve indicare:

a) i soggetti fra cui è effettuata l'operazione, con il numero di partita Iva del cedente o prestatore;

[57] La dichiarazione di inizio dell'attività deve contenere una serie di elementi (sede, tipo di attività, ecc.), la cui variazione deve essere denunciata all'Agenzia delle entrate.

[58] D.l. 31 maggio 2010, n. 78, conv. dalla L. 30 luglio 2010, n. 122, art. 27.

[59] Cfr. M.D. CORRADO, *La fatturazione e la contabilità*, in *L'imposta sul valore aggiunto. Giur. sist. dir. trib.*, diretta da F. Tesauro, cit., p. 413 ss.

[60] Il *file* della fattura elettronica, emessa nei confronti di una pubblica amministrazione, deve essere firmato mediante un certificato di firma qualificata.

© Wolters Kluwer Italia

b) l'oggetto dell'operazione, cioè natura, qualità e quantità dei beni ceduti e dei servizi prestati[61];

c) la base imponibile (corrispettivi ed altri dati necessari per la determinazione della base imponibile, compreso il valore normale dei beni ceduti a titolo di sconto, premio o abbuono);

d) il valore normale degli altri beni ceduti a titolo di sconto, premio o abbuono;

e) l'imponibile, l'aliquota e l'imposta;

f) il numero di partita Iva del cessionario del bene o del committente del servizio qualora sia debitore dell'imposta in luogo del cedente o del prestatore, con l'indicazione della relativa norma;

g) la data della prima immatricolazione o iscrizione in pubblici registri e numero dei chilometri percorsi, delle ore navigate o delle ore volate, se trattasi di cessione intracomunitaria di mezzi di trasporto nuovi;

h) l'annotazione che la fattura è compilata dal cliente ovvero, per conto del cedente o prestatore, da un terzo[62].

La fattura, nella dinamica dell'Iva, ha un particolarissimo rilievo, in quanto la sua mera emissione vale come "effettuazione" della operazione imponibile e rende dovuta l'imposta in essa indicata, per il solo fatto che è indicata in fattura. La fattura è necessaria sia ai fini della rivalsa, sia ai fini della detrazione.

C) La fattura può essere emessa sia in forma cartacea, sia in forma elettronica; quella cartacea si ha per emessa all'atto della consegna o spedizione; quella elettronica all'atto della sua trasmissione per via elettronica.

Nei confronti delle pubbliche amministrazioni la fattura deve essere emessa esclusivamente in forma elettronica[63].

D) Ogni soggetto passivo deve tenere, ai fini Iva, due registri: uno per le operazioni attive (registro delle fatture emesse), uno per gli acquisti. Nel registro delle operazioni attive devono essere annotate, entro quindici giorni dalla loro emissione, le fatture, le autofatture, le note di variazione, le dichiarazioni di intento[64].

[61] La normativa dell'UE prescrive l'obbligatorietà dell'indicazione nella fattura dell'entità e della natura dei servizi forniti, nonché della specificazione della data in cui è effettuata o ultimata la prestazione di servizi (Cass., ord. 6 ottobre 2017, n. 23384).

[62] La fattura per importi non superiori a 100 euro può essere emessa in forma semplificata (D.P.R n. 633, art. 21-*bis*).

[63] L. 24 dicembre 2006, n. 244 (legge finanziaria per il 2007), commi da 209 a 214.

[64] I commercianti al minuto annotano l'ammontare globale delle operazioni effettuate in ciascun giorno (D.P.R. n. 633, art. 24).

© Wolters Kluwer Italia

Nel registro degli acquisti devono essere annotate le fatture passive, le autofatture e le bollette doganali; la registrazione è *conditio sine qua non* della detrazione.

Dal registro delle operazioni attive risulta l'Iva a debito; da quello delle operazioni passive l'Iva a credito: ogni mese (od ogni trimestre) dev'essere liquidata la differenza algebrica tra Iva a debito e Iva a credito.

Perciò, il registro delle vendite è utilizzato non solo per la registrazione delle fatture attive, ma ogni volta che il contribuente deve registrare un documento da cui scaturisce un debito; al contrario, il registro degli acquisti è utilizzato per registrare sia le fatture di acquisto, sia altri documenti da cui deriva il diritto di detrazione.

### 9.1. *La comunicazione delle operazioni attive.*

Allo scopo di fornire all'Agenzia delle entrate dati utili per contrastare l'evasione, i soggetti passivi sono tenuti a comunicare telematicamente all'Agenzia delle entrate le operazioni attive effettuate (operazioni imponibili, non imponibili ed esenti)[65]. Sono esonerati i contribuenti minimi.

Devono essere comunicate, per ciascun cliente e fornitore, i dati di tutte le fatture emesse nel trimestre di riferimento, e di quelle ricevute e registrate per le cessioni di beni e le prestazioni di servizi, effettuate e ricevute.

Quando il pagamento avviene mediante carte di credito, di debito o prepagate, la comunicazione deve essere effettuata dagli operatori finanziari che le hanno emesse[66].

### 9.2. *L'inversione contabile (*reverse charge*).*

A) Di regola, soggetto passivo dell'Iva è il soggetto che cede un bene o presta un servizio (e deve emettere fattura con addebito d'imposta).

Vi sono però dei casi in cui l'obbligo di applicare l'imposta, emettendo fattura con Iva, è rovesciato, essendo posto a carico del cessionario o del committente. Vi è una "inversione contabile", o *reverse charge*.

Il cessionario o committente è tenuto ad emettere fattura, o a integrare la fattura ricevuta, e a registrare il documento sia nel registro delle

[65] D.l. 31 maggio 2010, n. 78, conv. dalla L. 30 luglio 2010, n. 122, art. 21, sostituito dall'art. 4, D.L. 22 ottobre 2016, n. 193, convertito dalla L. 1° dicembre 2016, n. 225.

[66] Obbligo previsto dall'art. 7, comma 6, del D.P.R. 29 settembre 1973, n. 605.

© Wolters Kluwer Italia

fatture emesse, sia nel registro degli acquisti, con l'effetto che l'Iva a debito è pari all'Iva detraibile.

Anche in caso di inversione contabile, quindi, l'Iva è neutrale.

B) Vi è inversione contabile per le cessioni di beni e le prestazioni di servizi effettuate nel territorio dello Stato da soggetti non residenti nei confronti di soggetti passivi residenti.

Nel caso di cessioni di beni o di prestazioni di servizi effettuate da un soggetto passivo stabilito in un altro Stato membro dell'Unione europea, il cessionario o committente italiano deve applicare le disposizioni previste per gli acquisti intracomunitari[67].

Non vi è inversione contabile quando il non residente si è identificato in Italia o ha nominato un rappresentante fiscale o quando operi in Italia per mezzo di una stabile organizzazione.

C) Il meccanismo dell'inversione contabile si applica anche come strumento anti-evasione in una molteplicità di ipotesi, in cui si teme che il soggetto passivo "naturale" del tributo (colui che cede il bene o presta il servizio) possa essere evasore. Possa, cioè, emettere fattura, incassare il tributo, e non versarlo al fisco, rendendosi poi insolvente. Gli adempimenti Iva sono perciò posti a carico del cessionario o committente, ritenuto maggiormente affidabile.

L'inversione si applica ad esempio alle prestazioni di servizi rese, nel settore dell'edilizia, da subappaltatori nei confronti di imprese che svolgono attività di costruzione e ristrutturazione di immobili, alle cessioni di *personal computer* e di cellulari, ecc.[68].

[67] Devono essere applicati gli artt. 46 e 47 del D.l. 30 agosto 1993, n. 331, convertito dalla L. 29 ottobre 1993, n. 427.

[68] Si veda il D.P.R. n. 633, art. 17, comma 6, ove si prevede che l'inversione contabile si applica, tra l'altro:

– alle prestazioni di servizi rese nel settore edile da soggetti subappaltatori nei confronti delle imprese che svolgono l'attività di costruzione o ristrutturazione di immobili ovvero nei confronti dell'appaltatore principale o di un altro subappaltatore;

– alle cessioni di fabbricati o di porzioni di fabbricato di cui ai numeri 8-*bis* e 8-*ter* dell'art. 10 per le quali nel relativo atto il cedente abbia espressamente manifestato l'opzione per l'imposizione;

– alle prestazioni di servizi rese dalle imprese consorziate nei confronti del consorzio di appartenenza che si è reso aggiudicatario di una commessa nei confronti di un ente pubblico al quale il predetto consorzio è tenuto ad emettere fattura;

– alle cessioni di *console* da gioco, *tablet, personal computer* e *laptop*, nonché alle cessioni di dispositivi a circuito integrato, quali microprocessori e unità centrali di elaborazione, effettuate prima della loro installazione in prodotti destinati al consumatore finale.

© Wolters Kluwer Italia

D) Quando il soggetto che cede un bene o presta un servizio omette di fatturare la sua prestazione, l'obbligo si sposta sul cessionario o committente, che deve regolarizzare l'operazione ai fini Iva[69]. Più precisamente, il cessionario o committente:

a) se non riceve la fattura entro quattro mesi dall'effettuazione dell'operazione deve presentare all'ufficio un documento sostitutivo della fattura non ricevuta e versare la relativa imposta (in sostanza, deve versare l'Iva che avrebbe dovuto versare per rivalsa al cedente o prestatore);

b) se riceve una fattura irregolare, deve presentare all'Agenzia delle Entrate un documento che regolarizza la fattura ricevuta, e versare l'imposta o la maggiore imposta eventualmente dovuta[70].

Il cessionario o committente che non regolarizza l'operazione è punito con sanzione amministrativa pari all'imposta non fatturata, ma non è tenuto al pagamento dell'imposta[71].

### 9.3. *Le note di variazione.*

Dopo che una fattura è stata emessa e registrata può risultare che debba (o possa) essere apportata una rettifica, in aumento o in diminuzione, all'ammontare dell'imponibile o dell'imposta. Ciò può accadere in conseguenza di eventi sopravvenuti, per rimediare ad errori ed inesattezze, ecc.

A) Una prima evenienza è che, per eventi successivi all'emissione della fattura o per inesattezze, siano modificati gli estremi di una operazione imponibile, con un aumento dell'imponibile o dell'imposta[72].

Quando ciò accade (ad esempio, perché viene concordato un aumento del corrispettivo già fatturato), il cedente o prestatore deve emettere una nota di variazione in aumento (*id est*, una fattura integrativa), la cui disciplina non differisce da quella delle normali fatture.

[69] Si veda l'art. 6, comma 8, del D. lgs. 18 dicembre 1997, n. 471.

[70] Peraltro, «*il controllo richiesto al cessionario/committente è intrinseco al documento, in quanto limitato alla "regolarità formale" della fattura e dunque alla verifica dei requisiti essenziali individuati nel D.P.R. n. 633 del 1972, art. 21*». Deve «*escludersi che sia richiesto al soggetto che riceve la fattura anche un controllo di natura sostanziale in ordine alla corretta qualificazione fiscale della operazione*» (Cass., 12 dicembre 2014, n. 26183; Id., 31 gennaio 2017, n. 2473).

[71] Cass., 27 dicembre 2010, n. 26126.

[72] Cass., 15 gennaio 2007, n. 715.

© Wolters Kluwer Italia

B) Le ipotesi che possono dare adito a variazioni in diminuzione sono quelle che comportano l'eliminazione del contratto o la riduzione del corrispettivo (nullità, annullamento, risoluzione, rescissione del contratto; modifica transattiva del corrispettivo, ecc.)[73].

Quando ciò accade, resta ferma la fattura già emessa, ed al fatto sopravvenuto può essere data rilevanza tributaria con la emissione di una "nota di variazione" (o "nota di credito"), di contenuto uguale e di segno contrario a quello della fattura originariamente emessa. Si tratta di una procedura facoltativa, piuttosto complessa.

Ad esempio, se il contratto di vendita di un bene viene risolto:

– il cedente (che ha già emesso fattura con addebito di Iva) può ora emettere una "nota di variazione", che gli attribuisce il diritto di detrarre l'Iva (viene così neutralizzata l'Iva di cui si era reso debitore con la fattura di vendita); il debito d'imposta documentato dalla fattura annotata nel registro delle vendite viene "riequilibrato" dal sopravvenuto diritto di detrazione, documentato dalla "nota di variazione" (che deve essere annotata nel registro degli acquisti, ossia dell'Iva a credito);

– il cessionario, che aveva detratto l'Iva di rivalsa annotando la fattura nel registro degli acquisti, deve anch'egli registrare la variazione (annotando la nota nel registro delle vendite); per lui sorge un debito Iva pari alla detrazione effettuata in precedenza[74].

Le note di variazione in diminuzione non possono essere emesse dopo il decorso di un anno dall'effettuazione dell'operazione imponibile, qualora la causa della riduzione derivi da un sopravvenuto accordo fra le parti[75].

C) Il soggetto passivo Iva, emettendo la fattura, è senz'altro debitore dell'Iva verso lo Stato, anche se non incassa l'imposta. Ciò confligge con la neutralità del tributo, che si realizza solo se il soggetto passivo recupera l'Iva esercitando la rivalsa. Perciò l'art. 26 del D.P.R. n. 633 prevede che la nota di variazione possa essere emessa come rimedio all'inadempienza del debitore

[73] La procedura di variazione si può adottare, ad esempio, quando il contratto originario sia modificato da un accordo transattivo (Cass., 11 giugno 1993, n. 6552), o quando il venditore conceda degli sconti (Cass., 11 aprile 1996, n. 3428).

[74] La disciplina dell'Iva, quindi, considerata in modo complessivo, esibisce un sistema di norme coordinate (gli artt. 19, 21 e 26), in base alle quali l'emissione di fattura con addebito d'imposta determina, in modo sostanzialmente immodificabile: a) il debito d'imposta del cedente; b) il diritto di detrazione del cessionario; c) la non rettificabilità della fattura al di fuori dei casi previsti dall'art. 26.

[75] Non c'è termine per la variazione in aumento (Cass., 3 febbraio 2014, n. 2249).

© Wolters Kluwer Italia

assoggettato ad una procedura concorsuale o ad una procedura esecutiva individuale[76].

D) Alla procedura di variazione si può ricorrere anche per rimediare, in aumento, ad inesattezze della fatturazione o della registrazione[77].

Gli errori materiali e di calcolo commessi nelle registrazioni o nelle liquidazioni possono essere corretti mediante annotazioni nei registri delle fatture emesse (se la variazione comporta un aumento dell'imposta) e nei registri degli acquisti (se si tratta di variazioni in diminuzione).

In caso di applicazione di imposta non dovuta (o superiore a quella dovuta), si può rimediare con una nota di variazione e con l'ordinaria procedura di rimborso[78].

## 10. *Volume d'affari, contribuenti minori e forfettari.*

Il regime degli adempimenti cui sono tenuti i soggetti passivi varia in ragione del volume d'affari, che è dato dall'ammontare complessivo delle operazioni effettuate nel corso di un anno solare, conteggiando tutte le operazioni che devono essere registrate (operazioni "imponibili", "non

[76] L'art. 26, comma 2, del D.P.R. n. 633, prevede che la nota di variazione è emessa in caso di mancato pagamento, in tutto o in parte, a causa di procedure concorsuali o di procedure esecutive individuali rimaste infruttuose o a seguito di un accordo di ristrutturazione dei debiti omologato ai sensi dell'art. 182-*bis*, R.d. 16 marzo 1942, n. 267, ovvero di un piano attestato ai sensi dell'art. 67, terzo comma, lettera d), del medesimo R.d., pubblicato nel registro delle imprese. Il comma 12 prevede che una procedura esecutiva individuale si considera in ogni caso infruttuosa:

a) nell'ipotesi di pignoramento presso terzi, quando dal verbale di pignoramento redatto dall'ufficiale giudiziario risulti che presso il terzo pignorato non vi sono beni o crediti da pignorare;

b) nell'ipotesi di pignoramento di beni mobili, quando dal verbale di pignoramento redatto dall'ufficiale giudiziario risulti la mancanza di beni da pignorare ovvero l'impossibilità di accesso al domicilio del debitore ovvero la sua irreperibilità;

c) nell'ipotesi in cui, dopo che per tre volte l'asta per la vendita del bene pignorato sia andata deserta, si decida di interrompere la procedura esecutiva per eccessiva onerosità».

Secondo Corte di giustizia, 23 novembre 2017, C-246/16, Di Maura v. Agenzia delle entrate, «uno Stato membro non può subordinare la riduzione della base imponibile dell'imposta sul valore aggiunto all'infruttuosità di una procedura concorsuale qualora una tale procedura possa durare più di dieci anni».

[77] In tal caso, la variazione va ad attenuare le conseguenze sanzionatorie della inesattezza, se ricorrono gli estremi per applicare l'art. 13 del D.P.R. 18 dicembre 1997, n. 472 (c.d. ravvedimento operoso).

[78] Cass., 13 marzo 2000, n. 2868, in *Foro it.*, 2000, I, 1465, Id., Sez. VI – 5, ord. 7 giugno 2017, n. 14239.

© Wolters Kluwer Italia

imponibili" ed "esenti"). Il volume d'affari è dato dalla somma di tutte le operazioni che rientrano nel "campo di applicazione" del tributo[79].

Sono definiti "contribuenti minori" i contribuenti il cui volume d'affari non supera un dato ammontare (400.000 euro annui per le imprese che prestano servizi e per i professionisti; 700.000 euro per le altre imprese). I contribuenti minori:

– possono adempiere gli obblighi di fatturazione e registrazione mediante tenuta di un bollettario a madre e figlia (D.P.R. n. 633, art. 32);

– possono effettuare le liquidazioni periodiche con cadenza trimestrale (invece che mensile)[80].

I contribuenti forfettari – come visto in materia reddituale – sono le persone fisiche che esercitano attività di impresa, arti o professioni, entro determinati limiti[81]. Essi non devono applicare l'Iva sulle operazioni attive e non hanno diritto alla detrazione dell'Iva sugli acquisti.

Vi sono, poi, regimi speciali per i produttori agricoli (per i quali l'Iva detraibile è pari a quella dovuta sulle vendite), per l'editoria e per le agenzie di viaggi[82].

### **10.1.** *Versamenti, eccedenze e rimborsi.*

A) Ogni mese i contribuenti soggetti al regime normale devono calcolare l'Iva a debito e l'Iva a credito; la differenza a debito deve essere versata entro il giorno 16 del mese successivo[83]; la differenza a credito è riportata in avanti.

Vi sono poi soggetti che liquidano l'imposta trimestralmente (banche, compagnie assicuratrici, ecc.).

Alla fine dell'anno, entro il 27 dicembre, deve essere versato un acconto (simile all'acconto da versare per le imposte sui redditi), in misura pari ad

[79] Non si tiene conto delle cessioni di beni ammortizzabili (in altre parole, il volume d'affari dipende dagli atti di ordinaria gestione dell'impresa, non dalla dismissione di un impianto, macchinario o altro bene strumentale). Non si tiene conto neppure delle attività gestite in modo separato (art. 36). Va da sé che non si tiene conto delle operazioni escluse dal "campo di applicazione" dell'Iva.

[80] D.P.R. 14 ottobre 1999, n. 542, art. 7.

[81] Si veda l'art. 1, commi da 54 a 89, della L. 23 dicembre 2014, n. 190 (legge di stabilità per il 2015).

[82] Cfr. A. Benazzi, *L'agricoltura*, in *L'imposta sul valore aggiunto. Giur. sist. dir. trib.*, diretta da F. Tesauro, cit., p. 359.

[83] D.lgs. 9 luglio 1997, n. 241, art. 18. Entro il giorno 16 di ciascun mese, il contribuente deve liquidare e versare l'imposta relativa al mese precedente. Il versamento è unitario: con l'Iva sono versate le ritenute d'acconto, i contributi Inps, ecc.

© Wolters Kluwer Italia

una percentuale della somma da versare per il mese di dicembre dell'anno precedente[84].

Con la dichiarazione annuale è effettuata la liquidazione finale, basata sul calcolo dell'Iva a debito e a credito relative all'intero anno solare; il versamento della somma dovuta in base alla dichiarazione annuale deve essere eseguito entro il 16 marzo dell'anno successivo[85].

B) La determinazione finale annuale del tributo, che il contribuente espone nella dichiarazione annuale, può comportare un debito o una eccedenza a credito.

L'Iva a debito deve essere versata, salvo compensazione.

Vi è eccedenza quando la somma dell'Iva detraibile e dei versamenti effettuati in corso d'anno supera il debito d'imposta (D.P.R. n. 633, art. 30)[86].

L'eccedenza è un credito del contribuente che può essere: a) compensato con debiti d'imposta diversi dall'Iva; b) riportato a nuovo, per essere compensato con le situazioni debitorie degli anni successivi; c) chiesto a rimborso[87].

C) La compensazione o il riporto a nuovo delle eccedenze sono la regola. Il contribuente può chiedere nella dichiarazione annuale il rimborso (in tutto o in parte) dell'eccedenza detraibile, se di importo superiore a 2.582,28 euro:

a) quando esercita esclusivamente o prevalentemente attività che comportano l'effettuazione di operazioni soggette ad imposta con aliquote inferiori a quelle dell'imposta relativa agli acquisti e alle importazioni;

b) quando effettua operazioni non imponibili (esportazioni) per più del 25 per cento dell'ammontare di tutte le operazioni effettuate;

[84] L. 29 dicembre 1990, n. 405, art. 6.

[85] D.P.R. 14 ottobre 1999, n. 542, art. 6.

[86] Cfr. F. Tesauro, *Credito di imposta e rimborso da indebito nella disciplina dell'Iva*, in *Boll. trib.*, 1979, 1466; A. Pace, *I rimborsi*, in *L'imposta sul valore aggiunto. Giur. sist. dir. trib.*, a cura di F. Tesauro, cit., p. 715.

[87] Il D. lgs. 9 luglio 1997, n. 241, disciplina il versamento unitario e la compensazione tra crediti e debiti di imposte diverse.

Il credito esposto in dichiarazione è soggetto all'ordinaria prescrizione decennale *ex* art. 2946 c.c., e non al termine biennale di decadenza previsto dall'art. 21, comma 2, del D.Lgs. 31 dicembre 1992, n. 546/1992, in quanto l'istanza di rimborso non integra il fatto costitutivo del diritto, ma solo il presupposto di esigibilità del credito per dare inizio al procedimento di esecuzione del rimborso stesso (Cass., 22 febbraio 2017, n. 4559).

© Wolters Kluwer Italia

c) limitatamente all'imposta relativa all'acquisto o all'importazione di beni ammortizzabili, nonché di beni e servizi per studi e ricerche[88];

d) quando effettua prevalentemente operazioni non soggette all'imposta per effetto degli artt. da 7 a 7-*septies*, in tema di territorialità;

e) quando si trova nelle condizioni previste dal terzo comma dell'art. 17, in tema di non residenti.

Il rimborso inoltre può essere chiesto da chi cessa l'attività e da qualsiasi soggetto passivo, quando la dichiarazione sia risultata a credito per tre anni di seguito.

La esecuzione dei rimborsi, effettuata prima della scadenza del termine per la rettifica della dichiarazione, è circondata da particolari cautele: il contribuente deve garantire la restituzione, nell'eventualità che il rimborso si rivelasse indebito. Perciò, deve prestare una garanzia, che duri fino a quando non è scaduto il termine entro cui l'ufficio può rettificare la dichiarazione[89].

Il rimborso ha normalmente per oggetto il credito che emerge dalla dichiarazione annuale, ma talune categorie di contribuenti possono anche richiedere il rimborso dei crediti emergenti dalle liquidazioni infrannuali (D.P.R. n. 633, art. 38-*bis*).

Sono, questi, i rimborsi c.d. accelerati, che possono essere richiesti:

– dai soggetti passivi che effettuano in modo prevalente operazioni attive con aliquote inferiori a quelle degli acquisti;

– dai soggetti passivi le cui operazioni attive sono costituite, per almeno il 25 per cento, da operazioni non imponibili.

### **10.2.** Split payment.

L'art. 17-*ter* del D.P.R. n. 633 prevede che alcune pubbliche amministrazioni, invece di versare l'Iva ai propri fornitori, debbono versarla direttamente all'Erario. In ciò consiste lo *split payment*, o "scissione dei pagamenti".

La norma concerne le pubbliche amministrazioni, che non sono soggetti passivi di Iva[90]. Lo *split payment* non riguarda, quindi, le pubbliche

[88] La norma sul rimborso risponde alla *ratio* di consentire agli operatori economici, che effettuano operazioni di investimento, un più veloce recupero dell'imposta, ed evitare così un aggravio della propria posizione finanziaria (Cass., 4 dicembre 2015, n. 24779).

[89] E, comunque, non superiore a tre anni: D.P.R. n. 633, art. 38-*bis*, comma 5.

[90] Lo *split payment* concerne le cessioni di beni e le prestazioni di servizi effettuate nei confronti delle amministrazioni statali, degli enti pubblici territoriali e relativi consorzi,

© Wolters Kluwer Italia

amministrazioni che effettuano acquisti nell'esercizio di attività commerciali (ossia soggetti passivi Iva).

Coloro che forniscono beni o servizi alle pubbliche amministrazioni, obbligate allo *split payment*, devono emettere la fattura con l'annotazione "scissione dei pagamenti" e devono annotarla nel registro delle vendite, senza però computare l'imposta a debito nella liquidazione periodica (e quindi senza obbligo di versarla).

Le pubbliche amministrazioni, obbligate allo *split payment*, ricevendo fatture che riportano l'annotazione "scissione dei pagamenti", sono tenute a versare l'Iva, non ai propri fornitori, ma allo Stato.

### **10.3.** *Dichiarazione annuale ed opzioni.*

La dichiarazione annuale deve essere presentata in via telematica tra il 1° febbraio e il 30 aprile di ogni anno[91].

La dichiarazione annuale deve essere presentata da tutti i soggetti passivi del tributo, anche se nel corso dell'anno non siano state effettuate operazioni imponibili[92] (analogamente a quanto è previsto in materia reddituale, per i soggetti obbligati a tenere la contabilità). Sono però esonerati i contribuenti che, nell'anno solare precedente, hanno registrato esclusivamente operazioni esenti.

Nella dichiarazione devono essere riportati, sulla scorta delle registrazioni eseguite, l'ammontare delle operazioni attive e delle operazioni passive; l'ammontare dell'imposta dovuta e delle detrazioni; i versamenti effettuati nel periodo d'imposta; l'imposta dovuta a conguaglio o la differenza a credito.

La dichiarazione Iva, in larga misura, è mera riproduzione di dati preesistenti, risultanti dai registri Iva. È dunque diversa dalla dichiarazione dei redditi d'impresa, che ha per base il conto economico, e comporta variazioni in aumento e in diminuzione del risultato dell'esercizio.

Anche la dichiarazione annuale Iva può contenere delle opzioni.

Per esempio:

– i contribuenti che esercitano più attività possono non applicare l'imposta in modo unitario e cumulativo a tutte le attività se dichiarano di optare per l'applicazione separata (D.P.R. n. 633, art. 36);

delle camere di commercio, degli istituti universitari e di altri enti pubblici economici, delle società controllate dalle amministrazioni statali, ecc.

[91] D.P.R. 22 luglio 1998, n. 322, art. 8.

[92] La disciplina della dichiarazione Iva è contenuta nel D.P.R. 22 luglio 1998, n. 322 (che disciplina anche la dichiarazione dei redditi).

© Wolters Kluwer Italia

– in sede di dichiarazione, il contribuente, che risulti a credito, sceglie se riportare a nuovo il credito o chiederne il rimborso[93];

– in sede di dichiarazione, il contribuente può, in certi casi, decidere se applicare il regime normale oppure optare per un regime speciale.

Va però tenuto presente che «*L'opzione e la revoca di regimi di determinazione dell'imposta o di regimi contabili si desumono da comportamenti concludenti del contribuente o dalle modalità di tenuta delle scritture contabili*»[94].

La disciplina della dichiarazione Iva, per alcuni aspetti, è simile a quella della dichiarazione dei redditi (ad esempio, in materia di ravvedimento operoso, regolarizzazione della dichiarazione non sottoscritta, ecc.).

I contribuenti il cui esercizio sociale coincide con l'anno solare e che, come sostituti d'imposta, abbiano effettuato ritenute nei confronti di non più di venti soggetti, devono presentare la "dichiarazione unificata annuale".

## 11. *Presunzioni di acquisto e di vendita.*

Si presumono ceduti i beni acquistati, importati o prodotti che non si trovano nei luoghi in cui il contribuente svolge le proprie operazioni[95]. La presunzione è superata se è dimostrato che i beni:

*a*) sono stati impiegati per la produzione, perduti o distrutti;

*b*) sono stati consegnati a terzi in lavorazione, deposito, comodato o in dipendenza di contratti estimatori, di contratti di opera, appalto, trasporto, mandato, commissione o di altro titolo non traslativo della proprietà.

I beni che si trovano in uno dei luoghi in cui il contribuente svolge le proprie operazioni si presumono acquistati se il contribuente non dimostra di averli ricevuti in base ad un titolo non traslativo della proprietà.

[93] Il diritto del contribuente di portare la eventuale eccedenza di imposta a credito in detrazione nella dichiarazione iva dell'anno successivo, in alternativa al rimborso, presuppone la presentazione della dichiarazione: così Cass., 28 febbraio 1998, n. 8583, in *Giur. it.*, 1999, 1542.

Il diritto al rimborso, se sussistono i presupposti sostanziali, non viene meno in caso di omessa presentazione della dichiarazione (Cass., sez. un., 8 settembre 2016, n. 17757 e 17758).

[94] D.P.R. 10 novembre 1997, n. 442, art. 1. La validità dell'opzione e della relativa revoca è subordinata unicamente alla sua concreta attuazione sin dall'inizio dell'anno o dell'attività.

[95] D.P.R. 10 novembre 1997, n. 441. Le presunzioni di cui al D.P.R. n. 441 del 1997 hanno natura di presunzioni legali relative c.d. miste, in quanto consentono la dimostrazione contraria da parte del contribuente, ma unicamente entro i limiti di oggetto e di mezzi di prova ivi tassativamente prefigurati (Cass., 18 gennaio 2017, n. 1122).

© Wolters Kluwer Italia

**12.** *Le fatture relative ad operazioni inesistenti.*

A) In campo Iva sono frequenti le frodi attuate con false fatturazioni. Il sistema dell'Iva è fondato sul principio per cui l'imposta, calcolata sul prezzo del bene ceduto o del servizio reso, è dovuta allo Stato da ciascun soggetto passivo, che dal debito Iva detrae l'imposta relativa ai suoi acquisti. Ad ogni passaggio, lo Stato deve incassare la differenza tra Iva sugli acquisti e Iva sulle vendite, fino all'ultimo passaggio.

Può però accadere che, nella catena, vi sia un soggetto passivo che incassa l'Iva, ma non la versa allo Stato.

Come vedremo nelle "frodi carosello", vi sono società, dette "cartiere", che hanno come scopo quello di emettere fatture false. Può trattarsi di società che si limitano a stampare «pezzi di carta» senza avere alcuna struttura, o con una struttura minima, e che "vendono" fatture false, sulla cui base i cessionari detraggono l'Iva esposta in fattura.

Può poi accadere che, successivamente, il cessionario rivenda i beni applicando correttamente l'Iva, ma dopo che si è verificato un "salto" d'imposta, rappresentato dall'Iva, detratta dal cessionario ma non versata dal cedente, nel precedente passaggio[96].

Le fatture false riguardano operazioni (in tutto o in parte) inesistenti, dal punto di vista oggettivo o soggettivo.

L'operazione è "soggettivamente" inesistente quando la fattura si riferisce ad una operazione effettiva, ma posta in essere da un soggetto diverso da colui che è indicato nella fattura.

Superfluo aggiungere che l'operazione "oggettivamente" inesistente è quella non posta in essere.

B) Dispone l'art. 21, comma 7, D.P.R. n. 633, che, «*Se il cedente o prestatore emette fattura per operazioni inesistenti, ovvero se indica nella fattura i corrispettivi delle operazioni o le imposte relative in misura superiore a quella reale, l'imposta è dovuta per l'intero ammontare indicato o corrispondente alle indicazioni della fattura*».

La fattura ha di per sé valore costitutivo del debito d'imposta per colui che la emette, anche se ha per oggetto un'operazione inesistente, o se

[96] Sui profili penalistici della falsa fatturazione si vedano, nel D.lgs. 10 marzo 2000, n. 74, l'art. 2 (dichiarazione fraudolenta mediante uso di fatture o altri documenti per operazioni inesistenti), gli artt. 3 e 4 (dichiarazione fraudolenta ed infedele), l'art. 8 (emissione di fatture o altri documenti per operazioni inesistenti) e, infine, l'art. 10-*ter* (omesso versamento dell'Iva).

© Wolters Kluwer Italia

indica un corrispettivo superiore a quello reale, o un'imposta superiore a quella prevista.

L'imposta è dovuta, in sostanza, a titolo di sanzione, in base alla c.d. "cartolarità" dell'operazione. La relativa obbligazione è "fuori conto", "isolata" dal debito risultante dalla massa di operazioni effettuate ed estranea al meccanismo di compensazione tra Iva "a valle" ed Iva "a monte"[97].

Pur se l'imposta è dovuta da chi emette una fattura falsa, colui che la riceve non ha il diritto di detrarre l'imposta[98].

C) Il cessionario che ha partecipato alla frode (come vedremo in tema di "frodi carosello") non ha diritto di detrazione, perché «*è solo in assenza di circostanze fraudolente o abusive, e con riserva di eventuali rettifiche in conformità alle condizioni previste all'art. 20 della VI direttiva, che il diritto a detrazione, una volta sorto, rimane acquisito*». Il cessionario può detrarre l'imposta solo se è estraneo alla frode e se non ne aveva e non poteva averne conoscenza[99].

## 13. *Il rimborso dell'Iva non dovuta.*

Il soggetto passivo, che ha applicato e versato indebitamente l'imposta, ha diritto al rimborso[100], che deve essere richiesto all'Agenzia delle entrate, nel termine di due anni dalla data del versamento ovvero, se successivo, dal giorno in cui si è verificato il presupposto della restituzione (D.P.R. n. 633, art. 30-*ter*, comma 1)[101].

Il cessionario o committente, che ha pagato indebitamente l'Iva di rivalsa al cedente o al prestatore, non può detrarla (l'Iva non dovuta non è detraibile)[102], né può agire con azione di rimborso nei confronti del fisco[103].

[97] Giurisprudenza consolidata. Cfr. Cass., 15 ottobre 2001, n. 12547, in *Giur. it.*, 2002, 641; Id., 11 gennaio 2006, n. 309, in *Rass. trib.*, 2006, 631; Id., 18 febbraio 2015, n. 3197.

[98] Cfr. Cass., 17 marzo 2017, n. 6920.

[99] Giurisprudenza copiosa. Cfr. Corte di giustizia, 8 giugno 2000, *Breitsohl*, C-400/98, punto 41; Id., 8 giugno 2000, *Grundstückgemeinschaft Schloßstraße GbR*, C-396/98. Per altre indicazioni si rinvia al paragrafo sulle "frodi carosello".

[100] Cfr. Corte di giustizia, 11 aprile 2013, *Rusedespred Ood*, C-138/12, in tema di diritto al rimborso di una imposta erroneamente fatturata.

[101] L'art. 30-*ter* è stato introdotto dall'art. 8 della L. 20 novembre 2017, n. 167.

[102] Cfr. Corte di giustizia, 19 settembre 2000, *Schmeink & Cofreth e Strobel*, C-454/98, in *Foro it.*, 2002, IV, 546; Id., 6 novembre 2003, *Karageorgou*, cause riunite da C-78/02 a C-80/02, in *Riv. dir. fin.*, 2004, II, 37.

[103] Cfr. Cass., 9 febbraio 2010, n. 2826; Id., 13 gennaio 2010, n. 355; Id., 30 gennaio 2009, n. 2501; Id., 6 agosto 2008, n. 21214; Id., 10 marzo 2008, n. 6310.

© Wolters Kluwer Italia

Può solo chiedere la restituzione al cedente o al prestatore, con azione di ripetizione d'indebito, *ex* art. 2033 c.c., dinanzi al giudice ordinario, nel termine ordinario (decennale) di prescrizione[104].

Qualora il cessionario o il committente agisca nei confronti del cedente o del prestatore quando è ormai decorso per il soggetto passivo Iva il termine biennale di decadenza per richiedere il rimborso al fisco, il termine biennale dev'essere disapplicato[105].

Perciò, nell'art. 30-*ter*, comma 2, si prevede che, nel caso di applicazione di un'imposta non dovuta ad una cessione di beni o ad una prestazione di servizi, accertata in via definitiva dall'Amministrazione finanziaria, la domanda di restituzione può essere presentata dal cedente o prestatore entro il termine di due anni dall'avvenuta restituzione al cessionario o committente dell'importo pagato a titolo di rivalsa.

La questione dell'Iva indebita si pone, ad esempio, quando l'Iva è applicata alla cessione di una molteplicità di beni aziendali, e l'Amministrazione finanziaria riqualifica l'operazione come cessione di azienda. In tal caso, essendo la cessione soggetta ad imposta di registro, l'Iva è indebita. Il cedente può chiedere il rimborso all'Amministrazione finanziaria e il cessionario, cui non spetta il diritto di detrazione[106], ha azione d'indebito nei confronti del cedente[107].

[104] Cfr. Cass., sez. un., 4 maggio 2005, n. 9191; Id., sez. un., 4 febbraio 2008, n. 2509; Id., sez. I, 26 maggio 2009, n. 12146.

[105] Il soggetto passivo Iva, prestatore di servizi, non può essere privato del diritto di ottenere dall'Amministrazione finanziaria il rimborso dell'Iva indebita che ha dovuto rimborsare al committente dei servizi (Corte di giustizia, 15 dicembre 2011, *Banca Antoniana*, C-427/10, in *Rass. trib.*, 2012, 795).

Il termine di decadenza previsto dalla norma nazionale nel regolare i rapporti con l'Amministrazione finanziaria può, dunque, essere disapplicato per garantire il principio di effettività del diritto comunitario, ovvero per evitare che le conseguenze dei pagamenti indebiti dell'Iva imputabili allo Stato siano sopportate esclusivamente dal soggetto passivo dell'imposta (Cass., 15 marzo 2013, n. 6600).

[106] Cass., 16 aprile 2008, n. 9961, in *Foro it.*, 2008, I, 2876; Id., 28 agosto 2013, n. 19752, *ivi*, 2014, I, 3263.

[107] Cass., 30 maggio 2005, n. 11457, in *Giur. it.*, 2006, 200.

© Wolters Kluwer Italia

## SEZIONE III
## PROFILI TRANSNAZIONALI

SOMMARIO: 14. Il principio di territorialità. – 15. Le operazioni intra-UE. – 15.1. Le operazioni extra-UE. Le importazioni. – 15.2. I depositi Iva. – 16. Le esportazioni. – 16.1. Cessioni interne non imponibili nelle operazioni "triangolari". – 16.2. Cessioni ad esportatori abituali. – 17. Le operazioni dei non residenti. La stabile organizzazione. – 17.1. Il commercio elettronico diretto. – 18. Le "frodi carosello".

### 14. *Il principio di territorialità.*

Il principio di territorialità svolge un ruolo di grande rilievo nella disciplina dell'Iva[108]. Ai fini di tale principio, rilevano due ambiti territoriali: quello statale nazionale (territorio della Repubblica italiana) e quello dell'Unione europea.

Dal punto di vista della territorialità, occorre distinguere tra: operazioni nazionali (o interne); operazioni intra-UE; operazioni extra-UE.

Le operazioni intra-UE sono quelle che si svolgono tra soggetti residenti in Stati diversi dell'Unione europea: esse sono soggette ad un particolare regime, in vigore dal 1993.

Le operazioni extra-UE sono quelle che comportano uno scambio tra un paese dell'UE e un Paese terzo; è solo con riferimento a questi scambi che si può parlare, in senso tecnico, di importazioni ed esportazioni.

Dal punto di vista spaziale, il campo di applicazione dell'Iva è il territorio dello Stato: cessioni di beni e prestazioni di servizi rilevano in quanto sono effettuate nel territorio dello Stato; la territorialità è dunque una condizione *sine qua non* dell'imponibilità e, più in generale, della rilevanza di una operazione ai fini del tributo[109].

Inoltre, le nozioni di importazione e di esportazione presuppongono la nozione di territorio; la disciplina delle importazioni e quella delle esportazioni, quindi, postulano il principio di territorialità.

[108] Cfr. E. FAZZINI, *Il principio di territorialità nel tributo sul valore aggiunto*, Padova, 1995; R. BAGGIO, *Il principio di territorialità e le esportazioni*, in *L'imposta sul valore aggiunto. Giur. sist. dir. trib.*, a cura di F. Tesauro, cit., p. 783 ss.

[109] A norma dell'art. 1 del D.P.R. n. 633, l'imposta si applica anche «*sulle importazioni da chiunque effettuate*»; la territorialità, quindi, condiziona l'imponibilità (e, più in generale, la rilevanza) delle cessioni di beni e delle prestazioni di servizi; e condiziona la nozione stessa di importazione e di esportazione.

© Wolters Kluwer Italia

Con una normativa assai complessa ed articolata, il legislatore definisce il territorio statale ed i criteri che localizzano nel territorio dello Stato le operazioni soggette ad imposta[110].

Circa la localizzazione delle operazioni, per le cessioni di beni vale il luogo in cui si trovano i beni ceduti al momento della cessione.

Per le prestazioni di servizi la territorialità varia a seconda del soggetto che riceve il servizio. Per le prestazioni di servizi rese nei confronti dei soggetti passivi (servizi *business-to-business*) si applica il criterio territoriale del luogo del committente; invece, per le prestazioni rese nei confronti dei privati (servizi *business-to-consumer*) vige il criterio del domicilio o residenza del soggetto che presta il servizio[111]. Pertanto, le prestazioni rese da una impresa non residente ad una impresa residente si considerano effettuate in Italia e l'imposta deve essere applicata dall'impresa italiana con il *reverse charge*.

## **15.** *Le operazioni intra-UE.*

A) Il trasferimento di beni all'interno dell'Unione non è soggetto a controlli fiscali e alla tassazione doganale. Gli scambi intracomunitari non sono importazioni ed esportazioni in senso tecnico, ma «*acquisti intracomunitari*» e «*cessioni intracomunitarie*», soggetti ad un specifico regime[112].

Tale regime è fondato sul principio di tassazione nel paese di destinazione[113], per cui le vendite tra soggetti passivi Iva all'interno dell'Unione non sono tassate nello Stato di origine (a carico del cedente) ma in quello di destinazione, a carico del cessionario. Altro è invece, come si vedrà, il regime vigente quando uno dei due soggetti è un consumatore finale.

[110] Si noti che, ai fini Iva, vale il concetto di «*territorio dello Stato*» (art. 7), che è diverso da quello, meno ampio, di «*territorio doganale*»; nell'art. 7 è definito il «*territorio della Comunità*».

[111] D.P.R. n. 633, art. 7-*ter*, comma 1. La materia è stata riformata dal D. lgs. 11 febbraio 2010, n. 18, che ha recepito direttive comunitarie. In precedenza, aveva valore generale il criterio del domicilio o residenza nel territorio dello Stato del soggetto che presta il servizio. Cfr. M. Logozzo, *La territorialità ai fini IVA delle prestazioni di servizi generiche*, in *Corr. trib.*, 2010, 919.

[112] Il regime dell'Iva intracomunitaria è in vigore dal 1° gennaio 1993 (data di abolizione delle frontiere fiscali). Cfr. P. Maspes, *Gli scambi intracomunitari*, in *L'imposta sul valore aggiunto. Giur. sist. dir. trib.*, a cura di F. Tesauro, cit., p. 867.

[113] Il regime dell'Iva intracomunitaria è stato introdotto come regime transitorio, nella prospettiva della sua sostituzione con il regime fondato sul principio della tassazione nel paese di origine.

© Wolters Kluwer Italia

Non esistono controlli e formalità doganali. I controlli delle amministrazioni fiscali sono fatti *a posteriori*, come per l'Iva interna. A tal fine è stato creato un sistema di scambio rapido di informazioni tra le amministrazioni fiscali nazionali e le imprese devono dichiarare trimestralmente o mensilmente, a seconda dei casi, le transazioni effettuate con imprese di altri Stati dell'UE (elenchi Intrastat).

Prima di effettuare operazioni intracomunitarie, i soggetti passivi Iva devono risultare iscritti negli elenchi dell'archivio VIES. Il cessionario deve verificare che il cedente sia presente nell'archivio VIES e fornirgli il proprio numero di partita Iva. Il cedente deve verificare la presenza del cliente nell'archivio VIES ed emettere fattura senza addebito di imposta.

Il cessionario deve numerare e integrare la fattura ricevuta, indicando in essa il corrispettivo in euro (se la fattura proviene da un Paese che non ha adottato l'euro), l'aliquota e l'imposta.

La fattura, così integrata, deve essere annotata sia nel registro delle vendite (registro dell'Iva a debito), sia nel registro degli acquisti (registro dell'Iva a credito).

In tal modo, l'Iva a debito, che deve essere annotata nel registro delle vendite, è neutralizzata dall'Iva detraibile, annotata nel registro degli acquisti[114].

L'annotazione sul libro delle fatture emesse vale in luogo del pagamento dell'imposta in dogana; il debito che ne scaturisce è però neutralizzato dall'annotazione nel registro degli acquisti, che equivale all'annotazione della bolletta doganale[115].

B) La disciplina in esame ha per oggetto gli acquisti fatti da soggetti passivi Iva; nel caso, invece, in cui l'acquirente sia un consumatore finale (o, come anche si dice, un "privato"), l'operazione è imponibile a carico del venditore (e quindi nel Paese del cedente, come se l'operazione avvenisse all'interno di quel mercato).

Ai consumatori finali è assicurata ampia libertà di effettuare acquisti in qualsiasi paese dell'Unione. Il bene così acquistato (tassato con Iva nel paese in cui avviene l'acquisto) è liberamente trasportabile e consumabile in altri paesi (ad esempio, nello Stato di residenza). Gli acquisti intracomunitari fatti da consumatori finali non sono acquisti intracomunitari in senso tecnico: essi non sono tassati nel paese di destinazione ma nel paese

[114] L'inosservanza di tali formalità non comporta, però, la perdita del diritto a detrazione. Cfr. Corte di giustizia, 8 maggio 2008, *Ecotrade*, C-95/07 e C-96/07, cit.

[115] D.l. 30 agosto 1993, n. 331, conv. con L. 29 ottobre 1993, n. 427, artt. 44 e 45.

© Wolters Kluwer Italia

di origine (debitore d'imposta verso l'Erario è dunque il venditore). Perciò, il viaggiatore che fa acquisti in un paese UE (pagando l'Iva al negoziante) può liberamente portare in Italia il bene acquistato (senza pagare l'Iva sulle importazioni).

Gli acquisti intracomunitari fatti da enti non commerciali non sono, in linea di principio, acquisti intracomunitari in senso tecnico, ma lo diventano al di sopra di una data soglia: sono perciò tassati in Italia, a carico del compratore (al di sopra di una data soglia, quindi, gli enti non commerciali sono trattati come i soggetti passivi).

Disposizioni particolari sono previste per i soggetti che effettuano operazioni esenti e per i produttori agricoli operanti in regime speciale (detrazione forfetaria).

C) Le cessioni intracomunitarie (ad esempio: vendita di una merce da parte di un imprenditore italiano ad un commerciante di altro Stato dell'UE) sono operazioni non imponibili in Italia, a condizione che il cessionario sia un soggetto passivo (o un ente non commerciale); esse sono imponibili nel paese di destinazione (vale cioè un regime analogo a quello delle esportazioni).

### **15.1.** *Le operazioni extra-UE. Le importazioni.*

In materia di trattamento degli scambi con l'estero, le imposte sul valore aggiunto possono rispondere al principio della "tassazione nel paese di destinazione" o a quello della "tassazione nel paese di origine".

Nell'UE vige il principio della "tassazione nel paese di destinazione": ciò comporta, da un lato, la tassazione delle importazioni e, dall'altro, la detassazione delle esportazioni [116].

I beni importati sono tassati come quelli prodotti nello Stato, mentre quelli esportati non sono soggetti ad imposta (la cessione all'esportazione è operazione "non imponibile") e comportano la restituzione dell'imposta che ha gravato su tali beni all'interno dello Stato.

L'importazione di un bene o di un servizio è, dunque, operazione imponibile.

L'Iva sulle importazioni ha lo scopo di uniformare il trattamento fiscale dei beni provenienti dal territorio extracomunitario a quello dei beni prodotti all'interno dell'UE.

[116] F. Mattarelli, *Le importazioni*, in *L'imposta sul valore aggiunto. Giur. sist. dir. trib.*, a cura di F. Tesauro, cit., p. 847 ss.

© Wolters Kluwer Italia

La base imponibile dell'Iva sulle importazioni è il valore pieno della merce; e, non essendovi applicazioni dell'imposta sulle pregresse fasi produttive e distributive, opera come imposta monofase, applicata su ciascuna operazione di importazione.

Più precisamente, l'Iva all'importazione ha come base imponibile il valore della merce determinato secondo le disposizioni doganali (aumentato dei diritti doganali dovuti e delle spese di inoltro fino al luogo di destinazione)[117].

L'Iva sulle importazioni non è un "diritto di confine", ma un tributo interno[118], anche se è amministrata dagli uffici doganali ed è accertata, liquidata e riscossa secondo le norme della legislazione doganale[119]; anche in materia sanzionatoria si applicano le norme doganali[120].

### 15.2. *I depositi Iva.*

Il diritto tributario prevede tre tipi di deposito: a) il deposito doganale, per le merci non comunitarie soggette ai diritti doganali; b) il deposito

[117] D.P.R. 26 ottobre 1972, n. 633, art. 69. Il fatto che anche i diritti doganali compongano la base imponibile dell'Iva sulle importazioni dimostra la non assolutezza del principio per cui un'imposta non può gravare su un'altra imposta.

[118] Corte di giustizia, 17 luglio 2014, *Equoland*, C-272/13, Cass. pen., sez. III, 12 luglio 2012, n. 34256.

[119] L'Iva all'importazione non è un diritto di confino (è superato l'indirizzo seguito da Cass. pen., 1° febbraio 1985, in *Rass. Avv. Stato*, 1985, I, 346), ma è applicata come se lo fosse, perché, a norma dell'art. 70 del D.P.R. n. 633, infatti, è accertata, liquidata e riscossa per ciascuna operazione e si applicano gli artt. da 3 a 8 e da 10 a 17 del D. lgs. 8 novembre 1990, n. 374.

[120] Cass. pen., 19 gennaio 1994, in *Foro it.*, 1994, II, 408, che, a proposito del trattamento sanzionatorio più rigoroso per l'Iva all'importazione rispetto all'Iva sugli scambi interni, nega che sia violato il principio costituzionale di uguaglianza in quanto tale più oneroso regime «*è giustificato dalla diversa struttura e funzione dell'Iva all'importazione rispetto alla struttura e funzione dell'Iva sugli scambi interni*». Infatti, «*diverso è il presupposto impositivo: la cessione onerosa di un bene o la prestazione di un servizio per l'Iva interna; il semplice ingresso di un bene nel territorio dello Stato, indipendentemente dalla conclusione di un negozio giuridico oneroso o gratuito, per l'Iva all'importazione. Diversi gli adempimenti formali: contabilizzazione, fatturazione, dichiarazione per l'Iva interna; nessun adempimento per l'Iva all'importazione*». Inoltre, mentre l'Iva sugli scambi interni è pagata periodicamente, su una massa di operazioni, ed è rapportata al saldo algebrico tra imposta dovuta e imposta detraibile, l'Iva all'importazione è dovuta per ogni singola operazione doganale, senza detrazioni. Sotto il profilo funzionale, le due imposte obbediscono «*alla tutela di due distinti diritti finali dello Stato*», che per l'Iva all'importazione è data dal fine di equiparare fiscalmente i prodotti esteri a quelli similari nazionali (Cass. pen., 5 giugno 1981, in *Giust. pen.*, 1982, 2, 76). Alla diversità di funzione corrisponde diversità di soggetti passivi. L'Iva ordinaria è dovuta da categorie di soggetti precisamente delimitate, mentre l'Iva doganale ha come soggetto passivo chiunque immetta nel territorio comunitario una merce.

© Wolters Kluwer Italia

fiscale, per i prodotti nazionali e comunitari soggetti ad accisa; c) il deposito Iva, per i prodotti nazionali e comunitari soggetti ad Iva [121].

Il deposito Iva è un luogo fisico; l'immissione di un bene nel deposito Iva consente la sospensione temporanea dell'imposta [122].

Sono considerati depositi Iva anche i depositi fiscali (per i prodotti soggetti ad accisa) e i depositi doganali (relativamente ai beni nazionali o comunitari che vi possono essere introdotti in base alle disposizioni doganali).

Se sono introdotti in un deposito Iva, i beni provenienti da altro Stato dell'UE non ricevono un trattamento fiscale meno favorevole rispetto a quello previsto per i beni di provenienza da Paesi terzi che, se introdotti nei depositi doganali, beneficiano della sospensione dell'imposta.

L'imposta è applicata da chi estrae la merce comunitaria con il meccanismo dell'inversione contabile.

I beni extracomunitari possono essere inseriti in un deposito Iva solo dopo che sono stati immessi in libera pratica, cioè dopo che sono stati pagati i dazi doganali.

Per tali beni, l'imposta è dovuta da chi estrae i beni dal deposito, senza possibilità di compensazione con crediti d'imposta, ma deve essere versata dal gestore del deposito, in nome e per conto di colui che effettua l'estrazione.

## **16.** *Le esportazioni.*

Le esportazioni al di fuori dell'UE non sono soggette ad imposta; esse sono dette, convenzionalmente, "operazioni non imponibili" (dizione che, come sappiamo, le differenzia dalle operazioni "escluse" e da quelle "esenti"); sono anche definite "operazioni ad aliquota zero".

Le operazioni "non imponibili" sono di tre specie:

a) cessioni all'esportazione (D.P.R. n. 633, art. 8);

b) operazioni assimilate alle cessioni all'esportazione (D.P.R. n. 633, art. 8-*bis*);

[121] I depositi Iva sono previsti dall'art. 50-*bis* del D.l. 30 agosto 1993, n. 331, conv. dalla L. 29 ottobre 1993, n. 427, art. 50-*bis*, modificato dal D.l. 22 ottobre 2016, n. 193, conv. dalla L. 1° dicembre 2016, n. 225.

[122] Il sistema presuppone l'effettivo immagazzinamento della merce, con la conseguenza che, in mancanza di tale presupposto, l'Iva all'importazione è dovuta, in via solidale, da tutti i soggetti che abbiano concorso all'irregolare introduzione della merce (Cass., 19 maggio 2010, n. 12263).

© Wolters Kluwer Italia

c) servizi internazionali o connessi agli scambi internazionali (D.P.R. n. 633, art. 9).

### 16.1. *Cessioni interne non imponibili nelle operazioni "triangolari".*

Le imprese che vendono all'estero parte della loro produzione sono permanentemente in credito verso il fisco. Ciò può costituire un danno finanziario per gli esportatori, che sono costretti a versare al proprio fornitore l'Iva di rivalsa, per poi aspettare a lungo che il fisco rimborsi. Si prevede, perciò, che l'esportatore possa acquistare senza imposta nelle operazioni "triangolari", cioè quando il bene è ceduto da un soggetto residente che lo esporta, su incarico del cessionario residente, per cui i beni vengono inviati all'estero direttamente dal cedente[123].

L'operazione triangolare richiede l'intervento di tre soggetti (cedente, cessionario residente e acquirente estero) e si realizza con due passaggi "non imponibili": il primo dal cedente al cessionario e il secondo da quest'ultimo all'operatore straniero.

Il cedente emette la fattura nei confronti del cessionario, ma invia direttamente i beni all'estero; il cessionario, a sua volta, emette la fattura nei confronti dell'acquirente estero.

Abbiamo quindi due passaggi di proprietà e due fatture, ma il passaggio fisico è uno soltanto.

Con tale congegno, l'imposta – oltre a non essere applicata sul passaggio esterno (esportazione) – non è applicata neppure sull'ultimo passaggio interno. L'esportatore acquista il bene in Italia in regime di non imponibilità, con il vantaggio finanziario di non dover versare al cedente un'Iva di cui si troverà ad essere creditore verso lo Stato[124].

### 16.2. *Cessioni ad esportatori abituali.*

L'acquisto senza imposta è permesso anche ai c.d. esportatori abituali, cioè ai soggetti che, in un dato periodo di tempo, hanno effettuato esportazioni per almeno il 10 per cento del loro volume d'affari. Ad essi viene

[123] Si ha questa operazione, ad esempio, quando l'esportatore non è produttore del bene che vende all'estero e lo ordina all'impresa che lo produce (o lo commercia), incaricandola di consegnarlo direttamente all'acquirente estero.

[124] Si veda l'art. 8, comma 1, lett. a), b) e b-*bis*) e comma 2, del D.P.R. n. 633.

© Wolters Kluwer Italia

concesso il diritto di acquistare, nell'anno successivo, la stessa quantità di beni senza pagamento di Iva[125].

Il regime di "non imponibilità" può riguardare, dunque, oltre che le esportazioni, anche le cessioni interne agli esportatori abituali. La norma è fondata sulla presunzione che vi sia continuità nelle esportazioni di un'impresa.

Gli esportatori abituali che intendono acquistare o importare senza applicazione dell'Iva debbono trasmettere telematicamente all'Agenzia delle Entrate la c.d. dichiarazione d'intento, che, unitamente alla ricevuta di presentazione rilasciata dall'Agenzia delle Entrate, va poi consegnata al fornitore o prestatore, oppure in dogana[126]. L'esportatore può avvalersi di tale facoltà nei limiti del *plafond*. Ciò non lo obbliga ad esportare il bene acquistato senza imposta.

Se il bene è esportato, l'acquisto in Italia senza pagamento di imposta equivale a definitiva non tassazione di quel bene. Se invece il bene è rivenduto in Italia, l'imposta sarà applicata sulla rivendita nel mercato interno.

Il meccanismo si presta ad operazioni fraudolente da parte di chi, sedicente esportatore abituale, acquista dei beni senza Iva, esibendo al fornitore una dichiarazione d'intento falsa, per poi rivenderli applicando l'Iva, ma omettendo di versarla al fisco. È stato perciò previsto l'introduzione dell'obbligo di comunicazione telematica delle dichiarazioni di intento, da effettuarsi entro il giorno 16 del mese successivo a quello di ricezione della dichiarazione d'intento, per mettere in grado l'Amministrazione finanziaria di effettuare controlli tempestivi.

## **17.** *Le operazioni dei non residenti. La stabile organizzazione.*

A) I non residenti possono agire in Italia per adempiere gli obblighi, o esercitare i diritti, connessi all'Iva in tre modi, e cioè o mediante

[125] La facoltà di fare acquisti senza pagamento di imposte è prevista dall'art. 8, comma 2, del decreto Iva, ed è disciplinata dagli artt. da 1 a 5 del D.l. 29 dicembre 1983, n. 746, conv. con L. 27 febbraio 1984, n. 17.

[126] D. lgs. 21 novembre 2014, n. 175, art. 30, lett. a). In precedenza, la dichiarazione d'intenti doveva essere presentata al fornitore. L'art. 7 del D. lgs. 18 dicembre 1997, n. 471, in tema di sanzioni per violazioni relative alle esportazioni, punisce il fornitore che «*effettua operazioni senza addebito d'imposta, in mancanza della dichiarazione d'intento*», ma «*Qualora la dichiarazione sia stata rilasciata in mancanza dei presupposti richiesti dalla legge, dell'omesso pagamento del tributo rispondono esclusivamente i cessionari, i committenti e gli importatori che hanno rilasciato la dichiarazione stessa*».

© Wolters Kluwer Italia

"identificazione diretta", o mediante nomina di un rappresentante fiscale, o mediante una stabile organizzazione (D.P.R. n. 633, art. 17)[127].

L'identificazione diretta del non residente avviene a seguito di apposita dichiarazione e della attribuzione di un numero di partita Iva (D.P.R. n. 633, art. 35-*ter*).

Il non residente può inoltre nominare un rappresentante fiscale, incaricandolo di adempiere gli obblighi, ed esercitare i diritti, derivanti dall'applicazione dell'imposta, come la presentazione della dichiarazione, la riscossione dei rimborsi, ecc. (D.P.R. n. 633, art. 17).

I non residenti operano in Italia mediante identificazione diretta o mediante il rappresentante fiscale solo se non vi è stabile organizzazione. Ben altra è la disciplina se vi è stabile organizzazione.

B) La normativa Iva non fornisce alcuna definizione di stabile organizzazione: sono perciò importanti le elaborazioni giurisprudenziali, che utilizzano (analogicamente) anche la definizione che si rinviene nelle convenzioni internazionali in materia reddituale e nel T.u. delle imposte sui redditi[128]. È utilizzato il concetto di stabile organizzazione materiale, definito nel modello OCSE, per cui si richiede l'esistenza di una struttura dotata di risorse materiali ed umane, deputata alla gestione di una effettiva attività d'impresa che non sia meramente preparatoria o ausiliaria[129], ma si esclude che nell'Iva abbia cittadinanza la stabile organizzazione personale.

[127] Cfr. R. Baggio, *I non residenti*, in *L'imposta sul valore aggiunto. Giur. sist. dir. trib.*, a cura di F. Tesauro, cit., p. 211 ss.

[128] Cfr. Cass., 4 dicembre 2015, n. 24779.

[129] Una società di capitali con sede in Italia può assumere il ruolo di stabile organizzazione di società estere appartenenti allo stesso gruppo e perseguenti una strategia unitaria (Cass., 25 maggio 2002, n. 7689, causa *Philip Morris*, in *Giust. civ.*, 2003, I, 2926).

In tema di Iva, la nozione di stabile organizzazione in Italia di società estera, delineata dall'art. 5 del modello Ocse di convenzione contro le doppie imposizioni, deve essere integrata alla luce della disciplina uniforme – più restrittiva – dettata in materia dalla sesta direttiva del consiglio del 17 maggio 1977 n. 77/388/Cee, il cui art. 9, n. 1, fa riferimento al concetto di «centro di attività stabile», il quale richiede l'impiego di risorse umane e materiali (Cass., 25 luglio 2002, n. 10925, causa *Intertaba*, in *Fisco 1*, 2002, 5200; Cass., 6 dicembre 2002, n. 17373, causa *Philip Morris*, in *Giust. civ.*, 2003, I, 2411).

Secondo Cass., 11 marzo 2003, n. 3570 (causa *Alfred Giel GmbH*), in *Fisco 1*, 2003, 2181, la stabile organizzazione è un centro di attività che presenta un grado sufficiente di stabilità e una struttura idonea, sul piano del corredo umano e tecnico, a rendere possibili in modo autonomo le prestazioni di servizi o l'attività di produzione di cui trattasi.

Secondo Cass.,6 aprile 2004, n. 6799 (causa *Union Suisse du Commerce de Fromage*), in *Fisco 1*, 2004, 3743, la nozione di «stabile organizzazione» deve essere ricavata, ai fini iva, dalla disciplina dettata dalla sesta direttiva, il cui art. 9, n. 1, richiama la nozione di «centro di attività stabile»; per stabile organizzazione deve intendersi, quindi, ogni struttura orga-

© Wolters Kluwer Italia

In tema di rapporti tra casa madre e stabile organizzazione, le prestazioni di servizi effettuate da una società avente sede in uno stato membro dell'Unione europea in favore di una propria struttura secondaria, situata in Italia, non sono assoggettabili ad imposizione, anche se alla struttura secondaria venga addebitato un costo dalla casa madre[130].

C) Un non residente può effettuare in Italia operazioni sia attive, sia passive.

Se un soggetto passivo non residente (senza stabile organizzazione in Italia) effettua operazioni attive nei confronti di soggetti passivi d'imposta residenti in Italia, gli obblighi fiscali devono essere adempiuti dai cessionari o committenti italiani, applicando il *reverse charge* (D.P.R. n. 633, art. 17, comma 2).

Se dunque un'impresa non residente vende un bene, o presta un servizio, ad una impresa residente, è l'impresa residente che deve sottoporre ad imposta l'operazione, mediante autofattura.

Questa regola (il *reverse charge*) non si applica quando il soggetto non residente, che effettua un'operazione (cessione di beni o prestazione di servizi) territorialmente rilevante in Italia, ha qui una stabile organizzazione. Inoltre, questa regola non si applica per le prestazioni rese nei confronti di un "privato".

D) Se vi è una stabile organizzazione, il non residente non può operare con la identificazione diretta o nominare un rappresentante fiscale, ma deve operare solo mediante la stabile organizzazione.

Le operazioni compiute dalla stabile organizzazione sono imputabili ad essa, che si pone, ai fini degli adempimenti e dei diritti in materia di IVA, come se fosse un soggetto distinto dalla casa madre, rispondendo quindi "in proprio" delle operazioni da essa effettuate. Le operazioni

nizzata di mezzi e di persone alle dipendenze del soggetto non residente, ancorché dotata di autonoma personalità giuridica.

Cfr. inoltre Cass., 28 luglio 2006, n. 17206 (causa *Universe Gold Enterprise*), secondo cui anche ai fini Iva rileva la nozione di stabile organizzazione prevista dall'art. 5 del Modello Ocse, da cui discende che una società residente può costituire ai fini Iva stabile organizzazione di un soggetto non residente, attesa l'esistenza di una struttura dotata di risorse materiali ed umane deputata alla gestione di una attività d'impresa che non sia meramente preparatoria o ausiliaria.

[130] Corte di giustizia, 23 marzo 2006, *FCE Bank plc*, C-210/04, in *Foro it.*, 2007, IV, 559; Cass., 12 gennaio 2007, n. 526.

© Wolters Kluwer Italia

effettuate dalla stabile organizzazione devono essere fatturate dalla stabile organizzazione[131].

In presenza di una stabile organizzazione, anche le operazioni effettuate o ricevute dalla casa madre devono confluire nella posizione Iva della stabile organizzazione.

E) I soggetti passivi non residenti possono recuperare l'imposta assolta sugli acquisti di beni e servizi effettuati in Italia solo per il tramite della propria stabile organizzazione (D.P.R. n. 633, artt. 38-*bis*2 e 38-*ter*).

Nel caso in cui un soggetto non residente effettui operazioni imponibili in Italia nei confronti di privati consumatori (ai quali non è imposta l'inversione contabile), l'Iva dovrà essere assolta dalla stabile organizzazione italiana, anche se l'operazione non è riferibile ad essa.

Anche le operazioni effettuate direttamente dalla casa madre nei confronti di una impresa residente devono essere riferite alla stabile organizzazione. In sostanza, le operazioni compiute direttamente dalla casa madre sono "attratte" dalla stabile organizzazione.

Anche quando la casa madre acquista direttamente dei beni in Italia, senza l'intervento della stabile organizzazione italiana, il diritto di detrazione deve essere effettuato dalla stabile organizzazione. Gli acquisti «diretti» della casa madre devono essere inclusi nelle liquidazioni periodiche della stabile organizzazione[132]; il diritto di detrazione (e rimborso) deve essere esercitato dalla stabile organizzazione.

### **17.1.** *Il commercio elettronico diretto.*

La Direttiva 2002/38/CE prevede la tassazione dei beni digitalizzati immessi al consumo nell'UE e la detassazione di quelli che, forniti da un operatore dell'UE, sono destinati al consumo al di fuori dell'Unione[133].

[131] Ciò deriva dal comma 4 dell'art. 17, D.P.R. n. 633, che sancisce l'inapplicabilità delle disposizioni dei precedenti commi secondo e terzo per le operazioni effettuate «*da o nei confronti*» di stabili organizzazioni in Italia di soggetti residenti all'estero.

[132] In tal senso dispone il primo comma dell'art. 38-*bis*2, D.P.R. n. 633, concernente i rimborsi in favore di soggetti non residenti stabiliti in altro Paese della UE, secondo cui «*il rimborso non può essere richiesto dai soggetti che nel periodo di riferimento disponevano di una stabile organizzazione nel territorio dello Stato*».

[133] La Direttiva – unitamente al Regolamento 792/2002/CE, concernente i profili procedimentali – è stata recepita in Italia con il D. lgs. 1° agosto 2003, n. 273, che ha modificato l'art. 7 del D.P.R. n. 633, in tema di territorialità dell'imposta, e introdotto l'art. 74-*quinquies*

© Wolters Kluwer Italia

Oggetto della Direttiva è il commercio elettronico diretto (cioè la cessione di prodotti digitalizzati). Per l'acquisto per via elettronica di beni poi consegnati nelle forme tradizionali (c.d. commercio elettronico "indiretto") si applica la disciplina delle c.d. "vendite a distanza" (da cataloghi, per telefono, per posta, ecc.).

La Direttiva muove dal presupposto che tutte le operazioni del commercio elettronico siano da qualificare come prestazioni di servizi ed il luogo di tassazione è sempre quello in cui risiede il cliente, ossia il luogo di utilizzazione. Di conseguenza, tali operazioni non sono soggette ad Iva se fornite ad un residente in un paese extra-UE; devono, invece, essere tassate se fornite da un operatore extra-UE ad un cliente dell'UE (D.P.R. n. 633, art. 7, comma 4).

Le prestazioni di servizi rese da soggetti passivi extracomunitari a favore di committenti (consumatori finali) italiani si considerano effettuate (e, dunque imponibili) in Italia (D.P.R. n. 633, art. 7-*sexies*).

Secondo la Direttiva, gli operatori extracomunitari, quando prestano servizi a consumatori finali comunitari (per un ammontare superiore ad una data soglia annua), devono registrarsi ai fini Iva in uno Stato membro, e le operazioni da essi compiute sono imponibili in tale Stato[134].

Invece, se la prestazione è effettuata da un operatore extra-UE nei confronti di un soggetto passivo residente nell'UE, è quest'ultimo a dover applicare l'imposta (mediante autofatturazione).

## 18. *Le "frodi carosello".*

Sono frequenti le frodi all'Iva realizzate in ambito UE, tra cui le "frodi carosello"[135], nel cui schema tipico vi è innanzitutto una società, detta *conduit company,* Alfa, che effettua una cessione intracomunitaria (cessione, quindi, non imponibile) ad una società Beta (cartiera, o *missing trader*), residente in un altro Stato membro[136].

in tema di obblighi del prestatore extra-UE. Cfr. G. Melis, *Commercio elettronico nel diritto tributario*, in *Dig. priv., sez. comm.*, Aggiornamento, vol. IV, Torino, 2008.

[134] Per la registrazione in Italia cfr. D.P.R. n. 633, art. 74-*quinquies*.

[135] Cfr. F. Tesauro, *Appunti sulle frodi carosello*, in *Giur. it.*, 2011, 1213; E. Marello, *Frodi iva e buona fede del soggetto passivo*, *ivi*, 1214; A. Marcheselli, *Frodi carosello e frodi sui costi: profili procedimentali e processuali tra giusto procedimento e giusto processo*, *ivi*, 1221; Id., *Frodi carosello e diritto penale tributario, tra equivoci giurisprudenziali e prospettive future*, *ivi*, 1227; A. Giovanardi, *Le frodi iva – Profili ricostruttivi*, Torino, 2014.

[136] Lo schema tipico delle "frodi carosello" è illustrato nella Comunicazione del Consiglio UE (2004) 260 del 16 aprile 2004, punto 3.2.2.

© Wolters Kluwer Italia

Ad esempio, vi è una società tedesca Alfa che vende dei beni (ad esempio, auto) a una società italiana Beta (cartiera o *missing trader*).

La società italiana Beta è un soggetto interposto (tra venditore Alfa e acquirente effettivo Gamma), che acquista l'auto senza pagamento dell'Iva (operazione intracomunitaria).

L'auto è poi rivenduta a Gamma, denominata *broker*, che paga l'Iva di rivalsa a Beta e rivende il bene. La società Beta acquista senza essere debitrice di Iva e vende con Iva; incassa quindi l'Iva sulle vendite fatte al *broker*, ma non la versa al fisco (e scompare). A sua volta, il *broker* Gamma detrae l'Iva (effettivamente) versata a Beta.

Il danno per il fisco è duplice. Da un lato, vi è Beta che non versa l'Iva che ha incassato per la vendita a Gamma; al tempo stesso, Gamma acquisisce il diritto di detrazione, per cui il fisco diventa debitore verso Gamma per un'Iva mai incassata.

Il caso in cui la frode è realizzata interponendo un soggetto (cartiera, *missing trader*) tra due operatori effettivi è ricorrente. Il soggetto interposto è in genere una società che non ha strutture, ha vita breve, non presenta dichiarazioni fiscali, o dichiara ma non versa, per cui l'Amministrazione finanziaria deve monitorarle con cura[137].

Il perno della frode è dunque Beta, che incassa e non versa l'Iva[138]. L'omesso versamento dell'Iva, pur in presenza di consistenti importi non versati, era solo una violazione amministrativa (sanzione del 30 per cento dell'imposta non versata)[139]. Ma, proprio per contrastare le frodi, è stato previsto che sia reato[140].

La "frode carosello" vera e propria (carosello chiuso) si verifica quando la società Gamma non vende ad un consumatore finale (ad esempio) italiano ma ad una società di un altro Stato dell'UE (società Delta), la quale rivende ad Alfa. I beni tornano così al punto di partenza (di qui l'espressione "frode carosello").

Al fine di occultare la frode, lo schema potrebbe essere reso più complesso con l'inserimento di società-cuscinetto (società *buffer*).

[137] Non a caso, l'art. 23 del D.l. 31 maggio 2010, n. 78, prevede che le imprese che cessano l'attività entro un anno dalla data di inizio sono specificamente considerate ai fini dei controlli.

[138] Nella sentenza della Corte di giustizia, 7 dicembre 2010, *R*, C-285/09, è affermata anche la responsabilità del cedente, di cui sia stato accertato il coinvolgimento nella frode, pur in assenza di specifiche previsioni normative in tal senso.

[139] D. lgs. 18 dicembre 1997, n. 471, art. 13, comma 1.

[140] D. lgs. 10 marzo 2000, n. 74, art. 10-*bis*.

© Wolters Kluwer Italia

Tra il *missing trader* (Beta) ed il *broker* (Gamma) vengono frapposte società-ombra, le c.d. cosiddette società *buffer* – che potrebbero essere ignare della frode – le quali acquistano da (Beta) e vendono a (Gamma) applicando un loro margine di guadagno.

Conseguentemente, nell'ultimo passaggio della merce, l'Iva sarà versata dal cedente e detratta dal cessionario, mentre la società cartiera (Beta) si renderà, comunque, irreperibile.

Con queste frodi, a parte il profilo fiscale, si verifica una distorsione della concorrenza, perché – grazie all'omesso versamento dell'imposta – i beni possono essere venduti a prezzi più competitivi rispetto a quelli praticati dalle imprese concorrenti.

Nelle "frodi carosello" non sempre tutte le società coinvolte sono partecipi della frode. Il *broker* ha diritto alla detrazione se è estraneo alla frode; non ha invece diritto alla detrazione se ha partecipato alla frode, o ne è soltanto consapevole (consapevolezza desumibile, ad esempio, dal fatto che la merce gli è venduta ad un prezzo basso, reso possibile dal fatto che il *missing trader* incassa l'Iva di rivalsa omettendo di versarla al fisco).

Secondo la Corte di giustizia, «*gli operatori, che adottano tutte le misure che possono essere da essi ragionevolmente pretese al fine di assicurare che le loro operazioni non facciano parte di una frode*», hanno il diritto di fare affidamento sulla liceità di tali operazioni, senza perdere il diritto alla detrazione dell'Iva pagata a monte.

Se, invece, «*sapeva o avrebbe dovuto sapere*» che, con il proprio acquisto, partecipava ad un'operazione che si iscriveva in una frode all'Iva, il soggetto passivo «*deve essere ritenuto partecipante alla frode, indipendentemente dalla circostanza che egli tragga o meno beneficio dalla vendita dei beni*».

Il diritto alla detrazione è dunque negato al cessionario, quando «*sapeva o avrebbe dovuto sapere*» di essere partecipe di una frode [141].

[141] Corte di giustizia, 12 gennaio 2006, *Optigen*, C-354/03, C-355/03 e C-484/03, in *Riv. dir. trib.*, 2006, III, 209; Id., 6 luglio 2006, *Axel Kittel*, C-439/04 e C-440/04, in *Rass. trib.*, 2008, 235; Id., 21 giugno 2012, *Mahagében kft*, C-80/11 e C-142/11; Id., 6 settembre 2012, *Gábor Tóth*, C-324/11; Id., 6 dicembre 2012, *Bonik Eood*, C-285/11; Id., 31 gennaio 2013, *LVK-56 Eood*, C-643/11; Id., 13 febbraio 2014, *Maks Pen Eood*, C-18/13, in *Riv. trim. dir. trib.*, 2014, 769; Id., 18 dicembre 2014, *Staatssecretaris van Financiën*, C-131/13, C-163/13 e C-164/13; Id., 22 ottobre 2015, *PPUH Stehcemp*, C-227/14.

Nella giurisprudenza italiana cfr. Cass., 18 dicembre 2014, n. 26854; Id., 23 dicembre 2015, n. 25899; Id., 28 febbraio 2017, n. 5173; Id., 13 dicembre 2017, n. 29873.

© Wolters Kluwer Italia

Per contrastare questi fenomeni, il legislatore ha previsto che – in alcuni casi – il cessionario sia coobbligato con il suo fornitore per il pagamento dell'Iva. La norma si applica alle cessioni di determinati beni (auto e moto, telefonini, personal computer, ecc.), quando la cessione avvenga per un corrispettivo inferiore al valore normale (D.P.R. n. 633, art. 60-*bis*)[142].

[142] La norma si applica alle cessioni di autoveicoli, motoveicoli e rimorchi; ai telefoni; ai personal computer; agli animali vivi della specie bovina, ovina e suina e alle carni fresche. Il cessionario può liberarsi provando documentalmente che «*il prezzo inferiore dei beni è stato determinato in ragione di eventi o situazioni di fatto oggettivamente rilevabili o sulla base di specifiche disposizioni di legge e che comunque non è connesso con il mancato pagamento dell'imposta*».

© Wolters Kluwer Italia

# CAPITOLO SETTIMO

# L'IMPOSTA DI REGISTRO



## 1. *Le imposte sugli affari e l'imposta di registro.*

L'imposta di registro rientra nella categoria delle imposte sugli affari, che comprende:

*a*) le imposte sugli atti e negozi giuridici (come l'imposta di bollo);

*b*) le imposte sugli scambi e sulla cifra d'affari (come l'imposta sul valore aggiunto);

*c*) le imposte sui trasferimenti e sulla circolazione della ricchezza (come l'imposta di registro, l'imposta sulle successioni, l'imposta ipotecaria e catastale).

L'imposta di registro è solitamente definita (soprattutto negli scritti di scienza delle finanze) come imposta sui trasferimenti. Questa definizione ne coglie un aspetto economico saliente. L'imposta ha però un campo di applicazione più vasto, in quanto sono soggetti ad imposta anche atti non traslativi.

© Wolters Kluwer Italia

La disciplina dell'imposta di registro è contenuta nel D.P.R. 26 aprile 1986, n. 131 (d'ora innanzi, T.u. registro)[1].

## 2. *Presupposto e natura del tributo di registro.*

Il tributo del registro può atteggiarsi come imposta e come tassa. È tassa quando è dovuto in misura fissa; in tal caso, ha come presupposto e giustificazione la prestazione di un servizio, cioè la registrazione (e conservazione) di un atto.

Si tratta, invece, di imposta, quando il tributo è rapportato, in ragione proporzionale, al valore dell'atto registrato: in tal caso ha come *ratio* la stipulazione o formazione di un atto a contenuto economico (contratto, sentenza, ecc.), assunto dal legislatore come indice di capacità contributiva.

La registrazione di un atto comporta l'applicazione – alternativa – di una delle due forme di tributo; quando è dovuta l'imposta, non si applica la tassa, e viceversa.

## 3. *La richiesta di registrazione e la registrazione d'ufficio.*

A) La registrazione avviene a seguito di richiesta o d'ufficio. Sotto tale riguardo, vanno distinte tre categorie di atti:

a) atti soggetti a registrazione in termine fisso;

b) atti soggetti a registrazione in caso d'uso;

c) atti non soggetti a registrazione.

Per gli atti soggetti a registrazione in termine fisso, la legge pone, a carico di determinati soggetti (contraenti, notai, ecc.), l'obbligo di richiederne la registrazione entro un dato termine (di venti giorni per gli atti formati in Italia; sessanta per gli atti formati all'estero)[2].

Obbligo di richiedere la registrazione e obbligazione tributaria sono – come diremo – situazioni giuridiche distinte (che, in alcuni casi, gravano su persone diverse).

[1] Prima del T.u. del 1986 il tributo del registro era regolato dal D.P.R. 26 ottobre 1972, n. 634 (su cui cfr. F. Tesauro, *Novità e problemi nella disciplina dell'imposta di registro*, in *Riv. dir. fin.*, 1975, I, 94), e, prima ancora, dal R.d. 23 dicembre 1923, n. 3269. Sul T.u. vigente cfr.: A. Berliri, *Caratteri e innovazioni del Testo unico sulle imposte di registro*, in *Leggi civili*, 1986, 1175; R. Fanelli, *Imposta di registro*, Milano, 2002; A. Busani, *L'imposta di registro*, Milano, 2009.

[2] T.u. registro, art. 13.

© Wolters Kluwer Italia

Per gli atti da registrare in caso d'uso, non v'è alcun obbligo di richiedere la registrazione; ma l'atto non può essere "usato" se non è stata previamente effettuata la registrazione (e pagata l'imposta); in simili casi, la registrazione non è un obbligo, ma un "onere".

Infine, per gli atti per i quali non vi è né obbligo, né onere di registrazione, è ammessa la registrazione c.d. volontaria, essendo previsto che, per qualsiasi atto scritto, può chiederne la registrazione *«chiunque vi abbia interesse»*.

B) La richiesta di registrazione comporta la materiale presentazione dell'atto all'ufficio dell'Agenzia delle entrate, che liquida l'imposta e ne richiede il pagamento (T.u. registro, art. 10).

La richiesta di registrazione dei contratti verbali e delle operazioni societarie è fatta presentando all'Ufficio apposita denuncia (non essendovi un atto scritto da registrare, viene registrata la denuncia).

La registrazione degli atti relativi a diritti sugli immobili deve essere richiesta in via telematica[3].

Le richieste devono essere precedute dal pagamento dei tributi, autoliquidati dal richiedente.

Gli uffici controllano la regolarità dell'autoliquidazione e del versamento delle imposte e, se risulta dovuta una maggiore imposta, notificano, entro trenta giorni dalla presentazione del modello informatico, un avviso di liquidazione per l'integrazione dell'imposta versata[4].

C) Di regola, la registrazione avviene a seguito di richiesta dei soggetti obbligati, ma, se non è stato osservato l'obbligo di richiederla, la registrazione è fatta d'ufficio (T.u. registro, art. 15). Non esistono norme generali che consentano all'Amministrazione finanziaria o alla Guardia di finanza di porsi alla ricerca degli atti non registrati e di sequestrarli; la repressione dell'evasione è affidata, per questa imposta, ad altri strumenti, che tengono conto, da un lato, degli interessi fiscali, dall'altro del diritto dei contribuenti alla riservatezza.

La disciplina della registrazione d'ufficio, ispirata a tali principi, si articola nel modo seguente:

[3] D.lgs. 18 dicembre 1997, n. 463.

[4] Per i notai è ammessa la compensazione di tutte le somme versate in eccesso, in sede di autoliquidazione, con le imposte dovute per atti di data posteriore, con esclusione della possibilità di richiedere il rimborso all'Amministrazione finanziaria (D.lgs. 18 gennaio 2000, n. 9, art. 1).

© Wolters Kluwer Italia

*a*) per gli atti dei notai e dei pubblici ufficiali, la registrazione d'ufficio è possibile sol che si rinvengano, nei registri o repertori, gli estremi di atti non registrati; qui non v'è un problema di riservatezza;

*b*) il problema della riservatezza si pone per le scritture private non autenticate: per esse, quando non sia stato osservato l'obbligo della richiesta di registrazione in termine fisso, la registrazione d'ufficio è prevista solo nei seguenti casi:

– quando le scritture siano depositate presso pubblici uffici;

– quando l'Amministrazione finanziaria ne sia venuta legittimamente in possesso in base ad una legge che autorizzi il sequestro;

– quando l'Amministrazione ne abbia avuta visione nel corso di accessi, ispezioni o verifiche eseguiti ai fini di altri tributi;

*c*) per i contratti verbali e per le operazioni societarie, la registrazione (che in tali ipotesi prescinde dall'acquisizione di un atto scritto) può essere effettuata d'ufficio sulla base di prove anche presuntive.

### **3.1.** *La registrazione in termine fisso e la registrazione in caso d'uso.*

A) Al T.u. è allegata una tariffa, divisa in due parti: la prima elenca gli atti da registrarsi in termine fisso, la seconda quelli da registrarsi in caso d'uso. Segue la tabella degli atti per i quali non vi è obbligo di registrazione.

Sono da registrare in termine fisso:

a) gli atti scritti indicati nella tariffa;

b) i contratti verbali;

c) le operazioni societarie;

d) gli atti formati all'estero.

In linea generale, sono da registrare in termine fisso tutti gli atti «*aventi per oggetto prestazioni a contenuto patrimoniale*»[5], con la duplice eccezione degli atti indicati nella seconda parte della tariffa (per i quali vale la regola del caso d'uso) e di quelli indicati nella «*tabella degli atti per i quali non vi è obbligo di registrazione*».

Come vedremo, anche se la definizione generale degli atti da registrarsi in termine fisso è molto ampia, in pratica non si tratta di un numero elevatissimo, dato che gli atti della vita commerciale sono da registrare solo in caso d'uso.

I contratti verbali soggetti a registrazione sono quelli di locazione o affitto di beni immobili e di trasferimento o affitto di aziende (T.u. registro, art. 3).

[5] T.u. registro, tariffa, parte prima, art. 9.

© Wolters Kluwer Italia

Inoltre, devono essere registrate le operazioni di organizzazione societaria, quali: l'istituzione o il trasferimento in Italia della sede legale o amministrativa di enti o società estere, ecc. In tali casi, le operazioni societarie assumono rilievo indipendentemente dalla forma dell'atto scritto da cui prendono origine (T.u. registro, art. 4).

Infine, devono essere registrati gli atti formati all'estero, che hanno per oggetto il trasferimento della proprietà di beni immobili, la costituzione o il trasferimento di altri diritti reali, anche di garanzia, e la locazione o l'affitto di beni immobili o aziende esistenti nel territorio dello Stato (T.u. registro, art. 2).

B) La seconda parte della tariffa elenca gli atti da registrarsi in caso d'uso. L'atto, prima di essere depositato presso una pubblica amministrazione, dev'essere registrato. Ciò significa che può essere depositato solo con il timbro che ne attesta la registrazione.

Per "uso" di un atto si intende l'uso dell'atto a fini amministrativi, ossia la sua produzione in un procedimento amministrativo.

Vi è caso d'uso anche «*quando un atto si deposita, per essere acquisito agli atti, presso le cancellerie giudiziarie nell'esplicazione di attività amministrative*» (T.u. registro, art. 6), ossia in procedimenti di volontaria giurisdizione.

Non vi è onere di registrazione quando il deposito avvenga ai fini dell'adempimento di un'obbligazione delle suddette amministrazioni, enti o organi ossia obbligatorio per legge o regolamento[6].

In pratica, non si verifica di frequente che un atto debba essere registrato in vista del suo uso amministrativo: è però importante avere presenti le ipotesi in cui un atto è da registrarsi in caso d'uso, perché ciò vuol dire che non vi è obbligo di registrazione in termine fisso.

Va notato che devono essere registrati solo in caso d'uso i contratti formati mediante corrispondenza e le scritture private non autenticate relative ad operazioni soggette ad Iva.

In sostanza, i contratti più ricorrenti nella vita economica (atti delle imprese commerciali), conclusi mediante corrispondenza, sono soggetti a registrazione solo in caso d'uso, e poiché è infrequente che si verifichi il caso d'uso per un contratto commerciale (ad esempio, cessione di merci), si comprende perché, in genere, i contratti per i quali sorge l'obbligo di registrazione sono soprattutto quelli estranei alla vita ordinaria delle imprese.

[6] Costituisce caso d'uso la notifica dell'atto di cessione di un credito nei confronti della pubblica amministrazione (Cass., 23 maggio 2005, n. 10865).

© Wolters Kluwer Italia

### 3.2. *Modalità ed effetti della registrazione.*

La registrazione consiste nell'annotazione in apposito registro dell'atto o della denuncia e, in mancanza, della richiesta di registrazione (T.u. registro, art. 16)[7].

Per gli atti pubblici, le scritture private autenticate e gli atti giudiziari, la registrazione deve essere richiesta all'ufficio dell'Agenzia delle entrate, nella cui circoscrizione ha sede il pubblico ufficiale; negli altri casi la registrazione può essere richiesta a qualunque ufficio (T.u. registro, art. 9).

La registrazione ha un doppio effetto di natura probatoria: attesta l'esistenza degli atti ed attribuisce ad essi data certa, ai sensi dell'art. 2704 c.c. (T.u. registro, art. 18).

Si tratta di effetti che hanno importanza pratica per le scritture private non autenticate, non per gli atti pubblici e per le scritture private autenticate.

La registrazione ha inoltre l'effetto di liberalizzare il rilascio di atti formati o autenticati da pubblici ufficiali (T.u. registro, art. 66). Va ricordato al riguardo che i notai non possono rilasciare né l'originale, né la copia degli atti da loro formati, prima che siano registrati; e che i cancellieri non possono rilasciare copia autentica dei provvedimenti giurisdizionali prima della registrazione.

Vi è insomma un generale divieto di rilascio di atti non registrati. Il pagamento dell'imposta di registro condiziona, quindi, l'utilizzo degli atti giuridici, ma vi sono delle eccezioni, tra cui il rilascio di copia delle sentenze e degli atti giurisdizionali da utilizzare per la prosecuzione del giudizio o per dar corso a procedure di esecuzione forzata[8].

## 4. *I soggetti passivi.*

Vi sono soggetti obbligati a pagare l'imposta ma non a richiedere la registrazione, e soggetti obbligati a richiedere la registrazione ma non a pagare l'imposta (T.u. registro, artt. 10 e 57).

[7] È bene notare che la "registrazione" di un atto presso l'Agenzia delle entrate, richiesta dalle norme che regolano l'imposta di registro, è cosa diversa dalla "trascrizione" presso la Conservatoria dei registri immobiliari, secondo le norme del codice civile.

[8] È stato dichiarato costituzionalmente illegittimo l'art. 66, comma 2, del D.P.R. 26 aprile 1986, n. 131, nella parte in cui subordinava il rilascio della copia esecutiva di una sentenza, richiesta per promuovere l'esecuzione forzata, al pagamento dell'imposta di registro (Corte cost., 6 dicembre 2002, n. 522, in *Giur. it.*, 2003, 809).

© Wolters Kluwer Italia

Gli obbligati possono perciò essere distinti in tre gruppi.

Il primo gruppo è formato dalle parti dell'atto da registrare, che sono obbligate sia a richiedere la registrazione, sia a pagare l'imposta. Per le scritture private non autenticate, per i contratti verbali e per gli atti formati all'estero, le parti dell'atto devono chiederne la registrazione e pagare l'imposta.

Un secondo gruppo di soggetti è costituito dai notai e altri pubblici ufficiali, che sono obbligati insieme con le parti degli atti. Per gli atti pubblici e per le scritture private autenticate, l'obbligo di richiedere la registrazione è a carico dei notai (e in generale dei pubblici ufficiali, per gli atti da essi redatti o ricevuti); per tali atti, i notai (e gli altri pubblici ufficiali) sono tenuti al pagamento della sola imposta principale (come "responsabili d'imposta")[9], ma non delle imposte complementari e suppletive[10].

Vi sono infine dei soggetti che sono obbligati a chiedere la registrazione, ma non a pagare l'imposta:

a) cancellieri e segretari di organi giurisdizionali sono obbligati a richiedere la registrazione degli atti giudiziari, ma l'imposta è dovuta dalle parti del giudizio;

b) gli impiegati dell'Amministrazione finanziaria e gli appartenenti alla Guardia di finanza sono obbligati a richiedere la registrazione degli atti

[9] L'ufficio può notificare l'avviso di liquidazione al notaio; il pagamento del notaio libera anche i coobbligati, i quali – se ritengono non dovuta l'imposta – non possono chiedere il rimborso dell'imposta al fisco e possono far valere le proprie ragioni opponendosi all'azione di regresso del coobbligato che ha adempiuto (Cass., 21 febbraio 2007, n. 4047).

Il notaio è legittimato a contestare l'atto di liquidazione notificatogli dal fisco anche se non è il debitore principale e la sua difesa può non limitarsi alla sua personale responsabilità ma estendersi alla stessa sussistenza e quantificazione del tributo (Cass., 8 marzo 2006, n. 4954, in *Foro it.*, 2006, I, 1731).

La giurisprudenza nega, talvolta, al notaio, il diritto al rimborso dell'imposta indebitamente pagata, perché l'art. 77 del T.u. registro attribuirebbe il diritto al rimborso al "contribuente"; il notaio potrebbe esercitare soltanto l'azione di rivalsa per il recupero delle somme pagate al posto di altri (Cass., 6 maggio 2005, n. 9440, in *Fisco*, 2005, 4276).

In caso di registrazione telematica, l'avviso di liquidazione per l'integrazione dell'imposta versata, notificato al notaio, che abbia provveduto all'autoliquidazione ed al corrispondente versamento, può essere impugnato (oltre che dalle parti contraenti), dal notaio, quale responsabile d'imposta (Cass., 10 agosto 2010, n. 18493).

Cfr. G. Tabet, *Spunti critici sulla figura del notaio nel sistema di registrazione telematica*, in *Rass. trib.*, 2013, 94; P. Puri, *Note a margine di un recente contributo sulla figura del notaio nel sistema di registrazione telematica*, *ivi*, 2013, 1022.

[10] Il notaio non è solidalmente obbligato al pagamento della maggiore imposta conseguente al disconoscimento dell'agevolazione fruita dalle parti contraenti (Cass., ord. 17 maggio 2017, n. 12257).

© Wolters Kluwer Italia

per i quali è prevista la registrazione d'ufficio; anche in tali casi, l'obbligo di pagamento dell'imposta grava sui soggetti che hanno dato vita all'atto.

## 5. *L'interpretazione degli atti registrati. Gli atti collegati.*

A) L'imposta di registro è qualificata "imposta d'atto", per indicare che si tratta di un tributo che colpisce l'atto sottoposto a registrazione, quale risulta dallo scritto, senza tener conto di elementi extratestuali. Di questo aspetto dell'imposta di registro si hanno diverse applicazioni, a cominciare dai criteri in base ai quali gli atti da registrare devono essere interpretati, al fine di individuarne il regime fiscale.

Norma basilare, in materia, è quella secondo cui: «*L'imposta è applicata secondo la intrinseca natura e gli effetti giuridici dell'atto presentato alla registrazione, anche se non vi corrisponda il titolo o la forma apparente, sulla base degli elementi desumibili dall'atto medesimo, prescindendo da quelli extratestuali e dagli atti ad esso collegati, salvo quanto disposto dagli articoli successivi*» (T.u. registro, art. 20)[11].

L'art. 20 indica dunque che l'interprete deve attenersi alla tipologia ed agli effetti giuridici degli atti. Non a caso, la tariffa distingue gli atti in base alla loro tipologia giuridica. La sostanza dell'atto prevale sulla forma: e l'art. 20 indica chiaramente che occorre riferirsi alla sostanza giuridica, non a profili economici o empirici. In altri termini, gli atti possono essere riqualificati, ma con un preciso limite: la riqualificazione deve avvenire in termini di effetti giuridici, non in chiave economica.

Ciò vuol dire, ad esempio, che una cessione di partecipazioni, se anche potesse essere considerata, dal punto di vista economico o empirico, come una cessione d'azienda (sol perché, da un punto di vista metagiuridico, possedere la partecipazione totalitaria equivale a possedere i beni della società), non può essere considerata tale dal punto di vista fiscale, perché la valutazione fiscale deve restare ancorata all'effetto giuridico. E una cessione di partecipazioni non è una cessione d'azienda, e non può essere tassata come tale[12].

[11] Comma così modificato dall'art. 1, comma 87, lett. a), nn. 1) e 2), L. 27 dicembre 2017, n. 205, a decorrere dal 1° gennaio 2018. Trattasi di modifica non retroattiva, secondo Cass., 28 febbraio 2018, n. 4590.

[12] Non è quindi da condividere, specie dopo la modifica dell'art. 20, l'orientamento giurisprudenziale secondo cui un conferimento di azienda, seguito dalla cessione delle partecipazioni, sarebbe da tassare come cessione dell'azienda. Cfr. Cass., 15 ottobre 2014,

© Wolters Kluwer Italia

B) L'art. 20, come emendato, enfatizza una caratteristica tradizionale dell'imposta di registro, e cioè l'esclusivo rilievo dell'atto (cioè del documento che incorpora l'atto). Ciò significa che, in sede di interpretazione, non valgono i criteri interpretativi "extratestuali", che invece devono essere tenuti in considerazione nella interpretazione dei contratti secondo le regole civilistiche[13].

Perciò la «*comune intenzione delle parti*», evocata dall'art. 1362 c.c. per l'interpretazione dei contratti, non ha rilievo nell'interpretazione del contratto ai fini fiscali. Non valgono, in sede fiscale, neppure gli eventi successivi alla registrazione dell'atto.

C) L'art. 20, novellato, esclude che si possa dare rilievo al collegamento tra più atti. Va quindi rivisto l'orientamento secondo cui, in caso di vendite plurime di singoli beni aziendali (con applicazione dell'Iva), i diversi atti potrebbero essere riqualificati come cessione di azienda, soggetta ad imposta di registro[14].

### **5.1.** *Gli atti complessi.*

A) Vi sono atti complessi ai quali si applica una pluralità di imposte e atti complessi ai quali si applica un'imposta unica[15].

L'art. 21, comma 1, del T.u. registro, dispone che «*Se un atto contiene più disposizioni che non derivano necessariamente, per la loro intrinseca natura, le une dalle altre, ciascuna è soggetta ad imposta come se fosse un*

n. 21770, Id., 18 dicembre 2015, n. 25487; Id., 27 gennaio 2017, n. 2054; Id., 15 marzo 2017, n. 6758.

[13] Cass., 20 luglio 2011, n. 15918.

[14] La cessione di azienda, soggetta ad imposta di registro proporzionale (e non ad Iva), è configurabile quando le parti abbiano inteso trasferire non una semplice somma di beni, ma un complesso organico unitariamente considerato, dotato di una potenzialità produttiva, tale da farne emergere *ex ante* la complessiva attitudine, anche solo potenziale, all'esercizio dell'impresa, ovvero quando i beni strumentali ceduti siano atti, nel loro complesso e nella loro interdipendenza, all'esercizio di una impresa (Cass., ord. 19 luglio 2017, n. 17785). Cfr. inoltre Cass., 12 maggio 2008, n. 11769; Id., 16 marzo 2010, nn. 9162 e 9163.

[15] Mentre l'atto complesso (che unifica, sotto una causa unica, più disposizioni interdipendenti) è soggetto ad un'unica tassazione (con riferimento alla disposizione che dà luogo all'imposizione più onerosa), la pluralità di disposizioni funzionalmente collegate dallo scopo complessivo dell'operazione, ma autonomamente identificabili sotto il profilo causale, è soggetta ad altrettante tassazioni. Così Cass., 6 settembre 1996, n. 8142.

© Wolters Kluwer Italia

*atto distinto»*[16]. Se dunque in un solo documento sono racchiusi più negozi giuridici, l'imposta si applica distintamente a ciascun atto[17].

Si applicano più imposte anche in caso di collegamento negoziale, se le cause dei singoli negozi, essendo autonomamente identificabili, portano ad escludere che le disposizioni possano ritenersi derivanti, per loro intrinseca natura, le une dalle altre[18].

Al criterio impositivo in tema di atti contenenti disposizioni plurime, non necessariamente connesse, si collegano altre previsioni:

[16] L'art. 75 della L. 16 febbraio 1913, n. 89 (legge notarile), in tema di onorari del notaio, reca norme analoghe a quelle della legge di registro. Dispone infatti che «*Se l'atto contiene più convenzioni distinte, sono dovuti tanti onorari quante sono le convenzioni. Quando l'atto comprenda più disposizioni necessariamente connesse e derivanti per intrinseca loro natura le une dalle altre, sarà considerato come se comprendesse la sola disposizione che dà luogo all'onorario più favorevole al notaro, se pure essa possa considerarsi come accessoria alle altre*».

[17] Il c.d. contratto di distribuzione dell'opera cinematografica contiene tre distinti negozi (commercializzazione dell'opera; finanziamento della sua produzione; trasferimento del rischio della commercializzazione dal produttore al distributore), soggetti a distinte tassazioni (Cass., 6 settembre 1996, n. 8142, in *Giur. it.*, 1997, I, 1, 578).

Nel caso di atto di cessione di azienda e di contestuale clausola espressa di cessione dei contratti di locazione degli immobili in cui si svolge l'attività d'impresa, il tributo va pagato su entrambi gli atti (Cass., 4 maggio 2009, n. 10180).

In una sentenza che contenga un capo di condanna dei condebitori in solido (appaltatore e committente) a risarcire il danno extracontrattuale subìto dal terzo e, inoltre, un capo di condanna dell'un condebitore (appaltatore) a tenere indenne l'altro condebitore (committente) in virtù della posizione di garanzia contrattualmente assunta dal primo nei confronti dell'altro, le due statuizioni non possono ritenersi necessariamente derivanti l'una dall'altra, essendo connesse per mera volontà delle parti, e sono pertanto soggette separatamente ad imposta (Cass., 7 giugno 2004, n. 10789, in *Foro it.*, 2004, 1, 2721).

Se un soggetto chiede la tutela di un suo diritto con più atti giudiziari (nel caso di specie, sentenza di condanna e successivo decreto ingiuntivo), è dovuta l'imposta di registro su ciascuno di questi atti, sebbene il diritto sostanziale dedotto sia sempre lo stesso (Cass., 12 luglio 2005, n. 14649, in *Rass. trib.*, 2005, 1989).

Le statuizioni contenute in una sentenza pronunciata dal giudice ordinario, con le quali sia accolta la domanda di risarcimento proposta dall'attore nei confronti del convenuto e quella di rivalsa proposta da quest'ultimo nei confronti di un terzo chiamato in causa, sono tra loro autonome, con la conseguenza che ciascuna di esse è soggetta all'imposta di registro (Cass., 17 marzo 2008, n. 7113).

La cessione del credito stipulata per finalità di garanzia, con atto cronologicamente successivo ad un contratto di apertura di credito, sconta l'imposta di registro in misura proporzionale, trattandosi di un negozio caratterizzato da una sua autonoma causa (Cass, 5 agosto 2015, n. 16417).

[18] Nel caso di contestuale cessione delle quote di società di persone, ciascuna di esse è soggetta ad imposta, trattandosi di negozi collegati, ognuno dei quali adeguatamente giustificato sotto il profilo causale (Cass., Sez. VI-5, ord. 15 settembre 2015, n. 18122; Id., Sez. VI-5, ord. 11 settembre 2014, n. 19245).

Sono negozi collegati, soggetti all'art. 21, comma 1, del D.P.R. n. 131 del 1986, i trasferimenti a soggetti diversi del diritto di proprietà e di usufrutto di un unico bene, contenuti in unico atto (Cass., Sez. VI-5, ord. 23 giugno 2017, n. 15774).

© Wolters Kluwer Italia

– quando sono unitariamente negoziati beni per i quali sono previste aliquote diverse, si applicano aliquote diverse per i beni o diritti per cui siano pattuiti prezzi distinti; se non c'è distinzione, si applica l'aliquota più elevata (T.u. registro, art. 23);

– un atto in parte a titolo oneroso, in parte a titolo gratuito, è soggetto all'imposta di registro per la parte onerosa, all'imposta sulle donazioni per la parte gratuita (T.u. registro, art. 25).

B) Si applica una sola imposta, sulla disposizione soggetta all'imposta maggiore, quando le disposizioni sono necessariamente connesse, inseparabili. Dispone l'art. 21, comma 2, T.u. registro, che «*Se le disposizioni contenute nell'atto derivano necessariamente, per la loro intrinseca natura, le une dalle altre, l'imposta si applica come se l'atto contenesse la sola disposizione che dà luogo alla imposizione più onerosa*».

Precisa la giurisprudenza che si applica una sola imposta nel caso in cui la pluralità di disposizioni sia riconducibile ad un'unica causa, ovvero quando, per volontà della legge (e non per volontà dei contraenti), o per l'intrinseca natura delle diverse disposizioni, vi sia un rapporto di connessione oggettiva, necessaria e inscindibile, tra le diverse disposizioni, per cui non si possa concepire che venga posta in essere una disposizione se si prescinde dall'altra[19].

C) L'art. 21, comma 3, T.u. registro dispone che non sono soggetti ad imposta gli accolli di debiti ed oneri collegati e contestuali ad altre disposizioni e le quietanze rilasciate nello stesso atto che contiene le disposizioni cui esse si riferiscono[20].

[19] Dato il conferimento di un'azienda in società, non è autonomamente soggetto ad imposta di registro l'accollo, da parte della conferitaria, dei debiti dell'azienda conferita (Cass., 28 marzo 1996, n. 2849, in *Giur. imp.*, 1996, 688).

Altra ipotesi di disposizioni necessariamente connesse è stata ravvisata in un atto di divisione con contestuale previsione di riparto dei debiti in proporzione alle quote, *ex* art. 1115 c.c.; la disposizione relativa ai debiti non è stata ritenuta separatamente tassabile, perché derivante necessariamente, per sua intrinseca natura, dalla divisione (Cass., Sez. I, 5 marzo 1991, n. 2312).

[20] Nel caso di cessione di un ramo d'azienda, non è autonomamente tassabile la dazione pecuniaria prevista a carico del cedente che trovi causa nei debiti aziendali caduti in solidarietà passiva ai sensi dell'art. 2560 c.c., atteso che tale disposizione contempla una fattispecie di accollo cumulativo "ex lege" e che l'art. 21, comma 3, del D.P.R. n. 131 del 1986 esclude l'autonoma tassabilità degli «accolli di debiti ed oneri collegati e contestuali ad altre disposizioni» (Cass., ord. 5 aprile 2017, n. 8786).

Sulla quietanza contenuta in un preliminare di compravendita in relazione al prezzo già versato, è dovuta l'imposta in misura fissa (Cass., 8 novembre 2004, n. 21273).

© Wolters Kluwer Italia

D) Secondo un principio generale dell'imposta che si esamina, quando un unico disegno negoziale è realizzato con più atti, l'imposta proporzionale si applica su un atto soltanto, mentre l'altro è tassato in misura fissa.

Si collegano a tale criterio le seguenti regole impositive:

*a*) i contratti preliminari sono soggetti alla tassa fissa di registro; la normale imposta proporzionale sarà poi applicata al contratto definitivo[21];

*b*) in caso di atti sottoposti a condizione sospensiva, approvazione od omologazione, si applica, inizialmente, la tassazione in misura fissa; l'imposizione in misura ordinaria segue quando si verifica la condizione o quando l'atto è approvato o omologato (T.u. registro, art. 27);

*c*) in caso di stipulazione di un contratto e di successiva risoluzione, il contratto è tassato in misura proporzionale, ma si applica la tassa fissa per la risoluzione (T.u. registro, art. 28);

*d*) la ratifica, la convalida e la conferma sono soggette a tassa fissa (T.u. registro, art. 30);

*e*) la dichiarazione di nomina che segue un contratto per persona da nominare è soggetta a tassa fissa, se fatta entro tre giorni dall'atto cui si riferisce (T.u. registro, art. 32).

## 5.2. *Enunciazione di atti non registrati.*

Quando un atto registrato enuncia atti non registrati sono tassati distintamente l'atto enunciante e quello enunciato. Prevede infatti l'art. 22, comma 1, del T.u. registro che, «*Se in un atto sono enunciate disposizioni contenute in atti scritti o contratti verbali non registrati e posti in essere fra le stesse parti intervenute nell'atto che contiene la enunciazione, l'imposta si applica anche alle disposizioni enunciate*».

Ad esempio, con la sentenza dichiarativa di fallimento di una società di fatto, si tassa la sentenza di fallimento e l'atto costitutivo della società.

Quando è pronunciato un decreto ingiuntivo in base ad un accordo non registrato, è tassato sia il decreto ingiuntivo, sia l'accordo "*enunciato*" nel decreto; se sono enunciate delle fideiussioni, sono tassate anche le fideiussioni.

L'imposta sull'atto enunciato si applica non quando un atto è semplicemente menzionato, ma solo se l'atto non registrato è posto a fondamento dell'atto enunciante (ad esempio, un provvedimento giudiziale)[22].

[21] Cfr. F. Tesauro, *Appunti sulla fiscalità del contratto preliminare*, in *Giur. it.*, 2013, 1221; V. Mastroiacovo, *Il sistema della tassazione indiretta del contratto preliminare*, *ibidem*, e T. Tassani, *Profili fiscali della «circolazione» del contratto preliminare*, *ibidem*.

[22] Corte cost., 21 gennaio 1999, n. 7, in *Foro it.*, 2000, I, 1780.

© Wolters Kluwer Italia

### 6. *Alternatività tra registro e Iva.*

Imposta proporzionale di registro e Iva sono tributi alternativi.

Un atto scritto, compreso nel novero degli atti soggetti ad imposta proporzionale di registro, se reca cessioni di beni o prestazioni di servizi soggetti ad Iva, non è soggetto ad imposta proporzionale, ma alla tassa fissa (T.u. registro, art. 40)[23].

Il principio di alternatività riguarda tutte le operazioni che rientrano nel "campo di applicazione" dell'Iva, e, quindi, non solo le operazioni "imponibili", ma anche quelle "non imponibili" o "esenti"[24].

Ad esempio, un decreto ingiuntivo, con cui un imprenditore intima ad un suo cliente il pagamento di una merce, non è tassato con imposta proporzionale di registro, perché la cessione di merci è soggetta ad Iva. Una sentenza di condanna è soggetta ad imposta fissa se riguarda il corrispettivo di una operazione che rientra nel campo di applicazione dell'Iva (anche come operazione esente).

Le scritture private non autenticate, se relative ad operazioni soggette ad Iva, sono da registrare solo in caso d'uso (T.u. registro, art. 5). Perciò, quando si applica l'Iva, le scritture private si registrano solo in caso d'uso e a tassa fissa; gli atti pubblici e le scritture private autenticate si registrano in termine fisso, ma il tributo dovuto è la tassa fissa.

In caso di permuta, quando, delle due cessioni, una sia soggetta ad Iva e l'altra al registro, ciascuna imposta si applica in modo autonomo su ciascuna cessione (T.u. registro, art. 40, comma 2).

### 7. *Misure antiabuso. La presunzione di liberalità.*

L'imposta di registro è collegata, come abbiamo visto, non tanto alla natura economica degli atti, ma alla natura e agli effetti giuridici. Vi sono, però, atti o contratti che possono prestarsi alla realizzazione di scopi pratici diversi da quelli che ad essi normalmente corrispondono.

Vi sono perciò norme specifiche, intese ad impedire condotte elusive, come quella secondo cui i trasferimenti immobiliari e di partecipazioni

[23] In caso di trasferimento di immobili, anche l'imposta ipotecaria e catastale è dovuta in misura fissa.

[24] Gli atti sottoposti anche solo teoricamente (perché di fatto esentati) a Iva non debbono scontare l'imposta proporzionale di registro (Cass., 20 aprile 2007, n. 9403; Id., 3 marzo 2006, n. 4748).

© Wolters Kluwer Italia

sociali posti in essere tra coniugi o tra parenti in linea retta (o che tali siano considerati ai fini dell'imposta sulle successioni e donazioni) si presumono donazioni, se l'ammontare complessivo dell'imposta di registro e di ogni altra imposta dovuta per il trasferimento risulta inferiore a quello delle imposte applicabili in caso di trasferimento a titolo gratuito (T.u. registro, art. 26)[25].

## 7.1. *La presunzione di trasferimento delle accessioni e delle pertinenze.*

Nei trasferimenti immobiliari le accessioni, i frutti pendenti e le pertinenze si presumono trasferiti all'acquirente, a meno che siano esclusi espressamente dalla vendita o si provi, con atto che abbia acquistato data certa mediante registrazione, che appartengono ad un terzo o sono stati ceduti all'acquirente da un terzo.

Ciò significa, ad esempio, che se si trasferisce un suolo, si presume trasferito anche il fabbricato che insiste su di esso. La presunzione non può ritenersi vinta quando si dimostri che il fabbricato è stato costruito dall'acquirente, atteso che il fabbricato costruito sul suolo appartiene, per il principio dell'accessione di cui all'art. 934 c.c., al proprietario del suolo[26]. Per vincere la presunzione, occorre che l'edificazione sia stata preceduta o accompagnata da altro negozio, contenuto in atto scritto di data certa, avente ad oggetto l'attribuzione, dal cedente al cessionario, del diritto di superficie sul suolo[27].

## 7.2. *Il contratto per persona da nominare e il mandato irrevocabile.*

Un contratto può prevedere che una parte si riserva la facoltà di nominare successivamente la persona che acquista i diritti e assume gli obblighi nascenti dal contratto (contratto per persona da nominare); la dichiarazione di nomina deve essere comunicata all'altra parte nel termine di tre giorni dalla stipulazione del contratto, salvo che le parti abbiano stabilito un termine diverso (artt. 1401 e 1402 c.c.).

[25] Al fine di evitare l'applicazione della presunzione assoluta, in ogni atto traslativo le parti devono specificare se tra di esse vi sia o non vi sia rapporto di coniugio o di parentela. La disposizione è stata dichiarata costituzionalmente illegittima, nella parte in cui escludeva la prova contraria alla gratuità dei trasferimenti immobiliari tra coniugi (Corte cost., 25 febbraio 1999, n. 41, in *Giur. it.*, 1999, 2189).

[26] Cass., 7 novembre 2005, n. 21585.

[27] Cass., 23 ottobre 2006, n. 22725.

© Wolters Kluwer Italia

Agli effetti dell'imposta di registro, la dichiarazione di nomina, se fatta entro tre giorni, viene tassata in misura fissa; in tutti i casi in cui è fatta oltre i tre giorni, viene tassata con la stessa imposta che è dovuta per l'atto cui si riferisce la dichiarazione di nomina (T.u. registro, art. 32).

Il legislatore tributario muove dal presupposto che la dichiarazione di nomina, fatta oltre i tre giorni, dissimuli un trasferimento degli effetti del contratto da chi contrae per persona da nominare alla persona poi nominata. La norma è quindi diretta ad impedire che, con l'artificio del contratto per persona da nominare, taluno possa acquistare per sé con l'intento di rivendere ad un terzo, ed invece di far risultare il doppio trasferimento ne faccia risultare uno soltanto.

Il mandato irrevocabile, con dispensa dall'obbligo di rendiconto, è soggetto all'imposta stabilita per l'atto per il quale è conferito (T.u. registro, art. 33). Anche qui, la norma ha funzione antifrode: si suppone, infatti, che un mandato che presenti, congiuntamente, i caratteri della irrevocabilità e la dispensa dall'obbligo del rendiconto, dissimuli un trasferimento dal mandante al mandatario dei diritti cui si riferisce.

### **7.3.** *Nullità dei patti contrari alla legge del registro.*

Nell'ottica delle misure antiabuso deve essere considerata anche la disposizione contenuta nell'art. 62 del T.u. del registro, secondo cui «*I patti contrari alle disposizioni del presente Testo unico, compresi quelli che pongono l'imposta e le eventuali sanzioni a carico della parte inadempiente, sono nulli anche fra le parti*».

La norma, nella parte in cui sancisce la nullità dei patti contrari alla legge del registro (non solo nei confronti del fisco, ma anche tra le parti), corrisponde alla norma del codice civile che prevede la nullità dei contratti contrari a norme imperative (art. 1418). È quindi nullo, ad esempio, l'accordo di non registrare un contratto, o la clausola di un contratto preliminare, con la quale si conviene di indicare nel contratto (definitivo) di compravendita un prezzo inferiore a quello concordato[28].

Non è nulla la clausola con cui le parti stabiliscono che l'imposta è a carico di una di esse: tale clausola ha effetto solo tra le parti, e non ha alcun effetto nei confronti del fisco (che resta creditore nei confronti di tutte le parti contraenti, che sono obbligate in solido). Una simile clausola

[28] Cass., sez. II, 7 marzo 2002, n. 3328; Id., Sez. II, 11 luglio 2012, n. 11749.

© Wolters Kluwer Italia

non è in contrasto con la norma fiscale che pone l'imposta a carico di tutti i contraenti, dato che essa, regolando solo i rapporti interni, non incide (né potrebbe incidere) sulla disciplina legale in tema di soggetti passivi del tributo.

**8.** *Atti invalidi e atti dichiarativi della nullità.*

L'imposta di registro è dovuta anche sugli atti invalidi. Prevede infatti l'art. 38 del T.u. che «*La nullità o l'annullabilità dell'atto non dispensa dall'obbligo di chiedere la registrazione e di pagare la relativa imposta*». Anche questa regola può essere ricondotta alla connotazione dell'imposta di registro come "imposta d'atto": rileva l'atto scritto, per quello che vi è stabilito, a prescindere dalla sua validità ed efficacia (ed a prescindere anche da ogni evento successivo alla formazione dell'atto)[29].

In linea di principio, quindi, l'imposta è ugualmente dovuta (e non è rimborsabile) anche se l'atto è invalido.

La restituzione dell'imposta pagata per la registrazione di un atto invalido è ammessa, per la parte eccedente la misura fissa, solo se sussistono tre condizioni: occorre in primo luogo che l'invalidità non sia imputabile alle parti (il che significa che non deve essere restituita l'imposta pagata per la registrazione di atti simulati, di negozi in frode alla legge o comunque contrari a norme di legge, ecc.); occorre poi che la nullità o l'annullamento dell'atto registrato siano sanciti da una sentenza passata in giudicato e, infine, che l'atto non sia suscettibile di ratifica, conferma o convalida[30].

Collegato al problema dell'imposta dovuta sugli atti nulli è quello relativo all'imposta dovuta sugli atti che accertano la nullità. La giurisprudenza ritiene che un atto traslativo, nullo tra le parti (ad esempio perché simulato), sia da considerare efficace ai fini fiscali; di conseguenza, l'atto dichiarativo della nullità sarebbe, sempre e solo ai fini fiscali, anch'esso traslativo (produttivo della retrocessione), da tassare, quindi, con l'imposta proporzionale prevista per gli atti traslativi[31].

[29] Cass., 16 febbraio 2010, n. 3571; Id., 31 marzo 2011, n. 7340.

[30] Cass., 19 novembre 2014, n. 24617.

[31] Secondo la giurisprudenza, la tassazione dei negozi simulati è duplice, come se la dichiarazione della simulazione provocasse il "ritrasferimento" del bene oggetto del precedente contratto simulato. Quindi, sia l'atto simulato che la sentenza di accertamento vanno tassati, ai fini dell'imposta di registro, come atti traslativi (Cass., sez. VI-5, ord., 23 giugno 2014, n. 14197). Tra i precedenti cfr. Cass., 16 aprile 1983, n. 2633, in *Boll. trib.*, 1984, 251, con nota critica di R. Dini, *Il registro della doppia finzione in cassazione.*

© Wolters Kluwer Italia

In realtà, se le parti stipulano un contratto traslativo, che viene poi dichiarato nullo (perché simulato), se ne deve dedurre: *a*) che il primo atto, benché nullo e inefficace, resta soggetto all'imposta prevista per i trasferimenti (in forza della regola secondo cui l'imposta è dovuta anche sugli atti nulli); *b*) che l'imposta sul primo atto non è restituibile, essendo la nullità imputabile alle parti; *c*) che l'atto dichiarativo della simulazione è un atto, appunto, dichiarativo[32].

## 9. *La Direttiva sulla raccolta di capitali e la tassazione dei conferimenti.*

A) La Direttiva sulla "raccolta di capitali" (intendendo, con tale espressione, i conferimenti in società), risalente al 1969, mira a favorire la realizzazione del mercato comune permettendo ai capitali di circolare liberamente all'interno della comunità (ora UE) senza ostacoli alle frontiere e in condizioni di neutralità fiscale (cioè senza diversità di trattamento fiscale nei diversi Paesi membri)[33]. La Direttiva prevede l'istituzione di una imposta sui conferimenti, da applicare una sola volta ed unicamente nello Stato in cui ha sede la direzione effettiva o la sede statutaria della società[34].

I presupposti dell'imposta sono: *a*) la costituzione di una società di capitali; *b*) la trasformazione in società di capitali di una società, associazione o persona giuridica che non sia una società di capitali; *c*) l'aumento del capitale sociale di una società di capitali mediante conferimento di beni di qualsiasi natura[35]; *d*) l'aumento del patrimonio sociale di una società di capitali mediante conferimento di beni di qualsiasi natura, remunerato

[32] Il costrutto giurisprudenziale si basa su di una doppia finzione: si finge, dapprima, che il primo atto, ai soli fini fiscali, sia efficace; si finge, poi, che il secondo atto non sia dichiarativo ma traslativo; in tal modo, si dà vita ad «*una di quelle costruzioni che sostituiscono esigenze di simmetria pseudologiche, basate su convincimenti aprioristici, a quelle che sono le conseguenze legittimamente deducibili in base all'ordinamento*» (E. Antonini, *Registrazione della sentenza dichiarativa della simulazione assoluta del contratto*, in *Dir. prat. trib.*, 1961, II, 129).

[33] Direttiva del Consiglio del 17 luglio 1969, n. 69/335/CEE.

[34] La raccolta di capitali, cui si riferisce la Direttiva, è generalmente tassata mediante: a) imposte sui conferimenti di capitali in società, sugli aumenti di capitale ed altre operazioni di organizzazione societaria; b) imposte di bollo sui titoli, azionari o obbligazionari, emessi a fronte del finanziamento; ed, infine, b) tributi sui contratti di borsa.

[35] La Corte di Giustizia, con sentenza 13 febbraio 1996, cause riunite 197/94 e 252/94, ha dichiarato che «*l'art. 4 della direttiva 69/335 (...) deve essere interpretato nel senso che rientrano nell'ambito di applicazione del suo n. 1, lett. c), relativo all'aumento del capitale sociale di una società di capitali mediante conferimento di beni di qualsiasi natura, le operazioni di fusione cui partecipano esclusivamente persone giuridiche o organi soggetti all'imposta sulle società*».

© Wolters Kluwer Italia

non con quote rappresentative del capitale o del patrimonio stesso, bensì con diritti della stessa natura di quelli dei soci, quali il diritto di voto, la partecipazione agli utili o all'attivo risultante dalla liquidazione.

Sono inoltre tassati i trasferimenti, da un Paese terzo in uno Stato membro, o da uno Stato membro in un altro Stato membro, della sede della direzione effettiva o della sede statutaria di una società[36].

La Direttiva vieta che possano essere applicate alle società di capitali imposte indirette diverse da quella configurata dalla Direttiva; possono comunque essere applicate imposte sui trasferimenti di valori mobiliari e immobiliari, imposte relative a privilegi ed ipoteche, diritti remunerativi e l'imposta sul valore aggiunto[37]. Nulla osta, dunque, a che, nel diritto italiano, quando sono conferiti immobili, siano applicate l'imposta di registro, l'imposta ipotecaria e catastale e l'Invim[38].

Dopo la prima Direttiva (n. 69/335), la Comunità ha armonizzato le aliquote previsto trattamenti di favore per le operazioni di concentrazione, che, dal 1985, sono state esentate.

Il trattamento di favore accordato nelle direttive ai conferimenti si applica anche alle fusioni, dato che le fusioni si realizzano mediante conferimenti[39].

B) Nel nostro ordinamento, in linea con la Direttiva, la fusione tra società, la scissione, il conferimento di aziende o di complessi aziendali relativi a singoli rami dell'impresa fatto da una società ad altra società esistente o da costituire, analoghe operazioni poste in essere da enti diversi dalle società, sono tassati con imposta fissa[40].

[36] La Direttiva indica in modo cogente i presupposti dell'imposta (costituzione di società, trasformazione, aumento di capitale o del patrimonio sociale, trasferimento da un Paese terzo in uno Stato membro, trasferimento da un Paese membro ad altro Stato membro, ecc.), ma lascia agli Stati la facoltà di tassare i fenomeni assimilabili ai conferimenti (passaggio di utili a capitale, versamenti dei soci in conto capitale e altre forme di *thin capitalization*).

[37] È stata ritenuta in contrasto con la Direttiva la tassa annuale e di iscrizione delle società nel registro delle imprese (Corte di giustizia, 20 aprile 1993, causa C-71/91, *Ponente Carni*, in *Foro it.*, IV, 169).

[38] Corte di Giustizia, 11 dicembre 1997, causa C-42/96, *SIF imm.*, in *Giur. it.*, 1998, 379.

[39] Corte di Giustizia, 13 febbraio 1996, *Soc. Bautiaa*, C-197/94 e C-252/94, in *Riv. dir. trib.*, 1996, II, 997, ha ritenuto che l'art. 7, n. 1, della Direttiva, modificato dalla Direttiva 9 aprile 1973, n. 73/80/Cee e successivamente dalla Direttiva 10 giugno 1985, n. 85/303/Cee, applicabile dal 1° gennaio 1986, osta all'applicazione di una normativa nazionale che preveda un'imposta proporzionale sui conferimenti mobiliari effettuati nell'ambito di operazioni di fusione.

[40] Si veda l'art. 4 della Tariffa, parte prima, modificato dal D.l. 20 giugno 1996, n. 323, conv. con L. 8 agosto 1996, n. 425. Per il conferimento di aziende da parte di imprenditori

© Wolters Kluwer Italia

I conferimenti di immobili sono soggetti ad imposta proporzionale[41]; sono, invece, soggetti a tassa fissa i conferimenti di aziende, danaro e beni mobili[42].

Questa differenza di regime fiscale risponde al criterio secondo cui, tassato il trapasso di un bene dall'economia privata a quella imprenditoriale, non sono invece da tassare i fatti di riorganizzazione interna al sistema produttivo, quali sono le fusioni, le scissioni e i conferimenti tra società.

## 10. *La tassazione delle sentenze.*

Un altro gruppo di atti che merita una particolare attenzione è quello degli atti giudiziari. Quando si conclude un procedimento giudiziario, il fascicolo viene trasmesso dalla cancelleria all'Agenzia delle entrate, la quale liquida il tributo dovuto sulla sentenza e sugli atti presenti nel fascicolo[43].

Il tributo è innanzitutto dovuto e liquidato sulla sentenza di primo grado; e, secondo la giurisprudenza, la riforma totale o parziale (nel successivo corso del giudizio e fino alla formazione del giudicato) della prima sentenza non si riflette sul tributo liquidato sulla sentenza riformata, ma fa sorgere un autonomo diritto al rimborso, che dev'essere azionato in modo autonomo[44]. Si ritiene dunque che il tributo non cessa di essere dovuto sulla sentenza di primo grado, anche quando è sostituita da quella di appello[45].

individuali vedi L. 8 maggio 1998, n. 146, art. 25. Sull'esenzione del conferimento d'azienda da parte di una società di capitali in altra società di capitali cfr. Cass., 15 maggio 2003, n. 7544, in *Boll. trib.*, 2003, 1276 e Cass., 15 maggio 2003, n. 7547, *ivi*, 2003, 1508.

[41] Secondo la Corte di Giustizia, 11 dicembre 1997, *Soc. immob. Sif*, C-42/96, in *Giur. it.*, 1998, 379, la Direttiva non impedisce la tassazione dell'incremento di valore, in occasione del conferimento di un immobile. Sull'imposta di registro e sull'imposta ipotecaria e catastale cfr. Cass., 1° agosto 2000, n. 10059, in *Riv. dir. trib.*, 2001, II, 94.

[42] L'art. 10 della L. 23 dicembre 1999, n. 488, ha previsto la misura fissa, in luogo della precedente aliquota dell'1 per cento.

[43] Gli atti prodotti in giudizio, in base ai quali venga emesso il provvedimento giurisdizionale, devono essere inviati a cura del cancelliere all'ufficio del registro insieme al provvedimento giurisdizionale, sicché è da tale momento che l'amministrazione ne acquista conoscenza legale e decorre il termine di decadenza dell'azione della finanza (Cass., 27 luglio 2005, n. 15768).

[44] Cass., 29 maggio 2006, n. 12757.

[45] La giurisprudenza ritiene che la riforma della sentenza di primo grado non si riflette sull'avviso di liquidazione relativo a detta sentenza, ma fa sorgere un (autonomo) diritto del contribuente al conguaglio o al rimborso, da azionare con apposito procedimento (cfr. Cass., 1° agosto 1996, n. 6952, in *Giust. civ.*, 1997, I, 120). Insomma, quando la sentenza di primo grado ha perso ogni valore giuridico, perché sostituita da quella di appello, il contribuente deve pagare ugualmente l'imposta riferita a quella sentenza, e chiederne poi il rimborso.

© Wolters Kluwer Italia

Le aliquote sono diverse, a seconda della natura della sentenza[46]. Se si tratta di sentenze con effetti costitutivi, si applicano le stesse aliquote che sono previste per i negozi privati che producono i medesimi effetti (ad esempio, una sentenza che stabilisce il trasferimento della proprietà di un immobile è tassata con la stessa aliquota prevista per le compravendite)[47]; se si tratta di sentenze dichiarative, l'aliquota è dell'1 per cento; se di condanna, l'aliquota è del 3 per cento. Le sentenze che non hanno contenuto patrimoniale sono soggette a tassa fissa.

### 11. *Base imponibile e giudizio di congruità.*

A) La base imponibile è data dal valore dell'atto registrato, cioè dal valore della prestazione, o delle prestazioni, che sono oggetto dell'atto.

Secondo l'art. 43 del T.u. registro, per i contratti a titolo oneroso traslativi o costitutivi di diritti reali la base imponibile è costituita dal valore del bene.

Ai sensi dell'art. 51, comma 1, del T.u. del registro, si assume come valore dei beni o dei diritti quello dichiarato dalle parti nell'atto (e, in mancanza o se superiore, il corrispettivo pattuito per l'intera durata del contratto).

Vi sono però prestazioni per le quali – se il prezzo o valore indicato nell'atto non è ritenuto congruo dall'ufficio dell'Agenzia delle entrate – si rende necessaria una stima, o giudizio di congruità (T.u. registro, art. 51).

B) Esaminiamo, dunque, in quali casi è ammesso, e quando non è ammesso, il giudizio di congruità.

Il giudizio di congruità non è ammesso per le cessioni di abitazioni (e relative pertinenze), nei casi in cui intervengono fra persone fisiche che non agiscono nell'esercizio di attività commerciali, artistiche o professionali, se

[46] Non sono soggette al pagamento dell'imposta di registro tutte le sentenze adottate nelle procedure giudiziarie il cui valore non eccede euro 1.033 (Cass., sez. VI, 16 luglio 2014, n. 16310, in *Foro it.*, 2014, I, 3491).

[47] L'art. 8, nota 2 *bis*, della Tariffa allegata al T.u. del registro equipara le sentenze che accertano l'avvenuta usucapione agli atti di trasferimento a titolo oneroso, mentre l'art. 57 del citato T.u. prevede che le parti in causa sono solidalmente obbligate al pagamento dell'imposta di registro. Nei rapporti interni tra le parti in causa, tuttavia, l'obbligazione tributaria grava per intero sul soggetto in favore del quale è stato pronunciato l'acquisto della proprietà (Cass., Sez. II, 26 settembre 2017, n. 22369).

© Wolters Kluwer Italia

l'acquirente richiede che l'imposta sia applicata sul valore catastale (T.u. registro, art. 52)[48].

In tali ipotesi, l'acquirente può richiedere, con dichiarazione recepita nell'atto, che, ai fini delle imposte di registro, ipotecaria e catastale, la base imponibile sia costituita dal valore catastale dell'immobile, determinato attraverso i coefficienti catastali rivalutati e moltiplicati. È il c.d. principio del prezzo-valore.

Il corrispettivo è pertanto irrilevante ai fini della tassazione[49], ma le parti hanno l'obbligo di indicarlo nell'atto, fermo restando che la tassazione avviene sulla base del valore catastale[50].

Se le parti occultino, anche in parte, il corrispettivo effettivamente pattuito e lo dichiarino nell'atto in misura inferiore, viene meno la tassazione sul valore catastale e la base imponibile sarà costituita dal corrispettivo effettivamente pattuito, con sanzione amministrativa dal cinquanta al cento per cento della maggiore imposta dovuta in base al corrispettivo effettivo.

Per i fabbricati non iscritti in catasto, il criterio automatico si applica se ne sia stato chiesto l'accatastamento.

C) Il criterio di valutazione automatica non si applica al di fuori del caso ora indicato, e cioè quando la parte acquirente non chiede che l'imposta sia applicata sul valore catastale ed alle cessioni di immobili ad uso non abitativo e che non intervengano tra persone fisiche al di fuori dell'esercizio di impresa o di arti e professioni.

L'imposta non si applica dunque sul valore catastale, ma sul valore venale. Vale la regola generale, secondo cui l'imposta, in sede di registrazione dell'atto, è applicata al prezzo pattuito, ma l'ufficio può accertare come dovuta un'imposta complementare, se il valore normale dell'immobile è superiore al prezzo.

Sono soggetti a giudizio di congruità anche i conferimenti in società, se non si applica l'imposta in misura fissa. In caso di conferimento di immobile da parte di persona fisica in una società a responsabilità limitata,

[48] L'art. 1, comma 497, L. 23 dicembre 2005, n. 266, quale risultante dalla sentenza della Corte costituzionale n. 6 del 2014, attribuisce alle persone fisiche che non agiscano nell'esercizio di attività commerciali, artistiche o professionali e che abbiano acquistato, in regime di libero mercato ovvero in sede di espropriazione forzata o a seguito di pubblico incanto, immobili ad uso abitativo e relative pertinenze, la facoltà di chiedere che, in deroga all'art. 44, comma 1, D.P.R. 26 aprile 1986, n. 131, la base imponibile ai fini delle imposte di registro, ipotecarie e catastali sia costituita dal valore dell'immobile determinato ai sensi dell'art. 52, commi 4 e 5, del medesimo D.P.R. Cfr. Cass., ord., Sez. VI, ord. 11 aprile 2014, n. 8623.

[49] L. 23 dicembre 2005, n. 266 (legge finanziaria per il 2006), art. 1, comma 497.

[50] D.l. 4 luglio 2006, n. 223, conv. con L. 4 agosto 2006, n. 248, art. 35, commi 21 e 22.

© Wolters Kluwer Italia

l'Agenzia delle entrate può determinare il valore del bene conferito, senza essere vincolata dalla perizia redatta ai sensi dell'art. 2343 c.c.[51].

D) Vi sono atti per i quali non è ammesso il giudizio di congruità; in tali casi, il valore imponibile è costituito:

a) per i contratti costitutivi di obbligazione di fare, dal corrispettivo;

b) per le cessioni di contratto, dal corrispettivo pattuito e dal valore delle prestazioni ancora da eseguire;

c) per i contratti che importano obbligazioni, che non costituiscono corrispettivo di altra prestazione, dall'ammontare della somma o dal valore del bene dovuto;

d) per gli atti di garanzia, dalla somma garantita;

e) per i contratti di associazione in partecipazione, dal valore dei beni apportati dall'associato:

f) per i contratti diversi da quelli indicati, dall'ammontare dei corrispettivi in danaro.

## **12.** *Poteri istruttori. Avvisi di liquidazione e di accertamento.*

I poteri di indagine e controllo, previsti per le imposte sui redditi negli artt. da 31 a 45 del D.P.R. 29 settembre 1973, n. 600, e l'art. 10-*bis* dello Statuto (in tema di elusione), si applicano anche all'imposta di registro (e all'imposta ipotecaria e catastale)[52].

Pertanto, gli uffici, anche ai fini dell'imposta di registro, possono eseguire accessi, ispezioni e verifiche; invitare i contribuenti a comparire di persona e inviare questionari; richiedere alle banche dati, notizie e documenti relativi a qualsiasi rapporto intrattenuto od operazione effettuata, ecc.

Agli effetti dell'imposta di registro, l'ufficio può emettere due tipi di atto: avvisi di liquidazione e avvisi di accertamento.

Emette avvisi di liquidazione quando, essendo già determinata la base imponibile (per effetto di dichiarazione o di avviso di accertamento), si tratta soltanto di quantificare l'imposta (T.U. registro, art. 76, commi 1 e 3). La liquidazione non è operazione puramente matematica: essa implica la

[51] Cass., 20 gennaio 2006, n. 1135.

[52] T.u. registro, art. 53-*bis*, inserito dall'art. 35, comma 24, del D.l. 4 luglio 2006, n. 223, conv. dalla L. 4 agosto 2006, n. 248 e modificato dall'art. 1, comma 87, lett. b), L. 27 dicembre 2017, n. 205, a decorrere dal 1° gennaio 2018. In precedenza i poteri istruttori dell'ufficio erano limitati, in quanto gli elementi da acquisire per l'applicazione dell'imposta si rilevano principalmente dall'atto sottoposto alla registrazione.

© Wolters Kluwer Italia

qualificazione giudica dell'atto registrato, la scelta dell'aliquota, ed altre scelte. Perciò l'avviso di liquidazione, in quanto atto che statuisce sull'imposta, è un atto impositivo, le cui determinazioni divengono definitive se non impugnate[53]. In quanto atto con cui viene richiesto il pagamento dell'imposta, l'avviso di liquidazione è un atto della procedura di riscossione; se ad esso non segue il pagamento del tributo, l'Amministrazione può iscrivere a ruolo il dovuto.

L'ufficio, quando rettifica il valore imponibile, emette un avviso di accertamento, che deve altresì liquidare l'imposta, con gli interessi e le sanzioni (T.u. registro, art. 52).

L'imposta può essere definita mediante accertamento con adesione[54]. Qui l'accertamento con adesione ha per oggetto il valore dei beni e diritti indicati in ciascun atto, denuncia o dichiarazione che ha formato oggetto di imposizione. Il valore definito vincola l'ufficio ad ogni ulteriore effetto limitatamente ai menzionati tributi. Sono escluse adesioni parziali riguardanti singoli beni o diritti contenuti nello stesso atto, denuncia o dichiarazione.

Se un atto contiene più disposizioni che non derivano necessariamente, per la loro intrinseca natura, le une dalle altre, ciascuna di esse, se soggetta ad autonoma imposizione, costituisce oggetto di definizione come se fosse un atto distinto.

A seguito della definizione, le sanzioni dovute per ciascun tributo oggetto dell'adesione si applicano nella misura di un terzo del minimo previsto dalla legge.

L'accertamento definito con adesione non è soggetto ad impugnazione e non è integrabile o modificabile da parte dell'ufficio.

Il termine per accertare l'imposta sugli atti non presentati alla registrazione è di cinque anni da quando doveva essere richiesta la registrazione; il termine per rettificare la liquidazione dell'imposta principale è di tre anni da quando è stata richiesta la registrazione (T.u. registro, art. 76).

## 13. *Imposta principale, suppletiva e complementare.*

A) Nelle ricostruzioni teoriche dell'applicazione dell'imposta di registro rimane generalmente in ombra la dichiarazione, perché non sempre si distingue tra richiesta di registrazione e dichiarazione e perché, generalmente, gli elementi da dichiarare al fisco sono, in massima parte, contenuti nell'atto da registrare (che quindi funge da dichiarazione).

[53] Cfr. Cass., 11 febbraio 2011, n. 3346.
[54] D.lgs. 19 giugno 1997, n. 218, art. 3.

© Wolters Kluwer Italia

Sulla base di ciò che emerge dall'atto da registrare, o di altri elementi appositamente dichiarati ai fini dell'applicazione del tributo, il fisco procede alla liquidazione ed alla richiesta dell'imposta principale.

L'imposta principale è dunque definibile come quella che è liquidata sulla base dell'atto da registrare e di eventuali dichiarazioni complementari, ed è riscossa in sede di registrazione dell'atto (T.u. registro, artt. 42 e 54)[55].

B) L'imposta suppletiva è quella richiesta dopo la registrazione, quando sia «*diretta a correggere errori od omissioni dell'ufficio*» (T.u. registro, art. 42). Si tratta, dunque, di un'imposta che l'ufficio avrebbe dovuto richiedere a titolo di imposta principale, sulla base dell'atto o della dichiarazione; l'ufficio la richiede in seguito, quando si avvede dell'errore o dell'omissione. È suppletiva anche l'imposta che derivi da errori commessi in sede di liquidazione dell'imposta complementare.

C) L'imposta complementare è, residualmente, ogni imposta richiesta dopo la registrazione, che non abbia carattere suppletivo.

Il caso più frequente di imposta complementare si ha quando l'ufficio rettifica in aumento la base imponibile: ad esempio, applicata l'imposta principale in base al prezzo stipulato dalle parti, accerta poi il valore venale del bene negoziato in misura superiore al prezzo.

Si ha poi imposta complementare nelle varie ipotesi in cui la prima applicazione dell'imposta avviene su di una base imponibile provvisoria, cui deve seguire un nuovo momento applicativo, tenendo conto del valore imponibile definitivo (T.u. registro, art. 19).

Di solito l'imposta complementare, poiché scaturisce da una nuova determinazione dell'imponibile, è applicata con l'emanazione di un avviso di accertamento del nuovo valore (cui segue, poi, per la riscossione, l'avviso di liquidazione).

## 14. *La riscossione.*

La distinzione tra imposta principale, suppletiva e complementare è rilevante soprattutto agli effetti della riscossione.

[55] Se il contribuente versa l'imposta di registro sulla base della liquidazione operata dall'ufficio contestualmente alla registrazione dell'atto, non vi è emanazione di un autonomo provvedimento impositivo da impugnare nel termine di 60 giorni; il contribuente che ritenga di aver versato più del dovuto può far ricorso alla procedura di rimborso presentando la relativa istanza (Cass., 20 aprile 2007, n. 9390).

© Wolters Kluwer Italia

L'imposta principale è dovuta per intero quando è richiesta la registrazione.

È invece frazionata la riscossione dell'imposta complementare derivante dall'accertamento di un valore imponibile maggiore del dichiarato. Il ricorso contro l'accertamento di tale imposta complementare sospende (in parte) la riscossione: in tal caso, l'Agenzia può riscuotere, in pendenza del giudizio di primo grado, un terzo della maggiore imposta accertata. Sono poi riscuotibili i due terzi dell'imposta dovuta in base alla sentenza di primo grado; dopo il secondo grado, è riscuotibile l'intera imposta dovuta in base alla sentenza di tale grado di giudizio (T.u. registro, art. 56).

L'imposta suppletiva, invece, è riscossa per intero solo dopo la decisione di secondo grado[56].

L'imposta dev'essere versata entro sessanta giorni dal ricevimento dell'avviso di liquidazione[57].

### **14.1.** *La registrazione a debito.*

La registrazione a debito è effettuata senza contemporaneo pagamento delle imposte dovute: la riscossione è rinviata. Si ha così una eccezione alla regola per cui l'imposta deve essere pagata dopo la richiesta di registrazione, e prima della registrazione.

Sono registrati a debito (T.u. registro, art. 59):

*a*) le sentenze e gli atti dei procedimenti contenziosi in cui sono interessate le amministrazioni dello Stato e i soggetti ammessi al gratuito patrocinio;

*b*) gli atti relativi alla procedura fallimentare;

*c*) le sentenze che condannano al risarcimento del danno prodotto da reato.

La registrazione a debito realizza dunque una sospensione della riscossione; concerne situazioni pendenti, e l'imposta sarà riscossa quando sarà cessata la pendenza; l'imposta sarà richiesta al soggetto che risulti soccombente e cioè alla controparte dell'amministrazione statale o del soggetto ammesso al gratuito patrocinio.

[56] D.lgs. 31 dicembre 1992, n. 546, art. 68.

[57] La prescrizione dell'imposta da pagare dopo una sentenza passata in giudicato è decennale (Cass., 20 gennaio 2017, n. 1528).

© Wolters Kluwer Italia

# CAPITOLO OTTAVO

# L'IMPOSTA SULLE SUCCESSIONI E DONAZIONI



## 1. *Vicende dell'imposta sulle successioni.*

Quando la ricchezza era soprattutto immobiliare l'imposta sulle successioni aveva un ruolo importante come strumento di tassazione dei patrimoni e di redistribuzione della ricchezza. La rilevanza crescente della ricchezza mobiliare ha sottratto, all'imposta sulle successioni, la sua funzione, perché essa colpisce, di fatto, quasi soltanto la ricchezza immobiliare. Sfugge all'imposta la ricchezza mobiliare (titoli azionari, ad esempio); inoltre, vi sono forme di ricchezza esenti (titoli del debito pubblico). L'imposta è dunque largamente evasa ed elusa.

L'imposta è stata riformata nel 2000[1]. Prima della riforma del 2000, aveva una duplice base imponibile, in quanto colpiva, da un lato, le singole

[1] L'imposta sulle successioni e donazioni, dopo la riforma degli anni '70, era disciplinata dal D.P.R. 26 ottobre 1972, n. 637, sostituito dal T.u. approvato con il D. lgs. 31 ottobre 1990, n. 346, in vigore dal 1° gennaio 1991.

L'imposta è stata riformata dall'art. 69 della L. 21 novembre 2000, n. 342, che ha soppresso il prelievo sull'asse globale, ridotto sensibilmente le aliquote, eliminata la progressività ed aumentate le soglie della franchigia riferita alla quota ricevuta da ciascun erede.

Fino al 2000, le aliquote erano assai elevate. L'aliquota poteva raggiungere il 27 per cento sull'asse ereditario e il 33 per cento sulla singola quota. Nonostante ciò il gettito era irrisorio.

© Wolters Kluwer Italia

quote ereditarie, e, dall'altro, l'asse ereditario globale. L'imposta sull'asse globale fu soppressa nel 2000; nel 2001, fu abolita anche l'imposta sulle singole quote. Nel 2006 l'imposta sulle singole quote è stata ripristinata, richiamando la disciplina del T.u. approvato con D.lgs. 31 ottobre 1990, n. 346[2].

## 2. *Il presupposto.*

A) L'imposta si applica «*sui trasferimenti di beni e diritti per causa di morte, per donazione o a titolo gratuito e sulla costituzione di vincoli di destinazione*»[3].

L'elenco dettagliato dei presupposti del tributo comprende:

a) il trasferimento di beni e diritti mediante successione *mortis causa*;

b) le donazioni e altre liberalità tra vivi (escluse le erogazioni liberali effettuate per spese di mantenimento e di educazione e quelle sostenute per malattia, quelle ordinarie fatte per abbigliamento o per nozze e le donazioni di modico valore);

c) le liberalità indirette risultanti da atti soggetti a registrazione;

d) la costituzione di vincoli di destinazione;

e) il trasferimento di beni e diritti mediante atti a titolo gratuito (vale a dire atti che non prevedono a carico del beneficiario alcuna controprestazione, ma sono privi dello spirito di liberalità tipico delle donazioni);

f) la costituzione di diritti reali di godimento, la rinunzia a diritti reali o di credito e la costituzione di rendite o pensioni.

B) Non sono soggetti all'imposta i trasferimenti gratuiti, effettuati anche mediante patti di famiglia (di cui all'art. 768-*bis* e ss. c.c.), a favore dei discendenti e del coniuge, aventi ad oggetto aziende o rami di esse, quote sociali o azioni[4].

Quando le quote sociali o le azioni si riferiscono a società di capitali, cooperative o società di mutua assicurazione residenti nel territorio dello Stato, l'applicazione del particolare regime fiscale è subordinata alla condizione che il possesso delle partecipazioni consenta al beneficiario di

[2] L'imposta sulle successioni e donazioni, soppressa dagli artt. da 13 a 17 della L. 18 ottobre 2001, n. 383, è stata reintrodotta dal D.l. 3 ottobre 2006, n. 262, conv. dalla L. 24 novembre 2006, n. 286, art. 2, commi 47-53. Alcune modifiche sono state apportate dalla L. 27 dicembre 2006, n. 296 (legge finanziaria 2007).

[3] T.u. successioni, art. 1.

[4] T.u. successioni, art. 3, comma 4-*ter*.

© Wolters Kluwer Italia

acquisire o integrare il controllo della società attraverso la maggioranza dei voti esercitabili nell'assemblea ordinaria[5].

È sempre necessario che, in caso di trasferimento di azienda o di un suo ramo, il beneficiario prosegua l'esercizio dell'attività d'impresa e che, in caso di trasferimento di partecipazioni, detenga il controllo per un periodo non inferiore a cinque anni dalla data del trasferimento[6].

C) Per la definizione del presupposto dell'imposta successoria occorre considerare che la legge fa discendere obblighi fiscali "limitati" dalla chiamata ereditaria ed obblighi fiscali in senso pieno soltanto dall'accettazione dell'eredità. In questa imposta vi sono dunque due tipi di presupposti: la chiamata, da un lato, e la devoluzione dell'eredità, dall'altro.

Da ciò che si sta per dire sui soggetti passivi risulterà quali effetti scaturiscono dalla chiamata, quali dall'accettazione.

### 3. *I soggetti passivi.*

L'art. 5 stabilisce che l'imposta è dovuta dagli eredi e dai legatari. L'art. 28 prevede che obbligati a presentare la dichiarazione sono: i chiamati all'eredità (per legge o per testamento, anche se non hanno ancora accettato l'eredità, purché non vi abbiano rinunziato) e i legatari; i soggetti immessi nel possesso temporaneo dei beni dell'assente; gli amministratori dell'eredità; i curatori dell'eredità giacente; gli esecutori testamentari; i *trust*.

L'art. 36 pone una disciplina più articolata, in quanto prevede:

– che i chiamati all'eredità e gli altri soggetti obbligati a presentare la dichiarazione rispondono solidamente dell'imposta nel limite del valore dei beni ereditari rispettivamente posseduti;

– che gli eredi rispondono in solido dell'imposta globalmente dovuta (ma chi accetta con beneficio d'inventario ne risponde nel limite del valore della propria quota ereditaria);

– che i legatari sono obbligati al pagamento dell'imposta relativa ai rispettivi legati.

[5] Nessuna limitazione in tal senso è posta invece con riferimento agli altri tipi di società (società di persone e società ed enti di ogni tipo non residenti nel territorio dello Stato), riguardo ai quali si deve ritenere che il regime esonerativo spetti anche quando le partecipazioni trasferite non attribuiscano una posizione di maggioranza.

[6] A tale scopo occorre rendere idonea dichiarazione nella denuncia di successione o nell'atto donativo, pena la decadenza dal beneficio fiscale.

© Wolters Kluwer Italia

Pertanto, bisogna distinguere tra soggetti obbligati a presentare la dichiarazione e soggetti obbligati a pagare l'imposta.

I chiamati all'eredità sono obbligati, in ogni caso, a presentare la dichiarazione, e sono obbligati a pagare l'imposta solo se sono nel possesso dei beni ereditari (e nel limite del valore dei beni posseduti).

Identica alla posizione dei chiamati è la posizione degli altri soggetti obbligati a presentare la dichiarazione.

Tali soggetti hanno obblighi limitati; i legatari sono obbligati a presentare la dichiarazione ma sono obbligati a pagare soltanto la parte d'imposta che grava sul legato; solo gli eredi, quindi, sono obbligati in modo pieno.

## 4. *Profilo territoriale.*

Occorre distinguere tra soggetti residenti e soggetti non residenti: in caso di morte di un soggetto residente nello Stato «*l'imposta è dovuta in relazione a tutti i beni e diritti trasferiti, ancorché esistenti all'estero*»[7]; invece se, alla data dell'apertura della successione, il *de cuius* è residente all'estero, l'imposta è dovuta soltanto sui beni esistenti in Italia.

L'imposta non è dunque informata al principio di territorialità, ma ad un criterio di tipo soggettivo, quale è la residenza (né poteva essere diversamente, vista la facilità con cui circola la ricchezza nel mondo moderno).

## 5. *Base imponibile ed attivo ereditario.*

La base imponibile è costituita dal valore complessivo netto dei beni devoluti a ciascun beneficiario, considerando le franchigie. Il valore netto si ottiene sottraendo, al valore dell'attivo, le passività e gli oneri deducibili.

Si considerano compresi nell'attivo ereditario danaro, gioielli e mobilia per un importo pari al dieci per cento del valore globale netto dell'asse ereditario (anche se non dichiarati o dichiarati per un importo minore); la presunzione può essere vinta con la formazione di inventario analitico, redatto secondo le norme del codice di procedura civile.

Si presumono compresi nell'attivo ereditario, salvo prova contraria, i titoli di qualsiasi specie il cui reddito è stato indicato nell'ultima dichiarazione dei redditi presentata dal defunto.

[7] T.u. successioni, art. 2.

© Wolters Kluwer Italia

Le partecipazioni in società si considerano comprese nell'attivo ereditario anche se per clausola del contratto di società o dell'atto costitutivo o per atto parasociale ne sia previsto a favore di altri il diritto di accrescimento o il diritto di acquisto ad un prezzo inferiore al loro valore normale.

Non sono compresi nell'attivo ereditario (ossia sono esenti):

– i trasferimenti a favore dello Stato, delle regioni, delle province e dei comuni, quelli a favore di enti pubblici e di fondazioni o associazioni legalmente riconosciute, che hanno come scopo esclusivo l'assistenza, lo studio, la ricerca scientifica, l'educazione, l'istruzione o altre finalità di pubblica utilità, nonché quelli a favore di ONLUS e fondazioni bancarie (previste della L. 23 dicembre 1998, n. 461);

– i titoli del debito pubblico ed i valori iscritti nel pubblico registro automobilistico;

– i beni culturali.

## 6. *Valutazione dei beni.*

La legge detta regole specifiche per la valutazione di beni immobili e altri diritti reali immobiliari; aziende, navi e aeromobili; azioni, obbligazioni, altri titoli e quote sociali; rendite e pensioni; crediti e altri beni.

Per gli immobili, la base imponibile è data dal valore venale in comune commercio alla data di apertura della successione, ma il valore dichiarato non può essere rettificato quando sia correttamente determinato in base al reddito catastale.

Prevede infatti l'art. 34 del T.u. successioni che non sono rettificabili il valore degli immobili iscritti in catasto con attribuzione di rendita, dichiarato in misura non inferiore, per i terreni, a settantacinque volte il reddito dominicale risultante in catasto e, per i fabbricati, a cento volte il reddito risultante in catasto, aggiornati con i coefficienti stabiliti per le imposte sui redditi.

È invece rettificabile il valore dichiarato dei terreni edificabili.

Per le aziende, la base imponibile è data dal valore complessivo dei beni e diritti che ne fanno parte, al netto delle passività; se il defunto era obbligato alla tenuta delle scritture contabili, si ha riguardo alle attività e passività indicate nell'ultimo inventario regolarmente redatto e vidimato (tenendo conto dei mutamenti successivamente intervenuti).

© Wolters Kluwer Italia

Nel determinare la base imponibile delle aziende, delle azioni e delle quote sociali non si considera l'avviamento[8].

La base imponibile, per azioni, obbligazioni, altri titoli e quote sociali, è determinata assumendo:

a) per i titoli quotati in borsa o negoziati al mercato ristretto, la media dei prezzi di compenso o dei prezzi dell'ultimo trimestre anteriore all'apertura della successione;

b) per le azioni e per i titoli o quote di partecipazione al capitale di enti diversi dalle società, non quotate in borsa, né negoziati al mercato ristretto, nonché per le quote di società non azionarie, il valore proporzionalmente corrispondente al valore, alla data di apertura della successione, del patrimonio netto dell'ente o della società risultante dall'ultimo bilancio pubblicato o dall'ultimo inventario regolarmente redatto e vidimato[9], ovvero, in mancanza di bilancio o inventario, al valore complessivo dei beni e dei diritti appartenenti all'ente o alla società, al netto delle passività.

## 7. *Le passività.*

Base imponibile dell'imposta è il patrimonio netto; vi sono perciò, norme che disciplinano le passività deducibili.

La regola generale, in materia, è che le passività deducibili sono costituite: dai debiti del defunto esistenti alla data di apertura della successione; dalle spese mediche e chirurgiche sostenute dagli eredi negli ultimi sei mesi di vita del defunto, e dalle spese funerarie, ma questa regola-base è accompagnata da numerose altre norme, che pongono limiti e condizione alla deduzione.

Tra queste norme, vanno qui ricordate le seguenti:

– i debiti del defunto devono risultare da atto scritto di data certa anteriore all'apertura della successione o da provvedimento giurisdizionale definitivo;

– i debiti inerenti all'esercizio di imprese sono deducibili anche se risultano dalle scritture contabili obbligatorie del defunto, regolarmente tenute a norma di legge;

– se il defunto non era obbligato alla tenuta di scritture contabili, i debiti cambiari e i debiti verso aziende e istituti di credito, compresi i saldi passivi dei conti correnti, sono ammessi in deduzione anche se risultano dalle

[8] T.u. successioni, art. 8, comma 1-*bis*.
[9] Cfr. Cass., 11 dicembre 2015, n. 25007.

© Wolters Kluwer Italia

scritture contabili obbligatorie, regolarmente tenute a norma di legge, del trattario, o del prenditore, o dell'azienda o istituto di credito.

## 8. *Le aliquote.*

L'imposta è proporzionale, con la previsione di aliquote differenti in relazione al grado di parentela dei successori con il defunto:

– 4 per cento, per il coniuge e i parenti in linea retta, da calcolare sul valore eccedente, per ciascun erede, 1.000.000 di euro;

– 6 per cento, per fratelli e sorelle, da calcolare sul valore eccedente, per ciascun erede, 100.000 euro;

– 6 per cento, da calcolare sul valore totale (cioè senza alcuna franchigia), per gli altri parenti fino al quarto grado, affini in linea retta, nonché affini in linea collaterale fino al terzo grado;

– 8 per cento, da calcolare sul valore totale (cioè senza alcuna franchigia), per le altre persone (i non parenti).

Ai soli fini dell'applicazione della franchigia sulla quota devoluta all'erede o al legatario, si deve tener conto del valore delle donazioni fatte dal *de cuius* a favore dello stesso erede o legatario.

Nel computo della franchigia rilevano soltanto le donazioni pregresse per le quali, in base al regime vigente *ratione temporis*, sia stata riconosciuta una franchigia d'imposta che abbia assorbito, in tutto o in parte, l'imposta dovuta. Più precisamente, le donazioni pregresse rilevano nei limiti di valore relativamente al quale il beneficiario abbia fruito della franchigia. Detto valore deve essere poi attualizzato, avendo riguardo al valore normale dei beni e dei diritti alla data di apertura della successione del donante. Rilevano tutte le donazioni pregresse per le quali, in considerazione del rapporto intercorrente tra donante e donatario, non sia stata applicata l'imposta.

A seguito dell'ampliamento dell'ambito di applicazione dell'imposta sulle successioni e donazioni, devono considerarsi non solo le donazioni, ma anche gli atti a titolo gratuito e la costituzione di vincoli di destinazione (a partire dal 29 novembre 2006) [10].

[10] Le franchigie non operano ai fini dell'applicazione delle imposte ipotecaria e catastale, in quanto correlate ai servizi resi mediante la formalità della trascrizione e la voltura catastale. Cfr. Cass., 9 luglio 2003, n. 10751.

© Wolters Kluwer Italia

**9.** *Procedimento applicativo.*

Esaminiamo alcune peculiarità del procedimento applicativo dell'imposta in esame, considerando, nell'ordine: la dichiarazione, la liquidazione dell'imposta dovuta in base alla dichiarazione, l'accertamento in rettifica o d'ufficio (con la liquidazione della consequenziale imposta complementare o supplementare), e la riscossione.

A) Sono obbligati a presentare la dichiarazione: i chiamati all'eredità e i legatari; gli immessi nel possesso temporaneo dei beni; gli amministratori dell'eredità e i curatori delle eredità giacenti; gli esecutori testamentari. Quando vi sono più obbligati, la dichiarazione presentata da uno degli obbligati libera tutti.

Il termine per la presentazione della dichiarazione è di dodici mesi dall'apertura della successione.

Il chiamato è obbligato fino a quando conserva lo status di chiamato; non lo è più se rinuncia all'eredità, prima di sei mesi; l'obbligo rimane definitivamente a suo carico se non rinuncia prima di sei mesi (ed, ovviamente, se accetta l'eredità).

Il contenuto della dichiarazione è piuttosto complesso; in essa devono essere indicati, tra l'altro (a parte i dati riguardanti il defunto e i chiamati): i beni che compongono l'eredità, quelli alienati negli ultimi sei mesi di vita e quelli donati; il valore di tali beni; i crediti contestati e quelli verso enti pubblici non ancora liquidati; le passività, ecc.

Insomma, nella dichiarazione di successione deve essere indicato tutto ciò che rileva ai fini dell'applicazione dell'imposta (per la determinazione del presupposto e della base imponibile, per la determinazione delle aliquote, ecc.).

Devono essere allegati diversi documenti (certificato di morte, stato di famiglia del defunto e degli eredi, testamento, estratti catastali, bilancio e inventario se in successione cadono aziende, documenti di prova delle passività, ecc.).

B) Sulla base della dichiarazione (o delle dichiarazioni) di successione, l'ufficio liquida l'imposta principale e notifica l'"avviso di liquidazione" entro il termine decadenziale di tre anni dalla presentazione della dichiarazione[11].

[11] L'imposta dovuta sulle successioni è liquidata dall'ufficio, mentre sono auto-liquidate dal contribuente le imposte ipotecaria e catastale, nonché l'imposta di bollo, le tasse

© Wolters Kluwer Italia

In sede di liquidazione dell'imposta principale l'ufficio (analogamente a quanto previsto nella liquidazione delle imposte sui redditi dovute in base alla dichiarazione) corregge gli errori materiali di calcolo commessi nella dichiarazione ed esclude le passività e gli oneri deducibili non provati, nonché le riduzioni e le detrazioni dell'imposta non spettanti perché non previste dalla legge o non provate.

C) Se la dichiarazione richiede rettifiche diverse da quelle già indicate (cioè se sono accertati beni non dichiarati o sono da rettificare i valori dichiarati), l'ufficio emette un atto denominato "avviso di rettifica e di liquidazione della maggiore imposta".

Con tale atto l'ufficio rettifica la dichiarazione accertando beni dell'asse ereditario non dichiarati; alienazioni effettuate negli ultimi sei mesi di vita; donazioni non denunciate (ai fini della determinazione delle aliquote).

Esso provvede, inoltre, a rettificare il valore dei beni dichiarati, e ad escludere le passività non deducibili. Se la dichiarazione è omessa, si ha accertamento d'ufficio.

D) La riscossione dell'imposta avviene previa emissione, da parte dell'ufficio, dell'avviso di liquidazione, dell'avviso di rettifica e liquidazione o dell'avviso di accertamento e liquidazione. Il pagamento deve essere effettuato entro novanta giorni dalla notifica di tali atti. In caso di pendenza di giudizio, la riscossione è frazionata se l'imposta è complementare (un terzo entro novanta giorni dall'avviso; due terzi dopo la decisione di primo grado; l'intero dopo la decisione di secondo grado).

L'imposta supplementare è esigibile per intero dopo il secondo grado.

L'imposta può essere pagata, oltre che in contanti, con titoli del debito pubblico, con titoli di credito bancari e postali, e con la cessione di beni culturali.

Se l'imposta non è pagata entro novanta giorni dall'avviso, si procede alla riscossione coattiva mediante iscrizione a ruolo.

## **10.** *L'imposta sulle donazioni.*

L'imposta si applica alle donazioni stipulate mediante atto pubblico (artt. 769 e 782 c.c.), e, in generale, ai trasferimenti a titolo gratuito, oltre che alla costituzione di vincoli di destinazione.

ipotecarie e i tributi speciali dovuti in relazione agli immobili e ai diritti reali immobiliari indicati nella dichiarazione di successione (art. 11 del D.l. 28 marzo 1997, n. 79, conv. dalla L. 28 maggio 1997, n. 140).

© Wolters Kluwer Italia

Gli atti gratuiti che non determinano il trasferimento di diritti, come, per esempio, il comodato, non sono tassati con questa imposta, ma con imposta di registro.

Le donazioni indirette sono soggette ad imposta in due casi[12]:

a) quando l'esistenza di esse risulti da dichiarazioni rese dall'interessato nell'ambito di procedimenti diretti all'accertamento di tributi;

b) quando le liberalità abbiano determinato, da sole o unitamente a quelle già effettuate nei confronti del medesimo beneficiario, un incremento patrimoniale superiore all'importo di 350 milioni di lire.

## **11.** *Costituzione di vincoli di destinazione.*

Sono soggetti ad imposta gli atti costitutivi di vincoli di destinazione, e, cioè, i negozi giuridici mediante i quali determinati beni sono segregati e sottratti alla disponibilità del disponente.

Il negozio di destinazione può essere privo di effetti traslativi, come accade quando un fondo patrimoniale è costituito con beni di proprietà di entrambi o di uno solo dei coniugi e nell'atto costitutivo del fondo sia espressamente stabilito che la proprietà rimane al conferente. Non produce effetto traslativo la costituzione, da parte di una società, di un patrimonio destinato ad uno specifico affare (art. 2447-*bis* c.c.).

La costituzione di vincoli non traslativi non è soggetta all'imposta sulle successioni e donazioni, ma all'imposta di registro in misura fissa, prevista per gli atti privi di contenuto patrimoniale[13].

La giurisprudenza, però, considera soggetti ad imposta proporzionale anche la costituzione di vincoli di destinazione senza effetti traslativi[14].

[12] Si veda l'art. 56-*bis* del T.u. successioni. Liberalità indiretta è, ad esempio, quella del genitore che corrisponde al terzo venditore il prezzo di un immobile acquistato dal figlio.

[13] Art. 11 della Tariffa, Parte prima, allegata al T.u. del registro.

[14] La Cassazione, sez. VI, con le ordinanze n. 3537, 3737, 3886, 3887 del 24 febbraio 2015 e n. 5322 del 18 marzo 2015, ha ritenuto che il legislatore ha creato una "imposta nuova", il cui presupposto è la costituzione del vincolo. In senso critico si veda lo Studio n. 132-2015/T del Consiglio Nazionale del Notariato.

Peraltro, Cass., 26 ottobre 2016, n. 21614, ha ritenuto che l'atto di dotazione di beni in *trust* "autodichiarato" con conferimento di beni (ove la figura del "disponente" e del "*trustee*" coincidono nella medesima persona) è soggetto a imposte di registro, ipotecarie e catastali in misura fissa, e non è soggetto all'imposta sulle successioni è donazioni, che si applica solo quando vi è un effettivo trasferimento in capo ai beneficiari.

© Wolters Kluwer Italia

La costituzione di un vincolo di destinazione con effetto traslativo, disposta mediante testamento o con atto *inter vivos*, è soggetta all'imposta sulle successioni e donazioni.

## 12. *Fiscalità dei* trust.

Gli atti relativi al *trust*, rilevanti ai fini delle imposte indirette, sono: l'atto istitutivo del *trust*; l'atto che vincola i beni in *trust*; il trasferimento dei beni del *trust* ai beneficiari[15].

L'atto istitutivo del *trust*, se non contempla anche il trasferimento di beni nel trust, è soggetto ad imposta di registro in misura fissa, quale atto privo di contenuto patrimoniale.

Invece, l'atto con cui il disponente vincola i beni in *trust* è un negozio a titolo gratuito, soggetto all'imposta sulle successioni e donazioni, in misura proporzionale[16].

Secondo l'Amministrazione finanziaria[17], nei *trust* con beneficiario individuato, la costituzione del vincolo di destinazione sorge sin dall'origine a favore del beneficiario; perciò, ai fini della determinazione delle aliquote, occorre guardare al rapporto intercorrente tra disponente e beneficiario (e non a quello tra disponente e *trustee*)[18].

Il ritenere che il vincolo di destinazione nasca a favore dei beneficiari individuati comporta che la devoluzione ad essi dei beni vincolati in *trust* non costituisca un presupposto impositivo ulteriore. Non si applica, quindi, una seconda tassazione, dopo quella che grava sulla costituzione del vincolo di destinazione al momento della segregazione in *trust*.

[15] Cfr. A. Contrino, *Riforma del tributo successorio, atti di destinazione e* trust *familiari*, in *Riv. dir. trib.*, 2007, I, 537; Id., *Imposizione sui vincoli di destinazione (*trust *commerciali e liberali) tra rilevanza sostanziale della capacità economica e legittimazione processuale del notaio*, in *Riv. not.*, 2010, II, 438; *Gli aspetti civilistici e fiscali del* trust, a cura di C. Buccico, Torino, 2015.

[16] D.l. 3 ottobre 2006, n. 262, convertito, con modificazioni, dalla L. 24 novembre 2006, n. 286, art. 2, commi dal 47 al 49.

[17] Circolare Circ. n. 48/E del 6 agosto 2007 dell'Agenzia delle entrate.

[18] Nel *trust* di scopo, che è privo della indicazione di beneficiari individuati, si applica l'aliquota dell'8 per cento prevista per i vincoli di destinazione a favore dei non parenti.

© Wolters Kluwer Italia

# CAPITOLO NONO

# ALTRI TRIBUTI INDIRETTI



## 1. *Premessa.*

Accanto a quelli fin qui esaminati, il nostro ordinamento conosce numerosi altri tributi, alcuni dei quali saranno trattati qui di seguito in modo sintetico, perché si tratta, per lo più, di tributi non gravosi per il contribuente (pur se di applicazione frequente, come l'imposta di bollo), o di tributi che non interessano direttamente la generalità dei contribuenti (come le accise, o l'imposta sulle assicurazioni).

Si tratta, comunque, di tributi dei quali poco si occupa la dottrina, anche perché, generalmente, danno luogo ad un contenzioso ridotto.

Alcuni di questi tributi sono imposte sui trasferimenti (imposte ipotecarie e catastali), altri sono imposte sui consumi (dazi doganali, imposte di fabbricazione, o accise, e imposta sugli intrattenimenti).

## 2. *Il bollo e l'imposta di bollo.*

A) Il bollo, nel significato di marca o valore bollato, è una carta valore (come le banconote e i francobolli). Il fisco realizza un'entrata con la

© Wolters Kluwer Italia

vendita delle carte da bollo (o di un equivalente)[1]. I valori bollati sono usati per assolvere l'imposta di bollo (che si riscuote anche in altro modo). Il tributo è assolto non tanto con l'acquisto del bollo, ma con il suo uso. Le marche da bollo sono state e sono usate anche per il pagamento di tributi diversi dall'imposta di bollo, come le tasse sulle concessioni governative e le imposte di fabbricazione (su carte da gioco, fiammiferi, ecc.) e per il pagamento di entrate non tributarie (marche previdenziali o assistenziali, come la marca detta Cicerone, ora abolita, usata per la previdenza forense). Le marche da bollo sono dunque un mezzo con cui lo Stato (o altro ente pubblico) si procura una entrata, tributaria o non tributaria. Per questa modalità di assolvimento dei tributi possono essere usati anche altri mezzi: etichette, fascette o altro contrassegno. Sono marche da bollo anche i contrassegni che attestano l'esenzione fiscale di prodotti normalmente soggetti a tassazione, o ne comprovano la regolarità fiscale (distinguendoli dai prodotti di contrabbando, cioè fabbricati, importati o commerciati in evasione d'imposta).

B) Il presupposto dell'imposta di bollo è costituito dalla redazione, o dall'uso, di atti, documenti e registri.

Il D.P.R. 26 ottobre 1972, n. 642, che disciplina l'imposta, è accompagnato (come il T.u. dell'imposta di registro) da una tariffa che elenca, nella parte prima, gli atti, i documenti e i registri soggetti all'imposta fin dall'origine e, nella seconda, i casi d'uso. Segue la tabella delle esenzioni.

Tra gli atti soggetti all'imposta sin dall'origine vi sono gli atti rogati o autenticati da notai e da altri pubblici ufficiali, le scritture private, i ricorsi e le istanze ad organi amministrativi, i certificati e le copie rilasciate da organi amministrativi su domanda di privati, le cambiali, i vaglia cambiari, gli assegni bancari e circolari, i registri delle società.

Sono soggetti ad imposta di bollo in caso d'uso gli atti, documenti e registri che non sono compresi né nell'elenco degli atti per i quali il bollo è da applicare sin dall'origine né in quello degli atti esenti: si tratta, dunque, di una categoria residuale.

Si ha caso d'uso quando gli atti, i documenti e i registri sono presentati all'Agenzia delle entrate per la registrazione.

[1] I soggetti obbligati alla trasmissione telematica di denunce, domande ed altri atti devono presentare, entro il mese di gennaio, una dichiarazione che compendia gli atti presentati nell'anno decorso; l'ufficio dell'Agenzia delle entrate liquida l'imposta in base alla dichiarazione, detraendo gli importi corrisposti in via provvisoria.

© Wolters Kluwer Italia

Gli atti processuali (atti di citazione, ricorsi, memorie, ecc.), compresi quelli del processo tributario, non sono più soggetti al bollo (in quanto è dovuto il contributo unificato per gli atti giudiziari).

Esenti da bollo sono gli atti del processo penale e del processo dinanzi alla Corte costituzionale, gli atti relativi all'accertamento e alla riscossione di tributi (comprese le istanze di rimborso e di sospensione), i titoli del debito pubblico e le azioni e titoli di quote sociali, gli atti in materia di assicurazioni sociali obbligatorie e di pensioni, ecc.

Bollo e Iva sono tributi alternativi: le fatture, le quietanze, le note ed altri documenti, relativi ad operazioni soggette ad Iva, sono esenti dal bollo; sono invece soggetti al bollo i documenti relativi ad operazioni non soggette ad Iva (operazioni esenti, non imponibili, o escluse).

C) L'imposta di bollo è assolta:

– mediante pagamento dell'imposta ad un intermediario convenzionato con l'Agenzia delle entrate, il quale rilascia un contrassegno telematico (dal 2007 il contrassegno ha sostituito la carta bollata e le marche da bollo);

– in modo virtuale, mediante pagamento dell'imposta all'ufficio dell'Agenzia delle entrate o ad altri uffici autorizzati o mediante versamento in conto corrente postale[2].

Il pagamento in modo virtuale è l'unico modo di assolvimento del tributo per gli atti che devono essere presentati in via telematica all'ufficio del registro delle imprese[3].

L'imposta è dovuta in misura fissa o proporzionale.

L'imposta in misura fissa è dovuta per un dato importo per ogni foglio (un foglio è formato da quattro facciate e cento linee).

Nei casi in cui è proporzionale, la misura dell'imposta dipende dal valore dell'atto: il caso più significativo è quello del bollo sulle cambiali. Le cambiali sono dunque soggette al bollo come gli assegni bancari; se non sono regolarmente bollate non hanno efficacia di titoli esecutivi[4].

[2] Dispone l'art. 104 del R.d. 14 dicembre 1933, n. 1669 (legge cambiaria) che la cambiale e il vaglia cambiario, non in regola con il bollo, sono validi, ma non hanno la qualità di titolo esecutivo. La inefficacia come titolo esecutivo dev'essere rilevata e pronunciata dai giudici anche d'ufficio.

[3] Si veda l'art. 13, il comma 2-*ter*, della Tariffa, parte prima, allegata al D.P.R. 26 ottobre 1972, n. 642, sostituito, da ultimo, dall'art. 8, comma 13, del D.L. 2 marzo 2012, n. 16, conv. dalla L. 26 aprile 2012, n. 44.

[4] Queste imposte, già disciplinate dal D.P.R. 26 ottobre 1972, n. 635, sono regolate dal T.u. approvato con D.P.R. 31 ottobre 1990, n. 347.

© Wolters Kluwer Italia

D) Sono obbligati in solido per il pagamento dell'imposta e delle sanzioni amministrative:

a) tutte le parti che sottoscrivono, ricevono, accettano o negoziano atti, documenti o registri non in regola con le disposizioni in materia di bollo ovvero li enunciano o li allegano ad altri atti o documenti;

b) tutti coloro che fanno uso di un atto, documento o registro non soggetto al bollo fin dall'origine senza prima farlo munire del bollo prescritto. Chi riceve un atto, documento o registro non in regola con il bollo è tenuto a regolarizzarlo entro quindici giorni presentandolo all'Agenzia delle entrate e pagando l'imposta.

E) Sono soggette all'imposta di bollo le comunicazioni periodiche alla clientela relative ai prodotti finanziari, anche quando non vi sia un obbligo di deposito in custodia ed amministrazione, ivi compresi i depositi bancari e postali[5]. Qui il tributo assume i caratteri di imposta patrimoniale, perché non colpisce la formazione di un atto scritto, ma il fatto in sé dell'esistenza di prodotti finanziari; inoltre, si tratta di un'imposta proporzionale (1,5 per mille a decorrere dal 2013). È da considerare insieme con l'imposta municipale sugli immobili e con i tributi, variamente denominati, sui beni mobili registrati (auto di lusso, barche, velivoli), nel quadro della tassazione dei patrimoni.

Il tributo si applica anche in assenza di un formale rapporto di deposito e custodia dei titoli ed ha per oggetto tutti i prodotti finanziari (titoli di Stato, azioni, obbligazioni, certificati di deposito, derivati e quote di fondi comuni di investimento mobiliare ed immobiliare, polizze di capitalizzazione, buoni postali fruttiferi con valore di rimborso superiore a 5.000 euro).

## 3. *L'imposta ipotecaria e catastale.*

I trasferimenti immobiliari sono soggetti, oltre che all'imposta di registro o sulle successioni e donazioni, all'imposta ipotecaria, vale a dire

[5] L'art. 9 della L. 23 dicembre 1999, n. 488, ha introdotto il contributo unificato, che ha sostituito i tributi previgenti (imposte di bollo, tassa di iscrizione a ruolo, diritti di cancelleria, ecc.). L'obbligo del contributo è stato esteso al processo tributario dall'art. 37, D.l. 6 luglio 2011, n. 98, convertito dalla L. 15 luglio 2011, n. 111.

Sulla natura tributaria del contributo cfr. Corte cost., 11 febbraio 2005, n. 73, in *Foro it.*, 2005, I, 965. Invece le spese di notificazione degli atti giudiziari non hanno natura fiscale (Cass., 7 dicembre 2007, n. 25551).

© Wolters Kluwer Italia

dell'imposta sulle formalità della conservatoria della proprietà immobiliare (trascrizioni di atti e sentenze che trasferiscono la proprietà o costituiscono o trasferiscono altri diritti reali; iscrizioni e rinnovazioni di ipoteche, annotazioni per cancellazioni o riduzioni di ipoteche, ecc.).

L'imposta ipotecaria[6], quindi, non riguarda solo le ipoteche, ma tutte le formalità eseguite nei registri della proprietà immobiliare.

L'imposta sulle trascrizioni è proporzionale ed è commisurata alla base imponibile determinata ai fini dell'imposta di registro o dell'imposta sulle successioni e donazioni; è fissa l'imposta sulla trascrizione dei contratti preliminari *ex* art. 2645-*bis* c.c. e sui trasferimenti soggetti ad imposta sul valore aggiunto.

L'imposta sulle iscrizioni è proporzionale ed ha come base imponibile il credito garantito.

L'imposta catastale è dovuta sulle volture, nella misura del 10 per mille del valore dell'immobile determinato ai fini dell'imposta di registro o sulle successioni e donazioni.

## 4. *Il contributo unificato per le spese di giustizia.*

Il Testo unico delle spese di giustizia[7] obbliga al pagamento di un contributo per ciascun grado del processo civile, amministrativo, contabile e tributario[8]. L'imposta di bollo non si applica perciò agli atti processuali (e al processo penale non si applica né il contributo, né l'imposta di bollo).

Il contributo è dovuto in misura progressiva per scaglioni, in relazione al valore della lite e dev'essere pagato dalla parte che dà inizio al processo (o che si costituisce per prima)[9], con diritto alla ripetizione nei confronti della parte soccombente, ai sensi dell'art. 91 c.p.c.

Il valore della lite, determinato secondo i criteri degli artt. 10 e ss. c.p.c., dev'essere indicato nelle conclusioni dell'atto introduttivo[10].

[6] D.P.R. 30 maggio 2002, n. 115, art. 13.

[7] D.P.R. 30 maggio 2002, n. 115. Cfr. N. Sartori, *Il contributo unificato quale costo fiscale di accesso alla giustizia*, in *Rass. trib.*, 2017, 1010.

[8] D.P.R. 30 maggio 2002, n. 115, art. 14.

[9] D.P.R. 30 maggio 2002, n. 215, art. 247.

Il pagamento può essere effettuato presso gli uffici postali, le tabaccherie e i concessionari o utilizzando il modello F23.

L'omessa dichiarazione del valore della controversia è una irregolarità fiscale, che non comporta improcedibilità o nullità della domanda (Cass., Sez. II, 12 aprile 2006, n. 8555).

[10] Cass., 5 maggio 2011, n. 9840; Id., Sez. un., 17 aprile 2012, n. 5994.

© Wolters Kluwer Italia

Il contributo, se non è assolto spontaneamente, è riscosso, previo invito al pagamento, mediante iscrizione a ruolo da parte dell'ufficio del Ministero di giustizia che riscuote le spese di giustizia[11].

**5.** *Le tasse di concessione governativa.*

Le tasse sulle concessioni governative colpiscono i provvedimenti amministrativi emessi da amministrazioni statali[12].

Sono soggetti alla tassa non solo le concessioni in senso tecnico, ma gli atti amministrativi concessori in senso lato, ossia gli atti che producono un qualche vantaggio per l'amministrato (autorizzazioni, licenze, legalizzazioni, certificazioni, ecc.).

Le tasse in esame possono essere raggruppate in relazione al modo in cui sono collegate al procedimento amministrativo; si dividono perciò in: a) tasse di domanda; b) tasse di rilascio; c) tasse periodiche; d) tasse cui è estranea ogni forma di attività amministrativa.

Le tasse di domanda devono essere corrisposte prima della presentazione di una domanda (ad esempio, domanda di brevetto).

Altre tasse devono essere corrisposte prima del rilascio di licenze, autorizzazioni e simili (porto d'armi, passaporto, licenza di pesca, libretto per la detenzione di apparecchi radio e televisivi).

Vi sono infine tasse di concessione a carattere periodico, che devono essere corrisposte annualmente e si correlano ad atti amministrativi ad efficacia durevole (ad esempio, porto d'armi).

In generale, gli atti per i quali sono dovute le tasse non sono efficaci se il tributo non è assolto.

**6.** *L'imposta sugli intrattenimenti.*

L'imposta sugli intrattenimenti colpisce le manifestazioni nelle quali prevale l'aspetto ludico ed è assente ogni profilo culturale[13]. Gli spetta-

[11] Il contributo ha natura tributaria, per cui le relative controversie appartengono alla giurisdizione del giudice tributario; stanno in giudizio direttamente le cancellerie o segreterie degli uffici giudiziari.

[12] Le tasse sulle concessioni governative sono disciplinate dal D.P.R. 26 ottobre 1972, n. 641, su cui cfr. S. Dus, *Concessioni governative (tasse sulle)*, in *Dig. comm.*, vol. III, Torino, 1988, p. 233.

[13] L'imposta sugli intrattenimenti, che ha sostituito l'imposta sugli spettacoli, è disciplinata dal D.P.R. 26 ottobre 1972, n. 640, modificato dal D.lgs. 26 febbraio 1999, n. 60.

© Wolters Kluwer Italia

coli non soggetti a questa imposta sono tassati con Iva. Il presupposto dell'imposta è l'attività spettacolistica intesa in senso ampio e l'elemento essenziale, ai fini impositivi, non è la fruizione dello spettacolo, ma l'organizzazione dell'intrattenimento.

Le attività rientranti nel campo di applicazione dell'imposta sono indicate specificamente nella Tariffa allegata al decreto legislativo.

Vi sono comprese le esecuzioni musicali (ma non i concerti musicali, vocali e strumentali); gli intrattenimenti danzanti (quando l'esecuzione di musica dal vivo non sia prevalente). L'imposta colpisce anche i proventi degli apparecchi da divertimento (bigliardini, *flippers*, ecc.) e delle sale da gioco.

## **7.** *I tributi ambientali.*

I tributi ambientali sono tributi a finalità ambientale, come coprire i costi di servizi ambientali o finanziare la spesa pubblica nel campo ambientale, o disincentivare comportamenti dannosi per l'ambiente.

Tributi ambientali in senso stretto sono i tributi la cui base imponibile è costituita da una unità fisica che ha un provato e specifico impatto negativo sull'ambiente, come il tributo provinciale per l'esercizio delle funzioni di tutela, protezione e igiene dell'ambiente (D.lgs. 30 dicembre 1992, n. 504); il tributo speciale per il conferimento dei rifiuti in discarica (L. 28 dicembre 1995, n. 549); la tariffa per la raccolta e la depurazione delle acque di rifiuto; la tassa per lo smaltimento dei rifiuti solidi urbani (Tari); l'imposta sulle emissioni di anidride solforosa; l'imposta regionale sulle emissioni sonore degli aeromobili; la *carbon tax* [14].

Con la Direttiva del Consiglio 27 ottobre 2003, n. 2003/96/CE, è stata armonizzata la tassazione dei prodotti energetici e dell'elettricità.

In Italia la Direttiva è stata recepita dal D.lgs. 2 febbraio 2007, n. 26, che ha modificato il T.u. del 1995.

La *ratio* delle nuove norme è di tassare il contenuto energetico di ogni prodotto capace di generare calore o movimento.

[14] La *carbon tax* colpisce le risorse energetiche che emettono biossido di carbonio. Introdotta dall'art. 8 della L. 23 dicembre 1998, n. 448, mira, secondo le conclusioni della Conferenza di Kyoto del 1997, a ridurre le emissioni di anidride carbonica derivanti dall'impiego di oli minerali.

© Wolters Kluwer Italia

La scopo di tutela dell'ambiente è particolarmente evidente nelle norme che prevedono l'esclusione (o una rilevante riduzione) della tassazione di alcuni impieghi dei prodotti energetici.

## 8. *La* web tax.

L'imposta sulle transazioni digitali[15] colpisce le prestazioni di servizi effettuate tramite mezzi elettronici, rese nei confronti di imprese residenti[16] e di stabili organizzazioni da imprese residenti e non residenti.

Il presupposto del tributo è la prestazione del servizio, dietro corrispettivo (come nell'Iva); la base imponibile è data dal corrispettivo; l'aliquota è del 3 per cento.

Soggetto obbligato è il committente (l'impresa italiana che riceve il servizio), ma con obbligo di rivalsa verso il prestatore (impresa che opera nel web).

L'onere tributario non ricade su chi riceve il servizio (come accade per l'Iva e in genere nelle imposte sui consumi), ma su chi lo presta (come un'imposta sul reddito).

Ai fini dell'accertamento, delle sanzioni, della riscossione e del contenzioso si applicano le norme Iva, in quanto compatibili.

## 9. *Le accise.*

A) I consumi possono essere tassati assumendo come presupposto d'imposta la produzione o la vendita di beni e di servizi, o il passaggio della linea doganale, o (direttamente) il consumo. Correlativamente, diverse sono le tecniche impositive: possono essere tassate la produzione, la fabbricazione o la vendita, l'importazione o l'esportazione; può essere tassato l'uso o il consumo.

L'imposta può essere applicata solo sull'ultimo (o unico) stadio del processo produttivo distributivo (ad esempio, imposta sugli intrattenimenti) e colpire direttamente il consumatore (ad esempio, tassa sul possesso o sulla circolazione degli autoveicoli).

[15] L. 27 dicembre 2017 (legge di bilancio 2018), art. 1, commi 1011-1016, in vigore dopo l'emanazione del decreto attuativo.

[16] Ossia rese nei confronti dei soggetti indicati all'art. 23, comma 1, del D.P.R.29 settembre 1973, n. 600 (soggetti tenuti ad effettuare le ritenute).

© Wolters Kluwer Italia

Caratteristica comune delle imposte sui consumi, che non colpiscono direttamente il consumatore, è la traslazione del tributo. Quando soggetto passivo è un operatore economico (c.d. soggetto percosso), l'onere economico del tributo è trasferito inglobandolo nel corrispettivo della vendita o altro negozio traslativo (in tal caso la traslazione è fenomeno economico, privo di rilievo giuridico) o mediante esercizio del diritto di rivalsa (diritto che si aggiunge al prezzo, come nell'Iva).

Sono dette accise le imposte sulla produzione o fabbricazione di determinati prodotti; alle accise corrispondono le sovrimposte di confine[17].

Le imposte di fabbricazione, o accise[18], sono adottate per colpire beni di grande diffusione, la cui produzione è accentrata[19].

B) La realizzazione del mercato unico ha coinvolto anche le accise, che sono state "armonizzate" da una serie di direttive del 1992[20], concernenti:

– il regime generale, la detenzione, la circolazione e i controlli dei prodotti soggetti ad accisa;

– l'armonizzazione della struttura e delle aliquote delle accise sugli olii minerali, sull'alcool e sulle bevande alcoliche, e sui tabacchi lavorati.

È stato conservato il sistema di prelievo dell'imposta nel paese di consumo del prodotto, ma è stato istituito un sistema di collegamento dei

[17] Se la tassazione non colpisse ugualmente la merce interna e quella di importazione, l'imposizione avrebbe effetti distorsivi (a danno della produzione interna, se non fossero tassate le importazioni; a danno dei prodotti esteri, se non fossero tassati i prodotti nazionali). La coesistenza dei due tipi di imposte, quindi, garantisce la neutralità del prelievo fiscale.

[18] Nel 1924 furono emanati i testi unici per la tassazione di una gran varietà di prodotti (alcool, birra, caffè e surrogati, gas e energia elettrica, zucchero). Negli anni successivi furono introdotte accise su altri prodotti (olii di semi e minerali, benzina, petrolio, gasolio, nafta, olii e grassi animali, filati, margarina, gas metano, mercurio, cemento).

Alcune imposte di fabbricazione (con le corrispondenti sovrimposte di confine) furono soppresse dalla riforma tributaria del 1971, come conseguenza dell'istituzione dell'Iva (art. 1 della L. 9 ottobre 1971, n. 825).

Altra riforma si è avuta nel 1993, per impulso di fonti comunitarie. Rimangono solo le accise previste dal diritto dell'UE.

[19] Le imposte di fabbricazione (o accise) sono perciò di origine relativamente recente. Nelle economie poco sviluppate, non resta da colpire se non i generi di prima necessità (basti ricordare, in Italia, la tassa sul macinato, che era un'imposta sulla fabbricazione del pane); nelle economie sviluppate, le imposte di fabbricazione si dirigono, per lo più, verso generi di largo consumo.

[20] Si veda la Direttiva 92/12/CEE del 25 febbraio 1992, nota come Direttiva-quadro, alla quale sono seguite sei direttive, adottate il 19 ottobre 1992, riguardanti i singoli prodotti. Sulle misure di armonizzazione cfr. F. FICHERA, *L'armonizzazione delle accise*, in *Riv. dir. fin.*, 1997, I, 216.

© Wolters Kluwer Italia

"depositi fiscali" situati negli Stati membri, simile a quello previsto a livello nazionale.

Poiché l'imposta si rende dovuta soltanto nel luogo in cui avviene l'immissione al consumo, i prodotti possono circolare liberamente nel territorio dell'UE (in regime di sospensione d'imposta, passando da un deposito fiscale ad altro deposito fiscale). La tassazione collegata al momento del passaggio della frontiera è stata sostituita dal principio della tassazione al momento e nel luogo di immissione al consumo, e ciò ha reso possibile l'abolizione dei controlli fiscali alle frontiere anche per i prodotti soggetti ad accisa.

Le direttive comunitarie sono state recepite in Italia da una serie di provvedimenti legislativi, che sono stati poi raccolti, nel 1995, in un T.u. (D.lgs. 26 ottobre 1995, n. 504).

C) Le imposte di fabbricazione, o accise, a seguito del processo comunitario di armonizzazione, colpiscono un numero limitato di prodotti.

Il T.u. delle accise (D.lgs. 26 ottobre 1995, n. 504) disciplina l'imposta sugli oli minerali (benzina, gasolio, GPL), sul gas metano, sulle bevande alcoliche, sull'energia elettrica, sui tabacchi lavorati e sui fiammiferi.

L'immissione al consumo rende esigibile l'imposta, per cui il suo presupposto è formato da una fattispecie complessa, che inizia con la fabbricazione e si perfeziona con la immissione al consumo.

In regime di sospensione, il prodotto può circolare da un deposito all'altro, in tutto il territorio dell'UE.

L'imposta è dovuta nel Paese dell'UE in cui avviene l'immissione al consumo, in conformità al principio della «*tassazione nel paese di destinazione*».

Quando un prodotto è importato da un Paese extra-UE ed immesso al consumo nell'Unione, si applica una sovrimposta di confine, in misura uguale all'accisa che si applica all'interno.

D) Il "deposito delle accise" è «*l'impianto in cui vengono fabbricati, trasformati, detenuti, ricevuti o spediti prodotti sottoposti ad accisa, in regime di sospensione dei diritti di accisa, alle condizioni stabilite dall'Amministrazione finanziaria*».

Soggetti passivi delle accise sono il titolare del deposito fiscale dal quale avviene l'immissione al consumo e, in solido, il soggetto che si sia reso garante dell'imposta e ogni soggetto nei cui confronti si verificano i presupposti di esigibilità dell'imposta.

In particolare, quando la merce è trasportata da un deposito fiscale ad un altro, il titolare del deposito da cui la merce è estratta deve fornire

© Wolters Kluwer Italia

garanzia, in solido con il trasportatore (in tal modo, sono obbligati più soggetti: il titolare del primo deposito, da cui il prodotto è estratto; ogni successivo titolare di deposito o trasportatore, fino al titolare del deposito dal quale avviene la immissione al consumo).

L'immissione al consumo è il fatto che, perfezionando il presupposto, determina – come già osservato – la esigibilità dell'imposta.

E) Data l'importanza del gettito ed il pericolo di evasione, il meccanismo applicativo delle accise comporta una molteplicità di obblighi formali per il fabbricante e di controlli da parte degli uffici finanziari.

Il prodotto, dalla fabbricazione alla immissione al consumo, è soggetto ad un regime di controllo costante.

La fabbricazione, la lavorazione e la detenzione del prodotto soggetto ad accisa sono effettuate, come abbiamo visto, in regime di "deposito fiscale".

Il deposito fiscale può essere esercitato solo dopo che è stata concessa la licenza da parte dell'Amministrazione finanziaria, che deve vigilare in modo continuo sul deposito, oltre che sul trasporto.

Il fabbricante deve denunciare l'inizio di attività, e può iniziare l'attività solo dopo essere stato autorizzato (licenza di esercizio).

Il fabbricante deve, poi, presentare la denuncia di lavorazione, nella quale sono indicate le caratteristiche dell'attività produttiva. Inoltre, deve tenere un sistema di contabilità imperniato sui registri di carico e scarico della merce, e la lavorazione è controllata con contatori e misuratori meccanici.

## **10.** *Il diritto doganale. Le fonti.*

Il diritto doganale, la cui funzione è quella di disciplinare lo scambio di merci fra Stati, è costituito da un sistema armonizzato di fonti di diritto internazionale, fonti dell'Unione europea e fonti nazionali.

In ambito internazionale la fonte principale sono i trattati tra gli Stati e, in particolare, il Trattato che ha dato vita all'Organizzazione Mondiale del Commercio, nota come WTO[21], e gli accordi adottati in seno al WTO.

Altra organizzazione intergovernativa con funzioni specifiche in ambito di fiscalità doganale è l'Organizzazione Mondiale delle Dogane (in breve,

[21] La WTO nasce nel 1994, a seguito della sottoscrizione, da parte dei Paesi già firmatari del GATT, dell'Accordo di Marrakech. Della WTO fanno parte sia i singoli Stati membri dell'Unione europea sia l'Unione stessa, che ha aderito nel 1994.

© Wolters Kluwer Italia

WCO), che ha il compito di dare attuazione, con disposizioni di carattere tecnico, agli accordi stipulati dal WTO e che ha adottato, nel 1973, la Convenzione di Kyoto, per armonizzare e semplificare regimi e prassi doganali.

In ambito UE l'art. 28 TFUE prevede l'unione doganale fra gli Stati membri e il divieto di dazi doganali e misure ad effetto equivalente fra Stati membri, nonché l'adozione di una tariffa doganale comune nei rapporti con i paesi terzi. L'art. 3 del TFUE prevede che l'unione doganale è materia di competenza esclusiva dell'UE. Il testo normativo fondamentale in materia è il Codice doganale dell'Unione europea (CDU)[22], in vigore dal 1° maggio 2016.

Ai legislatori nazionali l'Unione demanda la disciplina dell'accertamento delle violazioni di disposizioni del CDU, della successiva fase contenziosa e delle sanzioni e la disciplina delle funzioni doganali.

In Italia le fonti principali sono:

– il D.P.R. 23 gennaio 1973, n. 43 (T.u. doganale), che integra le disposizioni del CDU e disciplina, in combinato con il D.lgs. 18 dicembre 1997, n. 472, e con le norme generali di diritto penale, la materia sanzionatoria, e

– il D.lgs. 8 gennaio 1990, n. 374, modificato dal D.l. 23 dicembre 2013, n. 145, che disciplina le procedure di controllo ed accertamento delle violazioni[23].

Valgono, anche in materia doganale, il D.lgs. 31 dicembre 1992, n. 546, che disciplina il processo tributario, il D.P.R. 29 settembre 1973, n. 602, in materia di riscossione, e, infine lo Statuto dei diritti del contribuente.

L'applicazione della normativa doganale (europea e nazionale) è affidata all'Agenzia delle dogane e dei monopoli, riformata dal D.l. 6 luglio 2012, n. 95, convertito dalla L. 7 agosto 2012, n. 135.

In ragione dell'adesione dell'UE alla WTO, le disposizioni degli accordi WTO e WCO hanno carattere gerarchicamente superiore nel sistema delle fonti; pertanto i provvedimenti adottati in sede UE, ed *in primis* il CDU,

[22] Il CDU, adottato con regolamento del Parlamento europeo e del Consiglio del 9 ottobre 2013, n. 952, ha sostituito il Codice doganale comunitario (che era stato approvato con Regolamento del Consiglio n. 2913/92 del 12 ottobre 1992) e il Regolamento del Consiglio 23 aprile 2008, n. 450/2008/CE (Codice doganale aggiornato, mai entrato in vigore).

Il CDU è entrato in vigore il 1° maggio 2016 e trova applicazione unitamente ai regolamenti 28 luglio 2015, n. 2446 (regolamento delegato); 24 novembre 2015, n. 2447 (regolamento di esecuzione); 17 dicembre 2015, n. 341 (regolamento delegato transitorio); 14 novembre 2017, n. 20891 (disposizioni tecniche per sviluppare, tenere aggiornati e utilizzare i sistemi elettronici per lo scambio di informazioni e l'archiviazione).

[23] Il D.lgs. 8 novembre 1990, n. 374, riordina le procedure di accertamento e di controllo, in attuazione delle Direttive 79/695/CEE, 82/57/CEE, 81/177/CEE e 82/347/CEE.

© Wolters Kluwer Italia

devono essere conformi agli accordi internazionali ed alle disposizioni di carattere tecnico adottate in sede di WCO.

Le disposizioni nazionali in materia doganale hanno carattere residuale.

### **10.1.** *I diritti doganali e i diritti di confine.*

Il T.u. doganale, all'art. 34, denomina «*diritti doganali*» i diritti che sorgono, a favore della Dogana, per effetto delle operazioni doganali.

In tale ampia categoria sono compresi istituti di natura tributaria («*diritti di confine*») e non tributaria (diritti dovuti come corrispettivo per prestazioni amministrative varie: magazzinaggio, apposizione di contrassegni, facchinaggio, visita sanitaria delle merci; indennità per servizi resi dal personale doganale fuori dell'orario ordinario; entrate a carattere sanzionatorio; corrispettivi per lo sbarco e l'imbarco, ecc.).

I diritti di confine comprendono i dazi doganali di importazione e di esportazione (previsti dai regolamenti UE), i prelievi agricoli e altri prelievi all'importazione e all'esportazione (anch'essi previsti dai regolamenti UE), e i tributi corrispondenti a tributi interni (Iva all'importazione, diritti di monopolio, sovrimposte di confine, sovrimposte di consumo).

Le sovrimposte di confine colpiscono i prodotti che all'interno sono tassati con imposte di fabbricazione; le sovrimposte di consumo colpiscono i prodotti gravati all'interno da imposte di consumo; infine l'Iva colpisce le importazioni di beni o servizi ai quali si applica tale imposta all'interno dello Stato.

La violazione delle norme relative ai diritti di confine integra il reato di contrabbando (art. 282 T.u. doganale).

### **10.2.** *I dazi doganali.*

A) I dazi doganali sono da distinguere in dazi di esportazione, di transito e di importazione[24]. La categoria più importante è l'ultima, perché negli scambi internazionali viene generalmente applicato il principio della «*tassazione nel paese di destinazione*».

Dal punto di vista del loro scopo, i dazi si distinguono in fiscali ed extrafiscali: i primi hanno il solo scopo di procurare un'entrata allo Stato

[24] I dazi sono distinti in fiscali e protettivi, in relazione allo scopo che il legislatore persegue.

© Wolters Kluwer Italia

(ad esempio nei casi di imposizione di una merce che non è prodotta nello Stato), i secondi hanno prevalentemente altre finalità, tra cui, di solito, quella di favorire le produzioni interne.

Secondo il principio della «*tassazione nel paese di destinazione*», gli Stati detassano i prodotti che vengono esportati, non applicando imposte all'esportazione e restituendo all'esportatore i tributi cui la merce è stata assoggettata nello Stato; per contro, lo Stato, in cui la merce è importata, la sottopone alle stesse imposte cui sono soggette le merci prodotte nello Stato (così da parificare le merci estere importate a quelle nazionali).

B) Il processo di integrazione europea ha comportato la creazione, nel 1968, di una unione doganale[25] e, quindi, la eliminazione dei dazi sugli scambi tra Paesi membri della Comunità europea (ora Unione).

L'unione doganale è materia di competenza esclusiva dell'Unione e l'art. 28 del TFUE prevede che «*L'Unione comprende un'unione doganale che si estende al complesso degli scambi di merci e comporta il divieto, fra gli Stati membri, dei dazi doganali all'importazione e all'esportazione e di qualsiasi tassa di effetto equivalente, come pure l'adozione di una tariffa doganale comune nei loro rapporti con i paesi terzi*».

Dal 1993 sono state soppresse anche le Dogane per gli scambi interni all'Unione[26]. Perciò le nozioni di importazione ed esportazione interessano solo gli scambi tra UE e Paesi terzi.

Nell'UE sono vietate fra gli Stati membri le restrizioni quantitative all'importazione nonché qualsiasi misura di effetto equivalente (TFUE, art. 34).

Gli Stati dell'UE non possono colpire i prodotti provenienti dagli altri Stati membri con imposizioni interne, di qualsivoglia natura, superiori a quelle applicate direttamente o indirettamente ai prodotti nazionali similari o intese a proteggere indirettamente altre produzioni (TFUE, art. 110). Infine, i prodotti esportati nel territorio di uno degli Stati membri non possono beneficiare di alcun ristorno di imposizioni interne che sia superiore

[25] L'unione doganale è stata realizzata dal 1° luglio 1968: da quella data le merci prodotte nella comunità, e quelle in libera pratica (ossia le merci provenienti da Paesi terzi, che hanno scontato i gravami derivanti dalla Tariffa doganale comune), possono circolare all'interno dell'UE senza essere soggette a dazi doganali.

L'unione doganale si differenzia dalle aree di libero scambio, che comportano la eliminazione dei dazi, ma non la previsione di una tariffa doganale comune.

[26] L'Atto unico europeo, entrato in vigore il 1° luglio 1987, ha disposto la creazione del mercato unico, o mercato interno, a partire dal 1° gennaio 1993; da quella data, sono state soppresse le frontiere fisiche, tecniche e fiscali.

© Wolters Kluwer Italia

alle imposizioni ad essi applicate direttamente o indirettamente (TFUE, art. 111).

C) I dazi doganali colpiscono soltanto gli scambi con i Paesi terzi, in applicazione della Tariffa doganale comune, che è deliberata dal Consiglio, su proposta della Commissione[27].

Altri strumenti della politica di protezione doganale sono i dazi *anti-dumping*, i dazi compensativi e le misure tariffarie speciali.

L'Unione europea può imporre dazi *antidumping* o dazi compensativi quando un prodotto viene importato nell'area dell'Unione ad un prezzo inferiore al suo valore normale o quando sono state accordate sovvenzioni all'esportazione.

Infine, possono essere adottate misure tariffarie speciali (aumento dei dazi esistenti, imposizione di nuovi dazi) per contrastare pratiche commerciali illecite, che ledono gli interessi dell'Unione.

I dazi doganali e i prelievi previsti dai regolamenti UE costituiscono tributi propri dell'Unione europea, e di essi i singoli Stati membri possono trattenere una percentuale del 20% a titolo di finanziamento della Dogana.

### **10.3.** *I regimi doganali.*

A) Per gli operatori dell'Unione europea le merci si distinguono, dal punto di vista del loro *status* doganale, in merci di provenienza UE *ab origine* ovvero già immesse in libera pratica all'interno del territorio dell'Unione e merci di provenienza extra UE.

I regimi doganali consistono nel trattamento applicato dagli operatori delle dogane alle merci sottoposte al loro controllo, e differiscono in base alla posizione doganale delle merci e in base alla loro destinazione.

Il CDU prevede i seguenti regimi doganali:

a) immissione in libera pratica ed importazione definitiva;

b) esportazione;

c) regimi speciali.

I primi due sono regimi definitivi, ossia modificano la posizione doganale della merce con effetti definitivi anche sulla fiscalità da applicare.

[27] TFUE, art. 31. La Tariffa doganale comune è stata introdotta dal 1968.

© Wolters Kluwer Italia

I regimi speciali invece non comportano un mutamento della posizione doganale della merce e non sono funzionali all'applicazione dei diritti doganali.

B) Secondo l'art. 29 del TFUE «*Sono considerati in libera pratica in uno Stato membro i prodotti provenienti da paesi terzi per i quali siano state adempiute in tale Stato le formalità di importazione e riscossi i dazi doganali e le tasse di effetto equivalente esigibili e che non abbiano beneficiato di un ristorno totale o parziale di tali dazi e tasse*».

L'immissione in libera pratica è dunque lo sdoganamento, presso una dogana dell'UE, di merci provenienti da un Paese extra-UE.

L'immissione in libera pratica attribuisce la qualifica di «*merce unionale*» ad una merce di origine extra-UE, previo pagamento dei dazi (e applicazione delle misure di politica commerciale e delle altre formalità previste per l'importazione).

Invece, l'importazione definitiva prevede, oltre all'immissione in libera pratica, anche l'immissione al consumo, attraverso il pagamento dell'Iva all'importazione e delle accise ove dovute, ovvero delle misure di fiscalità interna. L'esito di tale ulteriore procedura di riscossione comporta l'attribuzione alla merce della qualifica di merce nazionalizzata, ai sensi dell'art. 134 T.u. doganale.

Il regime definitivo di esportazione, al contrario, prevede l'assolvimento delle procedure formali e sostanziali connesse alla fuoriuscita delle merci dal territorio UE.

Anche se previsti dal CDU, non vengono applicati dazi alle merci esportate dal territorio UE e sono previste procedure di dichiarazione e verifica, anche fisica, delle merci da parte della dogana all'atto della fuoriuscita dal territorio dell'Unione.

I regimi speciali infine sono regimi che consentono che le merci possano entrare ed uscire dal territorio dell'Unione, a determinate condizioni e in determinate ipotesi, senza applicazione di misure fiscali doganali o interne. La *ratio* dei regimi speciali è quella di consentire la circolazione delle merci senza aggravio finanziario in ragione della finalità per la quale attraversano il territorio dell'Unione: i regimi speciali riguardano infatti casi in cui, per ragioni commerciali o di delocalizzazione dei processi produttivi, le merci transitino senza essere realmente destinate al consumo nel mercato interno.

Un esempio di regime speciale è quello dei depositi doganali: si tratta di luoghi fisici, specificamente autorizzati, all'interno dei quali le merci possono essere depositate in regime di sospensione da imposizione fiscale,

© Wolters Kluwer Italia

in attesa di ricevere una destinazione definitiva (e dunque una posizione doganale definitiva).

### 10.4. *L'obbligazione doganale.*

A) Presupposto dell'obbligazione doganale è l'attribuzione, ad una merce, del regime di libera pratica nel territorio dell'UE (CDU, art. 77).

L'immissione «*in libera pratica*» comporta il pagamento dei dazi doganali, previsti dalla Tariffa doganale e (talora) l'applicazione di misure *anti-dumping* o di salvaguardia.

Altra cosa è l'immissione al consumo, che attiene alla fiscalità interna, e comporta l'applicazione dell'Iva all'importazione e delle accise.

L'introduzione della merce è normalmente accompagnata dalla presentazione della dichiarazione alla Dogana, in cui è indicato il regime doganale cui si intende vincolare la merce.

L'obbligazione doganale sorge al momento dell'accettazione della dichiarazione da parte della dogana, dalla quale deriva il nuovo regime doganale attribuito alla merce.

L'obbligazione sorge, inoltre, a seguito della introduzione non regolare di merce nel territorio dell'Unione europea o in caso di inosservanza della normativa doganale[28].

B) L'obbligazione doganale è quantificata in base a quattro elementi: la quantità, la qualità, l'origine e il valore imponibile della merce.

La quantità costituisce uno degli elementi di identificazione delle partite di merci oggetto dell'accertamento doganale.

Alla qualità della merce è legata l'applicazione della tariffa doganale.

L'origine rileva ai fini dei differenti regimi tariffari nei confronti dei Paesi esteri ed è quindi essenziale ai fini dell'applicazione dei tributi.

L'origine di una merce è rilevante poiché il dazio applicato alle importazioni varia proprio in ragione del Paese di origine[29].

In caso di origine c.d. preferenziale si applicano trattamenti tariffari agevolati, con riduzione o esenzione dai dazi.

[28] CDU, artt. 202 e ss.

[29] Nella pratica del commercio internazionale sono da tenere distinte l'origine ai fini commerciali e l'origine ai fini doganali. La prima è indicata dalla dicitura "*Made in...*" ed ha lo scopo di tutelare il consumatore.

© Wolters Kluwer Italia

L'origine non preferenziale comporta l'applicazione della tariffa comune, senza agevolazioni.

Il valore imponibile è dato dal valore reale della merce.

### 10.5. *L'accertamento doganale.*

A) La procedura doganale inizia con la presentazione della dichiarazione, nella quale sono indicati i dati relativi alla merce (proprietario, provenienza, quantità, qualità, valore, ecc.) ed è indicata la «destinazione doganale» che si intende dare ad essa.

La dichiarazione doganale non è dunque una mera dichiarazione di scienza (come altre dichiarazioni tributarie), ma anche una dichiarazione di volontà.

Il dichiarante deve infatti, da un lato, indicare le caratteristiche della merce rilevanti per la quantificazione del dazio, ma deve anche dichiarare il nuovo *status* giuridico doganale da attribuire alla merce.

Effetto giuridico delle operazioni doganali infatti è l'attribuzione, alla merce, di un nuovo stato giuridico doganale.

La dichiarazione può essere resa, oltre che per iscritto (mediante un apposito modulo), anche in via informatica o in via orale[30], o con altro atto con cui il detentore della merce manifesta l'intenzione di vincolarla ad un determinato regime doganale[31].

B) Alla presentazione della dichiarazione segue l'accettazione.

La dichiarazione accettata è iscritta nel registro corrispondente alla destinazione doganale richiesta ed è seguita dalla riscossione dei diritti dovuti.

L'obbligo del pagamento dei diritti nasce infatti alla data dell'accettazione apposta sulla dichiarazione dall'ufficio doganale.

Dopo che sono stati pagati i diritti la bolletta è consegnata al dichiarante e la merce è «*svincolata*»[32].

La Dogana può verificare la documentazione ed esaminare le merci.

L'obbligazione doganale è commisurata a quanto risulta dalla dichiarazione purché la Dogana non accerti, a seguito di verifica documentale o

[30] CDU, artt. 162 e 166 e D.lgs. 8 novembre 1990, n. 374, art. 10.

[31] CDU, artt. 172 e 195. La data dell'accettazione è quella cui ci si deve riferire per la determinazione delle norme applicabili, ove vi sia successione di norme nel tempo.

[32] CDU, artt. 194 e 195 e D.lgs. 8 novembre 1990, n. 374, artt. 8 e 9.

© Wolters Kluwer Italia

visita delle merci, dati diversi da quelli dichiarati[33]. Se non accetta l'importo dichiarato, notifica al debitore la decisione di rettifica[34].

C) L'accertamento divenuto definitivo può essere sottoposto a revisione, entro tre anni, su istanza del contribuente o su iniziativa dell'ufficio[35].

L'art. 12, comma 7, dello Statuto prevede che, per gli accertamenti e le verifiche aventi ad oggetto i diritti doganali, si applicano le disposizioni dell'art. 11 del D.lgs. 8 novembre 1990, n. 374, le quali prevedono che i funzionari doganali possono accedere nei luoghi ove devono essere custodite le scritture e la documentazione[36].

Qualora si tratti di revisione eseguita in ufficio, o, nel caso di accessi, ispezioni o verifiche, dopo il rilascio all'interessato di copia del verbale delle operazioni compiute (nel quale devono essere indicati i presupposti di fatto e le ragioni giuridiche posti a base delle irregolarità, delle inesattezze, o degli errori relativi agli elementi dell'accertamento riscontrati nel corso del controllo), l'operatore interessato può comunicare osservazioni e richieste, nel termine di 30 giorni decorrenti dalla data di consegna o di avvenuta ricezione del verbale, che sono valutate dall'ufficio doganale prima della notifica dell'avviso[37].

Quando dalla revisione emergono inesattezze, omissioni o errori relativi agli elementi presi a base dell'accertamento, l'ufficio rettifica l'accertamento, notificando il relativo avviso.

Nel caso di rettifica conseguente a revisione eseguita d'ufficio, l'avviso di rettifica deve essere notificato, a pena di decadenza, entro il termine di tre anni dalla data in cui l'accertamento è divenuto definitivo[38].

L'istanza di revisione presentata dall'operatore si intende respinta se entro il novantesimo giorno successivo a quello di presentazione non è stato notificato l'avviso di rettifica.

[33] CDU, artt. 46 e 188.

[34] CDU, artt. 101 e 102.

[35] La procedura di revisione dell'accertamento è regolata dall'art. 11 del D.lgs. 8 novembre 1990, n. 374.

[36] Sono applicabili le disposizioni previste dall'art. 52, commi da 4 al 10, del D.P.R. 26 ottobre 1972, n. 633.

[37] La disciplina del contraddittorio anticipato in materia di accertamenti doganali è contenuta nell'art. 11, comma 4 *bis* del D.lgs. 8 novembre 1990, n. 374, ed ha carattere speciale rispetto alle previsioni dell'art. 12 dello Statuto. Cfr. Cass., 9 maggio 2014, n. 10070; Id., 6 luglio 2016, n. 13774; Id., ord. 12 gennaio 2018, n. 614.

[38] CDU, art. 103.

© Wolters Kluwer Italia

Il T.u. doganale prevede una fase di contenzioso amministrativo, che deve concludersi in tempi brevi[39].

Contro la decisione della Dogana il soggetto interessato può presentare ricorso, dapprima in sede amministrativa, e poi in sede giurisdizionale[40].

[39] T.u. doganale, artt. 65-76.
[40] CDU, art. 44 e D.lgs. 8 novembre 1990, n. 374, artt. 8 e 9.

© Wolters Kluwer Italia

# PARTE III

# LA FISCALITÀ LOCALE E REGIONALE

# CAPITOLO DECIMO

# I TRIBUTI LOCALI E REGIONALI

## SEZIONE I

## I TRIBUTI COMUNALI E PROVINCIALI



### 1. *Finanza locale e federalismo fiscale.*

A) La riforma tributaria del 1971 ridusse fortemente l'autonomia tributaria degli enti locali[1]. Gli enti locali furono finanziati, negli anni '70, quasi totalmente con trasferimenti statali[2]. In seguito, si è avuta un'inversione

[1] La finanza locale fu riformata dal T.u. 14 settembre 1931, n. 1175.

Il repertorio dei tributi previsti da quel testo è uno spaccato di storia economica e del costume: vi era un'imposta generale sul bestiame e un'imposta sugli animali caprini; un'imposta sui bigliardi e una sui pianoforti; un'imposta sui domestici e una sulla circolazione dei veicoli a trazione animale e sui velocipedi. Molte di quelle forme impositive piuttosto singolari furono soppresse nel quarantennio che va dal 1931 al 1971.

[2] Per ragioni legate alla programmazione, la riforma del 1971 ridusse l'autonomia tributaria degli enti locali, che, negli anni '70 e '80, vissero di trasferimenti statali: cfr. G. MARONGIU, *Storia dei tributi degli enti locali (1861-2000)*, Padova, 2001, p. 292 ss.

Con la riforma del 1971 furono soppresse, tra le altre: l'imposta di famiglia e l'imposta sul valore locativo; l'imposta di consumo (sostituita dall'Iva); l'imposta sull'incremento di valore delle aree fabbricabili (sostituita dall'Invim). Straordinaria vitalità ha dimostrato l'imposta sui cani, che è stata soppressa nel 1992.

© Wolters Kluwer Italia

di tendenza[3]. Sono aumentate le entrate proprie, sono stati ridotti i trasferimenti.

Una svolta fu, nel 1992, l'istituzione dell'imposta comunale sugli immobili (Ici)[4], seguita da un'addizionale all'Irpef a favore dei comuni e delle province.

B) A partire dagli anni '90 il dibattito sulla finanza locale e regionale si è sviluppato in termini di federalismo fiscale.

Il sintagma "federalismo fiscale" è stato coniato negli Stati Uniti, da studiosi di scienza delle finanze, per indicare lo studio e il sistema di relazioni finanziarie tra diversi livelli di governo[5]. Il federalismo fiscale non interessa perciò solo gli ordinamenti federali o confederali, ma tutti gli Stati, anche unitari, che presentino più livelli di governo.

In Italia, nel dibattito politico, l'espressione è stata adottata per indicare che ogni ente (comuni, regioni, ecc.) dev'essere in grado di finanziarsi con entrate proprie[6].

L'espressione "federalismo fiscale" è assente nel riformato titolo V della Costituzione, il cui art. 119 prevede che i comuni, le province, le città metropolitane e le regioni «*stabiliscono ed applicano tributi ed entrate propri, in armonia con la Costituzione e secondo i princìpi di coordinamento della finanza pubblica e del sistema tributario*».

Furono lasciati in vita pochi tributi, scarsamente produttivi di gettito (tra cui l'imposta sulla pubblicità, la tassa per l'occupazione di spazi ed aree pubbliche e la tassa per la raccolta dei rifiuti).

[3] Negli anni '70 furono istituiti i tributi urbanistici (legge Bucalossi) e la tassa per la tutela delle acque (legge Merli).

Il D.P.R. 24 luglio 1977, n. 3, attribuì ai comuni funzioni amministrative che in precedenza erano statali; a seguito di ciò, fu istituita la tassa sulle concessioni comunali (D.l. 10 novembre 1978, n. 702, conv. dalla L. 8 gennaio 1979, n. 3).

[4] Dopo che la L. 8 giugno 1990, n. 142, recante l'ordinamento delle autonomie locali, aveva sancito il principio della potestà impositiva autonoma agli enti locali, in base alla delega contenuta nella L. 23 ottobre 1992, n. 421 fu emanato il D.lgs. 30 dicembre 1992, n. 504, che istituì l'imposta comunale sugli immobili (Ici) e riformò l'imposta comunale sulla pubblicità e i diritti sulle affissioni, la tassa per l'occupazione di spazi ed aree pubbliche e la tassa per lo smaltimento dei rifiuti solidi urbani.

[5] L'espressione *fiscal federalism* è stata coniata da R.A. Musgrave, *The Theory of Public Finance*, New York, 1959, seguito da W.E. Oates, *An Essay on Fiscal Federalism*, in *Journal of Economic Literature*, 1999, 37(3), pp. 1120-49.

[6] Nella legislazione italiana si parla di federalismo fiscale per la prima volta nella L. n. 549/1995 (finanziaria per il 1996), cui sono seguiti diversi provvedimenti che hanno sostituito programmi di trasferimenti erariali, con o senza vincolo di destinazione, con fonti di entrate proprie integrate da trasferimenti finanziari diretti a perequare le risorse acquisite dai territori con basse basi imponibili.

© Wolters Kluwer Italia

Regioni ed enti locali, secondo l'art. 119, sono finanziati, oltre che da risorse proprie e «*compartecipazioni al gettito di tributi erariali riferibile al loro territorio*», anche da un «*fondo perequativo*», senza vincoli di destinazione, a favore dei territori con minore «*capacità fiscale*».

Inoltre, l'art. 119 prevede che lo Stato possa destinare «*risorse aggiuntive*» ed effettuare interventi per promuovere lo sviluppo economico e la coesione e la solidarietà sociale, per rimuovere gli squilibri economici e sociali, per favorire l'effettivo esercizio dei diritti della persona, o per provvedere a scopi diversi dal normale esercizio delle loro funzioni.

L'art. 119 Cost. è stato attuato dalla L. 5 maggio 2009, n. 42, recante «*Delega al Governo in materia di federalismo fiscale, in attuazione dell'articolo 119 della Costituzione*».

C) La delega relativa al federalismo fiscale municipale è stata attuata dal D.lgs. 14 marzo 2011, n. 23, che disciplina: l'imposta di soggiorno, l'addizionale comunale all'Irpef, l'imposta di scopo, l'imposta municipale propria (Imu, sostitutiva dell'Ici)[7].

Il D.l. 6 dicembre 2011, n. 201 (decreto "Salva Italia") ha disposto l'applicazione dal 2014 dell'Imu ed ha istituito il tributo sui servizi indivisibili (Tasi).

La legge di stabilità per il 2014[8] ha istituito l'imposta unica comunale, che è una e trina (comprende Imu, Tari e Tasi).

## 2. *L'imposta municipale sugli immobili (Imu).*

L'imposizione patrimoniale sugli immobili è tradizionalmente riservata agli enti locali, perché si tratta di una forma di imposizione di cui è facile individuare e localizzare i presupposti e quantificare, con il sistema catastale, l'imponibile. Le imposte patrimoniali generali colpiscono il patrimonio complessivo, le imposte speciali colpiscono il possesso di determinati beni[9]. L'Imu (imposta municipale) è dunque una patrimoniale speciale.

[7] Il D.lgs. 14 marzo 2011, n. 23, ha modificato la fiscalità immobiliare, attribuendo ai comuni, dal 2011: a) l'intero gettito dell'Irpef sui redditi fondiari (escluso il reddito agrario) e quello relativo alle imposte di registro e bollo sui contratti di locazione immobiliare; b) una quota del gettito delle imposte di registro, ipotecarie e catastali sugli atti di trasferimento immobiliare ed una quota del gettito della cedolare secca sugli affitti.

[8] L. 27 dicembre 2013, n. 147, art. 1, comma 639.

[9] Cfr. E. Marello, *Contributo allo studio delle imposte sul patrimonio*, Milano, 2006, p. 32 ss., che esamina l'imposta generale straordinaria istituita nel 1919 e l'imposta generale ordinaria del 1939, sostituita da tre imposte straordinarie nel 1947.

© Wolters Kluwer Italia

L'Imu[10] ha sostituito l'Ici (imposta comunale sugli immobili)[11], ed è alternativa all'Irpef (e relative addizionali) dovuta per i redditi fondiari dei beni non locati.

B) Il presupposto dell'Imu è il possesso di immobili, tra cui i fabbricati, le aree fabbricabili[12] e i terreni agricoli non montani[13].

L'unità immobiliare, adibita ad abitazione principale (la c.d. prima casa), non è soggetta ad Imu[14]. Sono però tassate le abitazioni classificate A/1 (case di tipo signorile), A/8 (ville) e A/9 (castelli e palazzi con pregi artistici e storici).

Non è tassata la casa coniugale assegnata al coniuge, a seguito di separazione legale, annullamento, scioglimento o cessazione degli effetti civili del matrimonio.

Sono esenti gli immobili posseduti dalle amministrazioni pubbliche, nonché alcune categorie di immobili destinati ad usi culturali, all'esercizio del culto, o utilizzati da enti non commerciali, destinati esclusivamente allo svolgimento, con modalità non commerciali, di attività assistenziali, previdenziali, sanitarie, didattiche, ricettive, culturali, ricreative, sportive.

Sono esenti anche i terreni agricoli delle zone montane e collinari[15], i terreni posseduti e condotti da coltivatori diretti e da imprenditori agricoli professionali e i fabbricati collabenti[16].

[10] L'Imu è disciplinata dagli artt. 8 e 9 del D.lgs. 14 marzo 2011, n. 23 e dall'art. 13 del D.l. 6 dicembre 2011, n. 2011, n. 201, oltre che da norme già vigenti per l'Ici (D.lgs. 30 dicembre 1992, n. 504). La legge di stabilità per il 2014 ha inserito l'Imu nell'imposta comunale unica (Icu), accanto alla Tasi e alla Tari (art. 1, comma 639, della L. 27 dicembre 2013, n. 147).

[11] Istituita dal D.lgs. 30 dicembre 1992, n. 504, l'Ici è stata oggetto di forti critiche, non solo di carattere politico (vi è nel nostro ordinamento una tradizionale avversione ai tributi sul patrimonio), ma anche di natura costituzionale.

Cfr. Corte cost., 24 giugno 1994, n. 263, in *Foro it.*, 1994, I, 2312 e Corte cost., 22 aprile 1997, n. 111, in *Giur. it.*, 1997, I, 477, con nota di E. MARELLO, *Sui limiti costituzionali dell'imposizione patrimoniale.*

[12] L'art. 36, comma 2, D.l. 4 luglio 2006, n. 223, convertito, con modificazioni, dalla L. 4 agosto 2006, n. 248, ha stabilito che «*un'area è da considerare fabbricabile se utilizzabile a scopo edificatorio in base allo strumento urbanistico generale adottato dal comune, indipendentemente dall'adozione di strumenti attuativi del medesimo*».

[13] Restano ferme le definizioni dettate per l'Ici dall'art. 2 del D.lgs. 30 dicembre 1992, n. 504.

[14] Per abitazione principale si intende l'immobile, iscritto o iscrivibile nel catasto edilizio urbano come unica unità immobiliare, nel quale il possessore e il suo nucleo familiare dimorano abitualmente e risiedono anagraficamente.

[15] Sono esenti i terreni agricoli, già esenti dall'Ici, situati nei comuni elencati dalla circolare 14 giugno 1993, n. 9, del Ministero delle Finanze, come previsto dall'art. 1, comma 13, della L. 28 dicembre 2015, n. 208 (legge di stabilità per il 2016).

[16] I fabbricati collabenti (ossia i ruderi), iscritti in categoria catastale F/2, non possono essere considerati aree fabbricabili in quanto il terreno sottostate è già stato utilizzato, né

© Wolters Kluwer Italia

Sono esenti i fabbricati costruiti e destinati dall'impresa costruttrice alla vendita (beni-merce), se non siano locati.

C) La base imponibile è costituita dal valore dell'immobile, che, per i fabbricati iscritti in catasto, è calcolato applicando alle rendite catastali rivalutate, vigenti al 1° gennaio dell'anno di imposizione, i moltiplicatori fissati per legge[17].

È ridotta del 50 per cento la base imponibile degli immobili dati in comodato tra genitori e figli[18].

Per i terreni agricoli il valore è ottenuto applicando all'ammontare del reddito dominicale, risultante in catasto al 1° gennaio dell'anno di imposizione, rivalutato del 25 per cento, un moltiplicatore pari a 120.

Per i fabbricati non iscritti in catasto si tiene conto della rendita attribuita a fabbricati similari.

Per i fabbricati posseduti da imprese, che non siano iscritti in catasto, si considera il costo di acquisto, al lordo degli ammortamenti, e lo si moltiplica per un coefficiente di rivalutazione che varia in relazione all'anno di acquisto.

La rendita catastale degli immobili strumentali censiti alle categorie D ed E (c.d. imbullonati) è calcolata tenendo conto del suolo e delle costruzioni, nonché degli elementi ad essi strutturalmente connessi che ne accrescono la qualità e l'utilità, nei limiti dell'ordinario apprezzamento. Restano, invece, fuori dalla stima i macchinari, congegni, attrezzature ed altri impianti, funzionali al processo produttivo[19].

possono essere tassati quali fabbricati in quanto privi di rendita catastale (Cass., 19 luglio 2017, n. 17815).

[17] Si veda l'art. 13, comma 4, del D.l. 6 dicembre 2011, n. 2011, n. 201, che prevede i seguenti moltiplicatori:

a) 160 per i fabbricati classificati nel gruppo catastale A e nelle categorie catastali C/2, C/6 e C/7, con esclusione della categoria catastale A/10;

b) 140 per i fabbricati classificati nel gruppo catastale B e nelle categorie catastali C/3, C/4 e C/5;

c) 80 per i fabbricati classificati nella categoria catastale A/10;

d) 60 per i fabbricati classificati nel gruppo catastale D;

e) 55 per i fabbricati classificati nella categoria catastale C/1.

[18] Occorre che il comodato sia regolarmente registrato e che il comodante possieda un solo immobile in Italia, risieda anagraficamente nonché dimori abitualmente nello stesso comune in cui è ubicato l'immobile concesso in comodato. L'agevolazione si estende anche al caso in cui il comodante sia possessore, nello stesso comune in cui si trova l'immobile concesso in comodato, di un altro immobile adibito a propria abitazione principale (non di lusso).

[19] L. 28 dicembre 2015, n. 208 (legge di stabilità per il 2016), art. 1, comma 21.

© Wolters Kluwer Italia

Per le aree fabbricabili si tiene conto del valore venale in comune commercio, determinato sulla base di una serie di parametri stabili dalla legge (ubicazione, indice di edificabilità, destinazione d'uso, prezzi di mercato, ecc.).

E) Sono soggetti passivi dell'imposta il proprietario dell'immobile o il titolare del diritto di usufrutto, uso, abitazione, enfiteusi, superficie[20].

Qualora vi sia un diritto di superficie, prima che su un suolo venga costruito un fabbricato, il soggetto passivo del tributo è il proprietario del suolo. Dopo che è stato costruito il fabbricato, soggetto passivo è il titolare del diritto di superficie[21].

Se l'immobile è dato in affitto, non è previsto che il proprietario possa rivalersi sul conduttore, ma, in caso di *leasing*, il tributo è dovuto dal locatario.

In caso di concessione di beni demaniali, soggetto passivo è il concessionario.

Per gli immobili compresi nel fallimento o nella liquidazione coatta amministrativa il curatore o il commissario liquidatore, entro novanta giorni dalla nomina, devono presentare al comune di ubicazione degli immobili una dichiarazione attestante l'avvio della procedura; e devono versare l'imposta dovuta per il periodo di durata dell'intera procedura concorsuale entro tre mesi dalla data del decreto di trasferimento degli immobili[22].

F) L'aliquota dell'imposta è del 0,76 per cento (cioè 7,6 per mille).

È data facoltà ai comuni di modificare, in aumento o in diminuzione, l'aliquota, sino a 0,3 punti percentuali.

Le aliquote Imu e Tasi deliberate dai comuni sono ridotte del 25% per chi stipula (o ha stipulato) un contratto di locazione a canone concordato.

I comuni hanno il potere di disciplinare, con regolamento, diversi profili del tributo (presupposto, esenzioni, base imponibile, accertamento e riscossione)[23].

[20] D.lgs. 14 marzo 2011, n. 23, art. 9.

[21] Cfr. Corte cost., 28 maggio 1999, n. 200; Cass., 2 agosto 2000, n. 10137, in *Giur. it.*, 2001, 631.

[22] D.lgs. 30 dicembre 1992, n. 504, art. 10, comma 6.

[23] D.lgs. 15 dicembre 1997, n. 446, art. 59.

© Wolters Kluwer Italia

**2.1.** *La tassa per i servizi indivisibili (Tasi).*

La Tasi non ha come presupposto specifiche prestazioni rese al soggetto passivo, ma il possesso o detenzione degli immobili. Non è quindi una tassa, ma un'imposta, molto simile all'Imu[24].

Il presupposto impositivo della Tasi è il possesso o la detenzione, a qualsiasi titolo, di fabbricati e di aree edificabili, ad eccezione dei terreni agricoli e dell'abitazione principale, come definiti ai fini dell'Imu[25].

Come nell'Imu, dunque, non sono tassate le abitazioni principali, ma sono tassate le abitazioni classificate A/1 (abitazioni di tipo signorile), A/8 (ville) e A/9 (castelli e palazzi con pregi artistici e storici).

La base imponibile della Tasi è la stessa dell'Imu.

L'aliquota base è pari all'1 per mille, ma i comuni possono disporre riduzioni e aumenti. L'aliquota massima è il 2,5 per mille.

Il Comune può stabilire riduzioni ed esenzioni (ad esempio, se l'abitazione ha un unico occupante, se è ad uso stagionale, se è abitata da persone che risiedono per più di sei mesi all'anno all'estero, se il fabbricato rurale è ad uso abitativo, ecc.).

**2.2.** *La tassa per i rifiuti (Tari).*

La tassa per i rifiuti[26] ha come presupposto il possesso o la detenzione a qualsiasi titolo di locali o di aree scoperte, a qualsiasi uso adibiti, suscettibili di produrre rifiuti urbani[27].

[24] La Tasi è disciplinata dall'art. 1, commi 669 ss., della L. 27 dicembre 2013, n. 147 (legge di stabilità per il 2014). Non vi sono vincoli alla destinazione del gettito.

[25] La Tasi non si applica all'immobile assegnato all'ex coniuge legalmente separato.

[26] Per i rifiuti si sono susseguiti una molteplicità di regimi fiscali:

– il T.u. del 1931 (R.d. 14 settembre 1931, n. 1175), prevedeva la Tarsu (tassa raccolta rifiuti solidi urbani), che è stata riformata dal D.lgs. 15 novembre 1993, n. 507, artt. 58-81;

– la Tarsu è stata sostituita dalla Tia 1 (Tariffa di igiene ambientale), introdotta dall'art. 49 del D.lgs. 5 febbraio 1997, n. 22 (decreto Ronchi);

– la Tia 1 è stata sostituita dalla Tia 2 (Tariffa integrata ambientale), introdotta dall'art. 238 del D.lgs. 3 aprile 2006, n. 152;

– alla Tia 2 è subentrata la Tares (tassa rifiuti e servizi), istituita dall'art. 14 del D.l. 6 dicembre 2011, n. 201, conv. dalla L. 22 dicembre 2011, n. 214;

– è seguita la Tari (tassa rifiuti), istituita dalla legge di stabilità per il 2014 (L. 27 dicembre 2013, n. 147, art. 1, commi 639 ss.).

La Tia 1 è stata considerata tributo da Corte cost., 24 luglio 2009, n. 238, per cui i relativi importi non sono soggetti ad Iva (Cass., 9 marzo 2012, n. 3756).

[27] Sono escluse dalla Tari le aree scoperte pertinenziali o accessorie a locali tassabili, non operative, e le aree comuni condominiali di cui all'art. 1117 c.c. che non siano detenute o occupate in via esclusiva (comma 641).

© Wolters Kluwer Italia

Soggetto passivo è chiunque possieda o detenga i locali o le aree che costituiscono presupposto del tributo.

Per determinare il tributo si considera la superficie calpestabile delle unità immobiliari a destinazione ordinaria, iscritte o iscrivibili nel catasto edilizio urbano; il comune può assumere come superficie tassabile l'80 per cento della superficie catastale[28].

Il tributo è dovuto per ogni anno solare, cui corrisponde un'autonoma obbligazione tributaria. La tariffa è stabilita dai comuni ed è commisurata alle quantità e qualità medie ordinarie di rifiuti prodotti per unità di superficie, in relazione agli usi e alla tipologia di attività che vi sono svolte.

La tariffa è composta da una quota determinata in relazione alle componenti essenziali del costo del servizio di gestione dei rifiuti, riferite in particolare agli investimenti per le opere ed ai relativi ammortamenti, e da una quota rapportata alle quantità di rifiuti conferiti, al servizio fornito e all'entità dei costi di gestione, in modo che sia assicurata la copertura integrale dei costi di investimento e di esercizio[29].

Il consiglio comunale approva le tariffe entro il termine fissato da norme statali per l'approvazione del bilancio di previsione, in conformità al piano finanziario del servizio di gestione dei rifiuti urbani.

Possono essere previste riduzioni tariffarie nel caso di: abitazioni con unico occupante o tenute a disposizione per uso stagionale od altro uso limitato e discontinuo; locali ed aree scoperte adibiti ad uso stagionale o ad uso non continuativo, ma ricorrente; abitazioni occupate da soggetti che risiedano o abbiano la dimora, per più di sei mesi all'anno, all'estero; fabbricati rurali ad uso abitativo.

Il tributo, in quanto tributo (e non corrispettivo privatistico) è dovuto anche nelle zone in cui non è effettuata la raccolta, ma in misura non superiore al quaranta per cento della tariffa.

Nella modulazione della tariffa sono assicurate riduzioni per la raccolta differenziata riferibile alle utenze domestiche.

[28] Determinata secondo i criteri stabiliti dal D.P.R. 23 marzo 1998, n. 138.

[29] Il consiglio comunale determina, con regolamento:

a) la classificazione delle categorie di attività con omogenea potenzialità di produzione di rifiuti;

b) la disciplina delle riduzioni tariffarie;

c) la disciplina delle eventuali riduzioni ed esenzioni;

d) l'individuazione di categorie di attività produttive di rifiuti speciali alle quali applicare, nell'obiettiva difficoltà di delimitare le superfici ove tali rifiuti si formano, percentuali di riduzione rispetto all'intera superficie su cui l'attività viene svolta;

e) i termini di presentazione della dichiarazione e di versamento.

© Wolters Kluwer Italia

I comuni che hanno realizzato sistemi di misurazione puntuale della quantità di rifiuti conferiti al servizio pubblico possono prevedere l'applicazione di una tariffa avente natura corrispettiva, in luogo del tributo.

**3.** *La tassa per l'occupazione di spazi ed aree pubbliche (Tosap).*

La tassa per l'occupazione di spazi ed aree pubbliche ha come presupposto «*le occupazioni di qualsiasi natura, effettuate, anche senza titolo, nelle strade, nei corsi, nelle piazze e, comunque, sui beni appartenenti al demanio o al patrimonio indisponibile dei comuni e delle province*»[30]. Rileva dunque qualsiasi occupazione di un bene pubblico, quale che sia il titolo giuridico dell'occupazione, ed anche se l'occupazione è abusiva.

Sono soggette al tributo anche le occupazioni dello spazio sovrastante il suolo e del sottosuolo, mentre sono escluse le occupazioni di un bene disponibile e del demanio statale[31].

Il potere dell'ente pubblico di applicare e riscuotere la tassa, avendo natura tributaria, può coesistere con il diritto dello stesso ente di esigere il canone di concessione, in quanto proprietario del suolo pubblico dato in concessione[32].

Soggetto attivo della tassa sono i comuni e le province, che devono adottare un regolamento per disciplinare i criteri di applicazione e le tariffe, entro i limiti già fissati dal decreto legislativo.

I comuni e le province possono prevedere che non si paghi la tassa, ma un canone (Cosap), che non ha natura tributaria[33] ed è determinato nell'atto amministrativo di concessione dell'uso (esclusivo o speciale) del suolo[34].

30 D.lgs. 15 novembre 1993, n. 507, art. 38.

31 Per le occupazioni di demanio statale, può applicarsi il tributo regionale sulle concessioni di beni demaniali, insieme con il canone di concessione dovuto allo Stato.

32 Cfr. F. Tesauro, *Natura giuridica e coesistenza della tassa per l'occupazione di spazi ed aree pubbliche e del canone di concessione*, in *Riv. dir. fin.*, 1994, I, p. 662.

33 Cass., 19 agosto 2003, n. 12167, in *Foro it.*, 2003, I, 2584; Corte cost., 14 marzo 2008, n. 64.

34 Il Cosap è stato introdotto dal D.lgs. 15 dicembre 1997, n. 446, art. 63, emanato in attuazione della delega disposta dall'art. 3, commi 143, lett. *e*), n. 2, e 149, lett. *h*), L. 23 dicembre 1996, n. 662.

La L. 23 dicembre 1998, n. 448, ha stabilito che i comuni possono prevedere, in alternativa alla Tosap, che sia dovuto un canone (Cosap) determinato in base a tariffa.

© Wolters Kluwer Italia

## 4. *L'imposta sulla pubblicità.*

La pubblicità è disciplinata da un regolamento comunale, che contiene il piano generale degli impianti pubblicitari e regola le modalità di effettuazione della pubblicità, la tipologia e la quantità degli impianti pubblicitari, ecc.

L'imposta sulla pubblicità ha come presupposto «*la diffusione di messaggi pubblicitari effettuata attraverso forme di comunicazione visiva o acustica, in luoghi pubblici o aperti al pubblico o che sia da tali luoghi percepibile*»[35].

Soggetti passivi in solido dell'imposta sono colui che dispone del mezzo attraverso il quale il messaggio pubblicitario viene diffuso (impresa di pubblicità) e colui che produce o vende la merce o fornisce i servizi pubblicizzati (impresa pubblicizzata).

Il soggetto che dispone del mezzo è indicato come obbligato in via principale. Ciò non vuol dire che debba essere escusso prioritariamente[36]. Vuol dire soltanto che deve presentare la dichiarazione. Non si tratta di solidarietà paritaria. L'impresa di pubblicità non è obbligata come contribuente, ma come responsabile d'imposta. Ha perciò diritto di rivalsa nei confronti del soggetto pubblicizzato.

I comuni possono, con regolamento, escludere l'applicazione dell'imposta sulla pubblicità e prevedere, per le iniziative pubblicitarie «*che incidono sull'arredo urbano o sull'ambiente*», il pagamento di un canone in base a tariffa[37].

## 5. *L'imposta di scopo.*

La legge finanziaria per il 2007[38] prevede che i comuni possono deliberare l'istituzione di un'imposta di scopo, destinata esclusiva-

[35] D.lgs. 15 novembre 1993, n. 507, art. 5.

Secondo Corte cost., 20 dicembre 2000, n. 557, in *Boll. trib.*, 2001, 395, il presupposto dell'imposta è la diffusione del messaggio pubblicitario, per cui è tassato, in solido con chi diffonde il messaggio, «*colui che, svolgendo l'attività economica oggetto della pubblicità, dalla pubblicità stessa trae immediato e diretto vantaggio*», mentre la Corte di Giustizia, 17 febbraio 2005, C-134/03, definisce l'imposta sulla pubblicità come un'imposta «*indistintamente applicabile a tutte le prestazioni di servizi che implicano una pubblicità esterna e affissioni pubbliche nel territorio del comune interessato*».

[36] Come osservato da Corte cost., 20 dicembre 2000, n. 557, cit., e da Cass., 7 aprile 2005, n. 7314.

[37] D.lgs. 15 dicembre 1997, n. 446, art. 62.

[38] L. 27 dicembre 2006, n. 296, artt. 145-151. L'art. 6 del D.lgs. 14 marzo 2011, n. 23, prevede che sia revisionata.

© Wolters Kluwer Italia

mente alla parziale copertura delle spese per la realizzazione di opere pubbliche [39].

L'imposta è dovuta per un periodo massimo di cinque anni ed è determinata applicando, alla base imponibile dell'Imu, un'aliquota nella misura massima dello 0,5 per mille.

Il regolamento che istituisce l'imposta determina: l'opera pubblica da realizzare; l'ammontare della spesa da finanziare; l'aliquota; l'applicazione di esenzioni, riduzioni o detrazioni in favore di determinate categorie di soggetti, in relazione all'esistenza di particolari situazioni sociali o reddituali; le modalità di versamento del tributo.

## 6. *L'imposta di soggiorno.*

L'imposta di soggiorno è stata istituita dall'art. 4 del D.lgs. 14 marzo 2011, n. 23, che attribuisce ai comuni capoluogo di provincia, alle unioni di comuni, nonché ai comuni inclusi negli elenchi regionali delle località turistiche o città d'arte, il potere di istituire un'imposta a carico di coloro che alloggiano nelle strutture ricettive situate nel proprio territorio.

Si tratta di un tributo di scopo, i cui gettito è vincolato al finanziamento di interventi in materia di turismo, anche a sostegno delle strutture ricettive, e di interventi di manutenzione, fruizione e recupero dei beni culturali ed ambientali locali e dei servizi pubblici locali.

## 7. *I regolamenti dei tributi comunali.*

Il D.lgs. 15 dicembre 1997, n. 446 (con cui fu istituita l'Irap), all'art. 52, prevede, in via generale, che «*le province ed i comuni possono disciplinare con regolamento le proprie entrate, anche tributarie, salvo per quanto attiene alla individuazione e definizione delle fattispecie imponibili, dei soggetti passivi e della aliquota massima dei singoli tributi, nel rispetto delle esigenze di semplificazione degli adempimenti dei contribuenti*».

[39] L'imposta può essere istituita per le seguenti opere pubbliche: a) trasporto pubblico urbano; b) opere viarie; c) arredo urbano e opere di maggior decoro dei luoghi; d) parchi e giardini; e) parcheggi pubblici; f) restauro; g) conservazione dei beni artistici e architettonici; h) nuovi spazi per eventi e attività culturali, allestimenti museali e biblioteche; i) edilizia scolastica. Il gettito complessivo dell'imposta non può essere superiore al 30 per cento del costo dell'opera.

© Wolters Kluwer Italia

I regolamenti sono approvati con deliberazione consiliare e sono comunicati al Ministero dell'Economia e delle Finanze, che può impugnarli per vizi di legittimità dinanzi al giudice amministrativo.

Le tariffe e le aliquote sono deliberate entro la data fissata da norme statali per la deliberazione del bilancio di previsione ed hanno effetto dal 1° gennaio dell'anno di riferimento[40].

I regolamenti locali possono prevedere che l'accertamento e la riscossione dei tributi comunali siano affidati a terzi, secondo le norme in materia di affidamento della gestione dei servizi pubblici locali[41].

### **7.1.** *Accertamento e riscossione. Il baratto.*

Anche i tributi locali devono essere dichiarati. Gli enti locali possono rettificare le dichiarazioni incomplete o infedeli e accertare d'ufficio i tributi non dichiarati emettendo avvisi di accertamento che devono essere notificati, a pena di decadenza, entro il 31 dicembre del quinto anno successivo a quello in cui la dichiarazione è stata o avrebbe dovuto essere presentata[42].

Gli stessi termini valgono in caso di versamento omesso o incompleto e per contestare o irrogare le sanzioni amministrative tributarie, a norma degli artt. 16 e 17 del D.lgs. 18 dicembre 1997, n. 472.

Gli avvisi di accertamento dei tributi locali, come gli avvisi delle imposte erariali, devono essere motivati in relazione ai presupposti di fatto ed alle ragioni giuridiche che li hanno determinati e, in caso di motivazione *per relationem*, l'atto richiamato deve essere allegato all'avviso, salvo che non ne sia riprodotto il contenuto essenziale[43].

Alla riscossione spontanea dei tributi comunali provvedono gli stessi comuni. Per la riscossione coattiva i comuni, e gli altri soggetti cui può essere affidato il compito di riscuotere i tributi comunali, si avvalgono

[40] L. 27 dicembre 2006, n. 296, art. 1, comma 169 (finanziaria per il 2007).

[41] D.lgs. 15 dicembre 1997, n. 446, art. 52, comma 5, modificato dalla legge finanziaria per il 2008 (L. 21 dicembre 2007, n. 244, art. 1, comma 224).

[42] L. 27 dicembre 2006, n. 296, art. 1, commi da 161 a 168 (finanziaria per il 2007).

[43] Gli avvisi devono, inoltre, indicare l'ufficio presso il quale è possibile ottenere informazioni, il responsabile del procedimento, l'organo o autorità presso i quali è possibile promuovere un riesame, le modalità, il termine e l'organo giurisdizionale al quale ricorrere, nonché il termine di sessanta giorni entro cui effettuare il pagamento. Gli avvisi sono sottoscritti dal funzionario designato dall'ente locale per la gestione del tributo.

© Wolters Kluwer Italia

dell'ingiunzione fiscale, disciplinata dal R.d. 14 aprile 1910, n. 639, che ha valore di titolo esecutivo[44].

In caso di impugnazione dell'avviso di accertamento, non vi sono norme che prevedano la riscossione frazionata dell'imposta in pendenza di giudizio; l'imposta accertata, quindi, è riscuotibile per intero anche se è proposto ricorso[45].

Ai tributi locali non si applica dopo le sentenze delle commissioni tributarie, l'art. 68 del D.lgs. 31 dicembre 1992, n. 546, che riguarda solo i tributi per i quali è prevista la riscossione frazionata.

Le sanzioni relative ai tributi locali, invece, si possono riscuotere solo dopo le sentenze delle commissioni tributarie, applicando le stesse regole previste per le sanzioni relative ai tributi erariali[46].

Il titolo esecutivo deve essere notificato al contribuente, a pena di decadenza, entro il 31 dicembre del terzo anno successivo a quello in cui l'accertamento è divenuto definitivo.

I comuni possono prevedere riduzioni o esenzioni tributarie per i cittadini che effettuano interventi riguardanti la pulizia, la manutenzione, l'abbellimento di aree verdi, piazze, strade ecc. (c.d. baratto amministrativo)[47].

Il rimborso delle somme versate e non dovute deve essere richiesto dal contribuente entro il termine di cinque anni dal giorno del versamento, ovvero da quello in cui è stato accertato il diritto alla restituzione. L'ente locale deve rimborsare entro centottanta giorni dalla data di presentazione dell'istanza.

[44] D.l. 13 maggio 2011, n. 70, conv. con L. 12 luglio 2011, n. 106, art. 7, comma 2, lett. *gg-quater*).

[45] Si veda il D.lgs. 26 febbraio 1999, n. 46, art. 19, che recita «*le disposizioni previste dal D.P.R. 29 settembre 1973, n. 602, artt. 14, 15, 15-bis, 20, 32, 33, 34, 35, 36, 37, 38, 41, 42 bis, 43 bis, 43 ter, 44 e 44 bis, si applicano alle sole imposte sui redditi*». Cfr. Cass., 9 agosto 2007, n. 17562; Id., 21 marzo 2008, n. 7785.

L'art. 72 del D.lgs. 15 novembre 1993, n. 507, consente l'immediata iscrizione integrale a ruolo, con soprattasse e interessi, della tassa di smaltimento di rifiuti solidi urbani; la questione di costituzionalità è stata ritenuta infondata da Corte cost., 30 dicembre 1999, n. 464.

[46] Si veda l'art. 19 del D.lgs. 18 dicembre 1997, n. 472, che si applica anche nei casi in cui non è prevista la riscossione frazionata e, quindi, anche per le sanzioni relative ai tributi locali.

[47] Si veda l'art. 24 del D.l. 12 settembre 2014, n. 133, conv. dalla L. 11 novembre 2014, n. 164).

© Wolters Kluwer Italia

**8.** *I tributi provinciali.*

Il D.lgs. 6 maggio 2011, n. 68, ha rivisto due tributi connessi al trasporto su gomma, vale a dire l'imposta sulle assicurazioni contro la responsabilità civile derivante dalla circolazione dei veicoli a motore (RC Auto) e l'imposta di trascrizione, iscrizione ed annotazione dei veicoli nel Pubblico registro automobilistico (IPT), che si paga attraverso l'Aci al momento dell'acquisto o trasferimento di proprietà di un veicolo (le tasse automobilistiche vanno invece alle regioni).

A ciò si aggiungono il tributo speciale per il deposito in discarica dei rifiuti solidi[48]; la tassa o il canone per l'occupazione di spazi ed aree pubbliche delle province[49]; il tributo per l'esercizio delle funzioni ambientali[50]; l'imposta provinciale di scopo[51].

[48] L. 28 dicembre 1995, n. 549, art. 3, commi 24-41.
[49] D.lgs. 15 novembre 1993, n. 507, art. 38.
[50] D.lgs. 30 dicembre 1992, n. 504, art. 19.
[51] D.lgs. 6 maggio 2011, n. 68, art. 20.

© Wolters Kluwer Italia

# SEZIONE II

# I TRIBUTI REGIONALI

SOMMARIO: 9. La finanza regionale. – 10. Il quadro costituzionale. – 11. L'imposta regionale sulle attività produttive (Irap). – 12. I tributi regionali minori. – 13. Le regioni a statuto speciale.

## 9. *La finanza regionale.*

Quando le regioni furono istituite, il finanziamento derivante da tributi propri era irrisorio[52]. Le regioni ricevevano trasferimenti statali, con vincolo di destinazione, decisi anno per anno[53].

Il dibattito degli anni novanta, e le riforme introdotte fino al 2000, hanno condotto ad un sistema di finanziamento più autonomistico[54].

Ha rappresentato una svolta nel finanziamento delle regioni l'istituzione dell'Irap[55], che, con l'addizionale regionale all'Irpef, mira a dotare le regioni di una fonte cospicua di finanziamento, con cui provvedere, in particolare, alla spesa sanitaria[56].

## 10. *Il quadro costituzionale.*

L'art. 119 assicura a regioni ed altri enti territoriali «*autonomia finanziaria di entrata e di spesa*»[57]. Le regioni traggono le loro entrate dai

[52] Si veda la L. 16 maggio 1970, n. 281, che sarà esaminata nel paragrafo dedicato ai tributi regionali minori.

[53] I trasferimenti dello Stato erano costituiti da fondi con destinazione specifica (Fondo sanitario nazionale, Fondo nazionale trasporti, Fondo per i programmi regionali di sviluppo). I trasferimenti di settore riguardavano gli interventi in agricoltura, per la difesa del suolo e la tutela ambientale, per le comunità montane, per gli interventi sociali. Solo il Fondo ordinario non aveva vincoli di destinazione.

[54] Nel 1993 furono attribuiti alle regioni i contributi sanitari; nel 1996 venne istituita una compartecipazione al gettito dell'imposta di fabbricazione sulla benzina. Contestualmente furono ridotti i trasferimenti statali, furono eliminati i fondi esistenti (ad eccezione del fondo sanitario) e istituito un fondo perequativo non vincolato.

[55] L'istituzione dell'Irap ha infatti comportato la soppressione dei contributi sanitari (compresa la tassa per la salute), dell'Ilor, della patrimoniale sulle imprese, dell'Iciap e della tassa sulla partita Iva.

[56] Il D.lgs. 18 febbraio 2000, n. 56, emanato in attuazione della delega contenuta nell'art. 10 della L. 13 maggio 1999, n. 133, ha disposto il passaggio dai fondi speciali a destinazione vincolata ai trasferimenti generali ed ha abolito il Fondo sanitario nazionale. Inoltre, sono stati previsti la compartecipazione al gettito dell'Iva e un nuovo meccanismo perequativo.

[57] In precedenza, l'art. 119 riferiva l'autonomia finanziaria solo alle regioni, confinandola "*nelle forme e nei limiti stabiliti da leggi della Repubblica, che la coordinano con la finanza dello Stato, delle province e dei comuni*".

© Wolters Kluwer Italia

tributi propri, dalle compartecipazioni ai tributi erariali e dal fondo perequativo statale. Da queste tre fonti debbono provenire risorse in grado di «*finanziare integralmente le funzioni pubbliche loro attribuite*» (clausola di autosufficienza).

Le compartecipazioni sono stabilite da leggi statali, sulla base del principio di territorialità, ossia collegando la percentuale spettante a ciascun ente al gettito proveniente dal rispettivo territorio.

Le differenze di capacità fiscale dei diversi enti comportano livelli diversi delle entrate che provengono dai tributi propri e dalle compartecipazioni. A ciò deve porre rimedio il fondo perequativo statale, da cui devono provenire trasferimenti senza vincoli di destinazione. In tal modo, tutte le regioni e gli enti locali devono essere ugualmente in grado di assolvere le loro funzioni, assicurando a tutti i cittadini i medesimi livelli essenziali di prestazioni concernenti i diritti civili e sociali, stabiliti da leggi dello Stato (*ex* art. 117, comma 2, lett. *m*).

Inoltre, sono previsti «*interventi speciali*» e «*risorse aggiuntive*» per finanziare interventi straordinari e per promuovere lo sviluppo economico, la coesione e la solidarietà sociale, per rimuovere gli squilibri economici e sociali, per favorire l'effettivo esercizio dei diritti della persona, e per provvedere a scopi diversi dal normale esercizio delle funzioni regionali e locali (art. 119, comma 5).

L'art. 119 Cost. attribuisce alle regioni il potere di stabilire e applicare tributi propri, «*in armonia con la Costituzione e secondo i principi di coordinamento della finanza pubblica e del sistema tributario*»[58].

La L. 5 maggio 2009, n. 42 («*Delega al Governo in materia di federalismo fiscale, in attuazione dell'articolo 119 della Costituzione*»), ha previsto tre tipi di tributi regionali:

1) tributi «*propri derivati*», istituiti e regolati da leggi statali, il cui gettito è attribuito alle regioni, che possono modificare le aliquote e disporre

[58] Con la legge sulla finanza regionale del 1970 (L. 16 maggio 1970, n. 281), il legislatore seguì un indirizzo riduttivo, attribuendo alle regioni a statuto ordinario quattro tributi, quasi completamente regolati dalla legge dello Stato.

I tributi "propri", attribuiti alle regioni ai sensi dell'art. 119 Cost. abrogato, sono tributi propri in senso debole, perché sono istituiti e regolati da leggi dello Stato (tributi propri derivati).

I tributi "propri" in senso pieno sono istituiti dalle regioni con propria legge, nel rispetto dei principi del coordinamento con il sistema tributario statale (cfr. Corte cost., 22 settembre 2003, n. 296 e n. 297, in *Fin. loc.*, 2003, 1707; Id., 26 gennaio 2004, n. 37, in *Giur. cost.*, 2004, 517). Cfr. F. Tesauro, *Le basi costituzionali della fiscalità regionale e locale*, in *Fin. loc.*, 2005, fasc. 9, p. 13.

© Wolters Kluwer Italia

esenzioni, detrazioni e deduzioni, nei limiti e secondo criteri fissati dalle leggi statali;

2) «*addizionali*» sulle basi imponibili dei tributi erariali; le regioni, con propria legge, possono modificare le aliquote delle addizionali e disporre detrazioni entro i limiti fissati da leggi statali;

3) tributi «*propri*», istituiti da leggi regionali, in relazione a presupposti non assoggettati ad imposizione erariale.

Secondo il D.lgs. 6 maggio 2011, n. 68, attuativo della delega, le fonti di entrata delle regioni sono le seguenti: addizionale all'Irpef; compartecipazione all'Iva; Irap; tributi regionali propri; gettito derivante dalla lotta all'evasione fiscale; fondo perequativo.

Dal 1° gennaio 2013 sono trasformati in tributi regionali propri la tassa per l'abilitazione all'esercizio professionale, l'imposta regionale sulle concessioni statali dei beni del demanio marittimo, l'imposta regionale sulle concessioni statali per l'occupazione e l'uso dei beni del patrimonio indisponibile, la tassa per l'occupazione di spazi ed aree pubbliche regionali, le tasse sulle concessioni regionali, l'imposta sulle emissioni sonore degli aeromobili.

## 11. *L'imposta regionale sulle attività produttive (Irap).*

A) L'imposta regionale sulle attività produttive fu istituita per dotare le regioni di una fonte di finanziamento della sanità. Il gettito va quindi alle Regioni, ma in forza di un rapporto Stato-regioni, al quale il contribuente resta estraneo, perché è affidato all'Amministrazione finanziaria dello Stato il potere di accertarla e di riscuoterla[59].

L'Irap è regolata da norme legislative statali[60]; è, quindi, un tributo regionale "proprio derivato".

Le regioni a statuto ordinario possono ridurre le aliquote fino ad azzerarle e disporre deduzioni dalla base imponibile[61].

B) L'Irap ha come presupposto lo svolgimento di un'attività (economica o no), autonomamente organizzata, per la produzione di beni e servizi; in

[59] In considerazione della destinazione del gettito, quando un soggetto passivo realizza il presupposto del tributo in più regioni, la base imponibile deve essere suddivisa tra le diverse regioni destinatarie del gettito.

[60] L'Irap è stata istituita dal D.lgs. 15 dicembre 1997, n. 446. Cfr. R. Schiavolin, *L'imposta regionale sulle attività produttive. Profili sistematici*, Milano, 2007.

[61] D.lgs. 6 maggio 2011, n. 68, art. 5.

© Wolters Kluwer Italia

altre parole, sono presupposti dell'Irap lo svolgimento, con autonoma organizzazione, di un'attività imprenditoriale, di un'attività artistica o professionale, o di un'attività amministrativa.

Perciò vi sono tre categorie di soggetti passivi: imprenditori, lavoratori autonomi, pubbliche amministrazioni.

Sono colpiti tutti coloro che producono reddito d'impresa commerciale: imprenditori individuali, società di persone o di capitali, enti commerciali, enti non commerciali.

Sono inoltre tassati coloro che esercitano un'arte o una professione, vale a dire un'attività professionalmente organizzata di lavoro autonomo[62].

Non sono colpiti coloro che svolgono attività di collaborazione coordinata e continuativa, né coloro che producono redditi assimilati a quelli di lavoro dipendente.

Sono infine tassati gli organi e le amministrazioni dello Stato, le regioni, le province, i comuni e gli enti non commerciali.

Sono esclusi coloro che producono redditi occasionali (di lavoro autonomo o d'impresa), gli imprenditori agricoli, i fondi di investimento e i fondi pensione.

C) La base imponibile, per gli imprenditori, è data dal «*valore della produzione netta*», che, per le società di capitali e per gli enti commerciali, è calcolato in base al conto economico, i cui dati si assumono secondo le regole di qualificazione, imputazione temporale e classificazione dello stesso conto economico. I componenti (positivi e negativi) del reddito d'impresa concorrono a formare la base imponibile dell'Irap nell'ammontare indicato nel conto economico; sono irrilevanti le variazioni (in aumento e in diminuzione) da effettuare ai fini dell'imposta sui redditi[63].

Per i soggetti che redigono il bilancio in base ai principi contabili internazionali (IAS) la base imponibile è determinata assumendo le voci del

[62] La disponibilità da parte di un medico radiologo di beni strumentali usuali e connaturati all'esercizio dell'attività professionale non è idonea a significare l'esistenza del presupposto impositivo dell'autonoma organizzazione; ai fini della valutazione di detto presupposto impositivo non rilevano né il capitale investito per l'acquisto dei beni, né i compensi percepiti dal professionista (Cass., 15 gennaio 2016, n. 547, in *Giur. it.*, 2016, 1592).

Il presupposto dell'autonoma organizzazione non ricorre quando il contribuente responsabile dell'organizzazione impieghi beni strumentali non eccedenti il minimo indispensabile all'esercizio dell'attività e si avvalga di lavoro altrui non eccedente l'impiego di un dipendente con mansioni esecutive (Cass., sez. un., 10 maggio 2016, n. 9451).

[63] In base alla L. 24 dicembre 2007, n. 244, la determinazione della base imponibile Irap delle società di capitali e degli enti commerciali è stata "sganciata" dall'imponibile Ires in modo da tener conto unicamente delle voci di bilancio rilevanti ai fini Irap.

© Wolters Kluwer Italia

valore e dei costi della produzione corrispondenti a quelle suindicate; essi devono perciò predisporre un ulteriore conto economico, nella forma prevista dall'art. 2425 c.c.

Lo schema del conto economico, fissato dall'art. 2425 c.c., è così composto:

A) Valore della produzione
B) Costi della produzione
*Differenza tra valore e costo della produzione*
C) Proventi ed oneri finanziari
D) Rettifiche di valore di attività finanziarie
*Risultato prima delle imposte*
Imposte sul reddito dell'esercizio
*Utile (o perdita) dell'esercizio.*

Per determinare la base imponibile dell'Irap va presa in considerazione (con alcune rettifiche) la differenza tra valore e costi della produzione, di cui alle lettere A) e B) dell'art. 2425 c.c.[64]. Ciò significa che rileva la gestione ordinaria dell'impresa, non quella finanziaria.

Non rilevano tutti i costi della produzione. Il costo del personale dipendente è deducibile. Ma non sono deducibili: i compensi delle prestazioni di lavoro assimilate al lavoro dipendente; i compensi corrisposti per le collaborazioni coordinate e continuative; i costi e i compensi per attività d'impresa e di lavoro autonomo occasionale; la quota di interessi dei canoni di *leasing*; le perdite su crediti; le svalutazioni relative a immobilizzazioni e crediti; gli accantonamenti; l'imposta municipale sugli immobili[65].

Vi sono dunque remunerazioni tassate a carico dell'impresa e non di chi percepisce il reddito. Poiché non si deducono gli interessi passivi, si può dire, in sintesi, che l'Irap colpisce, a carico dell'imprenditore, il valore aggiunto complessivo realizzato dall'impresa, e cioè dall'imprenditore, da alcuni collaboratori e dai finanziatori.

Per le società di persone e per gli imprenditori individuali i componenti positivi della base imponibile sono i ricavi e le rimanenze[66].

[64] Concorrono alla formazione del valore della produzione: i contributi erogati in base a norma di legge (con l'eccezione di quelli correlati a costi indeducibili) e le plusvalenze e le minusvalenze derivanti dalla cessione di immobili che non costituiscono beni strumentali né beni-merce.

[65] Per i soggetti di cui all'art. 3, comma 1, lett. *a*), non esercenti le attività di cui agli artt. 6 e 7, la base imponibile è determinata dalla differenza tra il valore e i costi della produzione di cui alle lett. A) e B) dell'art. 2425 c.c., con esclusione delle voci di cui ai nn. 9), 10), lett. *c*) e *d*), 12) e 13), così come risultanti dal conto economico dell'esercizio.

[66] Ai sensi dell'art. 5-*bis* del D.lgs. 15 dicembre 1997, n. 446, le persone fisiche esercenti attività commerciali di cui all'art. 55 del Tuir determinano il valore della produzione con il

© Wolters Kluwer Italia

Si deducono i costi delle materie prime, sussidiarie e di consumo, delle merci, dei servizi, dell'ammortamento e dei canoni di locazione (anche finanziaria) dei beni strumentali (materiali e immateriali).

La base imponibile non muta per le imprese in contabilità semplificata: per esse occorre procedere alla riclassificazione dei componenti positivi e negativi, utilizzando lo schema di conto economico previsto dal codice civile.

Vi sono poi modalità particolari di calcolo della base imponibile per i produttori agricoli, per le banche, le società finanziarie e le assicurazioni.

Per i lavoratori autonomi il valore della produzione è dato dalla differenza tra i compensi percepiti nel periodo d'imposta e la somma dei costi inerenti all'attività, sostenuti nel medesimo periodo, e degli ammortamenti. Non sono deducibili gli interessi passivi e le spese per il personale dipendente e assimilato.

Per gli enti non commerciali e per le pubbliche amministrazioni la base imponibile è pari alle spese per stipendi.

L'aliquota è del 3,9 per cento.

D) La giustificazione costituzionale dell'Irap è stata molto discussa[67]. Il presupposto dell'Irap, come definito dal legislatore è l'esercizio delle attività dirette alla produzione o allo scambio di beni ovvero alla produzione di servizi. Ma, per tassare tali attività, non viene adottato, come parametro del tributo, nessuno dei tradizionali indici di capacità contributiva (patrimonio, reddito, consumo, ecc.), ma una grandezza economica – il valore aggiunto netto della produzione – che è misurata dalla differenza tra valore e costo della produzione, con l'aggiunta di taluni costi, tra cui quelli di lavoro e per interessi.

metodo di derivazione fiscale assumendo i componenti rilevanti ai fini Irap secondo le regole di qualificazione, imputazione temporale e classificazione valevoli per la determinazione del reddito d'impresa ai fini dell'Irpef.

Il valore della produzione è cosi pari alla differenza tra l'ammontare dei ricavi di cui all'art. 85, comma 1, lett. *a*), *b*), *f*) e *g*) del Tuir e delle variazioni delle rimanenze finali di cui agli artt. 92, 92-*bis* e 93, del medesimo T.u. e l'ammontare dei costi delle materie prime, sussidiarie e di consumo, delle merci, dei servizi, dell'ammortamento e dei canoni di locazione anche finanziaria dei beni strumentali materiali e immateriali.

[67] In senso critico cfr.: R. Baggio, *Profili di irrazionalità ed illegittimità costituzionale dell'imposta regionale sulle attività produttive*, in *Riv. dir. trib.*, 1997, I, p. 633; G. Falsitta, *Aspetti e problemi dell'Irap*, in *Riv. dir. trib.*, 1997, I, p. 500; L. Ferlazzo Natoli, A. Colli Vignarelli, *Il meccanismo impositivo dell'Irap: dubbi di costituzionalità*, in *Boll. trib.*, 1998, p. 649.

A difesa dell'Irap cfr. F. Gallo, *La tassazione dei redditi d'impresa, i difetti e le proposte di modifica*, in *Rass. trib.*, 1997, 121; Id., Ratio *e struttura dell'Irap*, *ivi*, 1998, 627; A. Fedele, *Prime osservazioni sull'Irap*, in *Riv. dir. trib.*, 1998, I, p. 452.

© Wolters Kluwer Italia

In tal modo, si colpisce una entità economica che, per un verso, è assunta come misura del "valore aggiunto prodotto", dall'altro, è considerata espressiva di una capacità contributiva oggettiva, derivante dall'organizzazione dell'impresa.

La Corte costituzionale ha ritenuto che il valore aggiunto prodotto dalle attività autonomamente organizzate, colpito dall'Irap, è indice costituzionalmente idoneo di capacità contributiva, trattandosi comunque di una nuova ricchezza, che è assoggettata ad imposizione prima di essere distribuita per remunerare i diversi fattori della produzione, «*trasformandosi in reddito per l'organizzatore dell'attività, i suoi finanziatori, i suoi dipendenti e collaboratori*»[68].

Dubbi di costituzionalità sono sorti per la tassazione dei lavoratori autonomi, perché equiparati alle imprese, in contrasto con quanto ritenuto dalla Corte costituzionale in tema di Ilor[69].

Altro aspetto critico della disciplina dell'Irap è la norma secondo cui tale imposta non è deducibile dalla base imponibile delle imposte sui redditi (salvo in alcuni casi, visti nel capitolo sul reddito d'impresa). Trattandosi di un tributo che si rende dovuto per il mero fatto dello svolgimento di una attività produttiva, esso costituisce un costo di quell'attività, e, quindi, dovrebbe essere dedotto nel calcolo del reddito imponibile. La norma che impedisce di dedurla fa gravare l'imposta reddituale su un indice fittizio di capacità contributiva, perché l'imposta sul reddito viene pagata anche su quella parte di reddito che il contribuente utilizza per il pagamento dell'Irap.

La questione se l'Irap violi la norma comunitaria, che vieta agli Stati di istituire imposte che rappresentano un duplicato dell'Iva, è stata risolta dalla Corte di giustizia in senso negativo[70]. Dopo aver osservato che l'Iva è un'imposta generale sul consumo, esattamente proporzionale al prezzo dei beni e dei servizi, qualunque sia il numero di transazioni intervenute nel processo di produzione e di distribuzione antecedente alla fase dell'imposizione, e che sono vietate le imposte che abbiano l'effetto di danneggiare il funzionamento del sistema comune dell'Iva, gravando sulla

[68] Sentenza 21 maggio 2001, n. 156, in *Giur. it.*, 2001, 10, 1979, con nota di R. SCHIAVOLIN, *Prime osservazioni sull'affermata legittimità costituzionale dell'imposta regionale sulle attività produttive.*

[69] La Corte costituzionale, con la sent. 25 marzo 1980, n. 42, in *Giur. it.*, 1980, I, 1, 1797, dichiarò incostituzionale l'Ilor sul reddito dei lavoratori autonomi, in ragione della non equiparabilità, ai fini tributari, dei lavoratori autonomi alle imprese.

[70] Corte di Giustizia, 3 ottobre 2006, *Banca Pop. di Cremona*, C-475/03, in *Giur. it.*, 2007, 2, 493.

© Wolters Kluwer Italia

circolazione dei beni e dei servizi e colpendo le transazioni commerciali in modo analogo all'Iva, la Corte ha rilevato che l'Irap differisce dall'Iva perché non è proporzionale al prezzo dei beni e servizi forniti dal soggetto passivo, non deve essere sistematicamente trasferita sul consumatore finale e che colpisce le attività produttive senza ripercuotersi a carico del consumatore finale, come avviene per un'imposta sul consumo come l'Iva. Ha quindi concluso che l'Irap non è incompatibile con il sistema dell'Iva.

**12.** *I tributi regionali minori.*

Le entrate tributarie regionali sono costituite, oltre che dall'Irap, dai tributi previsti dalla legge per la finanza regionale del 1970[71]. Si tratta di quattro tributi: a) imposta sulle concessioni statali dei beni del demanio e del patrimonio indisponibile; b) tassa sulle concessioni regionali; c) tassa automobilistica; d) tassa per l'occupazione di spazi ed aree pubbliche.

L'imposta regionale sulle concessioni statali si applica alle concessioni per l'occupazione e l'uso dei beni del demanio e del patrimonio indisponibile dello Stato siti nel territorio della regione, ad eccezione delle concessioni per le grandi derivazioni di acque pubbliche. Le regioni determinano l'ammontare dell'imposta in misura non superiore al triplo del canone di concessione. L'imposta è dovuta dal concessionario ed è riscossa dallo Stato, insieme con il canone.

La tassa sulle concessioni regionali si applica agli atti e provvedimenti adottati dalle regioni nell'esercizio delle funzioni ad esse trasferite dallo Stato. La misura è fissata dalle regioni, ma entro limiti predeterminati da norme statali.

All'accertamento, liquidazione e riscossione provvedono gli uffici regionali[72].

La tassa automobilistica colpisce il possesso di ciclomotori, autoveicoli ed autoscafi, immatricolati nella regione[73].

[71] L. 16 maggio 1970, n. 281.

[72] L. 23 novembre 1979, n. 594.

[73] Si tratta di un tributo disciplinato da norme statali; alle regioni è attribuito il potere di disciplinarne «*la riscossione, l'accertamento, il recupero, i rimborsi, l'applicazione delle sanzioni ed il contenzioso amministrativo*» (L. 27 dicembre 1997, n. 449, art. 17, comma 10). La Corte Costituzionale ha dichiarato illegittime le leggi regionali che modificavano le norme

© Wolters Kluwer Italia

La tassa regionale per l'occupazione di spazi ed aree pubbliche è disciplinata mediante rinvio alla disciplina dell'analogo tributo provinciale ed ha per oggetto gli spazi e le aree appartenenti alle regioni. La misura del tributo è fissata dalla regione entro limiti predeterminati dallo Stato; all'accertamento, liquidazione e riscossione provvedono, per conto della regione, gli uffici provinciali.

La tassa regionale per il diritto allo studio universitario è un tributo di scopo; è dovuta per l'iscrizione ai corsi universitari ed il suo gettito è destinato all'erogazione di borse di studio e prestiti d'onore[74]. Vi è poi una tassa regionale per l'abilitazione all'esercizio professionale.

Sono tributi regionali ambientali l'imposta sulle emissioni sonore degli aeromobili[75] ed il tributo speciale per il conferimento dei rifiuti solidi nelle discariche[76].

Altre risorse regionali provengono dalle addizionali a tributi erariali e dalle compartecipazioni.

L'addizionale regionale all'imposta erariale di consumo sul gas metano (Arisgam) è dovuta sul consumo di gas naturale[77]; ad essa si affianca l'imposta sostitutiva dell'addizionale, dovuta da talune categorie di soggetti esenti dall'accisa erariale[78].

Vi sono inoltre un'addizionale regionale all'Irpef[79], una sovrimposta sulla benzina per autotrazione[80] ed un'addizionale sui canoni statali per le utenze di acqua pubblica[81].

Le regioni compartecipano al gettito di tre tributi erariali: accisa sulla benzina[82], Iva[83] e accisa sul gasolio[84].

statali in tema di prescrizione e di esenzione per i veicoli a gas metano (sentenza 26 settembre 2003, n. 296).

[74] L. 28 dicembre 1995, n. 549, art. 3, comma 20.

[75] L. 21 novembre 2000, n. 342, art. 90.

[76] L. 28 dicembre 1995, n. 549, art. 3, commi da 24 a 41.

[77] D.lgs. 21 dicembre 1990, n. 398; D.lgs. 26 ottobre 1995, n. 504, art. 26.

[78] D.lgs. 29 novembre 1995, n. 504, art. 17.

[79] D.lgs. 15 dicembre 1997, n. 446, art. 50, comma 3. L'addizionale è dovuta, dal 1998, alla regione nella quale il contribuente ha il domicilio fiscale. Si calcola sul reddito complessivo Irpef, al netto degli oneri deducibili.

[80] La sovrimposta regionale sulla benzina si applica alla benzina erogata dagli impianti di distribuzione ubicati nel territorio della regione; è prevista dalla L. 14 giugno 1990, n. 158 e dal D.lgs. 21 dicembre 1990, n. 398.

[81] L. 5 gennaio 1994, n. 36, art. 18.

[82] L. 28 dicembre 1995, n. 549, art. 3, comma 12; D.lgs. 18 febbraio 2000, n. 56, artt. 4 e 5.

[83] D.lgs. 18 febbraio 2000, n. 56, art. 2.

[84] L. 28 dicembre 1995, n. 549, art. 3, comma 12-*bis*, introdotto dall'art. 1, comma 12, della L. 27 dicembre 2006, n. 296.

© Wolters Kluwer Italia

## 13. *Le regioni a statuto speciale.*

La potestà legislativa delle regioni a statuto speciale in materia tributaria è disciplinata dagli Statuti (art. 116 Cost.)[85]. Il titolo V della Costituzione si applica a tali regioni solo per la parte in cui prevede forme di autonomia maggiori di quelle previste dagli Statuti[86].

La Regione Sicilia, in base all'art. 36 dello Statuto, può direttamente deliberare tributi propri[87]. Le leggi tributarie dello Stato si applicano anche in Sicilia, ma è fatto salvo «*quanto la Regione disponga nell'esercizio e nei limiti della competenza legislativa ad essa spettante*». Inoltre, «*nei limiti dei principi del sistema tributario dello Stato la Regione può istituire nuovi tributi in corrispondenza alle particolari esigenze della comunità regionale*»[88].

Le entrate della Regione Sardegna sono costituite, oltre che da compartecipazioni al gettito dei tributi statali, da imposte e tasse sul turismo e da altri tributi propri, che la Regione può istituire con legge, in armonia con i principi del sistema tributario dello Stato.

L'art. 10 dello Statuto prevede che la Regione Sardegna, con riferimento ai tributi erariali per i quali lo Stato ne ammette la possibilità, può: a) prevedere agevolazioni fiscali, esenzioni, detrazioni d'imposta, deduzioni dalla base imponibile e concedere, con oneri a carico del bilancio regionale, contributi da utilizzare in compensazione ai sensi della legislazione statale; b) modificare le aliquote in aumento entro i limiti stabiliti dalla normativa statale o in diminuzione fino ad azzerarle.

La Regione Friuli-Venezia Giulia può istituire tributi propri in armonia con il sistema tributario dello Stato, delle province e dei comuni ed ha diritto a quote di tributi erariali riscossi nel suo territorio.

La Regione Trentino-Alto Adige può esigere direttamente e gestire in piena autonomia le entrate proprie, previste dall'art. 72 dello Statuto (come l'imposta di soggiorno), dall'art. 73, comma 1 (che prevede la facoltà di

[85] Cfr. G. Scanu, *L'autonomia tributaria delle regioni a statuto speciale e delle province autonome*, Torino, 2017.

[86] Corte cost., 15 aprile 2008, n. 102.

[87] Corte cost., 22 aprile 1999, n. 138, in *Giur. cost.*, 1999, 1074.

[88] D.P.R. 26 luglio 1965, n. 1074, art. 6.

La Sicilia, con L. regionale 26 marzo 2002, n. 2, aveva istituito un tributo che colpiva il gas metano proveniente dall'Algeria. La Corte di giustizia, con sentenza 21 giugno 2007, C-173/05, ha dichiarato che l'Italia era venuta meno agli obblighi imposti dagli artt. 23, 25 e 133 del Trattato CE, nonché dall'art. 9 dell'Accordo di cooperazione tra la Comunità europea e l'Algeria.

© Wolters Kluwer Italia

istituire tributi propri) ed ha diritto ad una quota di taluni tributi statali riscossi nel suo territorio[89].

Infine, la Regione Valle d'Aosta può istituire imposte, sovrimposte e tasse osservando i principi dell'ordinamento tributario statale, ed ha diritto ad alcune esenzioni dai dazi e dalle imposte sui consumi.

In tutti gli Statuti si prevede il rispetto dei principi del sistema tributario statale, cioè dei princìpi che «*attengono specificamente alla tipologia e alla struttura degli istituti tributari statali, nonché alle rationes ispiratrici di detti istituti*»[90].

[89] Corte cost., 14 luglio 1986, n. 191.
[90] Corte cost., 15 aprile 2008, n. 102.

© Wolters Kluwer Italia

# PARTE IV

# FISCALITÀ INTERNAZIONALE

CAPITOLO UNDICESIMO

# LA FISCALITÀ DELL'UNIONE EUROPEA

SEZIONE I

## IL MERCATO INTERNO



### 1. *Le libertà fondamentali e il principio di non discriminazione.*

Mercato interno e libertà fondamentali sono concetti chiave per l'UE. Prevede infatti il Trattato sul funzionamento dell'Unione europea[1] che «*il mercato interno comporta uno spazio senza frontiere interne, nel quale è*

[1] Il processo di integrazione europea ha avuto inizio nel 1951, con la creazione della *Comunità del carbone e dell'acciaio* (Ceca). Nel 1957 furono istituite la *Comunità europea per l'energia atomica* (Euratom) e la *Comunità economica europea* (Cee). Le tre Comunità sono state sostituite, per effetto del Trattato di Maastricht (1993), dall'Unione europea.

La finalità originaria della Comunità era essenzialmente creare un unico mercato.

A partire dagli anni Ottanta gli Stati membri hanno sottoscritto:

– l'Atto unico europeo (1986), entrato in vigore il 1° luglio 1987, che ha disposto la creazione del mercato unico, o mercato interno, e, a partire dal 1° gennaio 1993, ha soppresso le frontiere (fisiche, tecniche e fiscali);

– il Trattato di Maastricht (1992), entrato in vigore il 1° novembre 1993, che ha istituito l'Unione europea;

– il Trattato di Amsterdam (1997), entrato in vigore il 1° maggio 1999, che ha modificato il Trattato di Roma;

– il Trattato di Nizza (2001), entrato in vigore il 1º febbraio 2003, che ha modificato il Trattato di Maastricht e il Trattato di Roma;

© Wolters Kluwer Italia

*assicurata la libera circolazione delle merci, delle persone, dei servizi e dei capitali»* (art. 26).

Le norme fiscali degli Stati devono essere compatibili con le norme dell'UE; in particolare, non devono ostacolare le libertà fondamentali, non devono essere contrarie al principio di non discriminazione e non devono alterare il regime di libera concorrenza, concedendo aiuti di Stato incompatibili.

L'art. 18 del TFUE vieta «*ogni discriminazione effettuata in base alla nazionalità*». Il principio trova specifiche applicazioni nelle norme che sanciscono le libertà fondamentali; e la Corte lo applica solo quando non ricorrono i presupposti per l'applicazione delle libertà fondamentali[2].

La normativa di uno Stato membro, che discrimina i soggetti in base alla nazionalità, prevedendo per i non cittadini un trattamento fiscale deteriore rispetto a quello stabilito per i cittadini, è incompatibile con le libertà fondamentali[3].

Sono vietate non solo le discriminazioni palesi in base alla nazionalità, ma anche le discriminazioni dissimulate o indirette, basate su criteri diversi dalla nazionalità, come la residenza. Perciò, è vietata ogni discriminazione fiscale tra residenti e non residenti[4], sia che si tratti di persone fisiche, sia che si tratti di società[5], perché «*i non-residenti il più delle volte non sono cittadini dello Stato ove svolgono la loro attività*»[6].

– il Trattato di Lisbona (2007), entrato in vigore il 1° dicembre 2009, che ha modificato sia il Trattato UE, sia il Trattato CE (divenuto Trattato sul funzionamento dell'UE).

[2] Il principio di non discriminazione è applicato autonomamente solo nelle situazioni disciplinate dal diritto comunitario per le quali il Trattato non stabilisca specifici divieti di discriminazione (cfr., ad esempio, la sentenza 30 maggio 1989, *Commissione c. Grecia*, causa 305/87, in *Raccolta*, 1989, 1461).

[3] Deve trattarsi di una normativa che penalizzi (nel trattamento fiscale) gli operatori di un altro Stato membro rispetto a quelli nazionali, o renda fiscalmente meno vantaggioso, per gli operatori nazionali, prestare la propria attività in un altro Stato membro (sentenza 5 ottobre 1994, *Commissione c. Francia*, C-381/93) o che ponga restrizioni alla libertà di recarsi in un altro Stato membro per fruire ivi di un servizio (sentenza 28 ottobre 1999, *Bent Vestergaard*, C-55/88).

[4] Corte di giustizia, 14 febbraio 1995, *Schumacker*, C-279/93.

[5] Sulla equiparazione tra società residenti e non residenti, cfr. Corte di giustizia, 21 settembre 1999, *Saint-Gobain*, C-307/97.

[6] Corte di giustizia, 14 febbraio 1995, *Schumacker*, C-279/93, cit.; Id., 13 luglio 1993, *Commerzbank AG*, C-330/91.

© Wolters Kluwer Italia

## 2. *La circolazione delle merci.*

Secondo l'art. 28 del TFUE, «*L'Unione comprende un'unione doganale che si estende al complesso degli scambi di merci*».

L'Unione doganale «*comporta il divieto, fra gli Stati membri, dei dazi doganali all'importazione e all'esportazione e di qualsiasi tassa di effetto equivalente, come pure l'adozione di una tariffa doganale comune nei loro rapporti con i paesi terzi*»[7]. Il Trattato garantisce dunque la libera circolazione delle merci e vieta i dazi e le tasse di effetto equivalente ai dazi doganali[8].

Sono vietate sia le imposizioni interne discriminatorie, sia i ristorni all'esportazione di imposizioni interne superiori a quelle effettivamente applicate. Nei confronti dei Paesi terzi, si applica la Tariffa doganale comune (artt. 30-36 del TFUE).

### 2.1. *La circolazione delle persone.*

Residenti e non residenti sono assoggettati nei diversi ordinamenti a regimi fiscali diversi, in quanto i residenti sono soggetti ad imposta per la totalità dei loro redditi, ovunque prodotti, ed invece i non residenti sono tassati in modo limitato, ossia solo per i redditi prodotti nello Stato.

Il reddito percepito nel territorio di uno Stato da un non residente costituisce, nella maggior parte dei casi, solo una parte del suo reddito complessivo; è nello Stato in cui risiede (in cui vive stabilmente ed ha il centro dei suoi interessi personali ed economici) che il contribuente di solito produce la maggior parte del suo reddito. Perciò, in linea di principio, le

[7] Nell'unione doganale le merci prodotte nell'UE e quelle «in libera pratica» (ossia le merci provenienti da Paesi terzi, che hanno scontato i diritti doganali), possono circolare all'interno dell'UE senza sottostare a dazi doganali.

[8] Tassa di effetto equivalente ai dazi doganali è ogni tributo che gravi sui prodotti importati ma non su quelli interni o che comunque colpisca la circolazione di una merce nel territorio comunitario. Afferma Corte di giustizia, 9 settembre 2004, *Carbonati Apuani*, C-72/03, che: «*un onere pecuniario, anche se minimo, imposto unilateralmente, a prescindere dalla sua denominazione e dalla sua struttura, e gravante sulle merci nazionali o estere a causa del fatto che varcano una frontiera, se non è un dazio doganale vero e proprio, costituisce una tassa di effetto equivalente ai sensi dell'art. 23 CE*».

È stata dichiarata incompatibile con il diritto comunitario una imposta siciliana che colpiva i proprietari dei gasdotti che trasportano gas attraverso il territorio della Regione siciliana, perché un tributo su una merce importata da un paese terzo (Algeria) è contrario agli artt. 23 CE e 133 CE, oltre che ad un accordo con l'Algeria (Corte di giustizia, 21 giugno 2007, *Commissione c. Italia*, C-173/05).

© Wolters Kluwer Italia

legislazioni che distinguono tra residenti e non residenti non violano il divieto di discriminazione.

Può accadere però che un soggetto produca la maggior parte del suo reddito in un Paese dell'UE diverso da quello di residenza, o che una famiglia produca il suo reddito in più Stati[9].

Per non restringere il diritto di ogni cittadino dell'Unione, di circolare e di soggiornare liberamente nel territorio degli Stati membri (previsto dall'art. 21 del TFUE), a chi produce la maggior parte del suo reddito in uno Stato in cui non è residente devono essere accordate le stesse attenuazioni del carico fiscale che sono concesse ai residenti; in altri termini, gli deve essere concesso il "trattamento nazionale", equiparando il non residente al residente[10].

### 2.2. *Il diritto di stabilimento.*

A) Il Trattato sancisce la libertà di stabilimento, in forza della quale le imprese ed i lavoratori autonomi possono stabilirsi e operare in ogni Stato membro alle condizioni definite per i residenti dallo Stato ospitante.

La libertà di stabilimento consiste nel diritto di ogni operatore economico di trasferirsi da uno Stato membro all'altro, per esercitare un'attività economica in uno Stato membro diverso da quello di origine ("libertà di stabilimento primaria"). Inoltre, ogni imprenditore è libero di aprire filiali (cioè società controllate), agenzie o succursali (stabili organizzazioni) in un altro Paese membro ("libertà di stabilimento secondaria").

Le libertà di stabilimento, primaria e secondaria, devono essere tutelate sia dallo Stato di origine (divieto di *home State restriction*), sia dal Paese ospitante (divieto di *host State restriction*).

B) La libertà di stabilimento primaria – prescindendo qui dalle questioni relative alle restrizioni poste da norme non fiscali[11] – comporta il divieto di

[9] Corte di giustizia, 14 febbraio 1995, *Schumacker*, C-279/93, cit.; Id., 16 maggio 2000, *Zurstrassen*, C-87/99.

[10] Corte di giustizia, 14 febbraio 1995, *Schumacker*, C-279/93, cit.; Id., 14 settembre 1999, *Gschwind*, C-391/97; Id., 8 maggio 1990, *Biehl*, 175/88; Id., 11 agosto 1995, *Wielockx*, C-80/94.

[11] Cfr. Corte di giustizia, 27 settembre 1988, *Daily Mail*, causa 81/87; Id., 10 luglio 1986, *Segers*, causa 79/85; Id., 9 marzo 1999, *Centros*, C-212/97, in *Giur. it.*, 2000, 767; Id., 5 novembre 2002, *Überseering BV*, C-208/00, in *Giur.it.*, 2003, 703; Id., 30 settembre 2003, *Inspire Art*, C-167/01; Id., 13 dicembre 2005, *Sevic*, C-411/03; Id., 16 dicembre 2008, *Cartesio*, C-210/06.

© Wolters Kluwer Italia

ostacolare con norme fiscali il trasferimento di una impresa o di un lavoratore autonomo da uno Stato membro all'altro.

Si è ritenuta contraria alla libertà di stabilimento la tassazione immediata, all'atto del trasferimento della sede all'estero, delle plusvalenze latenti formatesi sino a quella data (*exit tax*)[12]. La riscossione dell'imposta dev'essere differita all'atto del realizzo[13].

C) La società che risiede in uno Stato membro ha diritto di creare altre società in altri Stati membri, anche per fruire di una legislazione fiscale più vantaggiosa, cioè anche se nell'altro Stato gli utili prodotti dalla società controllata sono soggetti ad un livello impositivo inferiore a quello che si applica nello Stato di origine. Ciò costituisce esercizio, non abuso, della libertà di stabilimento.

Occorre però che la società costituita nell'altro Stato non sia una «*costruzione di puro artificio*», sia realmente impiantata nello Stato di stabilimento e vi eserciti attività economiche effettive. Senza queste condizioni, si è in presenza di un fenomeno elusivo, che autorizza lo Stato di origine a tassare la controllante per gli utili prodotti dalla controllata nell'altro Stato[14].

D) La libertà di stabilimento incide sul trattamento fiscale (compensazione e riporto) dei costi e delle perdite transfrontaliere. Ciò vale sia per la legislazione fiscale dello Stato di origine, sia per quella dello Paese ospitante, in cui è insediata una stabile organizzazione (*branch*) o una controllata (*subsidiary*)[15].

Non è compatibile con il diritto di stabilimento la normativa di uno Stato membro che impedisce la deduzione dei costi sostenuti dalla società madre nei rapporti con una controllata. È il caso degli interessi passivi derivanti da prestiti contratti per finanziare società figlie residenti in altri Paesi membri[16].

[12] Corte di giustizia, 11 marzo 2004, *de Lasteyrie du Saillant*, C-9/02, in *Giur. it.*, 2004, 1753; Id., 7 settembre 2006, *N.* C-470/04.

[13] Corte di giustizia, 29 novembre 2011, *National Grid Indus NV,* C-371/10. Si veda l'art. 166, commi 2-quater e 2-quinquies del Tuir.

[14] Corte di giustizia, 12 settembre 2006, *Cadbury Schweppes*, C-196/04, in *Riv. dir. fin.*, 2007, II, 13, con nota di S. Cipollina, *Cfc legislation e abuso della libertà di stabilimento: il caso «Cadbury Schweppes»*.

[15] Si vedano i casi *Futura* (Corte di giustizia, 15 maggio 1997, C-250/95) e *AMID* (sentenza 14 dicembre 2000, C-141/99, cit.), relativi a stabili organizzazioni.

In materia di deducibilità, da parte della casa madre, delle perdite subite dalle consociate estere, si veda Corte di giustizia, 16 luglio 1998, *Imperial Chemical Industries*, C-264/96.

[16] Corte di giustizia, 18 settembre 2003, *Bosal Holding*, C-168/01, in *Giur. it.*, 2004, 1976.

© Wolters Kluwer Italia

In tema di perdite infragruppo, non è compatibile con la libertà di stabilimento la legislazione dello Stato, in cui risiede la controllante, che non ammette la deducibilità delle perdite delle controllate residenti in altro Stato membro, neppure nel caso in cui le perdite non possono essere dedotte dalla controllata[17].

E) La libertà di stabilimento secondaria deve essere garantita dal Paese ospitante assicurando alle società residenti, controllate da società non residenti, parità di trattamento rispetto alle altre società residenti. Anche alle stabili organizzazioni dev'essere assicurata parità di trattamento rispetto alle società residenti.

Dev'essere garantita la libertà di scegliere la forma giuridica (stabile organizzazione o società) con la quale esercitare il diritto di stabilimento. Ciò impone che società controllate (*subsidiary*) e stabili organizzazioni (*branch*) siano trattate in modo equivalente[18].

F) La libertà di stabilimento concerne anche le partecipazioni in società di altri Stati membri, quando consentono di esercitare una "sicura influenza" sulle decisioni di una società. Per contro, le partecipazioni che hanno solo lo scopo di realizzare un investimento finanziario, senza influenze sulla gestione dell'impresa, devono essere valutate alla luce del principio di libera circolazione dei capitali[19].

La Corte di giustizia ha sancito l'incompatibilità con la libertà di stabilimento delle norme sulla *thin capitalization*, che prevedono la riqualificazione degli interessi in dividendi nei confronti delle controllanti non residenti, ma non nei confronti delle controllanti residenti: le norme così strutturate sono state giudicate discriminatorie nei confronti delle società stabilite in Stati membri diversi da quello di residenza di una controllata, perché disciplinano diversamente, a seconda che la capogruppo sia residente o non residente, la deducibilità degli interessi versati dalle società controllate alle loro controllanti a titolo di remunerazione dei finanziamenti ricevuti[20].

[17] Corte di giustizia, 13 dicembre 2005, *Marks & Spencer*, C-446/03, in *Rass. trib.*, 2006, 994.

[18] Le basi della comparazione *branch-subsidiary* sono state poste dalla sentenza 8 gennaio 1986, *Avoir Fiscal*, causa 270/83, riguardante la legislazione francese, che negava alle stabili organizzazioni il credito d'imposta interno, accordato invece alle società residenti. Cfr. inoltre Corte di giustizia, 13 luglio 1993, *Commerzbank AG*, C-330/91; Id., 15 maggio 1997, *Futura*, C-250/95; Id., 29 aprile 1999, *Royal Bank of Scotland*, C-311/97; Id., 21 settembre 1999, *Saint Gobain*, C-307/97.

[19] Corte di giustizia, 10 febbraio 2011, *Haribo*, C-436/08 e C-437/08.

[20] Corte di giustizia, 12 dicembre 2002, *Lankhorst*, C-324/2000, in *Giur. it.*, 2004, 429.

© Wolters Kluwer Italia

**2.3.** *La prestazione dei servizi.*

La libera circolazione dei servizi, sancita dall'art. 56 del TFUE, interessa gli operatori economici (persone fisiche o giuridiche) che prestano servizi in un Paese diverso da quello in cui sono stabiliti. Mentre la libertà di stabilimento implica il diritto di operare in modo permanente, la libertà di prestazione dei servizi riguarda le attività svolte in modo non permanente, dietro retribuzione.

Il principio in esame ha carattere residuale: opera quando non valgono le norme sulle altre libertà fondamentali.

Esso riguarda i servizi transfrontalieri, e deve essere assicurato sia nei riguardi di chi presta il servizio, sia nei riguardi di chi ne fruisce: gli operatori devono dunque essere in grado di fornire servizi all'estero, i consumatori di richiederli.

In applicazione del principio di libera prestazione dei servizi sono state dichiarate incompatibili con il Trattato le norme fiscali che negano o limitano la deducibilità di costi sostenuti per prestazioni di servizi rese da imprese non residenti[21].

**2.4.** *La circolazione dei capitali.*

Il principio di libera circolazione dei capitali, sancito dall'art. 63, n. 1, TFUE, comporta il divieto di norme fiscali che possono avere effetti restrittivi della circolazione dei capitali o effetti discriminatori tra gli Stati membri o tra gli Stati membri e gli Stati terzi[22].

I diritti derivanti dalle libertà fondamentali sono riservati ai cittadini dell'UE (persone fisiche e società). Invece la tutela della libera circolazione dei capitali è di tipo oggettivo, essendo tutelata la circolazione dei capitali di per sé, anche nei rapporti con i Paesi terzi[23].

Inoltre, la libera circolazione dei capitali interessa i dividendi solo quando derivino da partecipazioni detenute a scopo di investimento, dato che, come già notato, le partecipazioni che permettono l'esercizio di una "sicura influenza" sulla società partecipata ricadono nella sfera della libertà di stabilimento.

[21] Corte di giustizia, 14 novembre 1995, *Svensson c. Gustavsson*, C-484/93; Id., 28 aprile 1998, *Safir*, C-118/96; Id., 26 ottobre 1999, *Eurowings*, C-294/97.

[22] Corte di giustizia, 25 gennaio 2007, *Festersen*, C-370/05, e Id., 18 dicembre 2007, *A*, C-101/05.

[23] Corte di giustizia, 23 settembre 2003, *Ospelt*, C-452/01 (su questione non tributaria).

© Wolters Kluwer Italia

In materia di dividendi, la Corte di giustizia ha ritenuto che una legislazione fiscale – che preveda una esenzione parziale da imposta per i dividendi distribuiti da società residenti, ma non per i dividendi esteri – non è compatibile con il principio di libera circolazione dei capitali. I dividendi provenienti dall'estero non possono essere trattati in modo diverso rispetto ai dividendi provenienti da società non residenti[24].

Lo stesso principio è stato affermano con riguardo al caso in cui una legislazione non riconosca ai dividendi esteri il credito d'imposta accordato ai dividendi interni[25].

La Corte ha censurato la legislazione italiana che aveva assoggettato i dividendi distribuiti a società stabilite in altri Stati membri ad un regime fiscale meno favorevole di quello applicato ai dividendi distribuiti alle società residenti[26].

In conclusione, i dividendi "in entrata" (distribuiti da società non residenti a contribuenti residenti) e i dividendi "in uscita" (distribuiti da società residenti a contribuenti non residenti) non devono essere discriminati rispetto ai dividendi domestici (dividendi distribuiti da società residenti a contribuenti residenti).

L'art. 65, lett. *a*), del TFUE consente agli Stati membri di distinguere «*tra i contribuenti che non si trovano nella medesima situazione per quanto riguarda il loro luogo di residenza o il luogo di collocamento del loro capitale*», ma le differenze di trattamento non devono costituire «*un mezzo di discriminazione arbitraria, né una restrizione dissimulata al libero movimento dei capitali e dei pagamenti*»[27].

L'art. 68, par. 1, lett. *b*), TFUE, autorizza gli Stati membri a «*prendere tutte le misure necessarie per impedire le violazioni della legislazione e delle regolamentazioni nazionali*», in particolare nel settore fiscale.

## **3.** Rule of reason. *Le misure antifrode e antiabuso.*

A parte le deroghe espressamente consentite da norme specifiche del Trattato, la Corte di giustizia ha elaborato altre cause di giustificazione di trattamenti discriminatori, comunemente denominate *rule of reason.*

[24] Corte di giustizia, 6 giugno 2000, *Verkooijen*, C-35/98, in *Giur. it.*, 2001, 175.
[25] Corte di giustizia, 7 settembre 2004, *Manninen*, n. C-314, in *Giur. it.*, 2004, 2425 e Id., 10 febbraio 2011, *Haribo*, C-436/08 e C-437/08.,
[26] Corte di giustizia, 19 novembre 2009, *Commissione c. Italia*, C-540/07.
[27] TFUE, art. 68, par. 3.

© Wolters Kluwer Italia

Il *leading case* è la sentenza *Cassis de Dijon,* con cui è stato sancito che le norme che ostacolano l'esercizio delle libertà sono ammesse «*quando siano necessarie per rispondere ad esigenze imperative attinenti, in particolare, all'efficacia dei controlli fiscali, alla protezione della salute pubblica, alla lealtà dei negozi commerciali e alla difesa dei consumatori*»[28].

La Corte ha riconosciuto che sono *rule of reason*: l'esigenza di contrastare le frodi e l'elusione fiscale; l'esigenza di preservare l'efficacia dei controlli fiscali; il principio di coerenza dell'ordinamento fiscale nazionale.

In particolare, una misura nazionale che restringe la libertà di stabilimento è giustificabile se concerne «*costruzioni di puro artificio*».

Nella sentenza *Cadbury Schweppes* la Corte ha esaminato un regime fiscale di imprese estere controllate (CFC), in base al quale sono inclusi (per trasparenza), nella base imponibile di una società residente in uno Stato membro, gli utili realizzati da una società estera controllata, allorché tali utili sono soggetti, nello Stato della controllata, ad un livello impositivo inferiore a quello applicabile alla controllante. Secondo la Corte, il regime fiscale delle CFC non è ammesso quando la controllata è realmente impiantata nello Stato di stabilimento e vi esercita attività economiche effettive. Le norme antielusive sono ammesse solo quando si sia in presenza di «*costruzioni di puro artificio destinate ad eludere l'imposta nazionale normalmente dovuta*»[29].

Lo stesso principio è stato enunciato in tema di *thin capitalization*[30].

## 3.1. *Il principio di coerenza.*

L'esigenza di preservare la coerenza dei sistemi fiscali nazionali può giustificare le deroghe delle legislazioni nazionali rispetto alle regole comunitarie.

Il principio di coerenza è stato affermato in tema di deducibilità dei premi di assicurazione versati a compagnie assicuratrici non residenti[31].

[28] La Corte era stata chiamata a giudicare la compatibilità con il Trattato di una legge tedesca che fissava un contenuto alcolico minimo per commercializzare una bevanda come alcolica (Corte di giustizia, 20 febbraio 1979, causa 120/78, in *Raccolta*, 1979, 649).

[29] Sentenza 12 settembre 2006, *Cadbury Schweppes*, C-196/04, cit.

Cass., 6 dicembre 2015, n. 25281, ha giudicato compatibile con la libertà di stabilimento la legislazione italiana che prevede l'imposizione, per trasparenza, di utili realizzati da una CFC, se si tratta di una costruzione di puro artificio o se non è realmente impiantata nello Stato di stabilimento e non vi esercita attività economiche effettive.

[30] Corte di giustizia, 13 marzo 2007, *Test Claimants in the Thin Cap GL*, C-524/04.

[31] Corte di giustizia, 28 gennaio 1992, *Bachmann*, C-204/90.

© Wolters Kluwer Italia

Quando i premi sono versati a compagnie residenti, la deduzione dei premi operata dall'assicurato è controbilanciata dalla tassazione del capitale, mentre ciò non avviene nell'ipotesi di impresa di assicurazione non residente.

Al principio di coerenza la Corte attribuisce rilievo solo se sussiste un collegamento diretto fra fattispecie discriminata (ad esempio, una deduzione) e fattispecie tassata (ad esempio, una pensione), e cioè quando si ha l'applicazione di una stessa imposta allo stesso contribuente. Esso si traduce, dunque, in un divieto di doppia imposizione[32].

### **3.2.** *Il principio di proporzionalità.*

La Corte di Giustizia non si limita a verificare se una misura discriminatoria o restrittiva delle libertà è giustificata, ma accerta anche se sia effettivamente necessaria al fine di raggiungere un obiettivo d'interesse generale, e se non siano adottabili misure meno restrittive (principio di proporzionalità).

In base al principio di proporzionalità deve esservi un rapporto di stretta necessità ed idoneità delle misure adottate rispetto al perseguimento dei fini propri della normativa dell'Unione[33].

Le restrizioni che gli Stati possono introdurre rispetto all'esercizio delle libertà fondamentali non devono eccedere quanto strettamente necessario al perseguimento di un fine, quale, ad esempio, il contrastare l'elusione fiscale[34].

Una normativa nazionale che comporta una restrizione alle libertà fondamentali può, dunque, essere giustificata dal perseguimento di un obiettivo rilevante (come la lotta all'elusione fiscale, il mantenimento della "coerenza" del sistema fiscale, ecc.), ma è ugualmente incompatibile con il diritto dell'UE se appare sproporzionata rispetto allo scopo che si vuole raggiungere e se possono essere adottate misure meno restrittive delle libertà fondamentali[35].

[32] La Corte ha progressivamente ristretto l'ambito applicativo del principio di coerenza. Dal caso *Bachmann* (1991) al caso *Danner* (2002), infatti, le difese degli Stati basate sul concetto di coerenza del sistema fiscale sono state più volte respinte. Cfr. la sentenza 3 ottobre 2002, *Danner*, C-136/00, in *Giur. it.*, 2003, 1963, con nota di S. GIANONCELLI, *La coerenza fiscale e il principio di non discriminazione nella giurisprudenza comunitaria*.

[33] Sentenza 26 settembre 2000, *Commissione c. Belgio*, C-478/98, cit., punto 41.

[34] Sentenza 9 marzo 1999, *Centros*, C-212/97, in *Giur. it.*, 2000, 767.

[35] Esemplare, in proposito, la sentenza 15 maggio 1997, *Futura*, C-250/95.

© Wolters Kluwer Italia

In applicazione di questo principio, la Corte ha ritenuto incompatibili con il diritto comunitario disposizioni antielusive basate su presunzioni, assolute[36] o relative[37], quando siano troppo gravose rispetto al fine di prevenire l'evasione e le elusioni fiscali[38], specialmente quando tali finalità possono essere efficacemente perseguite in modo meno limitativo della libertà di stabilimento.

## 4. *Il divieto di aiuti di Stato.*

A) Il titolo VII del TFUE contiene regole sulla concorrenza applicabili alle imprese e regole rivolte agli Stati, ai quali è vietato adottare misure, a favore di imprese o produzioni, che non siano rispettose della libera concorrenza.

Perciò l'art. 107 del TFUE dichiara «*incompatibili con il mercato comune, nella misura in cui incidano sugli scambi tra gli Stati membri, gli aiuti concessi dagli Stati, ovvero mediante risorse statali, sotto qualsiasi forma che, favorendo talune imprese o talune produzioni, falsino o minaccino di falsare la concorrenza*»[39].

Il divieto riguarda anche le norme fiscali di favore. Sono infatti aiuti di Stato sia le sovvenzioni fiscali (ad esempio, crediti d'imposta), sia le norme che escludono o riducono i normali oneri fiscali, o che consentono di differire il pagamento di un tributo.

Una misura si considera aiuto quando presenta quattro requisiti:

i) vi è un vantaggio sotto forma di alleggerimento di costi;

ii) il vantaggio è concesso dallo Stato o mediante risorse statali;

iii) il vantaggio incide sulla concorrenza e sugli scambi tra Stati membri;

iv) il vantaggio è concesso in maniera specifica e selettiva.

Il divieto non è assoluto. Vi sono tre deroghe.

Sono innanzitutto fatte salve le deroghe contemplate dal Trattato, in materia di agricoltura, pesca, trasporti, cultura, sicurezza nazionale, ecc.

[36] Cfr., per le imposte dirette, la sentenza 17 luglio 1997, *Leur-Bloem*, C-28/95, in *Dir. prat. trib.*, 1998, III, 262 e, per l'Iva, la sentenza 18 dicembre 1997, *Garage Molenheide et aa.*, C-286/94, C-340/95, C-401/95, C-47/96, in *Riv. dir. trib.*, 1998, III, 77.

[37] Cfr. la sentenza 28 ottobre 1999, *Vestergaard*, C-55/98, e la sentenza 19 settembre 2000, *Ampafrance*, C-177/99, in *Giur. it.*, 2000, 2417.

[38] Così nella citata sentenza *Avoir fiscal* e nella sentenza 26 settembre 2000, *Commissione c. Belgio*, C-478/98.

[39] Cfr. F. Fichera, *Gli aiuti fiscali nell'ordinamento comunitario*, in *Riv. dir. fin.*, 1998, I, 84; C. Fontana, *Gli aiuti di Stato di natura fiscale*, Torino, 2012.

© Wolters Kluwer Italia

Sono compatibili *de iure* con il mercato comune gli aiuti a carattere sociale concessi ai singoli consumatori (purché non comportino discriminazioni determinate dall'origine dei prodotti), e gli aiuti concessi in occasione di calamità naturali o altri eventi eccezionali[40].

Infine, vi è un elenco di aiuti che «*possono considerarsi compatibili con il mercato comune*». Ossia di aiuti che la Commissione può, con valutazione discrezionale, giudicare compatibili[41].

Ad esempio, in materia di agevolazioni italiane alle cooperative, la Corte di giustizia ha considerato che le cooperative sono rette da principi di funzionamento peculiari, riguardanti il reciproco vantaggio dei loro soci, a differenza delle società, che perseguono il lucro di investitori esterni. Per queste (e per altre) ragioni, la Corte di giustizia ha ritenuto che non si può, in via di principio, considerare che le società cooperative di produzione e lavoro si trovino in una situazione di fatto e di diritto analoga a quella delle società commerciali, per cui la legislazione fiscale di favore che le riguarda non è incompatibile, in via di principio, con il mercato comune[42].

B) Sono aiuti di Stato (e comportano anche violazione delle norme sulla concorrenza) i trattamenti fiscali di favore che alcuni Stati membri dell'UE (in particolare, Lussemburgo, Irlanda e Olanda) concedono alle multinazionali, che concentrano i loro profitti dove la tassazione è più bassa[43].

[40] Sono inoltre compatibili *de iure* con il mercato comune gli aiuti concessi a certe regioni tedesche, ad esempio Berlino, per compensare gli svantaggi derivati dalla divisione della Germania.

[41] L'elenco comprende:

a) gli aiuti destinati a favorire lo sviluppo economico delle regioni ove il tenore di vita sia anormalmente basso oppure si abbia una grave forma di sottoccupazione;

b) gli aiuti diretti a promuovere la realizzazione di importanti progetti di comune interesse europeo oppure a porre rimedio a gravi perturbamenti dell'economia di uno Stato membro;

c) gli aiuti rivolti ad agevolare lo sviluppo di talune attività o di talune regioni, purché non alterino le condizioni degli scambi in misura contraria all'interesse comune;

d) gli aiuti indirizzati a promuovere la cultura e la conservazione del patrimonio; e, infine,

e) le altre categorie di aiuti che siano determinate con decisioni del Consiglio, il quale può stabilire, in presenza di circostanze eccezionali, che un aiuto sia compatibile con il mercato comune, in deroga alle norme della materia.

[42] Corte di giustizia, 8 settembre 2011, *Paint Graphos scarl.* C-78/08, C-79/08, C-80/08.

[43] La Commissione europea ha iniziato nel 2014 un'indagine nei confronti del Lussemburgo (per aiuti in favore di *Amazon* e della *Fiat Finance and Trade*), dell'Irlanda (per aiuti ad *Apple*) e dell'Olanda (per i rapporti con *Starbucks*). L'indagine riguarda anche il trattamento fiscale riservato a *McDonald's* nel Lussemburgo.

© Wolters Kluwer Italia

La Commissione europea ha posto sotto inchiesta il regime fiscale belga sugli utili in eccesso, in vigore dal 2005, in virtù del quale alcune società facenti parte di gruppi multinazionali fruiscono di un livello di tassazione di favore, in virtù di *ruling* fiscali. L'agevolazione consiste nel ridurre la base imponibile delle società di una percentuale compresa tra il 50 e il 90 per cento, scontando i cosiddetti utili in eccesso che deriverebbero ad un soggetto dall'essere parte di un gruppo multinazionale. Il regime deroga alla normativa belga sulla tassazione societaria, violando così il principio di libera concorrenza[44].

C) Gli Stati, prima di adottare un provvedimento a favore delle imprese, devono comunicarne il progetto alla Commissione (c.d. obbligo di notifica), e non devono eseguirlo prima che la Commissione si sia pronunciata. La Commissione può dare inizio ad una speciale procedura, al cui termine decidere che il progetto non sia compatibile.

Se gli Stati concedono aiuti non notificati o non compatibili, la Commissione può disporne la revoca ed ordinare il recupero dell'aiuto. Se l'aiuto consiste in una esenzione, con il recupero viene richiesto il pagamento di una somma equivalente all'imposta non pagata, con l'aggiunta degli interessi.

[44] Il regime degli "utili in eccesso", previsto dall'art. 185, par. 2, lett. b), del *Code des Impôts sur les Revenus,* consente di ridurre la base imponibile sulla base di *ruling* fiscali, nei quali gli utili conseguiti da società facenti parte di una multinazionale sono comparati agli utili medi ipotetici di una società singola in situazione analoga. I maggiori utili, realizzati in virtù della appartenenza di una società al gruppo multinazionale (il che permette sinergie, economie di scala, reputazione, reti di clienti e fornitori e accesso a nuovi mercati), sono ridotti di oltre il 50 per cento e, in alcuni casi, anche del 90 per cento.

© Wolters Kluwer Italia

# SEZIONE II

# L'ARMONIZZAZIONE



## 5. *L'armonizzazione delle imposte indirette.*

L'Unione non ha un proprio sistema di imposte e non ha competenza generale in materia tributaria.

L'art. 113 del TFUE prevede che il Consiglio possa adottare disposizioni rivolte ad armonizzare le legislazioni degli Stati membri in materia di imposte indirette, con deliberazioni che devono essere adottate all'unanimità, su proposta della Commissione, e dopo aver sentito il Parlamento ed il Comitato economico e sociale.

L'armonizzazione non riguarda tutte le imposte, ma le imposte sulla cifra d'affari, le imposte sui consumi ed altre imposte indirette. L'armonizzazione delle imposte indirette è stata sempre considerata essenziale ai fini della realizzazione del mercato unico e della instaurazione di un regime di libera concorrenza.

Invece, le direttive in materia di imposte dirette sono poche e di ristretta portata. Di qui l'importanza della c.d. integrazione negativa, derivante dalle sentenze della Corte di giustizia, in tema di norme interne incompatibili con il diritto dell'Unione [45].

L'armonizzazione può eliminare le differenze dei regimi fiscali nazionali, ma solo nella misura in cui «*sia necessaria per assicurare l'instaurazione e il funzionamento del mercato interno ed evitare le distorsioni di concorrenza*».

La stessa nozione di "armonizzazione" presuppone la permanenza delle legislazioni nazionali, che non devono essere sostituite da norme dell'Unione, né devono diventare uguali: devono essere, appunto, armonizzate (rispetto ad un modello delineato da norme UE).

[45] Cfr. F. TESAURO, *Il ruolo della Corte di giustizia nel coordinamento della tassazione delle società*, in *Tributimpresa*, 2004, n. 1, 3.

© Wolters Kluwer Italia

### 5.1. *L'armonizzazione dell'Iva.*

La prima Direttiva sull'Iva, emanata nel 1967, fissò il principio dell'introduzione, in tutti gli Stati membri, di un'imposta sul valore aggiunto, congegnata come imposta generale sul consumo, esattamente proporzionale al prezzo dei beni e dei servizi, quale che sia il numero delle transazioni intervenute nel processo di produzione e distribuzione, con detrazione dell'imposta sugli acquisti dall'imposta sulle operazioni attive.

La seconda Direttiva, nel 1967, fissò talune regole basilari, in tema di soggetti passivi, cessione di beni, prestazioni di servizi, importazioni, base imponibile ed esenzioni.

La sesta Direttiva, nel 1977, dettò regole uniformi per la determinazione della base imponibile.

La disciplina comunitaria dell'Iva è ora racchiusa nella Direttiva 2006/112/CE del Consiglio del 28 novembre 2006, in cui sono rifluite le norme delle precedenti direttive.

L'Iva è un'imposta che non ammette doppioni. Gli Stati non possono istituire tributi che abbiano il carattere di un'imposta sulla cifra d'affari. Sono cioè vietate le imposte che hanno la stessa base imponibile dell'Iva, perché ciò comprometterebbe il buon funzionamento del mercato comune[46].

### 5.2. *L'Iva intracomunitaria.*

Il sistema tradizionale di tassazione degli scambi internazionali è quello della tassazione nel Paese di destinazione, che comporta dazi sulle importazioni e detassazione delle esportazioni. Tale regime è oggi operante nei rapporti tra operatori residenti nell'Unione europea ed operatori residenti in Paesi terzi.

Per gli scambi interni all'Unione è stato programmato il passaggio dal regime di tassazione nel Paese di destinazione al regime di tassazione nel Paese di origine. Peraltro vige tuttora, dal 1° gennaio 1993, il c.d. regime transitorio, esaminato nel capitolo sull'Iva.

Il (vagheggiato) regime fiscale definitivo ha come punto qualificante la tassazione nel Paese di origine. L'Iva dovrebbe essere applicata sugli scambi intracomunitari come all'interno di ciascun Paese.

[46] Cfr. Corte di giustizia, 31 marzo 1992, *Dansk Denkavit*, C-200/90. Si veda anche la sentenza sull'Irap (già citata): Corte di giustizia, 3 ottobre 2006, *Banca Popolare di Cremona*, C-475/03, in *Giur. it.*, 2007, 2, 493.

© Wolters Kluwer Italia

Il venditore emetterà fattura nei confronti del compratore (residente in altro Stato membro), applicando l'Iva; il compratore, a sua volta, potrà detrarre l'imposta pagata in via di rivalsa. L'imposta sarà dunque percepita nel Paese di origine, ma l'Iva dovrà essere incassata dallo Stato in cui avviene il consumo. Perciò lo Stato di destinazione dovrà recuperare, nei confronti dello Stato di origine, l'Iva concessa in detrazione.

Il piano, per conservare il principio che l'Iva deve essere percepita dallo Stato nel quale avviene il consumo, prevede un sistema di compensazione tra gli Stati, gestito dalla Commissione, che dovrà trasferire l'Iva percepita dal Paese di origine a quello del consumo.

## 6. *I tributi ambientali.*

L'ambiente è materia di competenza concorrente dell'Unione e degli Stati (art. 4 TFUE). L'art. 191 del TFUE prevede che la politica dell'Unione in materia ambientale mira a un elevato livello di tutela, tenendo conto della diversità delle situazioni nelle varie regioni dell'Unione. Essa è fondata sui principi della precauzione e dell'azione preventiva, sul principio della correzione, in via prioritaria alla fonte, dei danni causati all'ambiente, nonché sul principio «*chi inquina paga*». Secondo l'art. 192 del TFUE, il Consiglio può adottare «*disposizioni aventi principalmente natura fiscale*».

## 7. *Il ravvicinamento delle imposte dirette.*

Per le imposte dirette nel Trattato non è espressamente prevista l'armonizzazione delle legislazioni nazionali. Ma l'Unione può intervenire anche in materia di imposte dirette, in base al potere di ravvicinare le legislazioni degli Stati membri, previsto dagli artt. 114 e 115 TFUE[47].

Dagli anni '60 al 1990 furono compiuti studi sulla armonizzazione delle imposte dirette, che portarono a pochi risultati concreti[48].

[47] Cfr. *Introduction to European Tax Law on Direct Taxation*, a cura di M. Lang, P. Pistone, J. Schuch e C. Staringer, IV ed., Vienna, 2015.

[48] Cfr. Commissione delle comunità europee, *Rapporto del Comitato Fiscale e Finanziario (Rapporto Neumark)*, Bruxelles, 1962, con proposte di armonizzazione in materia di tassazione dei dividendi e degli interessi, doppia imposizione e imposte sulle società; Id., *Le Développement d'un Marché Européen des Capitaux (Rapporto Segré)*, Bruxelles, 1966, in tema di tassazione dei capitali; Id., *Programma per l'armonizzazione delle imposte dirette*,

© Wolters Kluwer Italia

I soli atti comunitari, in materia di imposte dirette, approvati nel periodo considerato, sono la Direttiva in materia di reciproca assistenza tra le autorità fiscali (1977) e il Regolamento istitutivo del Geie (1988).

È il 1990 l'anno della svolta.

In quell'anno, il Consiglio accolse tre proposte della Commissione, ossia:

– la Direttiva sulle fusioni e sulle altre operazioni straordinarie che interessano società di Stati membri diversi;

– la Direttiva sulla distribuzione di utili tra società madri e figlie di Stati membri diversi;

– la Convenzione arbitrale, diretta a porre rimedio alle doppie imposizioni che si verificano quando uno Stato rettifica gli utili di imprese associate residenti in Stati diversi (Convenzione di Bruxelles).

Come è facile notare, questi tre interventi riguardano tutti la fiscalità dei gruppi in ambito transfrontaliero.

Nel 2003 sono state adottate la Direttiva "risparmio" e quella sul pagamento di interessi e *royalties*.

## 8. *La Direttiva "fusioni".*

A) La Direttiva sulle fusioni e su altre operazioni straordinarie transfrontaliere è stata emanata allo scopo di eliminare le disparità di trattamento fiscale tra Stato e Stato, dando vita ad un regime fiscale comune, in modo che le operazioni di riorganizzazione societaria dei gruppi multinazionali possono avvenire in ambito UE come in un mercato interno. La Direttiva è stata recepita in Italia nel 1992[49].

Prima della Direttiva, le legislazioni fiscali degli Stati membri, che tassavano le plusvalenze emergenti dalle operazioni di riorganizzazione societaria transfrontaliera, creavano un ostacolo a tali operazioni e, quindi, alla formazione di imprese di grandi dimensioni, in grado di competere a livello mondiale.

16 giugno 1967, in *Bollettino delle Comunità europee*, Suppl. 8/67, Bruxelles, 1967, su un sistema comune di tassazione delle società.

Nel 1969 furono preparate due proposte di direttive, che furono approvate nel 1990 (Direttiva "fusioni" e "madre-figlia"); nel 1976, fu formulata una proposta di direttiva sul *transfer pricing*, che ebbe uno sbocco concreto nel 1990, in forma di convezione multilaterale tra gli Stati membri (c.d. convenzione "arbitrale"). La Direttiva sulla cooperazione tra le amministrazioni finanziarie fu approvata nel 1977.

[49] In Italia la Direttiva è stata recepita con il D. lgs. 30 dicembre 1992, n. 544, le cui norme, nel 2003, sono state trasfuse, senza sostanziali modifiche, negli artt. 178-181 del T.u.

© Wolters Kluwer Italia

Il *clou* della soluzione adottata dalla Direttiva è questo: le operazioni straordinarie transfrontaliere non sono considerate presupposto impositivo delle plusvalenze; la relativa tassazione è differita alla data della effettiva realizzazione. Per fusioni, scissioni (totali) e scambi di azioni, la Direttiva pone dunque il principio di "neutralità fiscale", in base al quale non sono tassate le plusvalenze risultanti dalla differenza tra valori reali e valori fiscali dei beni coinvolti nelle operazioni.

La Direttiva disciplina le fusioni, le scissioni, i conferimenti di attivo e gli scambi di azioni, che concernono società di Stati membri diversi dell'UE; regola inoltre l'avanzo di fusione e il passaggio – dalla conferente alla beneficiaria – dei fondi in sospensione d'imposta e delle perdite e l'avanzo di fusione.

Anche i conferimenti di attivo sono considerati operazioni straordinarie, ivi compreso il conferimento di una stabile organizzazione.

B) Le operazioni straordinarie transfrontaliere possono essere distinte secondo che comportino un'uscita o un ingresso di un'organizzazione imprenditoriale nell'orbita dell'ordinamento italiano.

Dal punto di vista italiano, le riorganizzazioni "in uscita" sono quelle in cui l'organizzazione originaria (la conferente) è una società residente in Italia e quella derivata è invece residente in altro Stato membro.

È una riorganizzazione "in uscita", ad esempio, una fusione con la quale una società italiana viene incorporata da una società di altro Stato dell'Unione. Per effetto di una simile fusione, l'organizzazione imprenditoriale della società italiana assume la qualificazione di stabile organizzazione della società non residente.

Ciò può essere anche la conseguenza di una scissione se, ad esempio, una società italiana si scinde e conferisce il proprio patrimonio in una società non residente (società beneficiaria), o l'effetto di un conferimento, da parte della società italiana, della sua azienda in una società non residente.

La Direttiva prevede la neutralità. L'art. 4 dispone infatti che «*la fusione o la scissione non comporta alcuna imposizione delle plusvalenze risultanti dalla differenza tra il valore reale e degli elementi d'attivo e di passivo conferiti ed il loro valore fiscale*», né devono essere applicabili altre norme impositive (come la tassazione dei fondi in sospensione d'imposta). Le plusvalenze latenti, relative ai beni conferiti, sono tassate solo quando sono realizzate, se lo prevede lo Stato di residenza della conferente.

© Wolters Kluwer Italia

La norma nazionale di recepimento prevede che alle fusioni e scissioni transfrontaliere si applichino le medesime norme che valgono per le fusioni e le scissioni domestiche (Tuir, art. 179, comma 1). Vale quindi la regola per cui «*la fusione tra più società non costituisce realizzo né distribuzione delle plusvalenze e minusvalenze delle società fuse*» (Tuir, art. 172, richiamato dall'art. 179, comma 1).

I soci delle società che si fondono non sono soggetti a tassazione per le plusvalenze delle azioni scambiate.

Anche il conferimento di azienda è considerato una riorganizzazione: perciò, il conferimento dell'azienda da parte di una società italiana in una società non residente non costituisce realizzo delle plusvalenze (Tuir, art. 179, comma 2, che richiama la disciplina dei conferimenti domestici).

Per queste operazioni vale il principio secondo cui le plusvalenze non sono imponibili, e le minusvalenze non sono deducibili, in quanto i beni coinvolti nell'operazione restano nell'orbita fiscale italiana, quali beni d'impresa inseriti in una stabile organizzazione. In caso contrario, vi è imponibilità.

Vi è infatti imponibilità se una società residente o una stabile organizzazione di una società residente viene assorbita da una società non residente (a seguito di fusione, scissione o conferimento), o se taluni beni aziendali, a seguito di tali operazioni, confluiscono in una stabile organizzazione situata all'estero (Tuir, art. 179, commi 3, 5 e 6).

I fondi in sospensione di imposta restano tali se ricostituiti nel bilancio della stabile organizzazione, situata in Italia, della società non residente; la società beneficiaria non residente subentra nelle posizioni giuridiche della società conferente (Tuir, art. 180).

Per il riporto delle perdite la Direttiva prevede l'obbligo degli Stati di estendere alle riorganizzazioni transfrontaliere le norme previste per le operazioni interne. Ciò significa che il diritto di riportare le perdite, già appartenente alla società conferente, passa alla società beneficiaria come diritto connesso alla stabile organizzazione. L'art. 181 del Tuir estende alle operazioni transfrontaliere la disciplina del riporto delle perdite previste per le operazioni nazionali.

C) In tema di avanzo e disavanzo di fusione si pongono due problemi: se debbano essere tassati; se il disavanzo possa essere utilizzato per rivalutare i beni ricevuti.

© Wolters Kluwer Italia

Come sappiamo, in caso di fusione senza cambio di azioni, vi è avanzo quando il costo della partecipazione (che viene annullata) è inferiore al valore dei beni ricevuti.

Ora, nelle fusioni in esame, occorre mettere a confronto la posizione dello Stato della incorporante con quello della incorporata.

La Direttiva si limita a stabilire che la società beneficiaria (ad esempio, la società incorporante), quando annulla la partecipazione e realizza una plusvalenza (avendo ricevuto beni di valore superiore alla partecipazione), non è tassata (quindi, l'avanzo di fusione non è tassato).

Ad esempio, se una società non residente incorpora una società italiana, l'avanzo non può essere tassato da parte dello Stato estero, perché ciò equivarrebbe a tassare una differenza tra valore fiscale annullato all'estero e precedente valore fiscale dei beni nell'ordinamento italiano.

Per quanto concerne il disavanzo, si supponga che una società non residente incorpori una società italiana, con il conseguente configurarsi di una stabile organizzazione in Italia.

Si supponga che il costo della partecipazione (valore fiscale rilevante di fronte al fisco estero) sia superiore al valore della stabile organizzazione (valore fiscale rilevante di fronte al fisco italiano).

La società non residente, annullando il costo della partecipazione, può allineare il valore fiscale (italiano) dei beni ricevuti a quello della partecipazione (valore fiscale nello Stato estero).

In proposito la Direttiva tace; se ne deduce che non è possibile l'utilizzo del disavanzo per rivalutare i beni ricevuti, dato che il nuovo valore (dei beni ricevuti) dovrebbe avere rilevanza in Italia (la stabile organizzazione resta in Italia), e un simile utilizzo del disavanzo significherebbe trasferire nell'orbita fiscale italiana un valore fiscale proveniente dallo Stato estero. Si aggiunga che il disavanzo da annullamento non può più essere utilizzato per rivalutare i beni, con riconoscimento fiscale dei maggiori valori, neanche per le fusioni e le scissioni fra società residenti.

D) Nelle riorganizzazioni "in entrata" vi è una società residente che ha il ruolo di organizzazione derivata (o beneficiaria), in quanto è la società che incorpora una società non residente, o beneficia della scissione di una società non residente, o riceve il conferimento dell'azienda di una società non residente.

In tali casi vi sono dei beni (aziende) che passano da un ordinamento estero nel sistema italiano. A tali beni va attribuito, quale valore fiscale, il loro valore normale (Tuir, art. 166-*bis*).

© Wolters Kluwer Italia

## 9. *La Direttiva "madre-figlia".*

La Direttiva "madre-figlia" (*Parent Subsidary Directive*)[50] mira ad impedire la doppia tassazione degli utili distribuiti all'interno dei gruppi, tra società con sede nell'UE[51].

La Direttiva disciplina i dividendi sia dal punto di vista dello Stato della società madre, sia dal punto di vista dello Stato della figlia, e cioè sia come utili che la società-madre riceve dalla società-figlia (utili "in entrata"), sia come utili distribuiti dalla figlia (utili "in uscita").

L'art. 4 della Direttiva prevede che quando una società madre o la sua stabile organizzazione riceve utili in base alla partecipazione nella società figlia, lo Stato in cui risiede la madre o la sua stabile organizzazione deve astenersi dal sottoporre tali utili ad imposizione, o, se li tassa, deve ammettere la deduzione di un importo pari all'imposta pagata dalla società figlia.

Può tassarne il 5 per cento, a fronte della deduzione in misura forfettaria delle minusvalenze e dei costi relativi alla partecipazione.

Allo Stato della figlia – fermo il suo diritto di tassare gli utili societari – è fatto divieto di tassare i dividendi "in uscita". L'art. 5 della Direttiva dispone al riguardo che sono esenti da ritenuta[52].

Nella Direttiva vi è anche una clausola anti-abuso, con cui si prevede che gli Stati membri non applicano i benefici della Direttiva a una costruzione (o a una serie di costruzioni) che, essendo stata posta in essere allo scopo principale (o a uno degli scopi principali) di ottenere un vantaggio fiscale, e non per valide ragioni economiche, si presenti come artificiosa, non genuina.

In Italia, la Direttiva è attuata dalla norma che prevede che i dividendi (utili "in entrata") siano esclusi da imposta nella misura del 95 per cento; è tassato, quindi, solo il 5 per cento, a fronte della deduzione dei costi di gestione della partecipazione (Tuir, art. 89).

Per gli utili "in uscita" si prevede l'esonero da ritenuta o il rimborso (D.P.R. 29 settembre 1973, n. 600, art. 27-*bis*).

[50] Direttiva del Consiglio 90/435, rifusa nella Direttiva 2011/96/UE, che è stata modificata dalla Direttiva 2015/121/UE.

[51] La quota di partecipazione dev'essere di almeno del 10 per cento. Gli Stati hanno facoltà di prevedere un *holding period* minimo di due anni (l'Italia prevede un periodo di un anno). La Corte di giustizia, 17 ottobre 1996, *Denkavit International BV*, C-283/94, C-291/94 e C-292/94, ha interpretato la Direttiva nel senso che gli Stati non possono imporre che l'*holding period* debba essere già maturato prima della distribuzione degli utili.

[52] Su tale divieto cfr. Corte di giustizia, 4 ottobre 2001, *Athinaïki Zythopoiia*, C-294/99, in *Rass. trib.*, 2002, 1469; Id., 25 settembre 2003, *Océ van der Grinten*, C-58/01, in *Riv. dir. trib.*, 2004, III, 123.

© Wolters Kluwer Italia

**10.** *La Direttiva su interessi e* royalties.

La Direttiva 2003/49/CE disciplina il regime fiscale di interessi e canoni (*royalties*) corrisposti da una società ad altre società o stabili organizzazioni di un medesimo gruppo. Occorre che siano residenti in Stati membri sia il soggetto che paga interessi o *royalties*, sia il soggetto che riceve il pagamento.

La Direttiva sopprime l'imposizione alla fonte di interessi e canoni, permettendo che siano tassati solo nello Stato di residenza del percettore. Si evita così la doppia imposizione, assoggettando le operazioni tra società di Stati membri diversi ad un trattamento fiscale non meno favorevole di quello applicabile tra società residenti nello stesso Stato membro.

Vi è anche in questa Direttiva una clausola antiabuso, che consente alle amministrazioni fiscali nazionali di revocare o rifiutare l'esenzione qualora le transazioni abbiano come solo o principale obiettivo l'evasione o l'elusione e quando il percettore non ne sia il "beneficiario effettivo".

**11.** *La Direttiva sullo scambio automatico di informazioni.*

La Direttiva 2003/48/CE, nota come Direttiva "risparmio", prevedeva che gli interessi fossero tassati solo nello Stato di residenza del titolare di conti finanziari e che gli Stati si scambiassero le relative informazioni[53]. Tale Direttiva è stata abrogata e ad essa è subentrata la Direttiva 2011/16/UE (modificata dalla Direttiva 2014/107/UE, e dalla Direttiva 2015/2376/UE).

L'art. 8 della Direttiva 2011/16/UE (*Cooperative Directive*), prevede che l'autorità fiscale di ciascuno Stato membro comunichi all'autorità competente di qualsiasi altro Stato membro, mediante scambio automatico, le informazioni disponibili.

L'ambito di applicazione dello scambio di informazioni concerne tutte le persone fisiche e giuridiche residenti nell'Unione e comprende una vasta gamma di istituti giuridici (da quelli tradizionali come *trust*, fondazioni e fondi di investimento ai nuovi strumenti).

La Direttiva 2014/107/UE ha ampliato l'ambito di applicazione dello scambio automatico obbligatorio di informazioni estendendolo alle informazioni del modello *standard* elaborato dall'Ocse, denominato *Common*

[53] Direttiva 2003/48/CE, recepita in Italia dal D.lgs. 18 aprile 2005, n. 84, e modificata dalla Direttiva 2014/48/UE.

© Wolters Kluwer Italia

*reporting standard* (Crs), e cioè dividendi, plusvalenze, altri redditi finanziari e saldi dei conti correnti.

La Direttiva 2015/2376/UE ha disciplinato lo scambio automatico di informazioni concernenti i *ruling* preventivi transfrontalieri e gli accordi preventivi sui prezzi di trasferimento.

Infine, la Direttiva 2016/881/UE ha introdotto, nella Direttiva 2011/16/UE, l'art. 8-*bis*, che prevede:

– l'acquisizione delle informazioni necessarie per effettuare una valutazione del rischio sui prezzi di trasferimento dei gruppi di imprese multinazionali di maggiori dimensioni, che, a tal fine, saranno tenute a presentare il "*Country by country reporting*";

– lo scambio automatico obbligatorio delle informazioni contenute nel "*Country by country reporting*".

## 12. *La convenzione arbitrale e la MAP.*

La Convenzione arbitrale 90/436/CEE, ratificata dall'Italia con L. 22 marzo 1993, n. 99, ha lo scopo di eliminare la doppia imposizione causata da rettifiche dei prezzi di trasferimento[54].

I contribuenti possono chiedere che sia avviata una MAP (*Mutual agreement procedure*) quando l'Amministrazione finanziaria italiana o quella dell'altro Stato membro dell'UE intendano operare, o abbiano operato, una rettifica degli utili delle imprese associate o delle stabili organizzazioni residenti nel proprio territorio[55].

L'istanza deve essere presentata entro tre anni dalla prima notifica della misura che comporta o può comportare una doppia imposizione e può essere presentata anche prima dell'emissione di un avviso di accertamento (ad esempio dopo la notifica di un processo verbale di constatazione).

Vi è una fase amichevole e una arbitrale.

[54] Convenzione 23 luglio1990, n. 90/436, ratificata dall'Italia con L. 2 marzo 1993, n. 99. La Convenzione va applicata tenendo conto delle raccomandazioni contenute nel Codice di condotta del 22 dicembre 2009.

[55] Cfr. Circ. 5 giugno 2012, n. 21/E. La richiesta di MAP può essere presentata quando è stato redatto un processo verbale di constatazione, ma non oltre tre anni dalla notifica dell'avviso di accertamento. La MAP non può essere avviata se l'avviso di accertamento non è impugnato o se vi è un giudicato. La pendenza di un processo non preclude la procedura amichevole, ma il processo deve essere sospeso (art. 39, comma 1-*ter*, D. lgs. 31 dicembre 1992, n. 546).

© Wolters Kluwer Italia

Nella fase amichevole le autorità fiscali dei due Stati devono cercare di raggiungere un accordo che elimini la doppia imposizione.

Alla fase amichevole della Map deve essere affiancato il processo instaurato contro l'avviso di accertamento che, se non fosse impugnato, non sarebbe modificabile da un accordo raggiunto in via amichevole fra le autorità competenti dei due Stati interessati.

La procedura amichevole può svolgersi in parallelo al processo instaurato contro l'avviso di accertamento.

L'accordo che elimina la doppia imposizione, se sopravviene prima che l'accertamento diventi definitivo, prevale sull'avviso di accertamento, a patto che il contribuente ne accetti i contenuti e rinunci al ricorso.

Se l'accordo non è raggiunto entro due anni si passa alla fase arbitrale, che è alternativa al processo tributario interno; perciò è esperibile soltanto se l'impresa associata rinuncia all'impugnazione dell'avviso di accertamento.

L'avvio della fase arbitrale comporta l'istituzione di una commissione consultiva, che esprime un parere vincolante.

Le autorità fiscali dei due Stati sono obbligate ad accordarsi entro i sei mesi successivi al parere.

Nelle more della procedura amichevole e di quella arbitrale l'Agenzia delle entrate può sospendere la riscossione (L. 22 marzo 1993, n. 99, art. 3).

## 13. *Le Direttive antielusione.*

La Direttiva 2016/1164/UE intende coordinare le misure degli Stati membri dirette ad attuare il piano BEPS dell'OCSE con cinque misure.

La prima misura è volta a contrastare lo spostamento dei profitti attraverso operazioni di indebitamento inter-company. A tal fine, l'articolo 4 della Direttiva introduce la c.d *earning-stripping rule* che impone agli Stati membri di dotarsi di una normativa (in Italia già prevista nell'art. 96 del Tuir) che limiti la deducibilità degli interessi passivi ad un importo non superiore al 30% dell'EBITDA.

La seconda misura mira a scoraggiare le multinazionali dallo spostare i propri *assets* (quali brevetti e proprietà intellettuali) Stati o territori con tassazione ridotta; si prevede che gli Stati membri debbano dotarsi di una tassazione "in uscita" (in Italia prevista dall'art. 166 del Tuir) da calcolarsi sulla differenza tra valore normale degli *assets* al momento dell'uscita e il loro valore fiscalmente riconosciuto.

© Wolters Kluwer Italia

La terza misura è la c.d. *General Anti-Abuse Rule* (molto simile all'art. 10-*bis* dello Statuto) secondo cui, ai fini del calcolo dell'imposta dovuta sulle società, gli Stati membri devono ignorare una costruzione o una serie di costruzioni che, essendo state poste in essere allo scopo principale di ottenere un vantaggio fiscale, sono in contrasto con l'oggetto o la finalità del diritto fiscale applicabile, e non sono genuine avendo riguardo a tutti i fatti e le circostanze pertinenti. Una costruzione o una serie di costruzioni sono considerate non genuine nella misura in cui non sono state poste in essere per valide ragioni commerciali che rispecchiano la realtà economica.

La quarta misura concerne le *controlled foreign companies.* Tale disciplina (in Italia prevista dall'art. 167 del Tuir) è volta ad evitare che i gruppi societari possano trasferire utili verso società controllate residenti in Stati o territori a bassa fiscalità. Si prevede che i redditi delle società controllate estere soggette a bassa tassazione siano imputati alla società madre.

Infine, per impedire alle multinazionali di trarre vantaggio dal disallineamento dei sistemi fiscali nazionali mediante doppie deduzioni o doppie non imposizioni, l'art. 9 della Direttiva prevede che se un disallineamento da ibridi determina la doppia deduzione di un pagamento, la deduzione si applica unicamente nello Stato membro in cui il pagamento ha origine.

La Direttiva 2017/957/UE si occupa dei disallineamenti da ibridi con i Paesi terzi.

© Wolters Kluwer Italia

# CAPITOLO DODICESIMO
# **LA FISCALITÀ INTERNAZIONALE**



## **1.** *Le fonti. Le convenzioni.*

Le fonti del diritto internazionale tributario (concernente i rapporti tra Stati) sono costituite, principalmente, dalle convenzioni tra Stati in materia fiscale e, secondo alcuni, dalle consuetudini [1].

Invece, il diritto tributario internazionale (o transnazionale) è formato dalle norme interne che disciplinano fattispecie contenenti elementi transnazionali (esaminate *retro*, nel capitolo quinto).

[1] Cfr. M. UDINA, *Il diritto internazionale tributario*, Padova, 1949; M. CHRÉTIEN, *À la recherche du droit international fiscal commun*, Paris, 1955; G.C. CROXATTO, *Diritto internazionale tributario*, in *Rass. trib.*, 1989, I, p. 447; A. MIRAULO, *Doppia imposizione internazionale*, Milano, 1990; P. BAKER, *Double Taxation Agreements and International Tax Law*, Londra, 1994; B. CASTAGNÉDE, *Précis de fiscalité internationale*, Parigi, 2002; *Corso di diritto tributario internazionale*, coordinato da V. Uckmar, Padova, 2002; R.S. AVI-YONAH, *International Tax as International Law*, Cambridge, 2007; P. TARIGO, *Il concorso di fatti imponibili nei trattati contro le doppie imposizioni*, Torino, 2008; C. GARBARINO, *Manuale di tassazione internazionale*, Milano, 2008; *Principi di diritto tributario europeo e internazionale*, a cura di C. Sacchetto, Torino, 2011; R. CORDEIRO GUERRA, *Diritto tributario internazionale. Istituzioni*, Padova, 2012; S. CIPOLLINA, *I redditi «nomadi» delle società multinazionali nell'economia globalizzata*, in *Riv. dir. fin.*, 2014, I, 21; P. PISTONE, *Diritto tributario internazionale*, Torino, 2017.

© Wolters Kluwer Italia

I fenomeni di doppia imposizione ostacolano la vita economica internazionale e, per tale motivo, da tempo, se ne occupano le organizzazioni internazionali. Le misure unilaterali contro la doppia imposizione (ossia le norme interne degli Stati) non sono un rimedio adeguato. Per prevenire i fenomeni di doppia imposizione e porvi rimedio vengono stipulati tra gli Stati dei trattati (bilaterali o multilaterali)[2], che riguardano, generalmente, le imposte sui redditi e sui patrimoni; vi sono, inoltre, trattati riguardanti l'imposta sulle successioni[3]. Le prime convenzioni fiscali disciplinavano quasi soltanto questioni di doppia imposizione; ora, disciplinano anche altre materie, come la collaborazione tra Stati nel contrasto all'evasione.

### **1.1.** *I modelli di convenzione e il Modello* O*CSE.*

Le convenzioni internazionali in materia fiscale vengono predisposte sulla base di modelli elaborati dalle organizzazioni internazionali.

L'Italia utilizza il Modello OCSE, che, come vedremo, attribuisce rilievo preminente allo Stato di residenza fiscale del contribuente[4].

Il Modello OCSE è adottato dai Paesi che aderiscono a tale organizzazione[5], anche nelle convenzioni con Paesi terzi.

[2] La grande maggioranza delle convenzioni fiscali sono bilaterali. Le convenzioni multilaterali sono pochissime. Sono da ricordare la Convenzione tra i Paesi membri dell'UE in materia di reciproca assistenza e la Convenzione Nordica (tra Danimarca, Finlandia, Islanda, Norvegia e Svezia).

[3] I trattati in materia di imposte sui redditi, conclusi dall'Italia, sono oltre 70, mentre quelli in materia di imposte sulle successioni sono 7.

[4] Altri modelli sono il Modello ONU, che è usato per le convenzioni tra Paesi in via di sviluppo e Paesi industrializzati; vi si prevede la concessione di un credito d'imposta figurativo (*tax sparing credit*) che lo Stato di residenza concede come detrazione d'imposta anche quando l'investitore non è esonerato dalle imposte sui redditi prodotti nell'altro Stato contraente (di solito un Paese in via di sviluppo). Quando, per attrarre investitori esteri, un Paese concede delle agevolazioni per le imposte sui redditi, la tassazione da parte dello Stato industrializzato di residenza del soggetto che effettua l'investimento annullerebbe di fatto il beneficio concesso nel Paese in via di sviluppo.

Il Modello Andino, adottato dagli Stati sudamericani, che considera esclusivamente il criterio della fonte territoriale del reddito.

Infine, il Modello USA, che è caratterizzato dal rilievo dato alla nazionalità (*alias* cittadinanza) dei contribuenti, invece che allo Stato della residenza fiscale o della fonte.

[5] Nell'OCSE (Organizzazione per la Cooperazione e lo Sviluppo Economico) le questioni fiscali sono studiate, nell'ambito del Dipartimento degli Affari Economici, dalla Divisione degli Affari Fiscali e dal Comitato Affari Fiscali (organo, quest'ultimo, composto dai rappresentanti delle amministrazioni fiscali dei Paesi membri, che predispone il Modello e il Commentario).

© Wolters Kluwer Italia

Il Modello è diviso in 7 capitoli: il primo delimita il campo di applicazione della convenzione, indicando i soggetti e le imposte a cui si applica; il secondo fornisce una serie di definizioni (tra cui la definizione di residenza fiscale e di stabile organizzazione) e le regole interpretative delle convenzioni; il terzo contiene le "norme di distribuzione" in materia di imposte reddituali; il quarto disciplina le imposte sul patrimonio; il quinto i metodi per eliminare la doppia imposizione; il sesto la non discriminazione, le procedure amichevoli, lo scambio di informazioni e l'assistenza in materia di riscossione; il settimo contiene le disposizioni finali, che regolano l'entrata in vigore e la denuncia (cioè la cessazione).

Il Modello OCSE è corredato da un Commentario, redatto dagli esperti del Comitato affari fiscali, che rappresentano i governi degli Stati membri. Al Modello e al Commentario viene riconosciuto grande rilievo nella interpretazione delle norme delle convenzioni.

### 1.2. *Rapporti tra convenzioni, norme interne e diritto dell'UE.*

A) Le convenzioni internazionali, per effetto delle leggi che ne autorizzano la ratifica e ne ordinano l'esecuzione, acquistano valore di legge nel diritto italiano. Trattandosi di norme speciali, prevalgono sulle norme interne ordinarie[6].

Le norme delle leggi esecutive delle convenzioni non prevalgono sulle norme interne più favorevoli al contribuente. Dispone infatti l'art. 169 del Tuir che le norme interne «*si applicano, se più favorevoli al contribuente, anche in deroga agli accordi internazionali contro la doppia imposizione*».

Il primo Modello di convenzione è del 1963; il secondo del 1977. Si decise poi di procedere, anziché a revisioni globali, a modifiche di singole disposizioni. Dal 1992, perciò, il Modello viene aggiornato ed emendato di continuo.

Il Comitato Affari Fiscali ha elaborato una revisione del Modello, approvata dal Consiglio dell'OCSE il 15 luglio 2014, riguardante lo scambio di informazioni (art. 26), la tassazione degli artisti e degli sportivi professionisti (art. 17), la nozione comune di "*beneficial owner*" (artt. 10, 11 e 12) e il trattamento dei diritti di emissione per i gas serra.

[6] Ciò è confermato dall'art. 75 del D.P.R. 29 settembre 1973, n. 600, secondo cui «*nell'applicazione delle disposizioni concernenti le imposte sui redditi sono fatti salvi gli accordi internazionali resi esecutivi in Italia*».

L'art. 41 del D.P.R. 29 settembre 1973, n. 601, prevede che «*Continuano ad applicarsi le esenzioni ed agevolazioni previste dagli accordi internazionali resi esecutivi in Italia e dalle leggi relative ad enti ed organismi internazionali*».

© Wolters Kluwer Italia

Ciò dimostra che le norme convenzionali (rese esecutive) sono norme speciali ed hanno finalità agevolativa, per cui non possono tradursi in un trattamento meno favorevole per il contribuente di quello previsto dalla disciplina interna. Ecco perché le norme delle convenzioni (dopo la ratifica) prevalgono sulle norme interne solo quando sono più favorevoli al contribuente; non prevalgono se è più favorevole la norma interna.

Le norme interne non possono essere in contrasto con le norme delle convenzioni. In caso di contrasto sono da dichiarare incostituzionali (artt. 11 e 117 Cost.)[7].

B) Se vi sono contrasti tra diritto dell'UE e diritto convenzionale[8], prevale il primo.

Quando le due parti contraenti sono membri dell'UE, il diritto dell'Unione si impone ad entrambe le parti; invece, nel caso in cui un trattato sia stato stipulato tra uno Stato membro ed uno Stato terzo, il diritto dell'Unione prevale sul trattato nel diritto dello Stato membro, ma non può avere effetti nei confronti dello Stato terzo.

Nell'ordinamento dello Stato membro devono essere disapplicate le norme convenzionali non compatibili con il diritto dell'Unione[9].

Il diritto dell'Unione prevale sia sui trattati tra Stati membri, sia sui trattati tra un Paese membro ed uno Stato terzo.

Se un non residente ha, in uno Stato membro, in base al diritto convenzionale, un trattamento meno favorevole dei residenti, entra in gioco il diritto dell'Unione, che impone di accordare il trattamento più favorevole anche al non residente[10].

[7] Corte cost., 24 ottobre 2007, n. 349.

[8] Sui rapporti tra le due normative cfr.: W. Gassner, M. Lang, E. Lechner, *Tax Treaties and EC Law*, Londra-L'Aia-Boston, 1997; P. Essers, G. De Bont, E. Kemmeren, *The Compatibility of Anti-Abuse Provisions in Tax Treaties with EC Law*, Londra-L'Aia-Boston, 1998.

Peraltro, K. Vogel, *On Double Taxation Conventions*, Londra-L'Aia-Boston, 1997, p. 74, dubita della prevalenza del diritto comunitario, soprattutto con riguardo a quegli Stati (ad esempio, Francia e Paesi Bassi), nei quali la Costituzione stabilisce che i trattati internazionali prevalgono sulle leggi domestiche. Non è chiara, secondo tale Autore, la ragione della priorità delle leggi comunitarie sui trattati, soprattutto quando siano stati stipulati con Paesi terzi.

[9] Lo Stato terzo, invece, non essendo soggetto al diritto dell'Unione, deve applicare l'accordo. Cfr. K.Vogel, *On Double Taxation Conventions*, cit., p. 74.

[10] Cfr. Corte di giustizia, 21 settembre 1999, causa C-307/97, *Saint Gobain*, in *Riv. dir. trib.*, 2000, III, 179; Id., 5 novembre 2002, causa C-466/98, *Commissione c. UK*, *ivi*, 2004, III, 97, con nota di P. Pistone, *La compatibilità delle libertà comunitarie fondamentali delle convenzioni internazionali contro la doppia imposizione con i Paesi terzi*; Cass., 10 dicembre 2000, n. 5768, *ivi*, 2000, II, 312.

© Wolters Kluwer Italia

Gli Stati membri dell'UE hanno competenza in materia di convenzioni contro le doppie imposizioni[11], ma devono esercitarla nel rispetto delle norme dell'Unione[12].

## 2. *Ambito di applicazione delle convenzioni e doppia residenza.*

Le convenzioni internazionali si applicano, come prevede l'art. 1 del Modello Ocse, alle persone che sono residenti di uno o entrambi gli Stati contraenti[13].

Nel modello Ocse la definizione di soggetto residente è prima desunta dalle leggi interne dei Paesi contraenti, e, in caso di conflitto (doppia residenza, con conseguenti problemi di doppia imposizione), è individuata secondo criteri posti dalla convenzione.

La convenzione si applica soltanto a chi è residente, in senso fiscale, in uno o in entrambi gli Stati contraenti. Persona residente in uno o in entrambi gli Stati contraenti è colui che è assoggettato ad imposta in forza di un legame di tipo personale (domicilio, residenza, sede di direzione, ecc.); non è residente colui che è soggetto ad imposta solo per i redditi che derivano da fonti situate in uno degli Stati contraenti.

Il primo paragrafo dell'art. 4 stabilisce testualmente che, ai fini della convenzione, «*l'espressione 'residente di uno Stato contraente' designa una persona che, in virtù della legislazione di detto Stato, è assoggettata ad imposta nello Stato medesimo o in ogni sua suddivisione politica o ente locale, a motivo del suo domicilio, della sua residenza, della sede della sua direzione o di ogni altro criterio di natura analoga*».

La residenza fiscale, dunque, non è definita nelle convenzioni, perché le convenzioni rinviano alle leggi interne degli Stati contraenti[14].

Le legislazioni nazionali e le norme convenzionali, in materia di residenza, sono ispirate a criteri opposti.

[11] Corte di giustizia, 12 maggio 1998, causa C-336/96, *Gilly*, in *Raccolta*, 1998, p. I-2793, punti 24 e 30.

[12] Cfr. Corte di giustizia, 16 luglio 1998, causa C-264/96, *Imperial Chemical Industries plc (ICI)*, in *Rass. trib.*, 1999, II, 1814.

[13] Si veda l'art. 4 del Modello Ocse, che si riferisce alla residenza fiscale, quale nozione di diritto sostanziale, e non al domicilio fiscale, che è nozione di diritto formale.

[14] Il rinvio alla disposizione interna dei singoli Stati contraenti, contenuto nell'art. 4, è rafforzato dal collegamento con l'art. 3, par. 2 del Modello Ocse, che rinvia alla legislazione interna per la interpretazione dei termini che non sono espressamente definiti dalla convenzione.

© Wolters Kluwer Italia

Le norme nazionali dettano le condizioni necessarie perché un contribuente sia fiscalmente residente; le norme convenzionali, invece, indicano una molteplicità di criteri.

Le norme nazionali, infatti, hanno lo scopo di collegare un soggetto ad un ordinamento fiscale; le norme convenzionali, invece, hanno come presupposto la residenza fiscale in entrambi gli Stati contraenti, e dettano dei criteri in forza dei quali un soggetto, agli effetti della convenzione, è considerato residente in uno soltanto dei due Stati contraenti. Una delle due residenze, insomma, assume valore esclusivo e toglie rilievo all'altra; in tal modo, è prevenuta la doppia imposizione.

L'art. 4 del Modello Ocse indica i criteri da seguire per risolvere i problemi di doppia residenza (*tie-breaker rule*). Si tratta di criteri che devono essere applicati secondo un ordine di priorità.

In posizione primaria è il criterio dell'abitazione permanente (*permanent home*), seguito dal centro degli interessi vitali (*centre of vital interests*) e, in terza posizione, dalla dimora abituale (*habitual abode*); la nazionalità ha valore residuale. Se nessuno di questi criteri permette di risolvere il problema, residua la procedura amichevole, prevista dall'art. 25 del Modello.

Per le società (e altri enti equiparati) è previsto invece un solo criterio: in caso di doppia residenza fiscale, vale la sede della direzione effettiva.

## 3. *Le norme contro la doppia imposizione e la «doppia non imposizione».*

A) Il contenuto caratteristico delle convenzioni internazionali contro le doppie imposizioni è dato dalle c.d. norme di distribuzione, cioè dalle norme che ripartiscono, limitandolo, il potere impositivo tra gli Stati contraenti.

Le norme delle convenzioni mirano ad evitare, o attenuare, la doppia imposizione internazionale, che può verificarsi in tre ipotesi[15].

La più frequente si verifica quando l'imposizione (personale) dello Stato della residenza concorre con l'imposizione (reale) dello Stato della fonte. La generalità degli Stati tassa tutti i redditi dei residenti, anche se prodotti all'estero; contemporaneamente, i redditi prodotti all'estero sono tassati anche dallo Stato della fonte.

[15] Cfr. A. Pistone, *La tassazione degli utili distribuiti e la* thin capitalization: *profili internazionali e comparati*, Padova, 1994, p. 78 ss.; B. Castagnéde, *Précis de fiscalité internationale*, cit., p. 10.

© Wolters Kluwer Italia

In secondo luogo può aversi concorso di imposte personali quando un soggetto risulti residente fiscalmente in più Stati (ad esempio, una persona ha in uno Stato il centro dei suoi affari economici e in un altro la dimora stabile)[16].

Infine, può esservi concorso di imposte reali, a causa della diversità dei criteri di localizzazione dei redditi adottati dagli Stati.

B) Data la distinzione tra Stato della residenza e Stato della fonte, le norme di distribuzione stabiliscono quale Stato può tassare un certo presupposto d'imposta, o ammettono che entrambi gli Stati, con o senza limiti, possono esercitare il potere impositivo.

C) Le norme convenzionali che attribuiscono la potestà impositiva ad uno Stato contraente non generano rapporti giuridici d'imposta concreti, o concrete potestà impositive. Dato che ogni Stato è già dotato di potestà legislativa in campo tributario, le norme convenzionali pongono dei limiti a tale potestà, distribuendo i presupposti d'imposta tra gli Stati contraenti. Le norme convenzionali, rese efficaci in un dato ordinamento, possono dunque impedire la tassazione di una data fattispecie, in deroga alle norme fiscali ordinarie, ma non determinarne direttamente la tassazione, che può derivare soltanto da norme interne.

Le norme di distribuzione del modello Ocse, in via principale, limitano la potestà d'imposizione dello Stato della fonte. Può trattarsi di:

– limitazione totale (la tassazione è riservata allo Stato della residenza; ed è esclusa la tassazione nello Stato della fonte),

– o di limitazione parziale (oltre che nello Stato della residenza, può esservi tassazione anche nello Stato della fonte, con o senza limiti).

D) Possiamo perciò dividere i redditi in tre categorie.

La prima è costituita dai redditi tassabili esclusivamente nello Stato di residenza.

Rientrano in tale categoria i canoni (art. 12)[17], gli utili derivanti dall'alienazione di azioni o titoli (art. 13), le pensioni private (art. 18),

[16] La doppia residenza fiscale può essere la conseguenza del fatto che vi sono ordinamenti che adottano criteri diversi di determinazione della residenza: negli Stati Uniti d'America la residenza fiscale è legata alla cittadinanza, per cui un cittadino americano che si stabilisca in un altro Paese acquisisce una doppia residenza fiscale. Cfr. R.S. Avi-Yonah, N. Sartori, O. Mariam, *Global perspectives on income taxation law*, Oxford, 2011, p. 153.

[17] Molte convenzioni concluse dall'Italia, peraltro, utilizzano, per i canoni, lo stesso criterio di tassazione previsto per dividendi e interessi.

© Wolters Kluwer Italia

le somme ricevute dagli studenti per scopi di studio o di formazione professionale (art. 20). Gli utili delle imprese sono imponibili nello Stato di residenza (art. 7)[18], ma i redditi attribuibili ad una stabile organizzazione sono tassabili anche nello Stato della fonte. La stessa regola vale per i lavoratori autonomi, che sono equiparati alle imprese[19].

Analogamente, i redditi di lavoro dipendente sono imponibili solo nello Stato della residenza, a meno che l'attività non venga svolta nell'altro Stato (art. 15)[20].

La seconda categoria è costituita dai redditi che possono essere tassati da entrambi gli Stati contraenti, in quanto la potestà impositiva dello Stato della fonte è limitata solo parzialmente. In tale categoria rientrano i dividendi e gli interessi e, secondo molte convenzioni stipulate dall'Italia, ma non secondo il Modello, anche i canoni. Dividendi e interessi sono dunque tassabili da entrambi gli Stati contraenti, ma il potere impositivo dello Stato della fonte è limitato.

La tassazione dei dividendi da parte dello Stato della fonte non deve superare il 5 per cento, se il beneficiario effettivo è una società che detiene direttamente almeno il 25 per cento del capitale della società che distribuisce i dividendi; negli altri casi, non deve essere superato il 15 per cento. La ritenuta sugli interessi non deve essere superiore, nello Stato della fonte, al 10 per cento; e lo Stato di residenza deve concedere un credito d'imposta a fronte della ritenuta operata alla fonte.

La terza categoria è costituita dai redditi che possono essere tassati, oltre che nello Stato della residenza, anche nello Stato della fonte, senza limiti. In questa categoria rientrano i redditi degli immobili (art. 6); i redditi d'impresa (compresi quelli dei lavoratori autonomi) attribuibili alle stabili organizzazioni (art. 7); i *capital gain* (art. 13); i compensi di amministratori e sindaci (art. 16); i redditi di artisti e sportivi (art. 17).

E) L'opposto della doppia imposizione è la «*doppia non imposizione*», che può verificarsi perché espressamente prevista da una convenzione, ad

[18] Gli utili delle imprese di navigazione sono imponibili "soltanto" nello Stato in cui ha sede la "direzione" effettiva dell'impresa (artt. 8 e 13).

[19] Per i lavoratori autonomi l'art. 14 del Modello prevedeva la tassazione nello Stato della fonte se vi era una base fissa; l'art. 14 è stato espunto dal Modello ed ora il termine "impresa" comprende ogni attività economica (art. 3).

[20] Anche nell'ipotesi in cui l'attività viene svolta nello Stato della fonte, resta ferma la tassazione esclusiva nello Stato della residenza se il lavoratore soggiorna all'estero per meno di 183 giorni in un anno o se le remunerazioni non sono sostenute da un datore di lavoro o da una stabile organizzazione con sede nello Stato della fonte.

© Wolters Kluwer Italia

esempio per incentivare una determinata attività. Per lo più, è un effetto indesiderato[21], ma l'applicazione della convenzione contro le doppie imposizioni tra i due Stati non può porvi rimedio, perché le norme convenzionali restringono, non estendono, il potere impositivo degli Stati contraenti.

La «*doppia non imposizione*» può derivare dall'effetto congiunto di una legge interna e di una clausola convenzionale. Ad esempio, se la convenzione prevede che un reddito possa essere tassato solo dallo Stato di residenza, che, invece, esenta quel reddito, il risultato finale è di doppia non imposizione (quel reddito non è tassato né da uno Stato contraente, per effetto della legislazione interna, né dall'altro, perché lo impedisce la convenzione).

## 4. *La stabile organizzazione.*

La nozione di stabile organizzazione (*branch*) è tracciata nell'art. 5 del Modello OCSE[22], che delinea due figure: la "stabile organizzazione materiale", costituita da un complesso di beni organizzati; la "stabile organizzazione personale", che è costituita da un soggetto che opera svolgendo attività imputabili al non residente.

La stabile organizzazione è definita come «*sede fissa di affari attraverso la quale un'impresa esercita in tutto o in parte la sua attività*»[23].

Sono stabili organizzazioni materiali (in via esemplificativa): una sede di direzione, una succursale, un ufficio, un'officina, un laboratorio, una miniera, giacimento, cava o altro luogo di estrazione di risorse naturali, un cantiere di costruzione o montaggio di durata superiore ai dodici mesi.

Non sono considerate stabili organizzazioni, in via derogatoria, quelle sedi di affari che, pur rientrando nella nozione generale, svolgono attività solo ausiliarie o preparatorie (attività promozionali, di ricerca, ecc.)[24].

[21] Si tratta di un effetto per lo più indesiderato, perché le convenzioni non vengono stipulate per escludere il potere d'imposizione di entrambi i contraenti.

[22] Cfr. A.A. SKAAR, *Permanent Establishment. Erosion of a Tax Treaty Principle*, Deventer, 1991.

[23] Il termine "impresa", nel Modello, comprende anche «*la prestazione di servizi professionali e di altre attività di lavoro autonomo*».

[24] La deroga riguarda, ad esempio, le strutture usate a soli fini di deposito, di esposizione o di consegna di beni o di merci appartenenti all'impresa; il mantenimento di uno *stock* di beni o merci finalizzato esclusivamente al magazzinaggio, all'esposizione, alla consegna o alla lavorazione da parte di altra impresa; la sede fissa di affari utilizzata ai soli fini di acquistare beni o merci e di raccogliere informazioni per l'impresa.

© Wolters Kluwer Italia

La "stabile organizzazione personale" è una persona che agisce per conto di un'impresa non residente ed esercita abitualmente il potere di concludere contratti impegnando l'impresa non residente. I mediatori, i commissionari e gli agenti non sono una stabile organizzazione quando agiscono in modo indipendente, «*nell'ambito della loro ordinaria attività*».

Secondo l'art. 7 del Modello OCSE, alla stabile organizzazione devono essere attribuiti gli utili che produrrebbe se fosse una entità indipendente, distinta e separata dalla casa madre.

Sono deducibili «*le spese sostenute per gli scopi perseguiti dalla stessa stabile organizzazione, comprese le spese di direzione e le spese generali di amministrazione, sia nello stato in cui è situata la stabile organizzazione, sia altrove*».

Il Commentario suggerisce di attribuire alla stabile organizzazione una frazione di tali costi proporzionalmente corrispondente al rapporto tra il volume di affari della stabile organizzazione e quello della casa madre.

## 5. *Eliminazione della doppia imposizione nello Stato della residenza.*

Il Modello OCSE è formulato presupponendo che lo Stato della residenza possa sempre sottoporre ad imposta i redditi dei residenti, ma prevede che certi redditi, tassati dallo Stato della fonte, non debbano essere tassati anche dallo Stato della residenza[25].

L'art. 23 prevede che lo Stato della residenza esenti il reddito prodotto all'estero, o conceda una deduzione, o credito d'imposta, pari all'imposta pagata all'estero.

Con il sistema dell'esenzione nello Stato di residenza viene assicurato, ai residenti che producono reddito all'estero, lo stesso trattamento tributario che è accordato dallo Stato della fonte ai suoi residenti[26]. La parità di trattamento fiscale, nello Stato della fonte, tra residenti e non residenti, realizza la cd. neutralità esterna o neutralità all'importazione (*Capital Import Neutrality*).

Il metodo della deduzione, o credito d'imposta, presuppone che un reddito sia tassato, oltre che nello Stato della residenza, anche in quello della fonte, ed implica che lo Stato della residenza attribuisca, al contribuente

[25] Cfr. MIRAULO, *Doppia imposizione internazionale*, cit., p. 163, la quale osserva che la riduzione dell'imposizione è attuata, da parte dello Stato della fonte, limitando le categorie dei redditi tassabili e contenendo l'entità del tributo.

[26] Cfr. C. GARBARINO, *La tassazione del reddito transnazionale*, cit., pp. 430-432.

© Wolters Kluwer Italia

residente, una deduzione o un credito d'imposta per un ammontare pari all'imposta pagata all'estero[27].

Questo metodo assicura ai residenti, che producono reddito all'estero, lo stesso trattamento tributario che è accordato ai residenti che producono reddito nello Stato di residenza, cioè un regime di pari trattamento tra residenti, detto "regime di neutralità interna" (*Capital Export Neutrality*).

Il credito d'imposta attribuito per i redditi prodotti all'estero può essere "illimitato" (o "pieno") o "limitato (o "ordinario").

Nel primo caso, il credito è pari alle imposte versate nello Stato della fonte, senza alcuna limitazione. Se il credito d'imposta è rimborsabile, lo Stato della residenza rimborsa una quota d'imposta che è stata riscossa dallo Stato della fonte.

Il credito d'imposta è generalmente limitato, essendo concesso in misura pari alla quota di imposta dovuta, nello Stato di residenza, sul reddito prodotto all'estero[28].

I due tipi di credito di imposta producono lo stesso risultato solamente nel caso in cui le aliquote, previste nei due Stati, sono le medesime.

Al contrario, se l'ordinamento dello Stato della fonte prevede aliquote maggiori di quelle applicate nello Stato di residenza, la doppia imposizione, con il metodo del credito di imposta "limitato", è eliminata solo parzialmente.

Con il sistema del credito d'imposta il livello della tassazione nello Stato della fonte si riflette sulla tassazione nello Stato della residenza. Una riduzione di imposta nello Stato della fonte riduce specularmente il credito d'imposta nello Stato della residenza. Ciò vanifica le agevolazioni che lo Stato della fonte concede agli investitori esteri; lo Stato della residenza può rimediare concedendo un credito d'imposta "figurativo", cioè avulso dal livello effettivo di tassazione nello Stato della fonte[29].

[27] Ciò è previsto per i dividendi e per gli interessi, in conformità con quanto disposto dagli artt. 10 e 11 del Modello.

[28] Nei trattati conclusi dall'Italia viene previsto, come rimedio alla doppia imposizione, il credito di imposta "limitato". Ad esempio, l'art. 24 della Convenzione con il Regno Unito prevede che se un contribuente, residente in Italia, possiede redditi imponibili nel Regno Unito, l'Italia deve dedurre, dalle imposte dovute in Italia, l'imposta sui redditi pagata nel Regno Unito, «*ma l'ammontare della deduzione non può eccedere la quota di imposta italiana attribuibile ai predetti elementi di reddito nella proporzione in cui gli stessi concorrono alla formazione del reddito complessivo*». Cfr. A. Contrino, *Sui rapporti tra le disciplina interna e convenzionale del credito per le imposte estere*, in *Riv. dir. trib.*, 2007, I, 1007.

[29] Le agevolazioni agli investitori esteri sono concesse in genere dai Paesi in via di sviluppo, e, per non vanificare queste previsioni, le convenzioni conformi al Modello ONU, e alcune convenzioni Modello Ocse (stipulate anche dall'Italia), prevedono forme varie di

© Wolters Kluwer Italia

## 6. *Procedura amichevole (Map) e arbitrato.*

Le amministrazioni fiscali nazionali possono rettificare il *transfer price* delle transazioni tra imprese associate, localizzate in Stati diversi. Ciò può essere fonte di una doppia imposizione economica, che è presa in considerazione dall'art. 9 del Modello Ocse, ove si prevede che, quando uno Stato contraente rettifica il prezzo di trasferimento di una transazione infragruppo, l'altro Stato deve operare un corrispondente «*aggiustamento*»[30].

L'art. 25 del Modello Ocse, per porre rimedio ai fenomeni di doppia imposizione, prevede che le amministrazioni fiscali dei due Stati impositori si consultino per risolvere amichevolmente il conflitto. La procedura amichevole (*Map*, acronimo di *Mutual agreement procedure*), può essere attivata da un soggetto residente in uno dei due Stati quando le misure adottate da una o da entrambe le amministrazioni finanziarie comportino (o comporteranno) nei suoi confronti un'imposizione non conforme alle disposizioni della Convenzione.

Sempre in ambito Ocse, nelle "Linee guida sulla determinazione dei prezzi di trasferimento", è illustrato l'utilizzo della *Map* per evitare e risolvere le controversie generate da rettifiche di *transfer pricing*.

La procedura amichevole deve essere attivata entro il termine previsto dalle singole convenzioni. Il termine è generalmente di due anni dalla prima notifica della misura che comporta un'imposizione non conforme alle disposizioni della convenzione. Il contribuente può comunque presentare l'istanza prima di ricevere l'avviso di accertamento (ad esempio, a seguito della notifica di un processo verbale di constatazione).

A seguito di notifica di un avviso di accertamento il contribuente ha comunque l'onere di impugnarlo.

La procedura amichevole è uno strumento di tipo amministrativo, previsto per consentire alle autorità fiscali dei due Stati contraenti di risolvere i problemi applicativi delle convenzioni, fra cui quelli relativi ai prezzi di trasferimento. La norma del Modello Ocse, peraltro, non vincola le amministrazioni degli Stati contraenti a raggiungere una soluzione (diversamente da quanto previsto, in ambito UE, dalla Convenzione

detassazione nel Paese di residenza. Cfr. K.Vogel, *On Double Taxation Conventions*, cit., p. 1256.

[30] Cfr. M. Trivellin, *Contributo allo studio degli strumenti di soluzione delle controversie fiscali internazionali con particolare riguardo al* transfer pricing, Torino, 2017.

© Wolters Kluwer Italia

arbitrale). Il ricorso alla procedura arbitrale è però presente in molte convenzioni recenti[31].

## 7. *Lo scambio di informazioni.*

A) Il Modello OCSE prevede, all'art. 26, lo scambio di informazioni «*verosimilmente rilevanti*» sia per applicare le convenzioni, sia per applicare le leggi fiscali interne, anche per imposte non considerate dalle convenzioni[32].

Particolarmente importante è il paragrafo 5, in base al quale uno Stato non può rifiutarsi di comunicare delle informazioni perché in possesso di banche, altre istituzioni finanziarie, delegati, agenti e fiduciari. In sostanza, il segreto bancario, se tutelato dalla legislazione interna, non esonera dallo scambio di informazioni.

Lo scambio di informazioni avviene in tre modi: su richiesta, spontaneamente o in modo automatico. È significativo soprattutto lo scambio automatico[33].

B) Lo scambio di informazioni, oltre che da convenzioni bilaterali, è previsto dalla Convenzione sulla reciproca assistenza amministrativa in materia fiscale, conclusa il 1° giugno 2011 e sottoscritta dagli Stati membri del Consiglio d'Europa e dai Paesi membri dell'OCSE.

Nel 2014 è stato firmato a Berlino il *Multilateral Competent Authority Agreement* (Mcaa), un accordo multilaterale sullo scambio automatico di informazioni che 51 membri dell'OCSE si sono impegnati ad attuare tra il 2017 e il 2018.

[31] Ad esempio, l'Italia prevede clausole arbitrali nei suoi trattati con il Kazakistan, gli USA e la Slovenia.

[32] In passato, gli Stati non collaboravano in materia fiscale. Il c.d. principio di non collaborazione è stato però progressivamente abbandonato.

Cfr. P. MASTELLONE, *La cooperazione fiscale internazionale nello scambio di informazioni*, in R. CORDEIRO GUERRA, *Diritto tributario internazionale*, Padova, 2012, p. 224; S. DORIGO, *Scambio di informazioni nel diritto tributario internazionale*, in *Dig. comm., Aggiornamento*, vol. VII, Torino, 2015, p. 481 ss.

[33] Nel nostro ordinamento si prevede che, per l'accertamento delle imposte sui redditi e dell'Iva, l'Amministrazione finanziaria deve scambiare informazioni con le altre amministrazioni (e può autorizzare la presenza nello Stato di funzionari delle amministrazioni di altri Stati membri). Cfr. D.P.R. 29 settembre 1973, n. 600, art. 31; D.P.R. 26 ottobre 1972, n. 633, art. 65.

© Wolters Kluwer Italia

C) Su impulso del G20 il Consiglio dell'Ocse, nel 2014, ha approvato lo *standard* globale per lo scambio automatico di informazioni (*Common reporting standard, Crs*)[34]. Lo scambio di informazioni è previsto anche dal diritto dell'UE[35].

La Direttiva n. 2011/16/UE detta norme simili a quelle dell'Ocse, prevedendo che la collaborazione riguardi tutte le informazioni «*prevedibilmente pertinenti*».

Infine, la Direttiva 2015/2376/UE modifica la Direttiva 2011/16/Ue per quanto riguarda lo scambio automatico di informazioni.

D) Il Congresso degli Usa ha approvato, nel 2010, il Fatca (*Foreign Account Tax Compliance Act*), che, operativo dal 1° luglio 2014, è volto a contrastare l'evasione fiscale, realizzata da cittadini e residenti statunitensi mediante conti intrattenuti all'estero e da non residenti in Usa mediante conti intrattenuti presso istituzioni finanziarie statunitensi, tramite lo scambio automatico di informazioni finanziarie.

Il Fatca è una legge interna degli Usa, cui sono seguiti accordi intergovernativi (IGA – *Intergovernmental Agreement*) negoziati da singoli Stati con gli Stati Uniti. In base agli IGA sono obbligatorie la raccolta e la segnalazione delle informazioni bancarie e fiscali all'autorità fiscale nazionale, che li trasmette a sua volta all'IRS, o direttamente all'IRS, a seconda della tipologia di IGA sottoscritto.

Un gran numero di Paesi, di cui molti europei, tra cui l'Italia, ha sottoscritto l'accordo. In Italia l'accordo relativo al Fatca è stato ratificato dalla L. 18 giugno 2015, n. 95.

[34] Quasi 100 Stati hanno preannunciato l'adozione dello scambio automatico di informazioni dal 2016 o in seguito.

Nel 2015 l'Italia ha stipulato convenzioni sullo scambio di informazioni con la Svizzera, con il Principato di Monaco, con la Città del Vaticano e con il Liechtenstein.

[35] La collaborazione tra le amministrazioni finanziarie in ambito europeo era disciplinata dalla Direttiva del Consiglio 77/799/CEE del 19 dicembre 1977, che, emanata per le imposte dirette, era stata poi estesa all'Iva (con la Direttiva n. 79/1070 del 6 dicembre 1979) ed alle accise (con la Direttiva n. 92/12 del 25 febbraio 1992).

La Direttiva del 1977 è stata sostituita dalla Direttiva 2011/16/UE del Consiglio del 15 febbraio 2011.

La Direttiva 77/799 è stata recepita, nella sua prima formulazione, con D.P.R. 5 giugno 1982, n. 506.

Con la Direttiva del Consiglio 7 ottobre 2003, n. 2, 003/93/CE, e con il Regolamento del Consiglio 7 ottobre 2003, n. 1798/2003, sono state migliorate le preesistenti normative comunitarie sullo scambio di informazioni.

Anche la Direttiva 3 giugno 2003, n. 2003/48/CE, sulla tassazione del risparmio, prevede una forma di scambio di informazioni (dallo Stato della fonte a quello di residenza del percettore).

© Wolters Kluwer Italia

**8.** *I paradisi fiscali.*

I paradisi fiscali[36] sono stati definiti dall'OCSE, nel rapporto sulla "concorrenza fiscale dannosa" del 1998[37], in base a queste caratteristiche:

a) assenza di tassazione o livello di tassazione effettivo solo nominale (il livello impositivo sui flussi finanziari è nullo o meramente simbolico);

b) assenza di un adeguato scambio di informazioni con altri Stati (assenza di scambio di informazioni con i Paesi a fiscalità ordinaria; normativa interna che prevede severe regole di segretezza finalizzate a nascondere le attività economiche agli occhi delle autorità fiscali straniere);

c) mancanza di trasparenza (assenza di meccanismi di controllo sui flussi finanziari);

d) mancanza di una reale attività economica (entità detenute da soggetti stranieri senza la necessità di una presenza effettiva sul territorio); assenza di disposizioni interne che attribuiscano rilevanza all'attività effettivamente svolta.

Generalmente, i "paradisi fiscali", oltre a benefici fiscali, assicurano il segreto bancario, consentono la costituzione di società di capitali senza dover sottostare alle formalità solitamente previste dagli Stati industrializzati, non prevedono reati di evasione fiscale e falso in bilancio, non ostacolano l'uso del denaro contante, rendono possibile il riciclaggio.

Nel maggio 1999 fu istituito, in seno all'OCSE, il *Forum on Harmful Tax Practices* e, nel giugno del 2000, fu pubblicato un Rapporto che identificava 47 regimi fiscali, all'interno dei paesi OCSE, definiti "potenzialmente dannosi", e 35 Stati ("paradisi fiscali"), che non si erano impegnati a modificare la propria normativa per contrastare la concorrenza fiscale dannosa (*uncooperative tax havens*)[38]. Erano presenti nella lista anche Stati

[36] L'espressione paradiso fiscale deriva da *tax heaven*, ma la denominazione più appropriata è *tax haven*, cioè rifugio fiscale.

I paradisi fiscali sono detti anche Paesi *offshore,* da quando negli Stati Uniti, dove, per aggirare il proibizionismo, erano usate navi ancorate al di fuori delle acque territoriali, sulle quali si poteva bere alcol e giocare d'azzardo.

[37] OCSE, *Harmful Tax Competition: An Emerging Global Issue,* Parigi, 1998.

[38] OCSE, *Towards Global Tax Co-operation. Report to the 2000 Ministerial Council Meeting and Recommendations by the Committee on Fiscal Affairs. Progress in Identifying and Eliminating Harmful Tax Practices,* Parigi, 2000.

Nella lista dei paradisi fiscali erano presenti, tra gli altri, Andorra, Anguilla, Antigua e Barbuda, Antille Olandesi, Aruba, Bahamas, Bahrain, Barbados, Belize, Dominica, Gibilterra, Grenada, Guernsey, Isola di Man, Isole Cook, Isole Marshall, Isole Vergini Americane, Isole Vergini Britanniche, Jersey, Liberia, Liechtenstein, Maldive, Monaco, Montserrat, Panama, Samoa, Seychelles.

© Wolters Kluwer Italia

europei[39], Paesi che fanno parte del territorio della Gran Bretagna[40] o dipendono dalla Corona britannica[41], Paesi legati agli Stati Uniti[42], isole caraibiche[43], ed altri.

Il G-20, tenutosi a Londra il 2 aprile 2009, richiese all'Ocse di predisporre tre liste:

a) la *black list* degli Stati che non si sono impegnati ad adottare lo *standard* di collaboratività fiscale;

b) la *grey list* degli Stati che si sono impegnati ad adottare lo *standard* di collaboratività fiscale;

c) la *white list* degli Stati che, oltre ad essersi impegnati ad adottare lo *standard* di collaboratività fiscale, hanno anche stipulato almeno 12 accordi internazionali che prevedano lo scambio di informazioni.

Per essere considerati collaborativi gli Stati devono impegnarsi ad adottare lo *standard* internazionale di collaboratività fiscale, delineato dall'Ocse.

Successivamente, devono stipulare almeno 12 convenzioni bilaterali che prevedano lo scambio di informazioni.

Un poco alla volta, molti Paesi hanno soddisfatto il requisito delle 12 convenzioni, stipulando accordi con altri Paesi inseriti nella *black list*.

Sono stati così inseriti nella *grey list* Gibilterra, Monaco, Liechtenstein, Guernsey, Jersey, l'Isola di Man, San Marino, le Isole Cayman, le Isole Vergini britanniche, ecc.

Questi accordi sono spesso inutili, perché stipulati con altri Paesi inseriti nella *black list* o con Paesi che non dispongono di informazioni fiscalmente rilevanti.

Perciò l'Ocse ha previsto un'analisi della attuazione dei requisiti di trasparenza, scambio di informazioni e disciplina antiriciclaggio: è la *peer review*, con cui si verifica se gli *standard* di collaboratività risultano effettivamente implementati.

La *peer review* desta molti dubbi sulla effettività dello scambio di informazioni e sulla reale esistenza in tali Paesi di informazioni "utili", vuoi

[39] Andorra, Liechtenstein, Malta, Principato di Monaco, San Marino, Svizzera.

[40] Anguilla, Gibilterra, Isole Vergini Britanniche, Montserrat, Turks e Caicos.

[41] Isole del Canale (della Manica), Isola di Man.

[42] Isole Vergini Statunitensi, Isole Marshall, Liberia, Panama. Il Delaware attrae per la sua legislazione societaria; non a caso, è la sede legale di oltre la metà delle società quotate negli Stati Uniti.

[43] I paradisi fiscali appartenenti all'area caraibica (Bahamas, Bermuda, Barbados, Isole Cayman, ecc.) sono piccole isole o arcipelaghi, ex colonie dell'Impero britannico, che, acquisita l'indipendenza, hanno adottato una legislazione volta ad attirare le persone e le società in cerca di "rifugi" dalle imposte dei Paesi di residenza.

© Wolters Kluwer Italia

per l'eccessiva tolleranza nei controlli, vuoi per il fatto che quei Paesi non dispongono di dati essenziali (come l'identità del beneficiario effettivo delle operazioni economiche) o ne dispongono solo a livello formale (con la conseguenza che le informazioni oggetto di scambio riguardano delle "teste di legno")[44].

In conclusione, l'azione dell'Ocse contro i paradisi fiscali non ha ancora conseguito risultati soddisfacenti.

I ministri delle finanze dei Paesi membri dell'UE, nel 2016, hanno affidato al gruppo "Codice di Condotta" il compito di formare una *black list*, adottando tre criteri: la trasparenza fiscale; l'equità fiscale e il grado di attuazione delle misure anti-Beps.

Il 5 dicembre 2017 l'Ecofin ha approvato una *black list* contenente 17 "giurisdizioni non collaborative", ridotte a 9 il 13 marzo 2018.

Vi è poi una lista di Paesi che si sono impegnati ad adeguarsi agli *standard* internazionali in materia di trasparenza, equità fiscale e adozione di misure anti-Beps.

In Italia, agli effetti della tassazione delle imprese estere controllate, sono considerati privilegiati i regimi fiscali di Stati o territori in cui il livello nominale di tassazione risulti inferiore al 50 per cento di quello applicabile in Italia[45].

Vi è poi la *black list* formata ai fini della presunzione di permanenza in Italia dei cittadini che trasferiscono la residenza in paradisi fiscali[46].

## 9. *La pianificazione fiscale aggressiva e il progetto anti-Beps.*

A) La pianificazione e la elusione fiscale internazionale sono praticate dalle multinazionali, che, operando in una molteplicità di Stati, minimizzano il carico fiscale collocando le proprie strutture operative e i relativi profitti secondo criteri di convenienza fiscale. Sovente i profitti non sono tassati dove sono prodotti ma sono trasferiti in Paesi dove la tassazione è nulla o molto ridotta[47].

[44] Cfr. R.Cordeiro Guerra, *Criminalità economica e paradisi fiscali*, Relazione al Convegno di Napoli, 14-15 ottobre 2015, dell'AIPDT, in *http://www.aipdt.it/*.

[45] Tuir, art. 167, comma 4, modificato dall'art. 1, comma 142, della L. 28 dicembre 2015, n. 208 (legge di stabilità per il 2016).

[46] Si vedano l'art. 2, comma 2-*bis* del Tuir e il D.m. 4 maggio 1999.

[47] Cfr. S. Cipollina, *I redditi «nomadi» delle società multinazionali nell'economia globalizzata*, cit., che illustra l'attenzione rivolta a questo fenomeno dal Senato Usa, dalla

© Wolters Kluwer Italia

Erosione della base imponibile e spostamento dei profitti (*Base erosion and profit shifting*, BEPS) è l'espressione usata dall'OCSE per definire gli effetti negativi delle strategie fiscali delle multinazionali.

B) Su mandato del G20 l'OCSE ha predisposto, negli anni dal 2013 al 2015, un piano formato da 15 azioni, volto contrastare le strategie fiscali delle multinazionali e, in genere, l'elusione fiscale internazionale[48].

La prima azione concerne l'economia digitale. Poiché i sistemi fiscali attuali non riescono a tassare in modo soddisfacente i redditi prodotti dalle grandi multinazionali dell'economia digitale, le cui strutture sono dematerializzate, il piano di azione propone di prescindere dalla presenza fisica di una società o di una stabile organizzazione e di basare la tassazione su forme di «presenza digitale significativa o di "stabile organizzazione virtuale".

L'azione 2 prevede la neutralizzazione degli effetti degli ibridi (*hybrid mismatch arrangements*), con cui, sfruttando le asimmetrie tra diversi ordinamenti, le multinazionali raggiungono risultati di «*doppia non imposizione*», o deduzioni della stessa spesa in più ordinamenti, o la deduzione in un Paese di imposte mai corrisposte altrove, o il differimento a lungo termine del pagamento delle imposte[49].

Camera dei Comuni britannica, dal Senato francese, dal G20, dall'OCSE e dalla Commissione europea.

Un sistema reso noto dalle cronache giornalistiche è il *Double Irish with a Dutch sandwich*, che utilizza due società irlandesi, tra le quali è interposta una società olandese, e che, approssimativamente, si sviluppa in questo modo.

Vi è una capogruppo A, che cede il diritto di sfruttare la sua tecnologia, verso il corrispettivo di un lieve canone, alla società C1, con sede in Irlanda e stabile organizzazione nelle Bermuda.

C1 cede il diritto di sfruttamento alla società olandese C2, che a sua volta lo cede alla società operativa irlandese C3.

Le *royalties*, che C3 corrisponde a C2, non sono colpite da ritenuta in uscita, in forza di quanto previsto dalla Convenzione Olanda-Irlanda.

La società C2, trattenendo una commissione di lieve entità, trasferisce le *royalties*, dovute a C1, alla stabile organizzazione delle Bermuda, dove i redditi d'impresa sono completamente esenti. I flussi di reddito, quindi, dall'Irlanda, con un passaggio in Olanda, sono trasferiti in un paradiso fiscale, senza subire tassazioni significative nei Paesi dove si svolgono le attività produttive

[48] Si veda il rapporto OCSE, *Addressing Base Erosion and Profit Shifting*, pubblicato il 12 febbraio 2013. Le misure derivanti dal Progetto BEPS sono state messe a punto nell'autunno del 2015.

[49] Gli ibridi (*hybrid mismatch arrangement*) sono istituti giuridici considerati in modo diverso da due (o più) Stati. Possono essere, ad esempio, entità che sono considerate trasparenti in uno Stato (*partnerships*) e non trasparenti altrove (*corporations*). Ciò consente di dedurre in uno Stato un costo che non è considerato imponibile nell'altro Stato.

© Wolters Kluwer Italia

La terza azione riguarda la normativa sulle imprese estere controllate (CFC) e propone norme che evitino lo spostamento fittizio dei redditi verso società domiciliate in Paesi a fiscalità privilegiata.

L'azione 4 punta a limitare l'erosione dell'imponibile derivante dalla deduzione di interessi e altri costi relativi a finanziamenti effettuati tra società dello stesso gruppo, ponendo limiti alle deduzioni.

La quinta prevede una ristrutturazione delle misure relative alle pratiche fiscali dannose, incrementando la trasparenza, dando evidenza alla sostanza delle operazioni e rendendo obbligatorio lo scambio di informazioni che riguardano i regimi agevolati.

L'azione 6 limita, con clausole anti-abuso, i benefici concessi in "circostanze non appropriate". Si fa riferimento al *treaty shopping*, che si configura quando un soggetto, che non risiede in nessuno di due Stati che hanno stipulato una convenzione contro le doppie imposizioni, cerca di beneficiare della convenzione usando società fittizie (*letterboxes, shell companies, conduits*), prive di sostanza economica.

La settima azione modifica il concetto di "stabile organizzazione" per neutralizzare le strategie poste in essere dalle multinazionali per spostare i profitti dove la tassazione è più conveniente.

Il pacchetto di azioni dalla 8 alla 10 riguarda il *transfer pricing* e si propone, modificando le Linee guida, di far sì i profitti non siano trasferiti ma siano tassati dove si è svolta l'attività che li ha prodotti.

In particolare, l'azione n. 8 concerne i beni immateriali, la n. 9 la ripartizione dei rischi, la n. 10 le aree a più alto rischio fiscale, come l'incremento fittizio dei costi di gestione.

Le ultime azioni riguardano la misurazione del BEPS (azione 11), le metodologie attraverso le quali possono essere conosciuti i fenomeni di pianificazione aggressiva (azione 12), la documentazione richiesta alle multinazionali in materia di *transfer pricing* (azione 13).

L'azione 14 ha lo scopo di rendere più efficaci i meccanismi di risoluzione delle controversie.

Infine, l'azione n. 15 si prefigge di sviluppare uno strumento multilaterale con cui modificare gli accordi bilaterali per adeguarli in modo rapido all'evoluzione dell'economia globale.

Vi sono strumenti finanziari trattati come debiti in uno Stato ed *equity* in un altro. Ne deriva che gli interessi sono dedotti dal reddito della società finanziata, ma non sono tassati nello Stato del finanziatore, in quanto dividendi.

© Wolters Kluwer Italia

C) Sono numerosi gli interventi del legislatore italiano riconducibili al progetto Beps.

In linea con le azioni 1, 7 e 8 del progetto il legislatore italiano ha modificato, ampliandola, la definizione di stabile organizzazione e introdotto la c.d. *web tax*.

In relazione all'azione 3 il legislatore ha modificato la disciplina dei dividendi derivanti da società controllate estere, che svolgono una effettiva attività commerciale (Tuir, art. 167, comma 5).

In corrispondenza con le azioni da 8 a 10 il legislatore italiano ha modificato la disciplina del *transfer price* (art. 59, comma 1, D.l. 24 aprile 2017, n. 50).

Si ricordino inoltre gli interpelli per agevolare gli investimenti esteri (art. 31 *ter* D.P.R. 29 settembre 1973, n. 600) e le nuove norme sullo scambio di informazioni (D. lgs. 32 del 15 marzo 2017), anche se sono attuazione non tanto del progetto Beps, quanto della direttiva 2015/2376/UE.

Infine, in corrispondenza all'azione 15, l'Italia ha sottoscritto (il 7 giugno 2017) la convenzione multilaterale (MLI – *Multi Lateral Instrument*), della quale è stata promotrice in sede Ocse, e che comporterà la riformulazione di disposizioni dei trattati contro le doppie imposizioni, in tema di abuso dei trattati, stabile organizzazione, costruzioni ibride e meccanismi di soluzione delle controversie (rispettivamente azioni Beps 6, 7, 2 e 14).

© Wolters Kluwer Italia

Appunti

Appunti

Appunti

Appunti

Appunti

Appunti

Appunti

Appunti

Appunti

Appunti

Appunti

Appunti

Appunti

Appunti

Appunti

Appunti

Appunti

Appunti

Appunti

Appunti

Appunti

Appunti

Appunti

Appunti

Appunti

Appunti

Appunti

Appunti